Kroatische Adriaküste

Dietrich Höllhuber

W0193771

Reise-Taschenbuch

Inhalt

Reiseinfos, Adressen, Websites

Panorama – Daten, Essays, Hintergründe

Unterwegs an der Adriaküste

Inhalt

Auf Entdeckungstour

Karten und Pläne

▶ Dieses Symbol im Buch verweist auf die Extra-
 Reisekarte Kroatische Adriaküste

Schnellüberblick

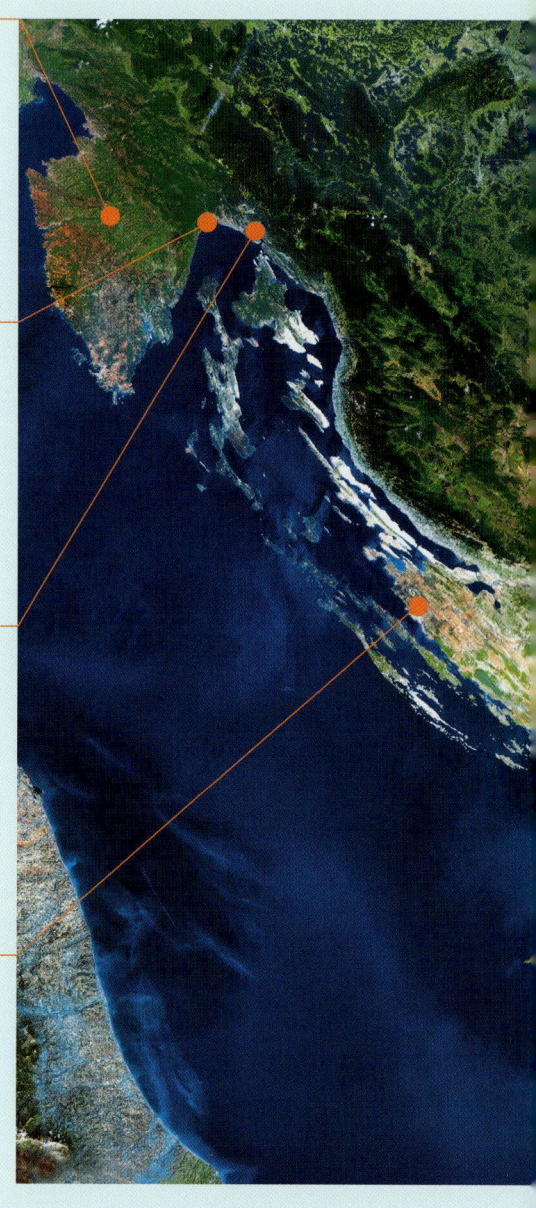

Istrien
Die grüne Halbinsel mit buchtenreichen Küsten und alten Städten wie Poreč, Rovinj und Pula ist ein Paradies für Wassersportler, Mountainbiker und alle, die auf der Suche nach kulinarischer Vollkommenheit sind.
S. 76 und S. 98

Opatija und die Inseln des Kvarner
Ein Inselarchipel für Aktivreisende wie Strandurlauber, altösterreichisches Flair in Opatija und Mali Lošinj, venezianisches in Cres, Krk und Rab und überall kleinere und kleinste Seebäder.
S. 114

Die Küste von Rijeka bis Paklenica
Eine der schönsten Küstenstraßen Europas ist die Adriamagistrale zwischen Rijeka und Zadar mit dem Velebitgebirge im Hintergrund und romantischen Orten wie das von der Trutzburg Nehaj überragte Senj.
S. 152

Zadar und Umgebung
Um die Stadt mit ihren zahlreichen Bauten aus venezianischer Zeit breitet sich ein entdeckungsreicher Inselarchipel aus, wie ihn sich nicht nur Segler und Taucher erträumen.
S. 170

Von Šibenik nach Trogir
Zwei Städte wie aus dem
Bilderbuch, Trogir als Welt-
kulturerbe, vor der Küste das
Segelparadies des Nationalparks Kornaten, im Rücken
die stäubenden Wasserfälle
des Krka Nationalparks.
S. 190

Split und Umgebung
Altstadt im Kaiserpalast, ein
römisches Mausoleum als
Kathedrale, venezianische
Neustadt und rundherum
eine pulsierende moderne
Stadt mit großem Hafen,
von dem man alle Inseln im
Süden Dalmatiens erreicht.
S. 206

Zwischen Split und
Dubrovnik
Brač, Hvar, Korčula, das sind
die größeren der zahlreichen
Inseln, die zwischen Split
und Dubrovnik faszinierende
Natur, unverbaute Küsten,
alte Städte wie Hvar oder
Korčula und idyllische Dör-
fer bieten.
S. 226

Dubrovnik und Umgebung
Die große alte Dame der Ostadria wird von gewaltigen
Festungsmauern geschützt,
es ist, als ob die Altstadt 1813
in einen Dornröschenschlaf
gefallen wäre – nicht nur die
Stadt ist es, jeder Besucher ist
von ihr verzaubert.
S. 254

Der Autor

Mit Dietrich Höllhuber unterwegs
Geboren ist der freie Autor 1943, er studierte Geographie und Geschichte in Wien, lehrte in Karlsruhe und Erlangen und wohnt in Dresden. Zum ersten Mal sah er die kroatische Adria mit 19, als er von Wien durch Nordjugoslawien nach Rijeka trampte. Hier sah er auch erstmals das Meer und aß seinen ersten Rižot mit Škampi. Sowas prägt. Seither blieb er der kroatischen Adria – mit Unterbrechungen – treu. Beide, Autor und Küste, haben sich inzwischen verändert, Letztere ist bunter geworden, Ersterer grauer. Die Liebe für dieses Stück Mittelmeer ist ihm geblieben, nein, sie ist mit den Jahren noch stärker geworden.

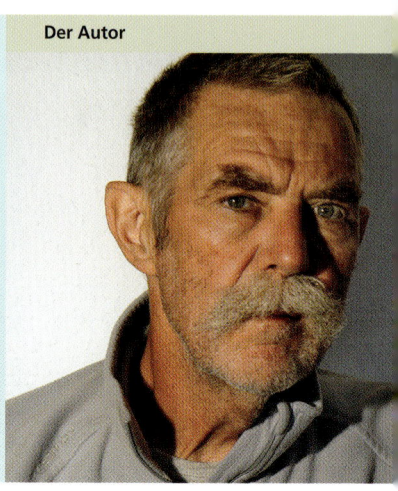

Traumhafte Berge und Buchten

Die Kroatische Adria bietet einen faszinierenden Anblick: eine von hohen Bergen überragte, weit verästelte Küste, vor der an die tausend Inseln, Inselchen, Schollen und Klippen im grünen Meer liegen. Um dieses wunderschöne Küstenland haben schon etliche Völker gestritten, darunter Illyrer, Griechen, Römer und das Osmanische Reich – eine Tatsache, die dem Gebiet viel Leid, aber auch zahlreiche historische Zeugnisse aus unterschiedlichen Kulturkreisen beschert hat. So prangt in fast jedem Küstenstädtchen an alten Hausfassaden oder über Tordurchfahrten der venezianische Löwe, und in Opatija oder Rijeka fühlt man sich an vielen Ecken in die k. u. k.-Zeit Österreich-Ungarns zurückversetzt. Zu sehen, wie diese Einflüsse in das kroatische Kulturgut integriert und wie Baustile, Kunstströmungen und kulinarische Vorlieben adaptiert und weiterentwickelt wurden – das macht eine Reise an die kroatische Adria zu einem besonders spannenden Erlebnis.

Küsten und Inseln für jeden Urlaubswunsch

Auch als begehrtes Urlaubsziel kann die kroatische Küste auf eine lange Geschichte zurückblicken. Wo im 19. Jh. bloß der Adel hinreiste, folgte im beginnenden 20. Jh. zunehmend das breite Bürgertum. Die große Beliebtheit hat viele Gründe, denn die 1778 km lange Kroatische Adriaküste erfüllt Urlaubswünsche für jeden Geschmack: Sonnenanbeter (mit und ohne Badeanzug), kleine »Wasserratten«, Taucher, Windsurfer, Segler, Mountainbiker, Radwanderer, Bergsteiger, Wanderer, Feinschmecker und Kunstliebhaber – sie alle kommen hier auf ihre Kosten.

Charakteristisch für die kroatische Adria ist ihre buchtenreiche Felsküste, an der sich in lockerer Folge unzählige flache Badestrände mit feinen Kieseln befinden. Wer besonderen Wert auf Sandstrände legt, findet diese auf den Inseln Krk, Pag, Korčula, Mljet sowie auf einigen kleineren Inseln. Die Strän-

8

de sind dabei fast immer öffentlich zugänglich, und die Wasserqualität ist in der Regel hervorragend. Die landschaftlich beeindruckendsten, jedoch immer noch kaum bekannten Badeplätze liegen auf den südlichen Inseln, wie im Fall von Mljet, die mit ihren beiden traumhaften Sandstränden praktisch noch völlig unerschlossen ist. Im Norden, in Istrien und im Kvarner, können Urlauber dagegen ordentliche, gehegte und gepflegte Strandbereiche erwarten, ganz besonders an den von Kiefern beschatteten Buchten um Rovinj, Poreč, Mali Lošinj, Krk, Punat und Rab. Zudem bieten sich in diesem Landesteil vielseitige Urlaubsaktivitäten – auch über Strandbesuche hinaus. So lässt sich wunderbar Rad fahren, Wandern oder ein Tagesausflug zu historischen Städtchen im Landesinneren unternehmen.

Diese Fülle an Freizeitmöglichkeiten hat Dalmatien nur in den großen Touristenzentren wie Bol, Hvar, Korčula oder Dubrovnik zu bieten. Ansonsten findet man hier hauptsächlich unberührte Strände und es eröffnen sich viele Gelegenheiten zu Entdeckungs-

touren, vor allem, wenn man die weniger besuchten Inseln Vis, Lastovo und Mljet ansteuert.

Welche Eindrücke und Erlebnisse erwarten einen Kroatien-Urlauber? Die einsamen Buchten und Strände natürlich, das silbern glitzernde Meer und die heitere Geschäftigkeit der Küstenorte. Aber man sollte auch einmal an einem Sommertag einen Segeltörn zwischen den Inseln unternommen haben, in Split durch den Palast eines römischen Kaisers spaziert sein und an der Mole eines kleinen Hafenortes mit Blick auf die Fischerboote ein Eis geschleckt haben. Wer entsprechend Zeit und Entdeckungsfreude mitbringt, wird auch vom Landesinneren begeistert sein. Wenn man durch die schroffen Hänge des Küstengebirges im Hinterland oder die Ölbaumhaine und Lavendelfelder geht, an den dürren Felsfluchten der Inseln mit ihren langen Mäuerchen zwischen den einzelnen Weidebereichen entlang spaziert und dabei die wie eh und je weidenden Schafe beobachtet – dann erst beginnt man, diese Landschaft und damit auch ihre Menschen zu begreifen.

Kulinarische Genüsse im Restaurant
Peterokutna kula in Poreč, S. 93

Uferpromenade in Opatija, S. 120

Lieblingsorte!

Mystische Töne:
Meeresorgel in Zadar, S. 182

Grünmarkt in Split,
bunt und lebendig, S. 220

**Magische Einsamkeit in der
Bucht von Baška, S. 140**

**Festung Nehaj über Senj mit einer
›wilden‹ Vergangenheit, S. 162**

Die Reiseführer von DuMont werden von Autoren geschrieben, die ihr Buch
ständig aktualisieren und immer wieder und zu allen Jahreszeiten vor Ort
recherchieren. So entdecken sie immer wieder Neues und immer wieder sind
idyllische Dörfer, einsame Buchten, aussichtsreiche Berge, freundliche und hilfs-
bereite Menschen dabei, die ihnen zu mehr als nur einem Objekt der Recherche
wurden. Einige dieser ganz persönlichen Lieblingsorte seien hier genannt,
Wohlfühlorte, zu denen nicht nur der Autor dieses Buches immer wieder
zurückkehren möchte.

**Blick auf die Stadt Korčula
von der Fähre, S. 242**

**Den schönsten Blick auf Dubrovnik und
Lokrum bietet der Srđ, S. 266**

Reiseinfos, Adressen, Websites

Café auf Felsterrassen an der Stadtmauer von Dubrovnik

Informationsquellen

Infos im Internet

Viele kroatische Internetseiten, insbesondere die von kleineren Hotels und Pensionen, sind nicht gerade auf dem neuesten Stand. News aus dem Vorjahr bilden keineswegs eine Ausnahme; Englisch und vor allem Deutsch werden benutzt, als ob es keine Übersetzer oder gar Muttersprachler gäbe. Die wichtigste Sprache touristischer Infos im Netz ist auf jeden Fall Englisch. Nur wenige Seiten geben allgemeine Auskünfte, ohne mit dem Zaunpfahl der Buchung von Zimmer oder Mietwagen zu winken.

http://croatia.hr/de-DE/ Homepage
Detaillierte Infos zu Orten und Aktivitäten von der Tourismuszentrale, auch in Deutsch. Die Informationen sind hierarchisch gegliedert und nicht parallel, das macht die Seite etwas zäh.

www.hr/english
Außergewöhnlich inhaltsreiche Seite der kroatischen Regierung, eine Fülle von Links zu interessanten Themen nicht nur zum Tourismus, sondern zu Politik, Geschichte, Kultur, Sport, Natur usw. (kroatisch und englisch).

http://websrv2.hina.hr
Seite der kroatischen Nachrichtenagentur, Nachrichten täglich (auch auf Englisch).

http://imenik.tportal.hr/
Kroatisches Telefonbuch, auch auf Englisch. Man muss aber die kroatischen Begriffe für die einzelnen Kategorien kennen (z. B. *ugostiteljstvo* für Gaststätte), wenn man in den Gelben Seiten sucht.

www.forum-kroatien.de
Was Sie immer schon über Kroatien wissen oder auch nicht wissen wollten, hier finden Sie es in allen Details; ältere Wortmeldungen sind recht übersichtlich archiviert.

Fremdenverkehrsämter

… in Deutschland
Kroatische Zentrale für Tourismus
Hochstraße 43
60311 Frankfurt/Main
Tel. 069 25 20 45
Fax 069 25 20 54
info@visitkroatien.de

Kroatische Zentrale für Tourismus
Rumfordstraße 7
80469 München
Tel. 089 22 33 44
Fax 089 22 33 77
kroatien-tourismus@t-online.de

… in Österreich
Kroatische Zentrale für Tourismus
Liechtensteinstr. 22 a
1090 Wien
Tel. 01 585 38 84
office@kroatien.at

… in der Schweiz
Kroatische Zentrale für Tourismus
Badenerstraße 332
8004 Zürich
Tel. 043 336 20 30
Fax 043 336 20 39
info@visitkroatien.ch

… in Kroatien
Hrvatska Turistička Zajednica
(Croatian National Tourist Board)
Iblerov trg 10/IV
10000 Zagreb

Tel. 01 469 93 33
Fax 01 455 78 27
info@htz.hr
http://croatia.hr

Jeder Ort an der Küste hat ein Fremdenverkehrsamt, das oft auch sonntags geöffnet ist; bei kleinen Ortschaften allerdings nur in der Hauptsaison, also im Juli und August. Weder die Qualität der Beratung noch das zur Verfügung stehende Prospektmaterial sind sonderlich gut, vor allem weil offizielle und private Interessen oft eng verflochten sind. Die wenigsten Infostellen vermitteln Zimmer und in den Listen der Beherbergungsbetriebe, die man bekommt, sind im Regelfall keine Preise genannt.

Die Tourismus-Informationsstellen der einzelnen Orte und Regionen sind bei den jeweiligen Ortsbeschreibungen im Reiseteil angegeben. Offizielle, also staatliche und kommunale Infostellen nennen sich **TZG**, also Turistička Zajednica Grada, oder **TU**, Turistički Ured. Ein **Turist Biro** ist meistens ein privates, also kommerzielles Büro.

Schöner Service für den Urlauber: Innerhalb Kroatiens gibt es ein kostenloses Touristen-Telefon unter der Nummer 0800 20 02 00.

Lesetipps

Reichlich Literatur bietet der Buchmarkt, er hilft jedoch nicht wirklich weiter, um Kroatien und seine Adriaküste zu verstehen. Hier ist eine Auswahl der besten und interessantesten Titel:

Harris, Robin: Dubrovnik. A History. London 2003/2006. Das Buch zur Geschichte Dubrovniks. Leider nur als englische Ausgabe (z. B. über www. amazon.de und bei Algoritam in Dubrovnik).

Held, Kurt: Die Rote Zora und ihre Bande. Frankfurt/Main (Sauerländer) 2006. Jugendbuchklassiker, der in Senj und Bakar angesiedelt ist (und 2008 als Film Premiere hatte, auf DVD von Universal im Handel).

Höfler, Janez: Die Kunst Dalmatiens vom Mittelalter bis zur Renaissance. Graz (Akademische Druck- und Verlagsanstalt) 1989. Inhaltsreiches und sehr detailliertes Werk zur dalmatinischen Kunst.

Mappes-Niediek, Norbert: Kroatien. Das Land hinter der Adria-Kulisse. Berlin (Ch. Links) 2009. Dieses Werk ist kein Führer, sondern ein Portrait dessen, was dem Touristen meist verborgen bleibt.

Salvator, Ludwig, Erzherzog von Habsburg: Mit der Jacht entlang der kroatischen Küste (1870–1910). Hannover (HZ-Verlag) 1998. Kommentierter Nachdruck der Reiseberichte über die kroatische Küste, vor allem jedoch über Opatija, Bakar, Ston und Dubrovnik, mit allen Abbildungen des Originals.

Macan, Trpimir u. Josip Šentija: Kroatische Geschichte im Überblick. Zagreb (Most/Die Brücke) 1992. Kurz gefasste Geschichtsdarstellung.

Istrien (1997), **Dalmatien** (1998), **Karst** (1997) und **Dubrovnik** (2001). Klagenfurt (Wieser Verlag). Die Bände der Reihe »Europa erlesen« versammeln eine Fülle von Textausschnitten aus der deutschsprachigen Literatur über diese Region, das Buch zum Karst stammt vom Verlagschef Lojze Wieser persönlich.

Amode, Martin u. a.: Der Kvarner. Die schönste Bucht der Adria – Cres, Krk, Losinj, Rab. Klagenfurt (Carinthia) 2005. Liebeserklärung an den Kvarner von einem österreichischen Autorenteam, das u. a. Gastronomietipps und mehrere ausgezeichnete regionale Rezepte enthält.

Wetter und Reisezeit

Wetter

Die kroatische Adriaküste ist keineswegs regenarm, aber die Niederschläge fallen vor allem im Winterhalbjahr, während im Sommer wochenlang die Sonne scheint. Auf den Bergen, der Učka in Istrien und dem Velebitgebirge, fällt der meiste Regen. Die feuchten Nordwestseiten der Gebirge sind üppig bewachsen, die trockenen Südostseiten karg und kahl. Dazu trägt auch die Bura (Bora) bei, ein vom Festland kommender Fallwind, der eiskalt und mit hoher Geschwindigkeit auf die Nordostseiten der Inseln prallt. Die Südküsten erwärmen sich bereits im Spätwinter so sehr, dass man am liebsten baden gehen möchte, umso mehr, wenn ein dahinter aufragendes Gebirge, etwa in Bol auf Brač, die Sonnenstrahlen wie ein Hohlspiegel bündelt. Die niedrigeren Inseln wie die Kornaten in Norddalmatien, auf denen es kaum Wolkenstau gibt, haben geringere Niederschläge.

Wer sein Hauptaugenmerk auf ein angenehmes Reiseklima richtet, der reist am besten im Mai oder Juni bzw. von Mitte September bis Ende Oktober. Im späten Frühjahr ist es noch grün, die Hotels und Sehenswürdigkeiten haben bereits geöffnet, sind aber nicht überlaufen. Im Mai kann man bereits häufig, im Juni auf jeden Fall im Meer baden. Im Herbst hat das Wasser noch angenehme Temperaturen; das Wetter ist trocken, denn die Winterregen kommen erst im November. Diese Monate sind zudem die besten für Wander- und Radtouren. Auch der April ist ein guter Reisemonat, man muss jedoch noch mit Regen rechnen und sich für abendliche Spaziergänge mit einer warmen Jacke oder Weste rüsten.

Wer vor allem zum Baden kommt, sollte zwischen Juli und September reisen. In dieser Zeit gibt es praktisch keinen Regen bis auf ein paar Gewitter, es kann aber sein, dass ein – aus dem Süden wehender – Schirokko die Luft tagelang so schwül macht, dass man kaum atmen kann. An Küsten mit gebirgigem Hinterland bringt jedoch meist ein abendlicher Landwind etwas kühlere Luft.

In den Wintermonaten November bis März haben die meisten Touristenhotels geschlossen, nur in den größeren Orten bleiben ein, zwei Hotels geöffnet. Nicht jede dieser Unterkünfte wird so gut beheizt, dass es wirklich gemütlich ist, zumal die älteren Häuser oft schlecht schließende Fenster haben. Dennoch ist es an der Küste wunderschön und mild. An der Riviera von Opatija blühen viele Bäume, im

Klimadiagramm Kroatien

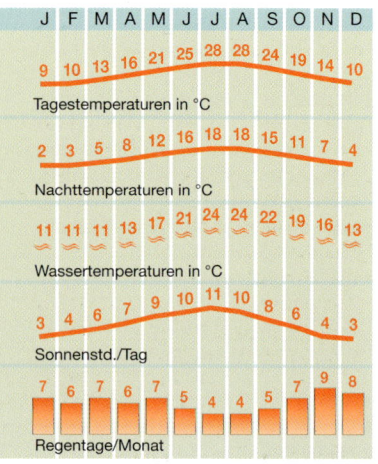

Januar kommen in Süddalmatien die ersten Frühlingsblüher aus dem Boden. Meist fällt kein Schnee an den Küsten, und für Wanderer, die nicht gerade in die Gipfelregion des Velebitgebirges wollen, ist das Wetter oft sehr günstig.

Die Seite www.wetter.net weiß heute schon, wie morgen das Wetter an der kroatischen Adriaküste wird.

Reisezeit

Hauptsaison und Nebensaison

Hauptsaison ist überall von Anfang bis Mitte August – der 15. August beendet die traditionelle Urlaubsaison der Italiener. Sobald sie als Gäste wegfallen, sacken die Preise. Planen Sie Ihren An- oder Abreisetermin nicht gerade für das Wochenende um den 15. August, dann sind Sie nämlich mit einer Karawane rückflutender Italiener gemeinsam unterwegs. In vielen Fällen wird auch die zweite Julihälfte zur Hauptsaison gerechnet, vor allem dort, wo deutsche und österreichische Gäste dominieren. Wenig billiger, aber deutlich ruhiger ist es in der Zwischensaison, die den Rest von Juli und August umfasst, während die Nebensaison, die von Ostern bis zumeist Ende September oder, weiter im Süden, Mitte Oktober reicht, deutliche Preisnachlässe bringt. In den Wintermonaten schließen viele Hotels, auch in Touristenhochburgen wie Poreč hat dann nur ein einziges Großhotel geöffnet, Apartments und Privatzimmer sind in dieser Zeit kaum zu bekommen. Dies trifft nicht auf die großen Orte wie Rijeka, Split und Dubrovnik zu: Dort schwanken die Preise jahreszeitlich wenig und bleiben auch im Winter auf hohem Niveau, Apartments sowie Privatzimmer werden das ganze Jahr über angeboten!

Frühling in Istrien – Orchideenblütezeit

Die schönsten Ziele im Jahreslauf

Spätwinter, frühes Frühjahr: An den Küsten bei Opatija und in Dalmatien blühen Mimosen, Judasbaum und Pittosporum – der Frühling zieht drei Wochen vor seinem Termin in Mitteleuropa ein.

Frühjahr: Kulinarischer Frühling in Istrien, Wildspargelzeit! Auf den Inseln des Kvarner und Dalmatiens blüht die Macchie.

Frühsommer: Lavendelernte auf den Inseln. In den Bergen im Velebit und Biokovo ist der Schnee abgeschmolzen und Wanderwege locken, die wenigen Quellen sprudeln noch.

Sommer: Ganz Küstenkroatien ist ein Freizeitparadies!

Herbst: Dalmatien bietet warmes Meer und angenehme Lufttemperaturen bis in den November hinein; in den Bergen kann man wieder wandern.

Winter: Um ein paar Grad wärmer als Mitteleuropa ist es an der Adriaküste allemal – die Riviera von Opatija ist ein ideales Ziel für Winterurlauber.

Rundreisen planen

Die lang gezogene und schmale Küstenlandschaft und die nicht auf durchgehenden Verkehr angelegten Fährverbindungen zu den Inseln machen ein Rundreiseprogramm nicht leicht. Wer von Norden nach Süden durchfährt – das ist eine hochinteressante Wochen- oder Zehntagetour – wird kaum auf dem mehr oder weniger gleichen Weg zurückkommen wollen, die eigentliche Reise bleibt eine Einbahnstraße. Zurück geht's am flottesten über die Autobahn, auch über die italienische, die man von Zadar, Split und Dubrovnik mit der Fähre erreicht.

Eine Woche an der kroatischen Adriaküste

Diese Tour für Reisende mit Auto führt in einer Woche 869 km (ohne Fähren und Ausflüge) an der Küste entlang. Wer mit dem Bus unterwegs ist, kann es zwar ebenfalls in sieben Tagen schaffen, wird aber kaum Zeit für Besichtigungen

haben; zehn Tage sind realistischer und man kann auch ohne Zeitnot immer mal wieder eine Badepause einlegen.

Am **ersten Tag** durchquert man, von Italien oder Österreich kommend, Slowenien und erreicht das Urlaubsziel Kroatien. Von der Grenze sind es noch 11 km bis Umag an der istrischen Nordwestküste.

Frisch ausgeruht, geht's am **zweiten Tag** weiter. Als erstes bietet sich ein Abstecher in das Trüffelparadies Mirnatal an (s. Entdeckungstour »Trüffel und Olivenöl – gastronomische Entdeckungen« S. 82). Danach fährt man an der Küste entlang über Poreč und Rovinj nach Pula (mit/ohne Abstecher 120/97 km). In Pula sollte man zumindest der römischen Arena einen Kurzbesuch abstatten.

Nach der Übernachtung in Pula reist man am **dritten Tag** durch das Binnenland nach Pazin, besucht die winzige Stadt Hum und gelangt anschließend durch den Učka-Tunnel in das traditionsreiche Seebad Opatija (110 km). Über Rijeka und die Jadranska Magistrala erreicht man die Insel Krk (62 km).

Am **vierten Tag** geht es von Krk (oder Punat) zurück aufs Festland und weiter auf der Küstenstraße über Senj und den Nationalpark Paklenica (wo noch ein Kurzbesuch der Velika Paklenica drin ist) nach Zadar (230 km).

Auf der Weiterfahrt Richtung Split passiert man am **fünften Tag** Šibenik und Trogir, beides sehenswerte Städtchen, die zu einem Besichtigungsrundgang einladen. Wer früh aufsteht, kann zudem noch den Krka Nationalpark »mitnehmen« (159 km, mit Nationalpark 190 km).

Am Morgen des **sechsten Tages** stehen Bummeln in Split und ein Gang durch den Diokletianspalast auf dem

Reiseplan. Wahrscheinlich erst mittags geht's weiter über Makarska und Neum in die süddalmatinische Metropole Dubrovnik, die man nach etwa 200 km erreicht.

Den **letzten Tag** der Tour sollte man sich für Dubrovnik Zeit nehmen. Eventuell ist ein Kurzausflug nach Cavtat drin, unbedingt lohnenswert auch der Besuch der Insel Lokrum (Ausflug 45 km).

Acht Tage Inselspringen von Rijeka nach Dubrovnik

Die ganze Tour umfasst 559 km (ohne Fähren).

Von Rijeka führt eine Brücke auf die Insel Krk mit der geschichtsträchtigen Stadt gleichen Namens. Nach dem Bummel setzt man mit der Fähre nach Cres über. Von dort geht es weiter auf die Insel Lošinj (134 km).

Nach einem erholsamen Tag auf der Insel gelangt man von Mali Lošinj, dem belebten Hauptstädtchen der Insel, mit der im Sommer täglich verkehrenden Autofähre zurück aufs Festland. Spät am Abend des **zweiten Tages** wird Zadar erreicht (5 km).

Von dort nimmt man am **dritten Tag** die Fähre nach Preko auf der Insel Ugljan. Diese ist durch eine Brücke mit der benachbarten Insel Pašman verbunden. Von Tkon im Südosten Pašmans geht's mit der Fähre wieder zurück aufs Festland nach Biograd na moru. Übernachtet wird in Split (169 km).

Am **nächsten Morgen** setzt man von Split nach Stari Grad auf der sonnigen Insel Hvar über. Den Rest des Tages verbummelt man am besten in den verwinkelten Gässchen der alten Stadt Hvar mit ihren zahlreichen Sehenswürdigkeiten (13 km). Oder man nutzt ihn für ein ausgiebiges Sonnenbad an einem der Inselstrände.

Fünfter Tag: Von Sućuraj an der östlichen Spitze der Insel Hvar gelangt man am nächsten Tag mit der Fähre nach Drvenik. Von dort fährt man die Küste hinunter nach Ploče und weiter auf die Halbinsel Pelješac. Hier lohnen die Städte Trpanj und Orebić einen Besuch (109 km). Wer mag, kann am selben Tag noch die Fähre nach Korčula nehmen.

Am **sechsten Tag** reist man entweder von Orebić oder von Korčula nach Prapratno und nimmt die Fähre nach Sobra auf der Insel Mljet. Von dort geht's quer über die Insel nach Pomena im Mljet-Nationalpark (101 km).

Nachdem der Nationalpark erkundet ist, kehrt man am **siebten Tag** von Pomena nach Sobra zurück (28 km), nimmt die Fähre nach Prapratno und hat noch 52 Straßenkilometer bis Dubrovnik vor sich.

Der **achte Tag** ist ganz den kulturellen Highlights von Dubrovnik gewidmet. Für denjenigen, der das erste Mal hierher kommt, ist besonders ein Spaziergang auf den Stadtmauern und eine Fahrt auf den Srđ zu empfehlen, wo man den schönsten Blick auf die Stadt genießt.

Anreise und Verkehrsmittel

Einreise- und Zollbestimmungen

Bei einem Aufenthalt bis zu drei Monaten genügt ein Reisepass oder Personalausweis für die Einreise nach Kroatien. Seit 2012 benötigt jedes Kind, das ins Ausland reist, unabhängig vom Alter ein eigenes Reisedokument. Schweizer Autofahrer haben neben Führerschein und Wagenpapieren die Internationale Grüne Versicherungskarte mitzuführen (auch für andere Autofahrer sinnvoll, da sie die Schadensabwicklung erleichtert). Bei der Einfuhr sind Gegenstände des persönlichen Gebrauchs zollfrei sowie pro Erwachsenem 200 Zigaretten, 50 Zigarren oder 250 g Tabak, 2 l Wein, 1 l Spirituosen. Wertvolle elektronische Geräte und Sportausrüstung müssen an der Grenze als Eigenbedarf deklariert werden.

Hund und Katze dürfen mit, wenn im Internationalen Impfpass die Tollwutimpfung eingetragen ist, sie muss mindestens 15 Tage und darf längstens sechs Monate alt sein.

Anreise

... mit dem Flugzeug

Linienflüge verbinden die größeren mitteleuropäischen Flughäfen mit Zagreb, wo man Anschlussflüge nach Pula, Rijeka-Krk, Brač, Zadar, Split und Dubrovnik bekommt. Im Sommer, in der Hochsaison, gibt es zahlreiche direkte Linien- oder Charterverbindungen von Mitteleuropa nach Pula, Split, Zadar, Brač und Dubrovnik. Angebote sind z. B. bei www.croatiaairlines.hr, www.tui.com, www.germanwings.com und anderen zu finden.

... mit der Bahn

Die Anreise mit der Bahn ist auf einige wenige relativ flotte Verbindungen beschränkt. Der Mimara (EC 212/213) ist wieder auf der gesamten Strecke von Frankfurt nach Zagreb unterwegs (Gesamtzeit 13 Std., Villach–Zagreb 4 Std.). Auf derselben Strecke Villach–Zagreb fährt das Zugpaar des Sava (EC 210/211) sowie ein IC Zagreb–Villach (IC 310/311) und ein weiterer Zug Zagreb–Villach (IC 314/315). Leider heißt das in den meisten Fällen Umsteigen in Villach ...

Die Strecke Wien–Zagreb wird von zwei Zugpaaren bedient (EC 158/159 Croatia und B 284/5, beide 6,5 Std.), Zürich ist über den Nachtzug EN 114/115 (414/415) mit Zagreb verbunden (Zürich–Zagreb 14 Std.), Zugpaare München–Rijeka (B 480/481) und Wien–Rijeka (B 482/483) vervollständigen das Fernzugangebot.

In Kroatien ist man zur Küste nochmals einen halben Tag oder eine Nacht unterwegs. Die DB bietet ein Autozugspecial nach Triest ab 149 € (PKW und Einzelplatz im Liegewagen), Mitfahrer zahlen 60 €.

... mit dem Bus

Europabusse verbinden die großen Städte Mitteleuropas mit fast allen größeren Orten Kroatiens. Von Nürnberg nach Split ist man etwa 18 Stunden unterwegs. Die Reisebusse sind komfortabel, aber ohne Toiletten (dafür gibt es Pausen); Angebote ab ca. 100 € (hin und zurück). Deutsche Touring (www.touring.de) und Eurolines (www.eurolines.com) sind die wichtigsten Anbieter.

... mit dem Auto

Autofahrer gelangen auf drei Hauptstrecken ins Land: entweder auf der E 55 über Salzburg, Tauerntunnel, Villach,

Loibltunnel und Ljubljana; die Strecke bis dorthin und die Fortsetzung bis Piran ist als Autobahn ausgebaut, nicht jedoch der Grenzübergang nach Kroatien in Richtung Rijeka. Oder man wählt den»Reiseweg Nürnberg–Pyhrn–Adria« über Passau–Wels–Graz–Maribor und weiter über Zagreb und die Plitvicer Seen nach Zadar. Auch in diesem Fall ist das letzte fehlende Stück (von Maribor zur Grenze) bisher nur als Schnellstraße ausgebaut. In Maribor kann man über Ljubljana an die nördliche Adria abzweigen. Diese Strecke ist langwieriger als die Verbindung über den Loibltunnel, aber erholsamer und besonders Familien zu empfehlen. Eine weitere Variante ist die italienische Autobahn (ab Villach) über Udine und Triest mit Anschluss nach Slowenien, Schweizer nehmen die italienische A 4 zwischen Mailand und Triest.

Die Tunnel und die italienische, slowenische und die anschließende kroatische Autobahn sind Mautstrecken. In Österreich wird eine Vignette für die Autobahnbenutzung benötigt. Sie kann man schon vor der Reise zu ermäßigten Tarifen unter www.adac.de/shop buchen. Infos zu den Autobahngebühren unter www.sellpage.de.

... mit dem Schiff/der Fähre

Große Autofähren verbinden Ancona und Bari mit Zadar, Šibenik, Dugi Otok, Vis, Split, Mljet und Dubrovnik. Wer in Dalmatien Urlaub macht, sollte diesen Anreiseweg in Erwägung ziehen. Wegen der Vignetten für die österreichischen und italienischen Autobahnen und der Fährkosten ist dies die teuerste, aber auch am wenigsten anstrengende Variante. Die großen Agenturen sind Jadrolinija (www.jadrolinija.hr), LNP (www.lnp.hr) und Blue Line/SplitTours (www.splittours.hr), im Sommer auch Venezialines (www.venezialines.com).

Verkehrsmittel im Land

Bus

Mit dem Bus ist man in Kroatien bequem, rasch und sehr preisgünstig unterwegs, allerdings fahren die Busse oft sehr früh am Morgen. Die Fernbusse sind meist neuerer Bauart (was man von den Stadtbussen nicht behaupten kann) und mit Klimaanlage und Videogerät ausgestattet, Bustoiletten sind nicht geöffnet, sehr kurze Pausen in großen Abständen! Fahrkarten gibt es in den Busstationen oder im Fahrzeug selbst.

Nicht jeder Bus stoppt an allen Haltestellen – versichern Sie sich vor der Abfahrt, dass er dort hält, wo Sie hinwollen. Das Netz ist dicht, besonders entlang der Hauptverkehrslinien. Auf den Strecken Zadar–Split, Zagreb–Rijeka, Zagreb–Zadar und Zagreb–Split fahren bis zu 40 Buspaare täglich. Auf den großen Strecken verkehren meist mehrere Linien; insgesamt gibt es Dutzende von Betreibern. Leider sind Auskünfte über Buslinien, die nicht am Auskunftsort beginnen oder enden, sehr schwer zu bekommen, eine nationale Übersicht gibt es nicht.

Bahn

Innerhalb Kroatiens ist nur das Binnenland recht gut erschlossen, für die Adria und Istrien ist das äußerst dünne Bahnnetz auf Zagreb ausgerichtet und für Urlauber eher ungeeignet. Die sehr langsamen Züge haben Waggons der ersten und zweiten Klasse, die erste ist gerne von Bahnpersonal besetzt. Das Kursbuch für ganz Kroatien bekommt man an den größeren Bahnhöfen in den dortigen Informationsstellen. Die Bahnpreise liegen in Kroatien deutlich über denen der Busse.

Infos zu den Fahrplänen der kroatischen Eisenbahnen unter www.hznet.hr (auf Englisch und Kroatisch).

Reiseinfos

Taxi

Taxen gibt es in allen größeren Städten. Der Taxameter muss eingestellt sein, die Preise sind hoch. Standgebühr z. B. in Rijeka 30 Kn!

Fähren

Die kroatische Fährgesellschaft Jadrolinija verbindet alle größeren Inseln durch Autofähren mit dem Festland, im Sommer auch untereinander. Reservierungen sind nicht möglich. Im Sommer und an Feiertagen müssen Autofahrer trotz außerplanmäßiger Fähren mit stundenlangem Warten rechnen, Linienbusse werden bis zum letzten möglichen Moment an der wartenden Autoschlange vorbei auf die Schiffe geladen. Die bisherige Schnellfähre Split–Dubrovnik wird voraussichtlich im Laufe von 2013 komplett eingestellt (Infos, Fahrpläne und Reservierungen über die Zentrale von **Jadrolinija**, Riječki Lukobran bb., 51000 Rijeka, Tel. 051 21 14 44, Fax 051 21 31 16, www.jadrolinija.hr).

Im Sommer werden zusätzliche Katamarane eingesetzt, die z. T. nicht Jadrolinija, sondern kleinen Firmen gehören.

Flugzeug

Croatia Airlines betreibt ein relativ dichtes innerkroatisches Flugnetz, die Preise entsprechen etwa denen im deutschsprachigen Raum. Größere Flughäfen: Zagreb, Osijek (wurde 2012 nicht angeflogen), Pula, Rijeka (auf der Insel Krk), Brač (nur Charter), Zadar, Split, Dubrovnik. Croatia Airlines ist (in Kroatien) telefonisch kostenlos unter 0800 77 77 erreichbar, vom Ausland unter 00385 1 48 19 633. **Reservierungen:** im Land 062 77 77 77; vom Ausland 00385 1 48 72 727, www.croatiaairlines.hr.

Mietwagen

Die großen internationalen Firmen sind in Kroatien mit Niederlassungen vertreten: www.hertz.hr, www.national car.hr, www.budget.hr, www.avis.com; www.sixt.com. Ein verlässlicher kroatischer Anbieter ist www.hm-rentacar.hr.

Verkehrsregeln

Höchstgeschwindigkeit in Orten 50 km/h, außerhalb 80 km/h, auf Schnellstraßen 100 km/h und auf Autobahnen 130 km/h; für Gespanne gelten außerhalb geschlossener Ortschaften generell 80 km/h. Die Promillegrenze ist bei 0,0!

Alle **Unfälle** müssen der Polizei gemeldet werden, bei sichtbaren Schäden am Fahrzeug ist für die Ausreise ein Polizeiprotokoll nötig.

Auto fahren in Kroatien

Kroatische Autofahrer sind nicht für ihre Rücksichtnahme bekannt und auch nicht für einen besonders vorsichtigen Fahrstil. Gewagte Überholmanöver gelten als völlig normal. Besonders gefährlich ist die Küstenstraße zwischen Rijeka und Dubrovnik, die als Rennbahn benutzt wird. Bei Regen ist sie schmierig, glitschig und auch ohne Gegenverkehr riskant – man tut gut daran, das zu berücksichtigen. Die Verkehrsregeln entsprechen denen Mitteleuropas.

Schutzbriefe

Die Schutzbriefschecks ausländischer Klubs werden zwar vom kroatischen Automobilklub HAK akzeptiert, aber nicht von den Reparaturdiensten, die vom HAK vermittelt werden und das Abschleppen übernehmen. Bei Unfällen ist unbedingt eine polizeiliche Unfallbestätigung einzuholen *(potvrda)*, am besten verwendet man den »Europäischen Unfallbericht«. Die Abwicklung übernimmt in der Regel das kroatische Versicherungsbüro **Hrvatski ured za osiguranja**, Martićeva 73, 10000 Zagreb, Tel. 01 41 06 28, Fax 01 44 14 77.

Übernachten

Hotels und Pensionen

Kategorien

Für Hotels gibt es die staatlich festgelegten Kategorien von einem bis fünf Sternen, für Pensionen werden ein, zwei oder drei Sterne vergeben. Die Kategorie ist allerdings von Kriterien abhängig, die für den Gast eines Hotels oder einer Pension oft gar nicht wichtig sind – mit gleichen Möbeln eingerichtete Zimmer werden derselben Kategorie zugerechnet, ganz egal, wie neu oder abgewohnt sie sind.

Preise

Zwischen Neben- und Hauptsaison schwanken die Preise sehr, in der Hauptsaison sind sie oft viermal so hoch, während man in der Nebensaison sogar auf niedrigere Preise Rabatte aushandeln kann. Alle Preise gelten nur bei einem mindestens dreitägigen Aufenthalt. In vielen Hotels werden oft nicht renovierte und renovierte Zimmer zum selben Preis vermietet, man erkundige sich vorher sehr genau, welches Zimmer man erhält. Ein Großteil der kroatischen Hotels ist in der alljährlich erscheinenden kostenlosen Broschüre »Kroatien – Hotels« der kroatischen Fremdenverkehrswerbung zusammengefasst, sie enthält jedoch keine Preise.

Privatzimmer

In allen Touristenorten gibt es Privatzimmer, das Angebot und die Preise sind vom Staat geregelt. In manchen Orten werden Zimmer auch an Fähranlegern und Busstationen angeboten (z. B. am Fährhafen und Busbahnhof in Split), es ist jedoch in jedem Fall besser, sich an ein »Turist Biro« zu wenden (so

nennen sich meist die Agenturen, die Zimmer und Apartments vermieten). Unter dem Titel »Private & Confidential« gibt die kroatische Fremdenverkehrswerbung alljährlich eine Liste der Agenturen heraus, die Privatzimmer anbieten, sowie eine Aufstellung der Preiskategorien (niedrigste/höchste Preise je nach Saison), gegliedert nach Regionen.

Urlaub auf dem Bauernhof

Der Urlaub auf dem Bauernhof (Agrotourismus, *Agriturizam, Ruralni turizam*) ist eine echte Wachstumsbranche, vor allem in Istrien. Im Gegensatz zur Hotellerie hat er keine alten Wurzeln, in Tito-Jugoslawien war Privatinitiative nicht gefragt. Das Niveau ist generell hoch, die Zimmer sind gut ausgestattet, oft mit Kochnische und fast immer mit TV-Gerät. Ein wichtiger Bestandteil des Aufenthalts ist es, den Alltag der Landwirte mitzuerleben.

Auf der Website www.dalmatia.hr gibt es unter dem Stichwort »Agrotourismus« eine Liste der Anbieter, Ähnliches findet man auch bei www.istra.hr unter »Das Grüne Istrien«.

Jugendherbergen

Ganzjährig geöffnete Jugendherbergen findet man in Pula und in Krk. Im Sommer (Juli und August) sind Herbergen in Borik bei Zadar, Šubićevac bei Šibenik und in Dubrovnik geöffnet, in denen Schlafplätze in der Regel mindestens zwei Wochen vorher reserviert werden sollten. In der Hochsaison sind die Jugendherbergen meist von Jugendgruppen ausgebucht.

Buchen im Internet

Klassische **Reiseveranstalter** bzw. **Vermittler** bieten Unterkunft und Reise, meist auch Ausflüge an. Der größte für Kroatien ist Riva in München (www. idriva.de) mit einem umfangreichen Angebot an **Ferienwohnungen** und **Privatunterkünften**. Für Hotelbuchungen kommen auch Großveranstalter wie TUI (www.tui.de), DERTour (www.dertour.de) und Thomas Cook (www.thomas cook.de; etwas weniger Auswahl, aber gute Preise) in Frage, da sie als Großabnehmer oft niedrigere Preise durchsetzen können als Direktbucher. Gut ist www.de.lastminute.com, wo man nach dem Baukastenprinzip **Flug, Hotel** und **Mietwagen** auswählen kann. Ein kleinerer, aber gut sortierter Anbieter von **Ferienwohnungen** und **Hotelzimmern** ist B. Gusic in Bobingen (www.kroatienrei sen.org).

Hotels (meist hochpreisig und selten wirklich »last minute«) bieten die folgenden Websites: www.hotels.com hat derzeit das größte Angebot für Kroatien im Drei- bis Viersternebereich, die Preise entsprechen den vom Hotel verlangten. Weniger Auswahl bieten www.ehotel.de, www.travelocity.de, www.booking.com (größere Auswahl aber hochpreisig, keine Anzahlung nötig) und www.ebookers. de sowie www.hotelrooms.com. Eine Anzahlung nimmt der australische Anbieter www.hotelclub.net (bzw. www.ratestogo.de), dafür gibt es bei jeder Buchung Travel-Dollars, die man bei der nächsten Reise einsetzen kann. Außerdem ist die Seite tatsächlich »last minute«, hier sind Preisabstriche in letzter Minute nahezu die Regel.

Budget-Hotels gibt es in Kroatien noch kaum, die Internetsuche bringt entsprechend wenige Treffer. Nur Split hat an der Küste ein einigermaßen akzeptables Angebot, man findet es auf www.hostels.com bzw. www.hostelz.com.

Das mit Abstand größte Angebot an **Apartments** und **Ferienwohnungen** findet man bei www.atraveo.com. Andere Anbieter im Web sind www.fewodiekt.de, www.interchalet.com und www.kroatien-adrialin.de, letzterer ebenfalls mit ordentlichem Angebot.

Die **größte Auswahl** unter allen Unterkunftsarten hat man bei www.adria tica.net, gut ist auch www.visitcroatia.net. Beide sind deutschsprachige Seiten für Buchungen von Privatunterkünften, Ferienwohnungen und Hotels, angeschlossen ist jeweils ein kleiner Infoteil.

Informationen erteilt der **Kroatische Jugendherbergsverein,** Dežmanova 9, 10000 Zagreb, Tel. 01 42 29 53, Fax 01 48 41 269, www.hfhs.hr (auf Kroatisch und Englisch).

Camping

Campingplätze, meist »Autokamp« genannt, sind das A und O der kroatischen Adriaküste. Von Umag bis Cavtat gibt es an der Festlandküste und auf den Inseln Hunderte von Campingplätzen – vom Luxusplatz bis zur einfachen privaten Anlage. Die offiziellen Plätze sind in der alljährlich erscheinenden kostenlosen Broschüre der Kroatischen Fremdenverkehrswerbung »Kroatien – Camping« mit Bildern und Kurzbeschreibungen zusammengefasst.

Internet: www.camping.hr – auch auf Deutsch, mit zahlreichen weiterführenden Links.

Essen und Trinken

Die Küchen Küstenkroatiens haben viele gemeinsame Züge: Von Istrien bis Süddalmatien sind die Leidenschaft für das Grillen von Fisch, Fleisch und Gemüse, die Zubereitung von Nudeln und Risotti nach italienischer und von Palatschinken nach österreichisch-ungarischer Art zu finden. Der Kniefall vor dem touristischen Massengeschmack mit immer neuen Pizzerien ist leider allerorts im Trend. An Grundprodukten und Zubereitungsarten kennt man hier wie dort Mediterranes wie Oliven und Olivenöl, Reisgerichte und Mittelmeerfisch, ebenso Dinarisch-Balkanisches wie gefüllte Paprikaschoten, Hackfleischgerichte, Spießchen. Auch die Methode des langsamen Garens unter einer Metallglocke, der *peka* oder *čripnja*, über die Glut gehäufelt wird, ist beiden Regionen gemeinsam.

Dennoch gibt es deutliche Unterschiede zwischen der istrischen und der dalmatischen Küche, wobei der Kvarner eine Übergangszone bildet. Nirgendwo in Kroatien ist der Streifen mediterraner Vegetation so breit wie in **Istrien**, das Angebot an Gemüsen und Früchten so groß. Die Küche kann es sich leisten, mehr Fleisch zu verwenden, denn es gibt reichlich gute Weiden; in den Wäldern leben Wildschweine, Rehe und Hasen, die für Braten und köstliche Saucen zu den Nudelgerichten sorgen. Italienische und altösterreichische Einflüsse sind in Istrien und im Kvarner am stärksten.

Verglichen mit Istrien ist **Dalmatien** arm und die Küche schlicht. Stärker als in Istrien bestimmt das Meer den Küchenzettel, es wird weniger gegrillt, man gart stattdessen in der Brühe. Aus der Not entstand der *brodet*, der köstliche Fischeintopf, aus Sparsamkeit die Zubereitungsart *na lešo*, im Sud, bei der nichts verloren geht. Aus dem Hinter-

Fischgericht – beliebte Speise in Kroatien

land stammen die Krautrezepte, etwa *salma* (Krautwickel), wie sie auch aus Griechenland und der Türkei bekannt sind; und das beliebteste Gemüse ist der Mangold, den man mit gekochten Kartoffeln vermischt zum *na lešo* gekochten Fisch isst. Lammfleisch und Schafskäse, der köstliche dalmatinische Rohschinken, *pašticada*, Rinderbraten aus der Keule sind den Feiertagen vorbehalten.

Spezialitäten von der kroatischen Küste

Vorspeisen

Kroaten essen gerne eine Vorspeise, und besonders beliebt sind Schinken und Käse, wobei immer Rohschinken und Schafskäse gemeint sind. Ein paar grüne Oliven sollten nicht fehlen. Der Rohschinken, *pršut*, aus Istrien oder Dalmatien ist von höchster Qualität, mit den Industrieschinken, die bei uns auf den Tisch kommen, hat er nichts zu tun. Käse, *sir*, wird praktisch nie nach dem Essen verzehrt, sondern immer als Vorspeise. Der beste und bekannteste Schafskäse, der *paški sir*, kommt aus Pag und man muss ziemlich viel dafür zahlen. Aber auch andere Inseln und Gegenden produzieren hervorragenden Käse. Besonders schmackhaft ist der von Frauen in den Dörfern der Insel Krk hergestellte Schafskäse. Zwar stehen Käse und Schinken getrennt auf der Speisekarte, aber jeder Wirt macht auf Verlangen auch eine gemischte Platte daraus.

Erster Gang

Fischsuppe und *manestra* sind die wichtigsten Suppen an der Küste. Die Fischsuppe ist meist eine passierte Suppe ohne Einlage. *Manestra* ist eine Gemüsesuppe, in die alles hinein kommt, was der Garten gerade hergibt; sie ist nicht

nur dem Namen nach der italienischen Minestrone verwandt. Wo Steinpilze vorkommen, isst man sie gerne im Omelett. In Istrien gibt es die typischen Fuži-Nudeln, hoffentlich hausgemacht, mit einem Wild- oder Rindsragout. Auf Krk zieht man die dortigen *šurlice* vor, die man zum Lammragout reicht. Oder man serviert zu den Ragouts *njoki*, Verwandte der italienischen Gnocchi und der österreichischen Nockerln. Aus der Armeleuteküche Venetiens stammt das Gericht *pasta e fasoi*, zusammen gekochte Nudeln und dicke Bohnen (Saubohnen). Ehemals als Bauerneintopf verachtet, hat es jetzt auch in guten istrischen Restaurants einen Platz.

Hauptgang

Fisch oder Fleisch? Die Antwort gibt auch der Geldbeutel vor: Ein Fischgericht aus Weißfisch (Brasse, Barsch) kostet meist doppelt so viel wie ein Fleischgericht. Fisch und Meeresfrüchte sollten auf der Speisekarte mit Kilopreisen versehen sein, das Kilo Weißfisch ist nicht unter 220 Kn, also um die 30 €, zu haben, die Zubereitung ist dabei unwichtig. Eine anständige Portion Fisch vom Grill für zwei Personen wiegt meist nicht unter 700 g – das ist für die meisten Kroaten zu teuer. Billiger ist nur die Makrele, die man gerne vom Grill isst.

Fisch und anderes Meeresgetier ist besonders schmackhaft, wenn es aus dem Backofen kommt, unter der *peka* mit Kartoffeln gegart wird. Ein großer Kalmar zerschmilzt nach drei oder vier Stunden unter der Glut förmlich auf der Zunge. Die Zubereitung *na lešo*, bei der man die vorher marinierten Fische und Meerestiere in einer Brühe ziehen lässt, eignet sich besonders für den einfacheren Fisch. Dazu wird in Dalmatien Mangold mit Salzkartoffeln serviert. Das Grillen ist nur bei besonders gutem Fisch empfehlenswert. Eine schmackhafte Zubereitungsart für Krusten- und

Wie heißt der Fisch?

Auf Speisekarten sind die Übersetzungen kroatischer Begriffe ins Deutsche oft recht fehlerhaft. Genauer sind die Übersetzungen ins Italienische, zumal einige kroatische Namen italienischer Herkunft sind. Hier also eine kleine Liste in drei Sprachen. A und B bezeichnen Fische sehr guter und guter Qualität, die gebraten oder gegrillt werden, C Fische, die meist gekocht oder geschmort, D Fische, die in Salz oder Öl eingelegt oder frittiert werden.

Kroatisch	Italienisch	Deutsch	Qualität
arbun/rumenac	pagello	Rotbrasse	(B)
barbun	barbon	Rotbarbe	(B)
bukva	boga	Gelbstrieme	(B)
cipal bataš	cefalo	Gewöhnliche Meeräsche	(B)
cipal skošac	muggine dorato	Goldäsche	(A)
grdobina	rospo	Seeteufel	(A, nur Schwanzteil)
inćun/sardon/minćon	alice, acciuga	Sardelle/Anchovis	(D)
iverak/pašara	passera	Flunder	(A)
jegulja/anguja/bizat	anguilla	Flussaal	(A)
kirnja/finka/tenka	cernia gigante	Brauner Zackenbarsch	(C)
kokotić sivac	cappone scuro	Grauer Knurrhahn	(B)
lavrata/podlanica	orata	Goldbrasse	(A)
list/šfoja	sogliola	Seezunge	(A)
lubin/brancin	branzino/spigola	Wolfs(See-)barsch	(A)
oslić/tovar	merluzzo	Seehecht	(B)
patarača	rombo	Lammzunge	(A)
poklopac/razok	rombo di arena	Steinbutt	(A)
šarag	sarago	Bindenbrasse	(A)
škrpun/bodeć	scorpena nera	Brauner Drachenkopf	(C)
skuša/vrnut	scombro	Makrele	(B)
srdela	sardina/sardella	Sardine	(A/D)
srdelica/papalinka	papalina	Sprotte	(D)
trlja kamenjarka	triglia di scoglio	Gestreifte Meerbarbe	(A)
ugor/gruj	grongo	Meeraal	(A)
zubatac/zubac	dentice	Zahnbrasse	(A)

Schalentiere ist *na buzaru* (alla buzzara): Dabei werden die Scampi oder Muscheln (oder, wenn man es sich leisten kann, Hummer) in einer Kräuter-Knoblauch-Olivenölmischung geschmort, was einen wunderbaren Duft ergibt. Ein Gericht besonderer Art ist der *brodet* (brudet) Dalmatiens, ein Fischragout nach Art der Bouillabaisse,

das so gehaltvoll ist, dass man es als Hauptgericht reicht. Für den *brodet* (vom italienischen brodetto) werden verschiedene Fische, Krusten- und Schalentiere in einem Fischsud mit Kräutern geschmort, bis nur noch wenig Saft zurückbleibt. Dazu gibt es Brot oder Polenta. Die beliebten *kalamari*, die man vom Rost oder leicht paniert und frittiert bekommt, sind nicht zu je-der Jahreszeit gleich gut, am besten schmecken sie im Winter und Frühjahr während der Paarungszeit dieser Tiere.

Im Binnenland Istriens und im Hin-terland von Rijeka hat die Forelle ihren festen Platz auf den Speisekarten. Der Aal ist eine Spezialität des Neretva-Del-tas und der unteren Cetina.

Überall an der Küste wird gerne Lammfleisch gegessen. Man schmort Rippchen, Schulter und Haxe zusam-men mit Kartoffeln und Kräutern (Ros-marin, Lorbeer) im Ofen oder unter der *peka*. Das ist natürlich ein Festtagses-sen, für Ostern etwa, kein Gericht für alle Tage. Auch die dalmatinische *pašti-cada*, ein gespickter Rinderschmorbra-ten, kommt nur zu großen Anlässen, Hochzeiten oder Taufen, auf den Tisch. Ökonomischer sind Hackfleischge-richte. Die früher überaus beliebte *pljeskavica*, eine große Frikadelle, zählt dazu. Die mit Hackfleisch ge-füllten Krautwickel, wie sie in Sinj geschätzt werden, sind enge Verwandte der grie-chisch-türkischen *dolmades*, die es, gerne mit einer Eier-Zitronensauce, auch als Hauptgericht gibt.

Zu empfehlen ist schließlich der *bu-rek*, den man in vielen Bäckereien noch warm bekommt und der aus-reichend sättigt. Er besteht aus ei-nem speziellen Strudelteig mit einer Quarkfüllung (wie der türkische Börek, von dem er abstammt), auch andere Füllungen (Mohn, Apfel) sind möglich. Dieses preiswerte Gericht, das man aus der Hand essen kann, ist nicht nur bei spar-samen Zeitgenossen sehr beliebt.

Nachtisch

Süßes kommt in Kroatien selten nach dem Essen auf den Tisch. Nach dem Hauptgang gibt es Kaffee, ein Dessert ist etwas für seltene Feste.

Wer Süßes will, geht in die Kondito-rei und isst dort eine Cremeschnitte,

eine Sachertorte oder ein Nussbeugerl – überall in Kroatien sind diese Relikte österreichisch-ungarischer Backtradi-tion zu finden. Auch die ungemein beliebten Palatschinken, die man mit Marmelade, Walnuss- oder Schokola-denfüllung bekommen kann, stammen aus dieser Tradition. Die Nussstrudel Istriens, das Hefegebäck *pinza*, die im Öl gebackenen *krostuli* (ein Mandelge-bäck) und die ebenfalls frittierten *fri-tule* (Strauben, Spritzkuchen) sind frü-her den Festtagen vorbehalten gewe-sen. Wer Süßes ohne Zuckerzusatz will, greift zu getrockneten Feigen oder fri-schen Früchten, die leider die allerwe-nigsten Restaurants anbieten.

Getränke

Auch wenn Bier immer beliebter wird, ist Wein doch immer noch das Haupt-getränk an der Küste. Gemischt mit normalem Wasser wird er im Kvarner als *bevanda* bezeichnet, ein Begriff, der aus dem Italienischen kommt und ein-fach »Getränk« bedeutet. Wie in vielen anderen Weingegenden trank man den Wein selten pur, nie als Flaschen-, sondern immer als Fasswein; die Reb-sorten änderten sich von Region zu Re-gion, manchmal von Dorf zu Dorf. Glücklicherweise haben die vielen au-tochthonen Rebsorten Istriens und Dal-matiens überlebt und sind sogar noch populärer geworden: etwa Istriens ro-ter Teran, der nur um Vrbnik auf Krk angebaute Žlahtina, die vielen Rot-weine Dalmatiens, die sich nicht nur auf den Plavac beschränken. Die Ten-denz zum Flaschenwein und zu geho-benen Qualitäten ist in Kroatien noch recht neu, das sozialistische Jugosla-wien legte keinen Wert auf individu-elle Weine, sondern förderte die Wein-Großindustrie. In der kurzen Zeit kroa-tischer Selbstständigkeit haben sich

Dutzende von Privatbetrieben auch im Ausland Beachtung als exzellente Weinproduzenten erarbeitet. Weinverkostungen laden zu einem hochinteressanten Streifzug durch eine sich ständig verändernde und entfaltende önologische Landschaft ein.

Aus den Pressresten der Weinkelterung produziert man einen klaren, geschmacklosen Tresterschnaps. Um ihm mehr Aroma zu verleihen, werden Kräuter zugesetzt. Die Raute ist das beliebteste Würzkraut, man kann aber buchstäblich alles, was Aroma gibt, in die Flasche geben (sogar Kaffeebohnen – schmeckt interessant). Im Kvarner, wo es weniger Wein gibt als in Istrien, brennt man den Schnaps aus Feigen.

Wo man isst und trinkt

Es gibt in Kroatien unterschiedliche Restauranttypen. *Bife* heißt wörtlich Buffet, dies kann eine Imbissstube oder eine Kneipe sein. *Gostiona* oder *gostionica* ist ein meist als Familienbetrieb geführtes Gasthaus oder einfaches Restaurant, häufig mit eher traditioneller Küche.

Die einfache Gaststätte mit Grillgerichten, meist nur Fleisch, heißt *grill*. *Konoba* bedeutet eigentlich »Weinkeller«, heute ist dies meist ein Gasthaus im Familienbetrieb mit Hausmannskost. Besonders gern wird dieser Ausdruck in Istrien verwendet. In Touristengebieten benutzt man dafür eher den aus dem Italienischen stammenden Begriff *taverna. Pivnica* bezeichnet ein Gasthaus mit Bierausschank oder einen Bierkeller. In Fremdenverkehrsgebieten trifft man mittlerweile häufig auf *pizzerien. Restoran*, *restaurant*, *restauracija* – so bezeichnet man ein Restaurant mit meist gehobenem Ambiente und ebensolchen Preisen. Ein *riblji restoran* ist ein Fischrestaurant. Hotels bieten in ihren Restaurants meist eine auf den Durchschnittsgeschmack ausgerichtete Kost, die z. B. kein Olivenöl verwendet. *Samoposlužni restoran* heißt Selbstbedienungsrestaurant. In der *Caffe-Bar* oder *kavana* gibt es nur Getränke, kein Essen, nicht einmal ein Brötchen oder ein Croissant (Ausnahmen bestätigen die Regel). *Slastičarna* bezeichnet Eisdiele, Konditorei und Café in einem, ähnlich den mitteleuropäischen Konditoreien.

Aktivurlaub, Sport und Wellness

Kajaken, Raften, Meereskajaken

Kaum ein Aktivurlaub kommt heute noch ohne Raften oder Kajaken aus. An der kroatischen Adriaküste repräsentierten bisher Raftingtouren auf dem Fluss Zrmanja im Velebitgebirge im Hinterland von Zadar und auf der Cetina unweit Split diesen Sport. Die Fahrt auf der Cetina ist beinahe Kult geworden, von ganz Dalmatien aus kann man sie als Tagesausflug buchen.

Meereskajaken ist vor allem in Süddalmatien stark im Kommen. Meist geht man in Gruppen, der Führer gibt vorher eine Einweisung und auch Anfänger können sich so einen Trip zumuten – wenn es wetterbedingt unsicher ist, wird sowieso nicht aufgebrochen. Im Einerkajak fährt man dann an einem Halbtag rund um Lokrum oder erkundet die beiden Seen im Nationalpark Mljet. Das Angebot wird in den nächsten Jahren sicher ausgeweitet werden, fragen Sie im örtlichen Reisebüro nach Seakayaking!

Radfahren

Die weniger befahrenen Straßen im Hinterland Istriens, der Riviera von Crikvenica, jener von Zadar und auf den großen Inseln eignen sich besonders für Radfahrer. Das ideale Fahrrad ist ein gut gefedertes Trekkingbike. Das gilt auch für die ausgeschilderten Radwege, wie sie rund um Umag-Novigrad, Poreč, Novi Vinodolski existieren. Auf den Inseln mit ihren oft noch nicht ausgebauten Straßen und an Küsten mit steilerem Hinterland wie an der Riviera von Makarska oder an jener von Opatija ist hingegen ein Mountainbike von Vorteil. Gerade auf den Inseln, die man mit Ausnahme jener des Kvarner in den wenigsten Fällen mit dem PKW ansteuert, ist das Fahrrad die beste Möglichkeit, um sich umzusehen.

In fast allen Küstenorten kann man ein Fahrrad leihen: In der Regel handelt es sich um robuste, aber recht einfache und meist nicht gefederte Mountainbikes. Die Fahrradverleihe, die oft mit Mofa- und Motorradverleih verbunden sind, befinden sich häufig neben den Großhotels oder an den Busstationen; Hotelportiers sowie die Reiseagenturen kennen die oft wechselnden Adressen.

Für Istrien kann man Fahrradkarten und Wegbeschreibungen anfordern, die mittlerweile von mehreren Orten herausgegeben werden (Umag, Buje, Poreč, Rovinj, Vrsar u. a.). Im Kvarner gibt es eine Broschüre der Tourismusvereinigung, die 19 Fahrradrouten vorstellt: »Mit dem Rad durch den Kvarner«.

Internet: www.istria-bike.com gibt zahlreiche Tipps und Infos für Radfahrer jeder Couleur vom Gelegenheitsradler bis zum passionierten Mountainbiker. Leider ist es auf Istrien beschränkt. Ein Spezialveranstalter für Rad- und Wandertouren ist Wikinger Reisen (www.wikinger-reisen.de); aber auch Riva (www.idriva.de) bietet eine ganze Reihe von Touren an, meist mit Übernachtungen auf klassischen Motorseglern.

Infos im Internet

ACI-Marinas: www.aci-club.hr/aci.htm Die beste Website für die Vorbereitung ist www.skippertips.de – sie ist privat und neutral.

Die **Croatian Diving Federation** veröffentlicht im Internet eine Liste in Kroatien bestehender Tauchzentren: www.diving-hrs.hr. Gleicher Service bei www.dive-ssi.com.

Kajaken, Raften und Meereskajaken: www.riverfree.hr und – **auf Dubrovnik** spezialisiert – www.adriatickayaktours.com

Ein Anbieter für Kajaken, Meereskajaken und Raften **auf der Cetina** ist www.investigator.hr, auf die Cetina spezialisiert ist www.rafting-pinta.com, Cetina-Raftingtouren und Ausflüge bietet www.jut-cetina.hr.

Segeln

Die Außeninseln schützen einen Großteil der kroatischen Adria vor starken Nordweststürmen. Deshalb ist sie, wenn nicht gerade die Bora tobt, ein ideales Segelrevier auch für Ungeübte. Dieser Bereich ist hervorragend durch Jachthäfen erschlossen, die zum Großteil vom kroatischen Jachtverband ACI betrieben werden. Das Mitbringen des eigenen Bootes ist einfach, es wird eine Sicherheitsgebühr, eine Nutzungsabgabe für Schifffahrtseinrichtungen und eine Verwaltungsgebühr erhoben.

Viele Anbieter vermieten Boote auch mit Crew, meist findet man sie in den ACI-Marinas. Die Liste aller kroatischen Jachthäfen und ihrer Preise kann als Broschüre »Croatian Marina rates« bei allen Infostellen angefordert werden.

Die Unterwasserwelt Kroatiens entdecken

Schön ist auch eine Kreuzfahrt mit einem der klassischen, großenteils aus Holz gebauten Motorsegler. Da die Nachfrage sehr groß ist, sollte man dafür rechtzeitig reservieren. Der mit Abstand größte Anbieter ist **Riva Tours**, Neuhauser Str. 27, 80331 München, Tel. 089 23 11 000, Fax 089 23 11 00 22, www.idriva.de.

Tauchen

Die felsige, vielerorts rasch tief abfallende Meeresküste der Kroatischen Adria ist ein ideales Tauchrevier und einer der ältesten Standorte dieses Sports im Mittelmeer. Gewürzt wird das Tauch-erlebnis durch die vielen Schiffswracks, die man besuchen kann. Für den Kvarner werden sie in der Broschüre »Der Genuss des Tauchens« vorgestellt, die man bei den Touristeninformationen bekommt. Viele Tauchtipps und Adressen fast aller Tauchschulen stehen in der ebenfalls kostenlose Broschüre »Tauchen« der Kroatischen Zentrale für Tourismus. Zahlreiche Tauchschulen übernehmen die vor einem Tauchgang vorgeschriebenen Behördengänge – jeder Tauchgang muss angemeldet werden – und stellen die Ausrüstung zur Verfügung. Die Ausbildung, zumeist auch in deutscher Sprache und oft durch deutsche Tauchlehrer, endet mit einem Diplom, das in Deutschland, Österreich und der Schweiz anerkannt wird.

Wandern, Trekking und Klettern

Kroaten wandern gerne und häufig, deshalb gibt es viele gute und gepflegte, bestens markierte Wanderwege in allen Teilen des Landes. Istrien ist von einem wahren Netz von Wanderwegen überzogen, auch das Učka-Massiv bei Opatija ist bestens erschlossen. Die **Nationalparks Nordvelebit** und **Paklenica** haben ein dichtes Netz von guten Wegen und bewirtschafteten Hütten. Eine großartige Trekkingroute

Infos im Internet

www.croatia.hr gibt (auch in Deutsch) unter dem Stichwort »Klettern« recht detaillierte Beschreibungen der Klettermöglichkeiten in den Gebirgen Kroatiens.

Wanderreisen nach Kroatien, einige kombiniert mit Inselspringen mit dem »Velo« (Fahrrad), bietet der Luzerner Reiseveranstalter Baumeler (www.baumeler.ch) an.

verläuft entlang der höchsten Grate über die Gipfel des Velebitgebirges, allerdings sind die Wege an ausgesetzten Stellen zwar gekennzeichnet, aber nicht gesichert, sie sind also wirklich nur für geübte Bergsteiger geeignet. Ein wunderbares Wandergebiet ist außerdem der **Naturpark Biokovo** im Hinterland der Riviera von Makarska, dort gibt es ebenfalls gut markierte Wege und bewirtschaftete Hütten. Auch die **Inseln** bieten schöne Wandermöglichkeiten: Die Televrina auf Lošinj, die Berge um Baška auf Krk, die Vidova Gora auf Brač haben gute und deutlich markierte Wege.

Wandersaison ist von April bis November, im Herbst kann es allerdings stark regnen und im April können im Velebitgebirge noch Schneereste liegen. Die meisten Hütten sind nur Mitte Juni bis Ende August oder Mitte September geöffnet, obwohl Mai und Oktober eigentlich die idealen Monate für Wandertouren sind.

Es gibt Dutzende von Bergsteigerklubs, die zwar im Hrvatski Planinarski Savez, der kroatischen Bergsteigervereinigung, zusammengefasst sind, aber nicht wie die Alpenvereinssektionen intensiv zusammen arbeiten. Es lohnt sich jedoch auf jeden Fall, die Website der Vereinigung aufzusuchen und die oftmals rasch wechselnden Telefon-

nummern (und eventuell Öffnungszeiten) der in Frage kommenden Hütten anzusehen: **Hrvatski Planinarski Savez**, 10000 Zagreb, Kozarčeva 22, Tel./Fax 00385 1 4824142, www.plsavez.hr.

Die **Ausrüstung** sollte mindestens aus knöchelhohen Wanderschuhen, Sonnenschutzmittel, Hut und langen Hosen (wegen der Dornen und als Schutz gegen Schlangenbisse) bestehen. Außerdem muss man viel Wasser mitnehmen, denn im trockenen Karst, der den Großteil der Berge des kroatischen Küstenlandes stellt, findet man nicht sehr oft eine Quelle.

Kletterer zieht es in den Nationalpark Paklenica mit seinen senkrechten und überhängenden griffarmen Wänden, an die untere Cetina, nach Istrien und in die Učka-Gruppe. Auch auf einigen Inseln gibt es Freeclimber-Standorte.

Wassersport

Wer bei einem Strandurlaub die Auswahl haben will, sollte eines der größeren Hotels wählen, die im ganzen Land zu finden sind. Diese Häuser haben nicht nur Pools, ihre Strandanteile sind auch meist gepflegt, selbst wenn sie öffentlich sind, es gibt (manchmal mobile) Umkleidekabinen, Duschen, Vermietung von Tretbooten, Kanus, Surfboards und Bananas. Auch in kleineren Orten bieten die Hotels Wassersportmöglichkeiten an oder verweisen auf nahe private Anbieter. Nicht ganz billig sind Wasserski und Paragliding, wo man an einem Fallschirm von einem Motorboot gezogen wird. Einige wenige Hotels haben bisher die beliebten Wasserrutschen, Aquaparks gibt es nicht.

Windsurfen

Windsurfen ist fast überall möglich, besonders geeignet sind die schmalen

Wasserstraßen mit Ventileffekt und die Außenseiten der großen Inseln. Sehr beliebt sind der Kanal zwischen Istrien und Cres, die Meeresstraße zwischen Pelješac und Korčula sowie die Südwestküste der Insel Brač. Am spannendsten ist Surfen während einer sommerlichen Bora, der ablandige Fallwind aus dem Inneren Kroatiens sollte allerdings die Windstärke von 5 Beaufort nicht überschreiten. In allen größeren Touristenzentren gibt es Brettverleih und Surfschulen, oft in der Nähe der Großhotels.

Feste und Veranstaltungen

Auch wenn der Sommer die Hauptsaison für Feste ist, gibt es doch fast das ganze Jahr über etwas zu feiern. Karneval, Ostern, die Feiertage im Mai mit ihren feierlichen Prozessionen, Sommerfeste und Festspiele, zu Mariae Himmelfahrt wieder Prozessionen, Herbstfeste zur Weinlese und Kastanienernte oder Trüffelernte.

Traditionelle Feste

Karneval
Ganz Kroatien lässt im Karneval den Alltagsmenschen zu Hause und versteckt sich hinter Masken. Vor allem in Rijeka haben Straßenumzüge mit aufwendigen Kostümen lange Tradition, und kaum ein Zuschauer ist nicht ebenfalls verkleidet. Ganz Kroatien nimmt an diesen Umzügen teil, die den Verkehr zum Erliegen bringen, die Saalveranstaltungen werden live im Fernsehen übertragen. In einigen Regionen Küstenkroatiens haben sich alte Bräuche erhalten. So nehmen an den Umzügen im Hinterland von Opatija Glockenträger mit Tiermasken teil, einige in Lammfell gekleidet, andere mit Blumen geschmückt. Auf Lastovo wird der *lastovski poklad* gefeiert, bei dem eine als »Mohr« – wie der Türke aus dem Bilderbuch – gekleidete Stoffpuppe eine große Rolle spielt. Am Abend des Faschingsdienstags wird sie unter Beteiligung der gesamten Inselbevölkerung verbrannt.

Patronatstage
Die Orte mit Schutzheiligen, deren Tage in die Sommermonate fallen, sind gegenüber denen mit Winterheiligen im Vorteil: Man kann aus dem Patronatstag nach der festlichen Prozession durch den Ort ein großes Fest unter freiem Himmel machen, mit Musik und Tanz bis zum frühen Morgen, traditionellen Speisen und viel lokalem Wein. Am 28. April, dem Tag des hl. Vincent, beginnt der Ort Blato auf Korčula die Serie der Patronatstage. Dabei wird von der lokalen »Kumpanija«-Tanz- und Musikgruppe der traditionelle Schwertertanz aufgeführt, wie er auf der Insel auch in anderen Orten verbreitet ist: am Tag des hl. Theodor (27. Juli) in der Stadt Korčula und am Rochustag (16. Aug.) in Postrana und Žrnovo. Diese Schwerttänze, *moreška*, *moštra* oder *kumpanija* genannt, haben eine alte Tradition, die auf die Türkenkriege zurückgeht.

Prozessionen
Mariae Himmelfahrt ist im katholischen Kroatien fast der wichtigste Feiertag; ein Tag, an dem nicht an festlichen Messen, Prozessionen, Musik, Essen und Trinken gespart wird; häufig hält die Pfarrgemeinde alle Gläubigen, auch die Touristen, frei. Marienwall-

Festkalender

Februar
Fest des hl. Blasius: 3. 2., Prozessionen, Umzüge, Musik, Tanz und Rahmenprogramm in Dubrovnik.

Februar/März
Karneval: große Umzüge und Veranstaltungen in Rijeka, archaische Formen von Karnevalsumzügen in den Dörfern über Opatija und Rjeka. Auf Lastovo wird der **Lastovski Poklad** gefeiert.

März/April
Ostern: Prozessionen am Karfreitag und Ostersonntag an den meisten Orten, festliche Messe am Ostersonntag.

April
Kornati Cup: Mitte April, international besetzter Segelcup vor der Insel Murter.
Tag des hl. Vincent: 28. 4., Aufführung der Kumpanija in Blato (Insel Korčula).

Mai
Fest der Madonna von Zečevo: 5. 5., Schiffsprozession von Nin zur Insel.
Raber Armbrustschützenfest an einem Tag im Mai und 3 weiteren im Sommer.

Juni/Juli/August
Festivals, Sommerfeste, Inselfeste und Folklore, in Split findet der **Splitter Sommer** (www.splitsko-ljeto.hr) statt.

Juni
Internationales Kinderfestival in Šibenik.

Johannestag: 24. 6., Ruderregatta von Sv. Ivan nach Vela Luka (Korčula).

Juli
Internationales Klapa-Festival in Omiš mit Chören aus der Küstenregion und anderen Teilen Kroatiens, Österreich und den USA (www.fdk.hr).
Sommerfestspiele in Dubrovnik: Juli/Aug. (www.dubrovnik-festival.hr).
Tag des hl. Theodor: 27. 7., Aufführung der Moreška in Korčula (plus weitere Termine).
Tag der Präfektenwahl in Hum (Istrien): Ende Juli, aus venezianischer Zeit stammende Zeremonie mit Volksfest.

August
Schiffsprozession: 5. 8., von Kukljica (Ugljan) zur Kapelle Gospe od Sniga.
Fest des hl. Lorenz: 10. 8., z. B. in Sv. Lovreč (bei Poreč).
Mariae Himmelfahrt: 15. 8., Festmessen und Prozessionen an vielen Orten. Große Prozession von Stari Grad nach Pag.
Tag des hl. Rochus: 16. 8., Aufführung der Moštra in Postrana und Žrnovo (Insel Korčula), Feste u. a. in Šilo (Insel Krk) und Liganj (bei Lovran).

September
Mariae Geburt: 8. 9., Marienprozessionen, besonders sehenswert in Stari Grad bei Pag und in Solin.
Kastanienfeste: Ende Sept./Anf. Okt., an der Riviera von Opatija (z. B. Lovran).

fahrtsorte wie Trsat sind an diesem Tag das Ziel von Wallfahrtsgruppen, die von weither kommen. Die Frauen tragen häufig die alte Tracht, die man in Kroatien leider so selten außerhalb des Museums bewundern kann. Die Prozession der Madonna des Franziskanerklosters von Stari Grad zur Pfarrkirche von Pag lässt diese alte Tradition besonders charaktervoll wieder lebendig werden.

Reiseinfos von A bis Z

Apotheken

Apotheken (*ljekarna*) gibt es auch in kleineren Städten, selten auf dem Land. Alle wichtigen Medikamente erhältlich.

Ärztliche Versorgung

Die ärztliche Versorgung ist ausreichend, die meisten Krankenhäuser (*bolnica*) entsprechen mitteleuropäischem Standard. Die Ärzte in den Küstengebieten sprechen im Norden häufig Italienisch oder Deutsch, im Süden meist Englisch. Die Europäische Krankenversicherungskarte (EHIC) wird anerkannt. Da z. T. aber nicht alle Kosten übernommen werden, ist es sinnvoll, eine private Auslandskrankenversicherung abzuschließen.

Diplomatische Vertretungen in Kroatien

Botschaft der Bundesrepublik Deutschland
Vukovarska 64
10000 Zagreb
Tel. 01 63 00 100
Fax 01 61 55 536
www.zagreb-diplo.hr

Deutsches Honorarkonsulat
Svačićeva 4,
21000 Split
Tel./Fax 021 40 93 47

Botschaft der Republik Österreich
Radnička česta 80/9 (Zagreb Tower)
10000 Zagreb
Tel. 01 48 81 050
Fax 01 48 34 461
www.aussenministerium.at/zagreb

Österreichisches Konsulat
Konzula Istranina 2
51000 Rijeka
Tel./Fax 051 33 85 54

Klaiceva poljana 1
21000 Split
Tel. 021 34 54 44
Fax 021 32 25 35

Botschaft der Schweiz
Bogovićeva 3
10000 Zagreb
Tel. 01 48 78 800
Fax 01 48 10 890
www.eda.admin.ch/zagreb

Elektrizität

Die Netzspannung beträgt 220 V, 50 Hz Wechselstrom. Die Steckdosen entsprechen denjenigen in Mitteleuropa.

Emails und Internetzugang

Emails kann man z. B. in den sich stetig vermehrenden Internetcafés abrufen. Die meisten haben nur wenige freie PCs, da der Rest für Computerspiele eingesetzt wird. In größeren Orten gibt es entweder in den Touristeninfostellen, den Stadtbibliotheken oder – in Universitätsstädten – einem Fakultätsgebäude PCs mit Internetanschluss, an denen man kostenlos arbeiten kann. WLAN-Hotspots gibt es z. B. in großen Hotels, gratis WLAN bieten einige Städte (z. B. Rijeka) und größere Fremdenverkehrsorte (z. B. Opatija) im öffentlichen Bereich an. Das nächste Internetcafé und den nächsten WLAN-Hotspot findet man auf www.worldofinternetcafes. de, www.hotspot-locations.com.

Feiertage

1. Jan. – Neujahr
Ostersonntag und **Ostermontag**
1. Mai – Tag der Arbeit
Fronleichnam
22. Juni – Tag des antifaschistischen Kampfes
5. Aug. – Tag der Heimat (»Siegestag«)
15. Aug. – Mariae Himmelfahrt
8. Okt. – Unabhängigkeitstag
1. Nov. – Allerheiligen
25. und 26. Dez. – Weihnachten

FKK

In Kroatien wurde die Freikörperkultur sozusagen erfunden – seit den 1930er-Jahren gibt es Nacktbadestrände. Das sozialistische Ordnungswesen hat den FKK-Stränden eher verschwiegene Ecken zugewiesen, etwa die letzte Bucht auf der Halbinsel von Punta Križa auf Cres. Aber man hat sich so an die Nacktbader gewöhnt, dass sie gelegentlich auch an anderen Stränden akzeptiert werden. Eine komplette Liste kroatischer FKK-Campingplätze unter: www.croatia.hr, Rubrik Unterkunft/ Campingplätze, »Naturistencamping-platz«.

Fotografieren

In Museen darf nicht immer fotografiert werden, Aufnahmen mit Stativ sind im Allgemeinen verboten. In vielen Kirchen ist das Fotografieren nicht erlaubt.

Geld

Die Landeswährung ist die Kuna (Mehrzahl Kune) zu 100 Lipa. Der Kurs der Kuna lag im Juni 2012 bei 1 € = 7,54 Kn (1 Kn = 0,13 €). Auch in kleineren Orten gibt es EC-Automaten (nur Maestro Bankkarten!), es können jeweils bis 2000 Kn abgehoben werden. Reiseschecks werden in Wechselstuben eingetauscht. Diese gibt es in allen, auch kleineren Orten – meist übernimmt ein Reisebüro diese Funktion. Kreditkarten sind bisher nur in Hotels, Restaurants und Läden des gehobenen Bedarfs einsetzbar.

Karten

Passable Straßenkarten für das gesamte Land sind in unterschiedlichen Maßstäben erhältlich, z. B. die beiden Karten im Maßstab 1:200 000 von Marco Polo »Istrien, Kroatische Küste Nord und Mitte« sowie »Kroatische Küste Mitte und Süd«. Diese Karten sind im Buchhandel der deutschsprachigen Länder zu erwerben, zum Teil werden sie sogar in Kroatien angeboten. Für Wanderer und Bergsteiger sowie für Radfahrer eignen sich z. B. die Kompass-Wanderkarte 1:100 000 Dalmatinische Küste in drei Blättern (1–3) sowie die Karten von SMAND in 42205 Vidoveć, Cargovec 87. Letztere erhält man nur in Buchhandlungen der größeren Städte.

Kinder

Kroaten lieben Kinder und schleppen sie überall mit hin. Als Gast hat man das gleiche Privileg: Kein Restaurantbesitzer würde sich über ein schreiendes Baby oder zwischen den Tischen spielende Kinder aufregen. Die großen Hotels besitzen sämtlich Kinderbecken, einige haben Animation und Betreuung für Kinder im Programm. Viele Hotels bieten Ermäßigungen für Kinder bis zu 14 Jahren an, in der Nebensaison kann das bedeuten, dass man nichts bezahlen muss. Üblicherweise können zwei Erwachsene mit maximal drei Kindern bis 14 Jahre in zwei Doppelzimmern eine Ermäßigung von 30 % erwarten. Kinder unter 2 Jahren reisen kostenfrei.

Flache, kindergeeignete Strände findet man in Westistrien, Mali Lošinj, Punat, Baška, Nin, an der Riviera von Zadar, auf Primošten und in den flacheren Bereichen der dalmatinischen Inseln wie um Supetar und Stari Grad, aber auch an der Riviera von Makarska. Reine Sandstrände sind rar und überlaufen (wie in Lopar auf Rab) und nicht so aufregend für Kinder, die lieber in abwechslungsreichem Gelände spielen und auf fast allen Inseln kleine Felsenklippen entdecken können.

Medien

Radio und Fernsehen

Radionachrichten in englischer Sprache können Sie täglich um 8.03 (sonntags 9.03), 10.03, 14.03 und 20.03 Uhr auf der Frequenz 92,1 MHz hören. Verkehrssendungen tgl. 7.30–20.30 Uhr jede Stunde in Deutsch und Englisch im ersten Programm des Kroatischen Rundfunks, die Frequenzen stehen entlang von Hauptstraßen auf den Begrenzungspflöcken. Die kroatischen Fernsehsender bringen – wie die Kinos – alle Filme in Originalsprache.

Zeitungen

Von den kroatischen Zeitungen hat Vjesnik das höchste Ansehen. Für die italienische Minderheit erscheint La Voce del Popolo, vor einigen Jahren noch in Rijeka/Fiume herausgebracht, heute Beilage des Triestiner Il Piccolo. Deutschsprachige Zeitungen sind in den Touristenorten meist einen Tag nach Erscheinen an den Kiosken zu bekommen.

Mehrwertsteuerrückerstattung

Steuerausländer können sich für in Kroatien erworbene Waren (mit Ausnahme von Treibstoffen) die Mehrwertsteuer rückerstatten lassen. Die Einzelrechnung muss über 500 Kn ausmachen, für jeden Kauf muss vom Verkäufer ein PDV-P-Formular ausgefüllt und bestätigt werden. Bei der Ausreise müssen die Rechnungen schließlich beim Zollamt beglaubigt werden, dann kann man die Mehrwertsteuer innerhalb eines halben Jahres persönlich oder schriftlich direkt vom Verkäufer zurückfordern.

Notruf

Notruf: 112
Polizei: 92
Feuerwehr: 93
Unfall: 94
Pannendienst des kroatischen Automobilclubs HAK: 987
Seenot-Rettungsdienst: 9155
Sperrung von Handys, EC- und Kreditkarten: +49 116 116

Öffnungszeiten

Die Öffnungszeiten sind geregelt, werden aber sehr locker gehandhabt. So dürfen normale Läden (außer Lebensmittelläden) am Sonntag nicht öffnen, die Ausnahme sind touristische Orte, was sehr großzügig ausgelegt wird. Geschäfte sind meist von 8 bis 20 Uhr geöffnet, in manchen Städten wird vor allem im Sommer oft eine Mittagspause eingehalten, die von ca. 12/13 bis 15/16 Uhr dauert. In den Haupt-Tourismusgebieten haben die Geschäfte länger und oft auch am Sonntag geöffnet, manche sogar rund um die Uhr.

Spartipps

Aufschläge für einen Aufenthalt unter drei oder vier Nächten in Hotels und Apartments reißen ein großes Loch in die Reisekasse, sie können bis zu 30 % betragen. Es lohnt sich also auf jeden Fall, länger an einem Ort zu bleiben statt ständig den Standort zu wechseln. Die Preise pro Saison können um bis zu 400 % schwanken, ein Apartment für zwei kostet mal 45 € im März, dann 170 € im August. In der Hauptsaison wird man kaum einen niedrigeren Preis bekommen, in der Nebensaison lohnt es sich zu handeln. Die Zimmerpreise sind keine Festpreise!

Wer nicht allzu großen Wert auf feine Zubereitungen legt, sollte an Halbpension denken statt Zimmer mit Frühstück. Die Aufschläge für das Abendessen betragen oft nur 15–20 Kn, also 2–3 €. Im Restaurant muss man für ein Essen mit mindestens 10–15 € rechnen. Wer von Nord nach Süd unterwegs ist, sollte einen Blick auf die Fähren werfen, mit denen man fast durchgehend von Brestova nach Dubrovnik kommt: Sie sind Dank staatlicher Zuschüsse so billig (auch mit PKW), dass die Benzinkosten auf der Straße fast höher kommen.

Die täglichen Grünmärkte der Städte starten meistens um 6 Uhr und dauern bis zum frühen Nachmittag. Postämter sind Mo–Fr 7–19, an einigen Orten auch bis 21 Uhr, Sa 7–13 Uhr geöffnet, Banken Mo bis Fr 8–19 Uhr. In kleineren Orten gibt es zwischen 12 und 15 Uhr eine Mittagspause. Tankstellen sind täglich von 7–19/20 Uhr, im Sommer bis 22 Uhr geöffnet, in größeren Städten und entlang der großen Hauptachsen auch rund um die Uhr. Museen sind nicht einheitlich geöffnet; wo feste Öffnungszeiten gegeben sind, werden sie bei den Ortsbeschrei-bungen erwähnt. Besonders kleinere Kirchen sind oft verschlossen, manchmal haben die Nachbarn den Schlüssel oder wissen, wo er zu bekommen ist. Restaurants haben in den Touristengebieten während der Hauptsaison meist täglich geöffnet. Während der Nebensaison und im Winter ist sonntagmittags kaum ein Restaurant zu finden, abends machen einige wenige auf.

Post

Briefmarken gibt es in Postämtern, dort kann man auch Faxe versenden, die Preise sind hier niedriger als im Hotel.

Reisekasse und Preise

Kroatien ist kein Billigland, die Preise der für Urlauber wichtigen Produkte und Dienstleistungen entsprechen dem mitteleuropäischen Standard. Besonders teuer ist Fisch, das Kilo kostet mindestens 30 €, in besseren Restaurants bis zu 50 €. **Unterkunft:** Privatzimmer ab 20 € pro DZ; Mittelklassehotel ab 45 € pro DZ (Nebensaison); Vier-Sterne-Hotel ab 80 € pro DZ (Nebensaison)
Essen und Trinken: 1 Flasche Bier/0,3 l offener Wein 2–5 €; Essen im Restaurant ab 10 € pro Person (ohne Getränke); Espresso 0,60–1,50 €.
Verkehrsmittel: Taxifahrt 3 km ca. 7 €; Busfahrt z.B. Rijeka–Krk, 52 km, 5 € (inkl. Brückenmaut); Split–Makarska, 70 km, 4 €

Reisen mit Handicap

Kroatien ist noch nicht auf Behinderte eingestellt, wenige öffentliche Einrichtungen und Hotels sind behindertengerecht. Die Internetseite www.myhandi cap.de bzw. www.myhandicap.ch bietet Hilfestellungen für das Reisen von Behinderten. Im Kvarner z.B. gibt es Strände für Behinderte ebenso in Baška, Crikvenica, Malinska und Novi Vindolski.

Sicherheit

Kroatien ist für Touristen ein sicheres Land, Diebstähle sind selten, Überfälle kommen praktisch nicht vor. Gefährlich sind jedoch die zahllosen Land-minen, Hinterlassenschaften der kriegerischen Auseinandersetzungen von 1991–1995, vor allem im südöstlichen Gorski Kotar, zwischen Knin und Zadar und um Dubrovnik bzw. im Konavle. Wenn man sich abseits üblicher touristischer Wege bewegen will, muss man sich immer bei lokalen Stellen über die mögliche Verminung des Gebietes informieren.

Souvenirs

Neben den Spitzen von der Insel Pag und Filigranschmuck kommen vor allem ess- und trinkbare Mitbringsel in Frage. Kräuter zum Würzen und für Heiltees werden vor allem an der Küste verkauft. Hvar ist für seinen Lavendel bekannt, der auch als Lavendelöl in Fläschchen angeboten wird. Besonders schmackhafte kulinarische Mitbringsel sind die Tresterschnäpse (Grappa), die häufig mit Kräutern angesetzt werden. Maraschino, ein Sauerkirschlikör mit geschützter Marke und Herkunftsbezeichnung, wird in Zadar hergestellt. Weine werden fast im ganzen Land angeboten. Der berühmte Schafskäse aus Pag, Schinken aus Dalmatien oder Istrien, getrocknete Feigen von den Inseln, Olivenöl vor allem aus Istrien und dem Kvarner und Honig aus fast allen Regionen sind köstliche Mitbringsel.

Telefonieren

Vorwahl Deutschland: 00 49
Vorwahl Österreich: 00 43
Vorwahl Schweiz: 00 41
Vorwahl Kroatien: 00 385
Bei Anrufen nach Kroatien folgt nach der Ländervorwahl die Rufnummer ohne 0. Im Land ist immer die komplette Nummer inklusive Ortsnetzkennzahl (z.B. 01 für Zagreb) zu wählen. Die Auskunft erreicht man in Kroatien unter 988, international unter 902. Das rasch wachsende Netz bedingt ständige Änderungen der Rufnummern. Telefonkarten bekommt man am Kiosk und im Tabakladen. Sowohl das D1- als auch das D2-Netz können benutzt werden, auf den küstenabgewandten Seiten der kleineren Inseln kann es jedoch Zonen ohne Netz geben. Es gibt derzeit zwei Hauptanbieter: T-Mobile (099+/098+) und Vipnet/Vodafone (091+/092+), weniger verbreitet ist Tele 2 (095+).

Trinkgeld

Die Preise der Restaurants enthalten bereits ein Bedienungsgeld, man rundet die Rechnung aber normalerweise auf. Taxifahrer erwarten wie ihre Kollegen in aller Welt einen Obulus von 10–15 % des Fahrpreises.

Trinkwasser

Überall in Kroatien ist das Wasser aus Wasserhähnen trinkbar, es schmeckt nur nicht überall.

Zeit

Kroatien hat wie Deutschland, Österreich und die Schweiz die mitteleuropäische Zeit, im Sommer die Sommerzeit.

Panorama – Daten, Essays, Hintergründe

Traumhafter Blick über die Insel Mljet

Lage und Erstreckung: Die Küste des kroatischen Adriaanteils ist 1778 km lang. Die Küstenlänge der Inseln beträgt weitere 4012 km.

Fläche: Kroatien umfasst 56 594 km^2, der als exklusiv beanspruchte Meeresanteil umfasst 57 000 km^2.

Hauptstadt: Zagreb (793 000 Einwohner)

Einwohner: 4 290 612 (2011)

Die größten Städte an der Küste: Split (189 000 Einw.), Rijeka (168 000 Einw.), Zadar (76 000 Einw.), Pula (58 000 Einw.)

Währung: Kuna (1 € = 7,54 Kn)

Zeitzone: Kroatien hat mitteleuropäische Zeit (MEZ) und Sommerzeit.

Geografie und Natur

Die Küstengebirge und Inseln Kroatiens sind ein alpines Faltengebirge, das nach den Eiszeiten teilweise vom Meer überflutet wurde. Der Untergrund ist meist wasserdurchlässiges Kalkgestein, in dem sich Höhlen bilden und das kaum oberirdische Gewässer zulässt. Das Mittelmeerklima ist durch milde, regenreiche Winter und heiße, trockene Sommer gekennzeichnet, wobei die winterliche Regenmenge durch die vom Global Warming bewirkte Verschiebung der Klimazonen tendenziell (und in den letzten Jahren recht deutlich) abnimmt, während die Sommertemperaturen noch ansteigen. Die Vegetation ist typisch mediterran, der Ölbaum ist weit verbreitet.

Geschichte und Kultur

Das heutige Kroatien der Küsten und Inseln wurde erst im 7. Jahrhundert von Kroaten besiedelt. Im 10. Jahrhundert wurde Kroatien ein König-

reich, das von Anfang an beste Beziehungen zum Papst hatte. Ungarische und venezianische Herrschaft folgten, dann Österreich und schließlich Jugoslawien, dem sich Kroatien ursprünglich mit Begeisterung anschloss. Nach dem Ersten wie nach dem Zweiten Weltkrieg verflog die Begeisterung schnell. Nach Titos Tod kam es 1991 zum Krieg mit Rest-Jugoslawien, er wurde erst 1998 endgültig beendet. Stärker als im gleichmacherischen Jugoslawien können Kroaten sich heute wieder auf ihre kulturellen Wurzeln besinnen, die alten Kostüme, Klapa-Gesang und Kolo-Tanz, vergessene Dichter und übersehene Maler ausgraben.

Staat und Verwaltung

Kroatien ist eine parlamentarische Demokratie, das Parlament ist ein Repräsentantenhaus, acht von 100 bis 160 Plätzen sind für Minderheiten reserviert. Von 2003 bis 2011 regierte eine Mitte-Links-Koalition mit Premierminister Ivo Sanader (bis 2009) bzw. Jadranka Kosor, unter deren Regierung ihr Vorgänger wegen Korruptionsverdacht zuerst seiner diplomatischen Immunität verlustig ging und dann nach Flucht und Auslieferung durch österreichische Behörden vor Gericht gestellt wurde. Jadranka Kosor und ihre

Regierung wurden im Herbst 2011 abgewählt, eine linksliberale Koalition unter dem Premierminister Zoran Milanović löste sie ab. Noch unter Jadranka Kosor führten die Verhandlungen mit der EU zum Erfolg: Kroatien wird der Europäischen Union Mitte 2013 beitreten.

Wirtschaft und Tourismus

Bis 1999 war der Wirtschaftskurs Kroatiens von striktem Protektionismus geprägt. Erst ab 2000 begann man mit Maßnahmen zur Liberalisierung und Privatisierung der Wirtschaft. Unrentable Großbetriebe wurden größtenteils stillgelegt. Doch weder die Liberalisierungsbemühungen noch das Einströmen ausländischen Kapitals haben die hohe Arbeitslosenrate (März 2012 offiziell 15,9 %) zu senken vermocht und haben sich stark auf inflationäre Tendenzen ausgewirkt, zumal der Kurs der kroatischen Währung nicht frei und die Staatsverschuldung enorm ist. Die Probleme werden durch einen Überhang von Staatsangestellten und Militär und die Notwendigkeit zur Repatriierung von bis zu 400 000 Flüchtlingen (bisher ca. 60 000 bis 160 000 – je nach Quelle) verschärft. Bei niedrigen Einkommen und hohen Lebenshaltungskosten öffnet sich zunehmend die Kluft zwischen Reich und Arm. Die globale Wirtschaftskrise hat sich stark ausgewirkt, zumal Kroatiens Boom auf kräftigen Schulden basierte: nach den jüngsten staatlichen Angaben war 2010 die Relation zwischen Importen und Exporten 100:58,8 – was allerdings gegenüber dem Vorjahr eine Verbesserung um fast 10 % bedeutete.

Seit Jahren ist der Tourismus in Kroatien stark im Kommen und erzielt zweistellige Zuwachsraten. Die Zentren des Pauschaltourismus, wie er in Tito-Jugoslawien aufgebaut wurde, haben durch Renovierung und zusätzliche Neubauten wieder an Attraktivität gewonnen, während neue touristische Zonen entstehen. Ausländisches Kapital vorwiegend aus Österreich hat zum Aufbau eines Angebots an Luxushotels geführt, die eine betuchte ausländische Klientel anlocken. In Dubrovnik hat der durch den Krieg unterbrochene Kreuzfahrtentourismus längst wieder eingesetzt und die Stadt zu einem der wichtigsten Häfen des Ostmittelmeeres gemacht.

Bevölkerung

Von den 4 290 612 Einwohnern Kroatiens (Volkszählung 2011) leben etwa 1,4 Mio. in den Küstengebieten und im unmittelbaren Hinterland. Die größte Minderheit an den Küsten und auf den Inseln ist die italienische (19 500), die vor allem in Istrien und Rijeka (Fiume) wohnt. Die serbische Bevölkerung, die während des »Vaterlandskrieges« (1991–95) geflohen war, ist zum Teil nach Kroatien zurückgekehrt (heute sind 4,4 % der Bevölkerung Serben).

Religion

Die Mehrheit der kroatischen und der italienisch-stämmigen Bevölkerung gehört der römisch-katholischen Kirche an, etwa 10 % sind ohne Religionszugehörigkeit. Es gibt orthodoxe (4,5 %) und muslimische (unter 2 %) Minderheiten. Die Zugehörigkeit zur katholischen Kirche ist ein wesentliches Element der Selbstdefinition der Kroaten.

Vor- und Frühgeschichte

Ab 10 000 v. Chr. Während der mittleren Altsteinzeit leben im Raum des heutigen Kroatien Neandertaler; die ältesten Funde stammen von der Insel Korčula. Jungsteinzeitliche Fischer, Jäger und Sammler (ab 5500 v. Chr.) stellen Tongeschirr in aufwendigen Formen her.

Ab 2500 v. Chr. In der Frühen Bronzezeit entwickelt sich an der Küste und auf den Inseln eine megalithische Kultur, deren Wallburgen und Großsteinbauten sich besonders auf Brač und Hvar erhalten haben. Ab 1600 (Mittlere und Späte Bronzezeit) wird die Urbevölkerung allmählich von zugewanderten »Illyrern« verdrängt.

700–500 v. Chr. Während der frühen Eisenzeit entwickelt sich in Dalmatien, das von den seefahrenden Liburnern besiedelt ist, eine eigenständige Kultur. Es entstehen große Wallanlagen um die küstennahen Siedlungen, z. B. in Nin und Zadar.

Griechische Kolonisation und Römische Herrschaft

Ab 385 Griechische Siedler folgen den Handelsschiffen: Auf Hvar gründen Dorer aus Syrakus die Stadt Pharos (Stari Grad), auf Vis gründen Ionier aus Paros den Ort Issa (Vis).

Ab 200 v. Chr. Griechen aus Issa gründen Tragurion (Trogir). Rom beginnt mit der Eroberung Dalmatiens und fasst seine Besitzungen im heutigen Küstenkroatien in einer Provinz Illyricum zusammen.

Ab 9/10 v. Chr. Als größte Städte im heutigen Küstenkroatien entwickeln sich Pietas Iulia (Pula), die Hauptstadt Salona (Solin) und Narona (Vid).

284–305 Regierungszeit Kaiser Diokletians, der sich in der Nähe von Salona einen Palast errichten lässt, die Keimzelle des heutigen Split.

313 Mit dem Toleranzedikt von Mailand endet die Christenverfolgung, Salona wird zum wichtigsten Bistum der gesamten Provinz.

Byzantinische Herrschaft (395–800)

395 Nach der Teilung des Römischen Reiches wird Illyrien-Dalmatien Teil Westroms, ab 533 gehört es zu Ostrom (Byzanz).

5. Jh. Germanische Stämme durchqueren den Balkan, unter Theoderich dem Großen ist Kroatien Teil des Ostgotenreiches.

614 Awaren zerstören Salona. Mit ihnen dringen slawische Siedler in das Land ein, die allmählich die bisherige Bevölkerung ersetzen. Nur in einigen Küstenstädten halten sich unter byzantinischem Schutz spätantike Kultur und Sprache.

Kroatischer Nationalstaat (um 800–1102)

Um 800 Fränkische Heere erobern fast das gesamte byzantinische Dalmatien, die Küstenstädte bleiben byzantinisch.

Um 830 Kroatische Piraten von der Neretva kapern venezianische Schiffe, Venedig führt erstmals eine Flottenexpedition in Dalmatien durch.

864 Fürst Trpimir (845–864) stimmt der Gründung des Bistums Nin zu, damit beginnt die Anlehnung Kroatiens an die römische Kirche.

879–892 Während der Regierungszeit des Fürsten Branimir wird die von den »Slawenaposteln« Konstantin (Kyrill) und Methodius entwickelte glagolitische Schrift übernommen.

925 Fürst Tomislav aus der Familie des Trpimir wird mit Zustimmung des Papstes zum ersten kroatischen König gekrönt.

Um 1000 Der venezianische Doge Pietro II. Orseolo erobert Dalmatiens Küstenstädte und mehrere Inseln.

1058–1074 Mit Petar Krešimir IV. kann sich erstmals ein kroatischer Herrscher der Küstenstädte bemächtigen.

Rekonstruktion des Diokletianspalastes

1091   Der letzte kroatische König Stephan II. stirbt kinderlos, auf ihn folgt der ungarische König Koloman, der 1102 in Personalunion König von Kroatien wird.

Zwischen Ungarn und Venedig (1102–1420)

1203/04 Venedig wird nach der Eroberung Konstantinopels die wichtigste Macht der Adria und annektiert Ragusa.

1385   Während Venedig und Ungarn Krieg führen, kann sich Ragusa (Dubrovnik) wieder vom venezianischen Joch befreien.

1389   Auf dem Amselfeld im Kosovo wird die serbische Streitmacht von den Türken vernichtet.

1409   Ladislaus von Neapel-Anjou, einer der Anwärter auf den kroatisch-ungarischen Thron, verkauft Zadar, Novigrad, Pag und weitere Teile Dalmatiens an Venedig.

Venezianische und osmanische Herrschaft (1420–1683)

1420   Venedig erobert fast sämtliche Inseln der Ostadria mit Ausnahme des Territoriums der Republik Ragusa.

1467   Türkische Truppen stehen erstmals vor dalmatinischen Städten.

1526   König Ludwig II. von Ungarn und Kroatien fällt in der Schlacht von Mohacs gegen die Türken. Der Habsburger Ferdinand wird zum kroatischen König ausgerufen.

1571   Seeschlacht von Lepanto, Sieg der Christenallianz über die türkische Flotte.

1667   Erdbeben in Dubrovnik, die Stadt wird fast völlig zerstört.

Die Rückeroberung Kroatiens (1683–1797)

1683–1699 Nach der zweiten Türkenbelagerung Wiens führt die österreichische Balkanoffensive zur Befreiung Kroatiens von den Türken.

1714–1718 Venedig erobert Gebiete in Süddalmatien. Die Republik Ragusa überlässt den Türken einen Korridor zur Adria, die heutige bosnische Enklave Neum.

1797   Die unter Kaiser Joseph II. erlassenen Reformen wie Aufhebung der Leibeigenschaft, Religionstoleranz und Aufhebung der kontemplativen Orden werden auch in Dalmatien eingeführt.

1797	Französische Truppen zwingen den letzten venezianischen Dogen zur Abdankung.

Das 19. Jahrhundert

1808	Französische Truppen lösen die Republik Ragusa (Dubrovnik) auf.
1815	Im Wiener Kongress erhält Österreich Venedig und dessen oberitalienische und kroatische Besitzungen.
Vor 1848	Wegen des zunehmenden Drucks der Ungarn, ihnen die Souveränitätsrechte über Kroatien zurückzugeben, werden kroatische Belange immer stärker in Budapest entschieden. Im Gegenzug entwickelt sich der kroatische Nationalismus.
1848	Der kroatische Ban Josip Jelačić rettet durch sein Eingreifen gegen die ungarischen Revolutionäre die Habsburger Monarchie.
1866	Schlacht von Lissa (Vis): Die österreichische Flotte unter Tegethoff besiegt die Italiener.
1867	Österreich gewährt Ungarn den ›Ausgleich‹, Fiume (Rijeka) wird zum ungarischen Mittelmeerhafen ausgebaut.

Das 20. Jahrhundert

Vor 1914	Die späte Gründerzeit bringt an die kroatischen Küsten erste Einnahmen aus dem Fremdenverkehr. Es entstehen die Kurorte Abbazia (Opatija), Crikvenica sowie Lussin Grande (Veli Lošinj).
1914–1918	Im Ersten Weltkrieg kämpfen kroatische Soldaten an der Seite Österreich-Ungarns.
1918	Der Sabor, der kroatische Landtag, bricht am 29. Oktober alle Beziehungen zu Österreich-Ungarn ab, Kroatien tritt in den »Staat der Slowenen, Kroaten und Serben« ein (ab 1. Dezember »Königreich der Serben, Kroaten und Slowenen«).
1920	Im Vertrag von Rapallo erhält Italien Istrien, Zadar, Cres, Lošinj, Lastovo und Palagruža, 1924 okkupiert es auch Rijeka.
1924	König Alexander löst den kroatischen Landtag auf und lässt Kroatien von Belgrad aus verwalten.
1929	König Alexander setzt die Verfassung aus und regiert als Diktator, der Staatsname wird zu »Königreich Jugoslawien« geändert.

1934	König Alexander fällt einem Attentat kroatischer Separatisten zum Opfer.
1941	Deutsche Truppen überrennen Jugoslawien. Ante Pavelić, Führer der national-radikalen Ustaša-Bewegung, ruft am 10. April einen unabhängigen kroatischen Staat aus. Im gleichen Jahr beginnen kommunistische Partisanenoperationen unter dem Kroaten Josip Broz Tito, seit 1937 Parteichef.
1943–47	Proklamation eines neuen jugoslawischen Staates 1943 in Jajce (Bosnien). 1945 konstituiert sich die Föderalistische Republik Jugoslawien. Die italienisch besetzten Gebiete werden bis 1947 zurückgegeben, der Streit um Istrien zieht sich noch länger hin. 300 000 Italo-Kroaten und Italiener verlassen das Land.
1953	Tito wird Staatspräsident auf Lebenszeit.
Ab ca. 1960	Beginn des touristischen Ausbaus der Küste, Bau der Adriatischen Küstenstraße, Industrialisierung. Zahlreiche Gastarbeiter in Mitteleuropa.
1980	Tod Titos am 4. Mai.

Unabhängigkeit und Ära Tuđman

1990	Bei gesamt-jugoslawischen Wahlen erhält in der Teilrepublik Kroatien die Partei HDZ (Kroatische Demokratische Gemeinschaft) die Mehrheit, ihr Vorsitzender Franjo Tuđman wird Präsident der Republik.
1991	Im Mai stimmen 93,24 % der wahlberechtigten Bevölkerung in einem Referendum für ein unabhängiges souveränes Kroatien. Slowenien und Kroatien lösen sich von Jugoslawien. Noch im Oktober dieses Jahres wird Dubrovnik von serbisch-montenegrinischen Truppen bombardiert.
1992	Beginn des »Vaterlandskrieges« zur Verteidigung der territorialen Integrität der jungen Republik. Als erster Staat der EU anerkennt Deutschland das unabhängige Kroatien. Im Mai wird Kroatien in die Uno aufgenommen. Zu diesem Zeitpunkt ist ein Drittel des staatlichen Territoriums in serbischer Hand.
1995	Kroatische Truppen befreien im Mai Ostslawonien und im August die Krajina, 200 000 Serben flüchten oder werden vertrieben. Im Herbst wird im Dayton-Abkommen die Rückgabe von Ostslawonien, Baranja und Krajina an Kroatien ausgehandelt (bis 1998).

1999   Franjo Tuđman stirbt am 10. Dezember 1999.

Ein neuer Anfang

2000   Bei den Parlamentswahlen gewinnt die Kroatische Sozialliberale Partei (HSLS) des Ivica Račan im Wahlbündnis mit fünf weiteren Parteien. Ivica Račan wird neuer Premierminister mit einer Links-Mitte-Regierungskoalition, der Zentrumspolitiker Stipe Mesić (HNS = Kroatische Volkpartei) kroatischer Präsident. Die Regierung legt sich auf einen anti-protektionistischen, liberalen Wirtschaftskurs fest.

2001   Assoziationsvertrag mit der EU. Die rasche Liberalisierung und Privatisierung sowie der Abbau des Stellenüberhangs aus der Ära Tuđman führen zu großen wirtschaftlichen Problemen. In den Küstengebieten erzielt der Tourismus wachsende Zuwachsraten. Der Wimbledonsieg von Ivanišević stärkt das Selbstvertrauen der Kroaten.

2003   Bei den Parlamentswahlen im November gewinnt die HDZ, Premierminister wird Ivo Sanader, der nach dem Tod Tuđmans dessen Partei zu einer Volkspartei mitteleuropäischen Stils umgeformt hatte.

2007   Bei den Neuwahlen im Dezember büßt Sanaders HDZ einige Sitze ein, kann aber Dank verbündeter Parteien ein neues Kabinett bilden.

2008   Die zum 1. Januar unilateral erklärte exklusive Fischereizone muss im März wegen des Widerstands von Slowenien und Italien zurückgenommen werden. Im gleichen Monat beginnt in Den Haag der Kriegsverbrecherprozess gegen Ante Gotovina und zwei weitere Ex-Generäle.

2009   Im Sommer tritt Ministerpräsident Sanader überraschend zurück, Nachfolgerin wird Jadranka Kosor. Ebenfalls im Sommer wird Kroatien als Mitglied in die NATO aufgenommen.

2010   Bei den Präsidentenneuwahlen im Januar siegt der Sozialdemokrat Ivo Josipović. Im Juni stimmen die Slowenen über den Grenzkonflikt mit Kroatien ab, die Mehrheit ist dafür und macht so den Weg für ein Schiedsverfahren frei – Bedingung für die Aufnahme in die EU.

2011   Sanader wird wegen Korruptionsverdacht vor Gericht gestellt; Beitrittsvertrag mit der EU, der Beitritt ist für Mitte 2013 geplant. Im Herbst Neuwahlen: Abwahl der HDZ, neue Regierung Mitte Links, Premier ist Zoran Milanović.

2012   Beim Referendum über den EU-Beitritt stimmen zwei Drittel der Wähler dafür.

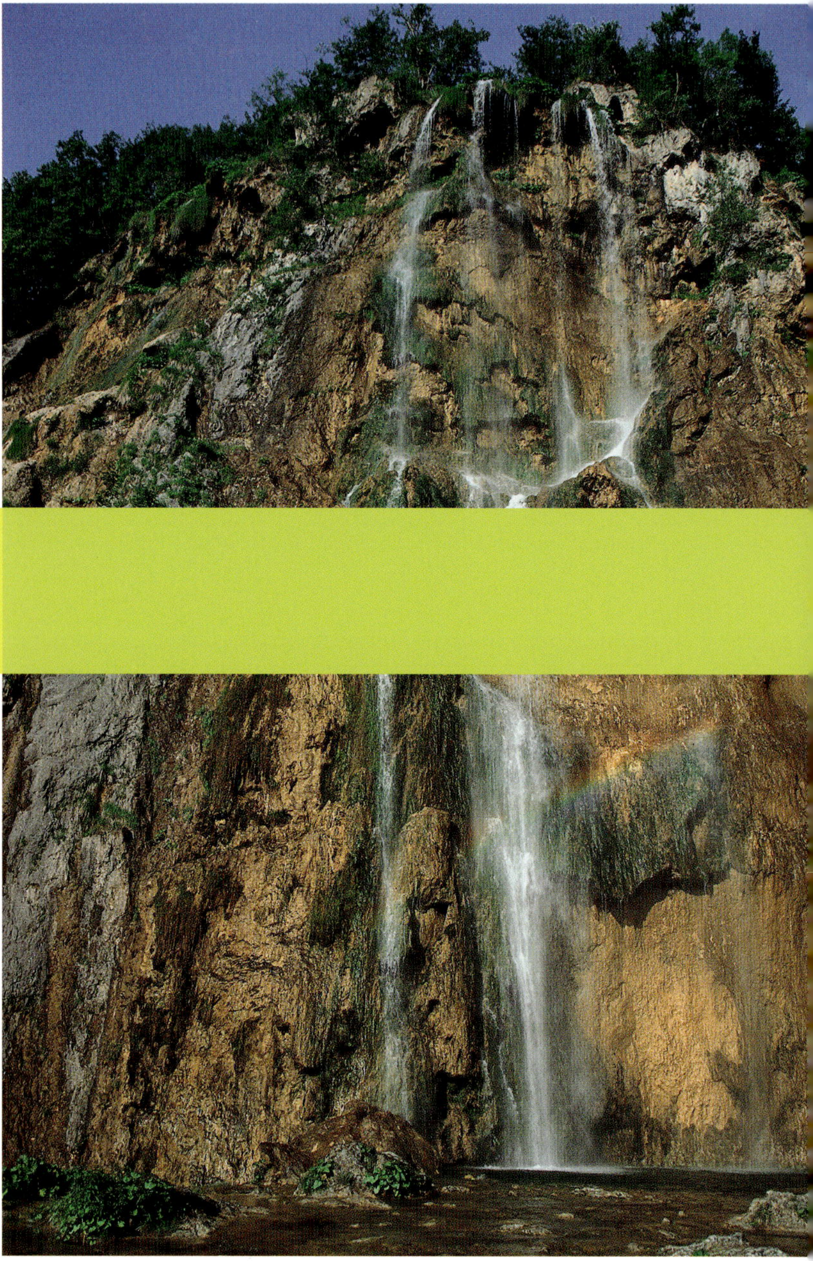

Kroatien hat viele Quellen, aber wenige Flüsse. Der Untergrund aus Kalkgestein lässt sie bald wieder verschwinden. Unter der trockenen Oberfläche fließt das Wasser durch Höhlengänge, trocken gefallene Höhlen füllen sich mit Stalagmiten und Stalaktiten, die das Sickerwasser zurücklässt. Eine fantastische Welt, die man an ein paar Stellen besuchen kann.

Der Kalk, aus dem Kroatiens Gebirge an den Küsten und auf den Inseln bestehen, wurde in den Kalkskeletten von Myriaden von Meerestieren gebil-

fallende slowenische Kalkplateau über Triest, in dem alle Phänomene des Karsts anzutreffen sind. Die Täler sind wasserlos, Flüsse strömten nur vor Urzeiten durch Täler wie das der Limska draga. Häufig trifft man auf Becken ohne Zu- oder Abfluss, und oft ist ihr Boden, der aus Schwemmmaterial besteht, sehr fruchtbar. Solche Vertiefungen im Karstgebiet bezeichnet man mit einem weiteren kroatischen Wort: *polje*, also Feld – in den ausgedehnten Karstgebieten der Region konnte man nur in diesen Vertiefungen Felder anlegen. Istrien ist so typisch für das Phänomen Karst, dass der ursprüngliche

Kalk, Karst und Karren – Höhlen und verschwindende Flüsse

det, die sich über Jahrmillionen auf dem Meeresgrund ansammelten. Später wurden diese oft hunderte Meter mächtigen Kalkschichten gehoben und gefaltet, verschoben und gleichzeitig abgetragen. Das Küstengebirge entlang der Balkanhalbinsel entstand. Kroatiens Inseln und Küsten sind die Grate und Gipfel dieser nach den Eiszeiten ins steigende Meer versunkenen Gebirge. Damals hob sich der Meeresspiegel der Adria um 70 m an.

Karst in Istrien

Das Wort »Karst« kommt aus Istrien: *Kras* nennt sich das zur Adria steil ab-

Wasserfall im Nationalpark Plitvicer Seen

Landschaftsname zum Terminus technicus der Geografen wurde.

Kalk und Wasser

Wasser löst Kalk. Wer sich Gesteinsoberflächen ansieht, erkennt die untrüglichen Zeichen dieses Lösungsprozesses: Riffelmarken, so genannte Karren, feine oder tiefe Rillen in der Abflussrichtung des Regenwassers. Das Wasser dringt in Gesteinsklüfte ein, erweitert sie und schafft Schlote, Schlünde, die von einer flachen Oberfläche senkrecht in die Tiefe weisen. Auf waagerechten oder leicht geneigten Schichtgrenzen unter der Oberfläche entstehen unterirdische Wasserrinnen, Höhlen. Wenn das Wasser noch tiefere

Rillenkarren im Nationalpark Paklenica

Schlünde gegraben hat, fließt es auf einem tieferen Stockwerk, der ursprüngliche Höhlengang fällt trocken. Das Wasser transportiert den gelösten Kalk zunächst weiter. Steigt jedoch die Temperatur des Wassers z.B. im langsamer fließenden Unterlauf eines Flusses an, wird er erneut abgelagert. Sinterterrassen entstehen. Sickerwasser dringt in die trocken gefallenen Höhlengänge ein, löst den Kalk an den Decken der Höhlen und bildet Stalaktiten und Stalagmiten.

Sinterdämme und Wasserfälle
Wo es Flüsse gibt, ist ihr Wasser so mit gelöstem Kalk gesättigt, dass dieser beim geringsten Hindernis ausfällt, Sinterwälle und -terrassen aufzubauen beginnt und sich so selbst immer wieder neue Wasserfälle schafft. Die Kalk-sinterkaskaden der Plitvicer Seen, der Zrmanja, der Krka gehören zu den spektakulärsten Naturschauspielen an Kroatiens Adriaküste. Andere Flüsse gehen in einem Ponor (Schluckloch) verloren wie jenes unergründliche unter der Burg von Pazin, in das die Fojba stürzt. Genauso plötzlich gelangen sie wieder an die Oberfläche: Die Ombla bei Dubrovnik kommt als breiter Fluss aus dem Felsen. Andere Wasserströme treten erst am Meeresboden wieder zutage wie in der Vruljabucht in Dalmatien.

Höhlen in Kroatien

Von den 8580 bekannten Höhlen in Kroatien sind gerade mal 15 als Schauhöhle zugänglich, aber auch andere kann man besuchen: als Mitglied eines speläologischen Vereins und mithilfe kroatischer Höhlenforscher. Vor eigenem »Forschen« kann dagegen nur dringend gewarnt werden! Seit 1892 gibt es in Kroatien speläologische Vereine, heute sind es 26 mit etwa 400 aktiven Mitgliedern. Die längste Höhle Kroatiens ist der Đulin ponor der Medvednica in der Nähe von Ogulin (bei Karlovac), die dortigen erschlossenen Höhlengänge haben eine Länge von 16,4 km! Die tiefste Höhle ist die Lukina jama im Velebitgebirge (Nationalpark Nordvele- bit) mit 1392 m. Immer wieder werden neue Höhlensysteme entdeckt und erforscht. Übrigens fand man bisher in 40 Höhlen den blinden Grottenolm, eine Amphibie, die sich bestens an das Leben in absoluter Dunkelheit angepasst hat.

Ein faszinierendes Phänomen der kroatischen Karsthöhlen sind die oft aus ebenem Gelände tief hinab in einen Höhlenbereich führenden engen Schlote. Die Lukina jama zum Beispiel, die tiefste kroatische Höhle, besteht aus einem solchen System von Gängen und Schloten. Im August des Jahres 2004 machten kroatische Speläologen eine Entdeckung in der Jama Rožanski kuk im Velebit: einen 607 m tiefen Schlund, den tiefsten Kroatiens. Auch der Besucher einer Schauhöhle kann solche Schlote sehen. So führt etwa der Eingang zur Biserujka-Höhle auf Krk aus einem total flachen Karstplateau in Meeresnähe ganz unvermittelt in die Tiefe. Es ist ein seltsames, etwas gruseliges Gefühl zu wissen, dass die tiefsten Höhlengänge bis unter den Meeresspiegel reichen – sie entstanden, als dieser während der Eiszeiten 60 m tiefer lag. Mit dem Meer sind sie jedoch nicht verbunden – hoffentlich!

Die Schauhöhlen an der kroatischen Adria

Nova Vas bei Poreč: Baredine
Rudine, Insel Krk: Biserujka
Plitvicer Seen: Golubnjača
Perušić bei Gospić: Samogradska
Gračac: Gornja und Donja cerovačka spilja (letztere ist die längste Schauhöhle Kroatiens: 2,68 km Länge)
Paklenica im Velebit: Manita Peć
Kotlenice im Mosorgebirge: Vranjača
Jelsa-Grabak (Insel Hvar): Grapčeva
Biševo: Modra spilja
Cavtat: Šipun

Wo gibt es die anderen Karstphänomene zu sehen?

Starke Karstquelle: Ombla-Quelle; Rijeka Dubrovačka (bei Dubrovnik); Untermeerische Quelle in der Vrulja-Bucht bei Makarska

Karrenfelder, Rillenkarren: Nationalparks Paklenica und Nördlicher Velebit, Čepić-Polje bei Plomin in Istrien (Karstnadeln), Televrina auf Lošinj
Schlucklöcher, verschwindender Fluss: Fojba in Pazin in Istrien
Poljen: Konavle (bei Dubrovnik), Ličko Polje (Velebit)
Seen ohne Zu- und Abfluss: Vrana-See auf Cres

Infos im Internet

Wer mehr Interesse hat, sei auf die Seiten der Kroatischen Speläologischen Vereinigung im Internet hingewiesen: www.speleo.hr (englisch) oder wendet sich gleich an Hrvatski Speleoločki Savez (HSS), Nova ves 66, HR-10000 Zagreb, Tel./Fax 00385-1-466 65 86.

Was blüht im Frühjahr an Kroatiens Küsten?

Die küstennahe Macchie blüht im Frühjahr in bunten Farben: Gelber Affodil, ein Dutzend verschiedene Erdorchideen, wilde Tulpen, rote Anemonen, weiße Zistrosen. Im Sommer duftet die Macchie besonders stark, Thymian, Salbei, Oregano, Hundsröschen, Lavendel, Rosmarin und wilder Lauch verbinden sich zu einem betörenden Bouquet.

Das Pflanzenkleid der kroatischen Küste ist eher karg. Wo im Winter die Bura wütet, gedeihen nur wenige niedrige Pflanzen, kein Baum, kein Strauch kann sich an der Ostküste von Krk, Rab und Pag gegen diesen Eiswind stemmen. Die einstigen Wälder wurden für Roms und Venedigs Flotten abgeholzt und haben niedriger, nur 1–3 m hoher Macchie – lockerem Buschwald – Platz gemacht. In der Macchie sind die Alep-pokiefern leicht zu erkennen, küstennah hat man vielerorts Strandkiefern angepflanzt sowie Pinien mit ihren hohen Stämmen und ausladenden Kronen. Meist nur Buschhöhe erreichen die Charakterpflanzen: Steineiche, deren immergrüne Blätter mit kurzen Dornen bewaffnet sind, Flaumeiche, drei Wacholderarten, darunter der Sadebaum mit rotbraunen Früchten, Terebinthe und Mastixstrauch, beide zu den Pistazien gehörend, die schon in der Antike für Heilzwecke verwendet wurden. Als einer der frühesten und schönsten Blüher fällt der Judasbaum mit seinen Büscheln rosafarbener Blüten an den noch unbelaubten Zweigen auf. Ein willkommener Fruchtbaum ist die wilde Kornellkirsche, im Frühjahr blüht sie weiß. An vielen Standorten sieht man gelb blühende hohe Sträucher: Ginster.

54

Endemiten –
nur hier heimisch

Einige Blütenpflanzen der Macchie und der küstennahen Berge sind endemisch, d. h. sie kommen nur an der kroatischen Adria oder in deren gebirgigem Hinterland vor. *Viola adriatica*, das Adriaveilchen, gibt es nur an der kroatischen Adria, *Centaurea dalmatica*, die Dalmatinische Flockenblume, ist auf die Inseln des Kvarner beschränkt. *Iris illyrica* wurde erstmals auf einer Insel bei Krk entdeckt, diese Iris existiert nur an der Ostadria. *Campanula istrica*, die Istrische Glockenblume, ist gar auf den Süden Istriens und den nördlichen Kvarner begrenzt. Im dalmatinischen Biokovo, einem isolierten Bergstock, gibt es sogar 300 autochthone Pflanzensippen.

Orchideen –
kleine Imitationskünstler

Es hat sich bereits herumgesprochen: Die mediterranen Orchideen sind allesamt Bodenwurzler, ihre Blüten sind klein und oft unauffällig – die spektakulären Baumwurzler muss man in den Tropen suchen. Da sie so klein sind, werden sie oft übersehen. Aber wer genau hinschaut, erkennt, dass sie mit ihren tropischen Verwandten sehr wohl konkurrieren können. Häufig sind schon im März und bis in den Mai hinein die zahlreichen Ragwurzarten zu entdecken. Ihre Blütenstände imitieren Insektenweibchen, was der Drohnenragwurz *(Ophrys bombyliflora)*, die als eine der ersten blüht, besonders gut gelingt. Aber auch Bienen-, Wespen- und Hummelragwurz ahmen Insektenkörper geschickt nach. Andere Ragwurzarten machen nur durch eine besondere Form oder Farbgebung auf sich aufmerksam, was eigentlich gar nicht nötig wäre: Die unscheinbare Rotbraune Ragwurz *(Ophrys fusca)* wächst als eine der frühesten (wir haben sie schon Mitte März gefunden) und ist sicher die häufigste. Viele andere Orchideen, von den zahlreichen Knabenkrautarten bis zur Adriatischen Riemenzunge *(Himanto-*

Artenschutz

Im Gegensatz zu den mitteleuropäischen Ländern sind die Orchideen in Kroatien bedauerlicherweise nicht generell geschützt. Nur sieben Arten (eine davon ist der Frauenschuh) dürfen nicht gepflückt oder ausgegraben werden. Dass man das als Tourist auf keinen Fall tun sollte, ist natürlich selbstverständlich.

glossum adriaticum), die nur von Mittel- und Norditalien über Istrien bis ins österreichische Leithagebirge vorkommt, verwandeln den Boden der Macchie im April und Mai, an höher gelegenen Stellen sogar bis in den Juni, in ein wunderschönes Blütenparadies.

Kroatiens ‹Neuankömmlinge›

Nachdem österreichische Forstwirte vielerorts Kiefern aufforsteten, entstanden wieder Wälder, die jedoch leider meist artenarm sind: Statt der einheimischen Schwarzkiefer dominiert jetzt die schnellwüchsige Aleppokiefer. An den Küsten wurden Strandkiefern und stellenweise Pini-en angepflanzt und in vielen Gärten steht der weiß blühende Strauch *Pittosporum* (Klebsamen), dessen herr-licher, an Orangenblüten erinnernder Duft Ende April bis Mitte Mai ganze Orte erfüllt, wie etwa Korčula. Weil ihre Früchte so schmackhaft und saftig sind, haben frühere Generationen Maulbeerbäume angepflanzt. Heute findet man sie oft in verwilderter Form am Rand verlassener Dörfer, so beispielsweise auf Krk und Cres. In den klassischen Touristenorten wie Opatija gibt es auch einige Exoten, etwa Palmen oder Agaven. An der natürlichen Flora der kroatischen Adriaküste haben sie allerdings keinen Anteil.

Wilde Tulpen prägen das Bild der kroatischen Küste im Frühling

Römische Städte in Kroatien

Gerade die wichtigsten Orte an der kroatische Adriaküste haben römische Wurzeln und strahlen das noch heute aus: In Pula steht auf dem Forum ein römischer Tempel, die dortige Arena zählt zu den besterhaltenen Amphitheatern des Römischen Reiches, die Euphrasiusbasilika in Poreč wurde noch im Römischen Reich gegründet und die Tempel auf dem dortigen Marafor-Platz sind kaiserzeitlich. In Split hat sich eine ganze Stadt im römischen Kaiserpalast angesiedelt. Man muss also schon ziemlich geschichtsblind sein, um Kroatiens römische Vergangenheit nicht zu bemerken.

Die römischen Provinzen

Als Illyrien nach dem Aufstand von 6–9 n. Chr. endlich fest in römischer Hand war, drückte Rom seinen beiden neuen Provinzen gleich einen kräftigen Stempel auf. Zuerst baute man in der das heutige Kroatien, Slowenien und Bosnien-Herzegowina umfassenden Region neue Straßen für Truppenverschiebungen, vor allem in Illyricum superior (Ober-Illyrien), auch Pannonia genannt, aber ebenso im Küstenbereich Illyricum inferior (Unter-Illyrien), auch Dalmatia genannt. Innerhalb von ein, zwei Generationen entwickelten sich aus Barbarenorten und griechischen Siedlungen römische Provinzstädte. Zudem wurden neue Städte gegründet: Salona (Solin), Lader (Zadar) und Narona (Vid). Nach römischem Muster besaßen die Städte jeweils ein Forum für Märkte, öffentliche Versammlungen und Ankündigungen, einen Forumtempel auf einer erhöhten Plattform, vielleicht auch einen zweiten Tempel. Für die klassischen drei Tempel, wie etwa in Tunesien erhalten, fehlte in den kleinen Städten Dalmatiens und Pannoniens das Geld.

Thermen und Theater – Zentren des Lebens

Absolut essentiell waren Thermen. Wo sonst hätte man sich richtig reinigen und Kontakte pflegen sollen? Selbst in kleinen und kleinsten Orten wurden Thermen errichtet. Die imposantesten Relikte aus römischer Zeit dienten der Unterhaltung: Amphitheater und Theater. Zwei Amphitheater blieben erhalten, jenes in Salona und das von Pola/Pietas Iulia (Pula), eines der besterhaltenen überhaupt. Pola hatte mit Illyrien nichts zu tun, sondern gehörte wie ganz Istrien zu Italien. Seine Bürger waren Römer, während in der Barbarenprovinz Illyrien nur einige Römer in den neuen Städten lebten. Diesen Unterschied musste man schon deutlich machen. Das römische Theater von Pola schmiegt sich wie viele an einen Hang, das verlieh Stabilität und sparte

Amphitheater in Pula

Arbeitszeit. Neben den größeren Orten Pola, Salona und Narona gab es eine ganze Reihe von kleineren Städten, die zum Teil nur durch Bodenfunde bekannt sind. Narona liegt an der Neretva unter dem Dorf Vid und ist zum Teil noch nicht ausgegraben, besitzt jedoch einen rekonstruierten Forumtempel mit besterhaltenen römischen Bildnisskulpturen.

Der Diokletianspalast in Split

Erst der private Palast eines abgedankten römischen Kaisers rückte die Region ins Bewusstsein der römischen Öffentlichkeit: Als sich der Illyrer Diokletian nahe der Provinzhauptstadt Salona – vermutlich war dies sein Geburtsort – einen riesigen Palast bauen ließ, den Kern des heutigen Split, war die ansonsten ziemlich uninteressante Provinz plötzlich in aller Munde. Kaum war der Herrscher gestorben, wurde es allerdings wieder ruhig um das Land. Das Leben ging seinen gewohnten Gang und man machte Geschäfte. Vor allem an der Küste, denn die wichtigen Handelslinien Roms umgingen das Binnenland oder streiften es gerade noch wie die Donau-Handelslinie zum Schwarzen Meer. Mit der Eroberung und Zerstörung von Salona und wahrscheinlich auch Narona durch Slawen und Awaren im Jahre 614 wurde schließlich das Ende der römischen Periode eingeläutet.

Venedigs Erbe zwischen Poreč und Korčula

Wohin man an der kroatischen Adria- küste auch tritt, man stolpert über die venezianische Vergangenheit, die zum Teil nahezu 800 Jahre währte, vom 11. bis zum ausgehen- den 18. Jh., als die Serenissima unter- ging: Markuslöwen über istrischen Stadttoren, Stadtmauern veneziani- scher Architekten in Zadar oder Korčula, Kirchen in Osor oder Trogir, die Arsenale in Zadar und Hvar, der ganze Stadtteil Novi Grad in Split. Sogar für die gewaltigen Stadtmau- ern von Dubrovnik beauftragte man Meister aus Venedig.

Handelsrouten Venedigs an der Ostadria

Die venezianischen Kaufleute handel- ten mit der Levante, mit Konstanti- nopel, Alexandria und Aleppo, sie führten für ganz Europa Kostbarkeiten wie Gewürze, Parfum, Weihrauch, Baumwolle, Seide, Farbstoffe und Rohrzucker ein. Was hatte Dalmatien und was hatten die kroatischen Inseln dagegen zu bieten? Wenig. Aber die Hauptschifffahrtslinien durch die Adria verliefen bis in die Zeit der Dampfschiffe im sicheren Windschat- ten der Inseln. Und wer die Küsten- städte in der Hand hatte, der be- stimmte auch den Balkanhandel. Al- so war die reiche und mächtige Han- delsmacht auf das arme Küstenland angewiesen.

Venedig erobert die Ostküste der Adria

Venedig betrachtete jeden direkten Handel zwischen den beiden Ufern als Schmuggel, und nur wer beide Küsten der Adria kontrollierte, konnte diesen somit verhindern. Auch die Piraterie durfte man nicht dulden. Also musste die Serenissima an der Ostadria nach dem Rechten sehen, erstmals in einer See-Expedition von 838 und ganz mas- siv im Jahre 1000. Am 9. Mai dieses Jah- res stach der Doge Pietro Orseolo II. in See und kehrte zwei Monate später siegreich aus Dalmatien zurück, um sich und seine Nachfolger ab sofort mit dem Titel Dux Veneticorum et Dalma- ticorum zu schmücken. Von nun an wa- ren Venedigs Flotten zur Stelle, wenn sich eine Stadt an der östlichen Adria einbildete, ohne oder gar gegen Ve- nedig Handel treiben zu können. Zara (Zadar) bekam das bereits 1047 zu spü- ren, als ein Aufstand niedergeschlagen wurde, dann wieder 1202, als der Do- ge Enrico Dandolo die gesamte Kreuz- zugsflotte über Zara dirigierte, um die aufmüpfige Stadt niederzuwerfen.

Nach dem Kauf von Dalmatien 1409 und nach mehreren Raubzügen, die bis 1420 auch zur Okkupation der meisten Inseln vor der Küste führten, konnte Venedig an der Ostadria schalten und walten, wie es wollte. Doch eine neue Macht aus dem Osten, das Osmanische Reich, beendete den Traum von der Ve-

nezianisierung der gesamten Region. Erst 1571 gelang es Venedig, sich für türkische Überfälle zu rächen, als in der Schlacht von Lepanto eine weit überlegene türkische Flotte vernichtet wurde.

Schwierige Zeiten

Als im späten 17. und im 18. Jh. Venedigs Seemacht bröckelte und ein Levantebesitz nach dem anderen verloren ging, hielt Venedig in Dalmatien durch, zumindest die Adria wollte man behalten. Im Zuge österreichischer Balkankriege konnte die Serenissima ihr Territorium sogar noch erweitern, was aber mehr Kosten als Nutzen brachte, denn welchen Handel sollten die neuen Festungen schützen? Immer mehr englische und holländische Schiffe kamen nach Venedig, in der Levante gab es immer weniger einzuhandeln. Im 18. Jh. gelang es Venedig gerade noch, Küste und Inseln der östlichen Adria zu halten; die prächtigen Kirchen und luxuriösen Villen, für die in Venedig selbst und seiner Terra ferma die letzten Zechinen ausgegeben wurden, wird man in Kroatien vergeblich suchen. Nur in Dubrovnik entstanden prachtvolle barocke Kirchen, wie sie auch Venedig kannte – aber die Republik Ragusa war eine eigenständige Handelsmacht. So sehr man dort Venedig als kulturelles Vorbild sah, politisch wollte man mit dem Markuslöwen nichts zu tun haben.

Das venezianische Kroatien

Die deutlichsten Spuren hinterließ Venedig in Istrien, das 800 Jahre lang in seinem Besitz war und wo heute noch von einer Minderheit Italienisch gesprochen wird. Parenzo (Poreč) oder Rovigno (Rovinj), aber auch kleinere Orte wie Montona (Motovun) oder Umago (Umag)

Venezianisches Tor in Rovinj

unterscheiden sich kaum von italienischen Städten. Fast überall hat sich der Campanile mit dem Vorbild des Markusdoms durchgesetzt, die Paläste sind nach venezianischem Muster erbaut, an vielen Stellen und auf allen Stadttoren dräut der Markuslöwe, die alten Gräber tragen italienische Inschriften.

In den Dörfern Istriens, des Kvarners und Dalmatiens, aber auch in den Städten finden sich die typischen Brunnen mit abgerundetem Aufsatz über unterirdischen Zisternen, in denen Wasser gesammelt wird. Sie sind venezianisch wie die größte Anlage ihrer Art, die »Pet Bunari«, die fünf Brunnen in Zadar, oder die »Bunari« in Šibenik. Viele Orte haben ihre Stadtbefestigung erhalten, wie Arbe (Rab), Zara, welches heute Zadar heißt, Sebenico (Šibenik), Traù (Trogir), Spalato (Split), Lesina (Hvar) oder Curcola (Korčula). Bei allen stammt sie aus venezianischer Zeit, in Zara wurde sie zum Teil gar vom berühmten Stadtbaumeister Sanmicheli entworfen.

Kulinarische Hinterlassenschaften

Das vielleicht bedeutendste venezianische Vermächtnis ist jedoch nicht das künstlerische oder architektonische, sondern ein kulturelles Erbe, das von den bereits erwähnten Zisternen bis in die Küche der Gegenwart reicht. *Brudet* (brodetto – Fischsuppe), *rižot* (risotto) und *pršut* (prosciutto – Rohschinken), *rozata* und *škampi*, *pulenta* (Polenta), *fuži* (fusilli), *krostule* und *pastizada* sind solche kulinarischen Erbstücke, wenn auch einige von ihnen wie *makkaruni* erst später (während der italienischsprachigen österreichischen Zeit) vermittelt wurden. Muss man Venedig nicht dankbar sein, dass es an der kroatischen Adriaküste heute so köstliche Gerichte gibt wie den *crni rižot*, den Schwarzen Risotto mit der Tinte des Tintenfisches? Doch, man muss!

Die Schrift der frühen Herrscher

Seit Kroatiens Eigenstaatlichkeit wird der glagolitischen Schrift in historischen Darstellungen breiter Raum eingeräumt. Der Grund dafür ist die enge Verbindung der im 9. Jh. entstandenen Schrift mit der kroatischen Frühgeschichte. Die ersten Herrscher verwendeten sie für ihre eigene slawische Sprache, die lateinischen Buchstaben nur für Latein. So steht diese Schrift für die Eigenständigkeit Kroatiens.

Die kyrillische und glagolitische Schrift der slawischen Völker ist zwei makedonischen Griechen zu verdanken. Für ihre Missionsreise zu den Slawen entwickelten die Brüder Konstantin (um 832–869), später Kyrill genannt, und Methodius (um 820–885) ein eigenes Alphabet, das die spezielle slawische Phonetik berücksichtigte. Diese Schrift, das Glagolitische, gaben sie an die Bevölkerung weiter. In Bulgarien wurde eine Weiterentwicklung, das Kyrillische, 894 als offizielle Schrift eingeführt. Später wurde sie von Russland übernommen, wo sie heute noch verwendet wird. Die ursprüngliche Form der glagolitischen Schrift wurde wohl im 11. Jh. nochmals überarbeitet und an den kroatischen Bedarf angepasst. Diese Schriftform konnte sich nur in einem einzigen Gebiet der Slawen halten, nämlich in Kroatien, wo frühkroatische Herrscher sich ihrer bedienten, wenn sie die Landessprache, das Kroatische, verwendeten. In zahlreichen Inschriften sind Widmungen belegt, sie

Die glagolitische Schrift war der Vorläufer des Kyrillischen

stammen vor allem aus Kirchen, wo man neben die glagolitisch-slawischen Texte die entsprechenden lateinischen Inschriften platzierte. Interessanterweise hat das Glagolitische das Ende der kroatischen Nationalkönige überlebt, da es von Behörden, Adel, Kirche und in Klöstern weiterhin benutzt wurde. Letzte Hinweise für die Verwendung des Glagolitischen stammen aus dem 19. Jh.! Das Glagolitische eroberte auch die Buchdruckerkunst für sich, erste Drucke hat man bereits um 1480 in Venedig hergestellt. Ab 1486 existierte in Senj eine auf glagolitische Schrift spezialisierte Druckerei, und die ersten Bücher, die in Fiume/Rijeka gedruckt wurden, waren ebenfalls in dieser Schriftart verfasst.

Die Tafel von Baška

Um das Jahr 1100 ließ Abt Dobrovit auf dem von Abt Držiha geschenkten Grundstück in Jurandvor bei Baška die dortige Kirche der heiligen Lucia errichten. Aus diesem Anlass wurde eine Tafel mit einem kroatischsprachigen Text in glagolitischen Schriftzeichen angefertigt. Für die Geschichtsschreibung ist vor allem die Erwähnung von König Zvonimir im Text von Bedeutung, denn damit wird erstmals kroatische Herrschaft über die zuvor byzantinischen Inseln bestätigt. Sprachwissenschaftler fanden heraus, dass es sich um einen Text in tschakawischer Mundart handelt, der stark mit kirchenslawischen Begriffen durchsetzt ist. Wo sich ehemals die 1851 entdeckte Tafel befand, kann man heute eine originalgetreue Kopie bewundern, das Original selbst befindet sich in Zagreb. Dort hat sie einen Ehrenplatz im Atrium der Akademie der Wissenschaften und Künste.

Der Stein von Valun

Eher unscheinbar wirkt die Tafel von Valun im Vergleich mit der Tafel von Baška. Aber sie hat ihr etwas voraus. Sie ist wesentlich älter, wahrscheinlich das älteste Denkmal glagolitischer Schrift in Kroatien. Der schwer lesbare Stein war eine Grabplatte, die man in der Vorhalle der alten Kirche von Valun auf dem heute noch genutzten Friedhof gefunden hat. Sie ist zweisprachig: Die erste Zeile ist kroatisch und in glagolitischen Zeichen verfasst, die zweite und dritte Zeile in mittellateinischer Sprache mit karolingischer Schrift geschrieben. Man vermutet, dass die Tafel Mitte des 11. Jh. entstand, zwei Generationen früher als die in Baška. Heute befindet sich die Tafel in der Sakristei, eine Replik kann man zusammen mit weiteren Abgüssen von glagolitischer Schrift im kleinen Lapidarium unten im Ort Valun bewundern.

Fundorte

Die ältesten Funde wie der Stein von Baška-Jurandvor (Krk), jener von Valun (Cres), die Inschrift von Plomin und viele andere können zumindest in Abgüssen in der Glagoljica-Ausstellung in Rijeka besichtigt werden (Universitätsbibliothek, Dolać 1). Noch an Ort und Stelle befindet sich der Stein von Hum (Istrien) mit seiner schönen Dekorleiste im frühkroatischen Stil. Sehr interessant sind auch die Museen in Zadar (Archäologisches Museum) und Split (Museum kroatischer archäologischer Altertümer), die Objekte mit glagolitischen Inschriften zeigen.

Volkstanz und Volksmusik in Süddalmatien

Einmal pro Woche trifft sich der Klapa-Chor »Mafrina« im Kulturhaus von Vela Luka. Ein Mandolinenspieler gibt die Tonhöhe vor, intoniert und begleitet bei manchen Liedern, die Einsätze gibt der Chorleiter. Notenblätter braucht man nicht, nur drei Leute haben Blätter mit den Texten. An manchen Stellen, häufig bei sehr rhythmischen Liedern, machen die acht Männer aller Alters- und, wie es den Anschein hat, Einkommensgruppen, unwillkürliche Tanzschritte. »Was ist das Ziel der Klapa-Gruppe?« ist die Frage an den Chor. »Singen«, sagt ein Chormitglied, »wir singen einfach gerne.«

Die Harmonik wirkt zunächst gänzlich abendländisch, man denkt an süditalienische Weisen, Dur-Tonarten herrschen vor. Nur selten, nur in manchen Phrasen hört man eine mir weniger geläufige Melodik, einen harschen Akkord. Am Schluss bringt der Chor Lieder, die ich als geglättet und ein wenig sentimental empfinde, beim Nachfragen stellen sie sich als die zuletzt komponierten heraus.

Acht bis zehn Männer umfasst eine Klapa-Gruppe, die Stimmlagen sind Tenor und Bass. Sie singen oft a capella (wie bei Klapa Navalia aus Novalja, Insel Pag), es gibt aber auch Gruppen mit Instrumenten, meist nur Mandolinen (wie Klapa Leut in Zadar). Häufig singt ein Tenor allein die erste Strophe, erst bei der zweiten fällt der Chor ein. Die Musik knüpft an alte kroatische Volkslieder an. Diese sind wiederum sowohl der alten Balkantradition als auch der Musik Italiens verbunden – daher auch die Mandolinen. Immer stärker wird heute der Einfluss italienischer Volksmusik – oder dessen, was als solche verkauft wird –, die alten Dissonanzen gehen in einer Welle manchmal banalen Wohlklanges unter. Einige Klapa-Chöre wie jener der Stefanskirche in Stari Grad auf Hvar kommen aus dem Kirchengesang, sie betonen eher die gregorianischen Wurzeln der Klapa.

Klapa in Europa und Übersee

Klapa gibt es weltweit, bei drei Millionen Auslandskroaten ist das nicht anders zu erwarten. In den USA, in Australien, in Argentinien, in der Slowakei, in Österreich und in anderen Staaten findet man Klapa-Chöre. Dennoch: Einem Klapa-Chor in Kroatien zu lauschen, gehört zu jedem Urlaub hier dazu, ein Fest, auf dem ein Klapa-Chor auftritt, darf sich kein Besucher des Landes entgehen lassen. In Omiš wird jeden Sommer ein Festival der Klapa-Chöre abgehalten, das jeder, der diese Chormusik kennen lernen will, unbedingt besuchen sollte. Auch in Kroatiens Hauptstadt findet alljährlich ein Folklorefestival mit Klapa-Konzerten statt und im November 2011 gab es erstmals ein Klapafestival im burgenländischen (österreichischen) Wulkaprodersdorf.

Volkstänze

Auch bei den Volkstänzen gibt es beide Traditionen, die sich einander aber stärker angenähert haben. Viele Tänze im dinarischen Inneren des kroatischsprachigen Balkans (der ja nicht nur Kroatien umfasst) waren ursprünglich Kettentänze, die man nach Geschlechtern getrennt tanzte. Heute jedoch sind die meisten, etwa der Kolo, wie er überall in Kroatien getanzt wird, und der Linđo von Dubrovnik, der sonntagvormittags in Čilipi zu bewundern ist, fast reine Rundtänze, wie man sie aus der mediterranen Tradition kennt.

Ritterspiele auf Korčula

Moreška in Korčula, Kumpanija in Blato, Smokvica, Pupnat, Čara und – seit einigen Jahren wieder – Vela Luka, Moštra in Žrnovo – so nennt sich in den Inselorten eine Art Tanz in Form von Ritterspielen, die es nur hier gibt. Wie es heißt, entstanden die Tanzspiele nach Abwehr der algerischen Angriffe im Jahr 1571, sie feiern den Sieg der Christen über die Mauren (daher der Name Moreška). Die Spielregeln wurden erstmals im Jahr 1620 festgelegt und haben sich bis heute nicht geändert, auch wenn die Gewänder der heute (öfter für Touristen) aufgeführten Tänze etwas bunter und aufwendiger geworden sein mögen.

Kleine Diskografie
Songs of Croatia, gesungen von Klapa Cambi und Klapa Jelsa, Dallas (Zagreb), die Liedtexte sind mit englischen Übersetzungen versehen, www.arcmusic.co.uk

Croatie: musique d'autrefois, Lieder und Musik aus allen kroatischen Regionen, einige Klapa-Gesänge, alle historischen Aufnahmen entnommen, Ocora

Croatie: musiques traditionelles d'aujourdhui, alte Tondokumente aus wissenschaftlichen Archiven, gute Informationen im Beiheft, Auvidis/Unesco

Zahlreiche **Tonbeispiele für Klapa-Musik** findet man auf http://fonsg3.hum.uva.nl/paul/croatianfolksinging/welcome.hml

SCUOLA ELEMENTARE E MEDIA

Istrien, ein Land und zwei Sprachen

Kroatien ist ein Nationalstaat, der auf der kroatischen Sprache, der gemeinsamen Herkunft und der katholischen Religion aufbaut. Wer sind nun aber die Italo-Kroaten in Istrien und im Kvarner? Kroaten oder Italiener? Oder beides? Oder – schließlich ist ihre Umgangssprache das Venezianische und nicht das Italienische – Venezianer?

Im März 2008 gab es Zoff mit »Spotty e la chiave«. Beim kroatischen Literatur- und Theaterwettbewerb für Schulen »Lidrano« wurde eine Schule aus Fiume (pardon, Rijeka) ausgeschlossen. Grund: Die Schüler der italienischen Volksschule »San Nicolò« spielten ihr Stück auf Italienisch. Die Regeln sehen aber nur die kroatische Sprache vor. Die Folge: Ausschluss. Die italienischen Schulen Kroatiens werden vom Ministerium als völlig gleichwertig mit jenen in kroatischer Sprache eingestuft, der Ausschluss konnte also nur als nationalistische Entscheidung gesehen werden. Maurizio Tremul, Vorsitzender der Ui (Unione italiana), sprach von »ethnischem Ausschluss«, sicher in Anspielung auf Ethnische Säuberung. Furio Radin, Präsident der CNI (Comunità nazionale italiana) protestierte im Sabor (Parlament). Wer sind wir, fragen sich Italo-Kroaten, wenn unsere Sprache nicht gleichwertig ist? Sind wir Staatsbürger zweiter Klasse? 2012 waren diese Forderungen immer noch nicht erfüllt, etwa jene nach italienischsprachigen Inspektoren in Schulen mit Italienisch als Unterrichtssprache, obwohl diese Forderung seit Juni 2011 ein rechtlicher Anspruch ist.

Flucht, Vertreibung, Verbliebene

Von den mehr als 300 000 Menschen, die vor 1946/47 im Raum des heutigen Kroatien Italienisch als Muttersprache hatten, sind heute nur noch 19 600 übrig (0,44 % der kroatischen Bevölkerung). Die anderen verließen nach Rückgabe der italienisch besetzten Gebiete Jugoslawien und ließen alles zurück: Häuser, Grundstücke, Fabriken, aber auch die Friedhöfe mit den Gräbern ihrer Vorfahren. Den Opfern dieser Zeit wird in Italien immer noch an einem »Tag der Erinnerung« gedacht. Doch die italienische Sprache blieb in Istrien und im zweisprachigen Kvarner, vor allem in Rijeka/Fiume und auf den Inseln Cres und Lošinj, erhalten, auch unter der Bevölkerung mit kroatischer Muttersprache. Viele Begriffe der dortigen Dialekte sind dem Italienischen entlehnt: Zugangsrechte zu Wasserstellen im Karst bezeichnet man als *dritti* (ital. *diritti* = Rechte), die Gemeinschaftsweide wird *komunada* genannt (*comune* = gemeinsam, Gemeinde), zu Weihnachten gibt es *fritule* (*frittole* = in Öl Gebackenes) und das Fransentuch der Frauen ist ein *facuol* (*fazzoletto dal collo* = Halstuch).

Stolz auf venezianische Wurzeln

Genau genommen ist die Umgangssprache nicht das Italienische, sondern das Venezianische, was für einen Mailänder oder Römer etwa so klingt wie für einen Bayern Plattdeutsch. Die Italo-Istrier sind auf ihre venezianische Abstammung sehr stolz. Ein Taxifahrer in Rijeka/Fiume erklärte, er sei dreisprachig: Kroatisch, Italienisch und Venezianisch, letzteres als Muttersprache. »Wir fühlen uns als Venezianer und sind kroatische Staatsbürger, mit den ›Italienern‹ haben wir nichts am Hut.« Wehe, die »Italiener« wagen es, sich in die internen Angelegenheiten der Italo-Kroaten einzumischen. Dann wird der Ton in der italienischsprachigen Tageszeitung der Italo-Slowenen und -Kroaten ganz schnell äußerst sarkastisch.

Das neue Minderheitengesetz soll die Schulausbildung in der Muttersprache garantieren, ist aber in den Einzelheiten noch umstritten. Ein einziges italienischsprachiges Gymnasium in der Region Rijeka scheint den wenigsten Italo-Kroaten auszureichen, an italienischen Volksschulen oder zumindest Klassen mit italienischer Sprache in speziellen Fächern mangelt es auch. Der Gesetzesentwurf zur Zweisprachigkeit der regionalen Behörden – die schon in einigen Gemeinden funktioniert – liegt dem Parlament ebenfalls vor. Leider werden auch bereits bestehende Zweisprachigkeitsregeln von kroatischer Seite aus immer wieder missachtet. So sind die neuen Schilder auf dem Schnellstraßen-»y« wieder nur auf Kroatisch, was zu heftigen Protesten führte. Die Zusage, man würde sie wechseln, erfüllten sich bisher nicht.

Der Kroate Ivan Meštrović (1883–1962) war einer der bedeutendsten Bildhauer des 20. Jh. Immer wieder stößt man bei einer Kroatienreise auf diesen Namen. Split oder Cavtat, Trogir oder Otavice – eine ganze Reihe von Orten schmückt sich mit einem Werk von Ivan Meštrović.

Zahlreiche seiner Arbeiten zieren als Denkmäler öffentliche Plätze. Die imposante Statue des Bischofs Grgur von Nin in Split zählt zu seinen Werken, in Zagreb, Split, Cavtat und Otavice (bei Knin im Binnenland von Šibenik) kann man seine Bauten und Plastiken be-

der Schönen Künste. An seiner Ausbildung hatte auch der weltberühmte Architekt Otto Wagner Anteil. In Wien sah er sich mit Jugendstil, Sezession und Symbolismus konfrontiert. Insbesondere der Symbolismus nahm ihn gefangen, er verlieh ihm eine ganz persönliche, mit großen Gesten und Posen arbeitende Expressivität, wie sie am besten bei der Statue des Grgur von Nin zu sehen ist. In Paris, wo er ab 1908 lebte, wurde er besonders stark von Auguste Rodin beeinflusst, der seine Expressivität noch steigerte und die Tendenzen zur Reduktion der äußeren Form und zur Betonung der wesentli-

Der Bildhauer Ivan Meštrović

wundern, aber auch auf dem Gipfel des Lovćen-Berges im heutigen Montenegro. Die eigenwilligsten und wohl bedeutendsten Schöpfungen des Meisters sind sitzende und kniende Frauengestalten.

Ein bewegter Lebenslauf

Meštrović wurde in Vrpolje geboren und wuchs in Otavice auf, er war kroatischer (katholischer) Herkunft, nicht unbedingt die Regel in der stark serbisch geprägten Gegend um Knin. Mit Jahrgang 1883 war er natürlich auch Österreicher und folgerichtig studierte er 1901–1906 an der Wiener Akademie

Nackte im Garten der Galerija Meštrović

chen Formelemente in seinem Werk verstärkte. 1910 stellte er erstmals aus – in Wien – und war erfolgreich. Zwischen 1920 und 1931 entstanden die Mausoleen für die Familie Račić in Cavtat und das für die eigene Familie in Otavice, beide an klassizistischen Bauten (Rundtempelchen) geschult und ganz persönlich geprägt durch die Karyatiden in kroatischer Tracht (die er auch in Montenegro einsetzte, wo das Mausoleum für Petar II. Pertrović Njegoš, König von Montenegro, entstand).

Meštrović ließ sich 1921 in Zagreb nieder, was er als Rückkehr zu seinen kroatischen Wurzeln verstand. Aber die politische Entwicklung im Königreich der Serben, Kroaten und Slowenen war nicht seine Sache. So ging er

1924 in die USA, wo das Reiterdenkmal in Chicago (1928) das bekannteste seiner Werke wurde, nicht nur in den USA. Das Snite Museum of Art der University of Indiana besitzt einen eigenen Saal mit seinen Werken, mehrere Arbeiten werden im Art Institute of Chicago aufbewahrt. Auch die USA, der er aber immer verbunden bleiben sollte (dort starb er auch 1962 im Ort South Bend), hielt ihn nicht, er kehrte nach Zagreb zurück, wo das Atelier des Künstlers besichtigt werden kann.

Split: Galerija und Kaštelet

1931 erwarb Meštrović Kaštelet, einen heruntergekommenen Landsitz unter dem Marjanberg in Split, und baute ihn bis 1939 aus, ab 1932 lebte er in Split. Bis 1939 entstand nach seinen Plänen eine herrschaftliche Villa mit großer Galerie, die heutige Galerija Meštrović. Viele seiner Skulpturen, Zeichnungen und Skizzen, aber auch Holzreliefs, sind dort ausgestellt, die offene Säulenhalle der Front lässt die Mittagssonne ein. Auch Kaštelet, dessen schlichten Bau er durch eine vorgeblendete Säulenarkade erweiterte und aufwertete, besitzt Kunstwerke aus seiner Hand: In der ein-gebauten Kirche ist ein kompletter Zyklus zur Passion Christi erhalten, sämtlich Holzreliefs, die in einem Zeitraum von 40 Jahren entstanden sind – eine ungewöhnlich lange Zeitspanne für ein einheitliches Kunstwerk.

Ivan Meštrović im Web

www.mdc.hr Die Ivan Meštrović Foundation gibt für die wichtigen Bauten und Sammlungen des Meisters recht ausführliche Beschreibungen, wobei einige der ausgestellten Kunstwerke etwas detaillierter erklärt werden. Das Mausoleum für Petar II. in Montenegro wird hierbei nicht erwähnt. **http://ethicscenter.nd.edu/inspi res/mestrovic.shtml** Das Notre Dame Center for Ethics and Culture, jener Universität also, an der er am längsten gelehrt hat, ehrt Meštrović in einem ausführlichen Artikel über Werk und Leben. **www.artcyclopedia.com/artists/ mestrovic_ivan.html** Diese Seite der internationalen Künstler-Enzyklopädie im Internet nennt alle Standorte von Werken Ivan Meštrovićs in den USA, Großbritannien und Belgien mit den entsprechenden Links.

Passiver Widerstand und Altersweisheit

Den kroatischen Sonderstaat unter deutschem Patronat lehnte Meštrović ab. 1941 wurde er von der Ustascha verhaftet, 1942 flüchtete er nach Rom, ging dann in die Schweiz und schließlich wieder (1946) in die USA. An der Syracuse University in New York State und der University of Notre Dame in South Bend lehrte er die letzten Jahre seines Lebens, nach 1954 mit geringerem künstlerischem Output. Als Antifaschisten reklamierte ihn Nachkriegs-Jugoslawien als einen der Ihren und tatsächlich fühlte er sich zumindest in einem Teil seines Wesens als Serbokroate – das Mausoleum für den montenegrinischen (serbisch-orthodoxen) König Petar II. wäre sonst kaum erklärbar. Und doch blieb er vorrangig Kroate: Seinen Besitz vermachte er 1952, noch zu Lebzeiten, nicht dem jugoslawischen Staat, sondern dem kroatischen Volk. Eine Stiftung kümmert sich heute um das Erbe.

Kroatiens hürdenreicher Weg in die EU

Nach Slowenien ist Kroatien seit 2005 der zweite EU-Beitrittskandidat Ex-Jugoslawiens. 2011 fiel die letzte Beitrittshürde, Mitte 2013 wird das Land der Europäischen Union beitreten. Was sagen die Kroaten zum Vorstoß ihrer Regierung? Und was verspricht man sich von Europa? Auf jeden Fall mehr außenpolitische Sicherheit, mehr und bessere Marktchancen. Noch mehr Gäste. Der Weg zum Beitrittsbeschluss war hürdenreich.

Streit um die Fischereizone in der Adria

Das war den meisten Zeitungen im EU-Raum eine Schlagzeile wert: Die bereits 2004 beschlossene exklusive Fischereizone (ZERP) vor der kroatischen Küste trat am 1. Januar 2008 in Kraft. Mit dieser Zone, die mit 57 000 km^2 eine größere Fläche umfasst als das kroatische Festland, will Kroatien die Fischbestände schützen. Tatsächlich geht es wohl eher um kroatische Interessen, denn italienische und slowenische Fischer holen derzeit wesentlich mehr aus der Ostadria als kroatische, der jährliche Verlust wird auf 300 000 € geschätzt. Im Januar 2008 brachten kroatische Patrouillenboote einen italienischen Trawler auf, der sich in die neue Fischereizone gewagt hatte. Italien und Slowenien (das gerade den EU-Vorsitz hatte) protestierten, die EU stellte ein Ultimatum: entweder Rücknahme oder EU-Beitritt. Am 11. März erklärte Premier Sanader, dass die exklusive Fischereizone »vorübergehend« auf Eis gelegt worden sei. Die EU war wichtiger und das Ziel einer Beteiligung der an der Fischereizone interessierten Bauernpartei HSS an seiner Regierung hatte der Premier erreicht. Wenn Kroatien 2013 der EU beitritt, ist das Gesetz ohnehin Makulatur.

Kooperation mit dem Kriegsverbrechertribunal

Generäle, die für die Tuđman-Regierung Kriege führten, haben sich in vielen Fällen für Kriegsverbrechen zu verantworten. Dem mittlerweile bekanntesten, Ante Gotovina, wird der Tod von mehr als 150 serbischen Zivilisten und die Vertreibung von 150 000 ethnischen Serben aus der Krajina im Jahr 1995 vorgeworfen. In Kroatien galt und gilt er als Held, der die kroatische Krajina (in der Militäroffensive »Sturm«) zurückeroberte. In Umfragen sprach sich fast jeder zweite Kroate gegen die Verhaftung des Generals aus, als das Internationale Kriegsverbrechertribunal in Den Haag seine Auslieferung forderte.

Kroatische Behörden dürften eher lasch nach Gotovina gesucht haben, könnte man meinen. In Den Haag war man jedenfalls nicht damit zufrieden, ebenso wenig im EU-Hauptquartier in Brüssel. Im März 2005 brach Brüssel die

Beitrittsverhandlungen mit Kroatien ab. Im Herbst des gleichen Jahres wurde der Ex-General in Spanien gefasst und nach Den Haag ausgeliefert. Die Verhandlungen gingen weiter. Am 11. März 2008 begann in Den Haag der Kriegsverbrecherprozess gegen Gotovina, Markač und einen weiteren Ex-General. Im April 2011 verurteilte das UN-Tribunal den Ex-General zu 24 Jahren Haft.

Grenzstreitigkeiten

Seit Ende des Jahres 2007 verläuft die Schengen-Grenze zwischen Slowenien und Italien bzw. Österreich, die Kontrollen an der kroatischen Grenze wurden verschärft (und slowenische Grenzer waren nie besonders freundlich). 3092 slowenische Polizisten wurden für die Überwachung der 670 km langen Grenze abkommandiert. Kroatien fühlt sich ausgegrenzt. Gleichzeitig lässt das Land aber nicht locker, was den Grenzverlauf betrifft. Sowohl am Golf von Piran als auch an der Mur gibt keiner der beiden auch nur einen Millimeter nach, dabei betrifft der seit 1991 schwelende Grenzstreit auf Festlandsboden nur die Fläche einiger Fußballfelder. Aber die Auswirkungen auf den Meeresanteil der beiden Staaten sind beträchtlich, denn wenn Kroatien seine Grenzziehung im Golf von Piran revidiert, haben slowenische Schiffe nicht nur direkten Zugang zur Adria, Sloweniens Anteil an diesem Meer vergrößert sich dadurch ganz wesentlich. Im slowenischen Referendum vom Juni 2010 wurde die Regierung ermächtigt, eine EU-Schiedskommission mit der Lösung des Grenzstreits zu beauftragen – immerhin 47,3 % der slowenischen Wähler stimmten jedoch dagegen, dennoch war damit die letzte große Hürde vor dem Beitritt Kroatiens in die EU überwunden.

Rechtsangleichung und Korruption

Kroatische Regierungen haben bereits viele Gesetze zur Angleichung an EU-Recht erlassen und sind dem Ziel kompletter Angleichung an EU-Normen deutlich nähergerückt. Dennoch sieht sieht es so aus, dass wegen staatlicher Beeinflussung der Gerichte, durch zu große Nähe zwischen Richtern und Klägern und durch Korruption die Tragweite dieser Gesetze beeinträchtigt wird. Die wenigsten Fälle geraten in die Medien. Ein Beispiel: Im Jahr 2004 wurde öffentlich um den Bauauftrag für ein 37 km langes Teilstück der Autobahn von Split nach Dubrovnik diskutiert. Premier Sanader hatte den Auftrag ohne offizielles Verfahren an ein amerikanisches Bauunternehmen vergeben. Und noch peinlicher: Sanaders Außenminister Miomir Zuzul arbeitete vor seinem Amtsantritt als Lobbyist für eben diesen Bauunternehmer. Zufall?

Die neue Regierung Milanović hat – nicht anders als Vorgängerregierungen – ein hartes Vorgehen gegen Korruption in Aussicht gestellt. Außenministerin Vesna Pusić hat in Interviews (z. B. mit der Wiener »Presse«, 31.03. 2012) klargestellt, dass ihre Regierung es vorziehe, unangenehme Entscheidungen zu treffen anstatt dass »alles unter den Teppich« gekehrt werde.

Minderheitenrechte in Theorie und Praxis

Minderheiten – die Serben, die Italiener, die Schwulen und Lesben, Ortho-

Kroatische und europäische Flagge vor dem Regierungssitz in Zagreb

doxe und Muslime – sind nach wie vor ein Problem für einige Kroaten. Vor allem gegen Serben werden immer wieder Übergriffe von rechten Gruppen gemeldet. Den geflüchteten Serben hat man ein Rückkehrrecht eingeräumt, das bisher 60 000–160 000 von den 400 000 Flüchtlingen zurück nach Kroatien brachte. Für sie sind aber wenige Anstrengungen unternommen worden, und vor allem fehlt es an Arbeitsplätzen. Ethnisch serbische Kroaten werden im Alltag immer wieder diskriminiert. Selbst die geachteten Italo-Kroaten in Istrien und dem Kvarner sind nur theoretisch und nicht praktisch gleichwertig, wie sie immer wieder feststellen müssen (s. S. 61 zu den Probleme der italienischen Minderheit).

Geschafft!

Noch unter Ministerpräsidentin Ivica Kosor wurde in Brüssel grünes Licht für den Beitritt Kroatiens in die EU gegeben: Am 10. Juni 2011 beschloss die Kommission, die Verhandlungen mit Kroatien positiv abzuschließen und Kroatiens Beitritt für Juni 2013 festzusetzen. Das nötige Referendum über diesen Schritt, das dann im Januar 2012 (und bereits unter der neuen Regierung Milanović) stattfand, brachte eine deutliche Mehrheit für den Beitritt: 66,5 % der Wahlgänger stimmten auf die Frage, ob Kroatien der EU beitreten solle, mit »Ja«. Ein großer Erfolg, wenn man bedenkt, dass die Kroaten durchaus über EU- und Eurokrise informiert sind. Willkommen Kroatien!

Unterwegs an der Adriaküste

Geschäftiges Treiben in der Fußgängerzone von Dubrovnik

Istrien – der Norden und die Mitte

Highlight!

Poreč: Die frühchristliche Euphrasius-Basilika mit Goldmosaiken, Atrium und Bischofspalast – das ist erlebte Geschichte. S. 86

Auf Entdeckungstour

Trüffel und Olivenöl – gastronomische Entdeckungen: Feinschmecker sind im Mirnatal und im Hügelland zu beiden Seiten auf dem richtigen Pfad. Neben Trüffeln und Steinpilzen locken Wildspargel und der Weltgeltung genießende Malvazija, *pršut* und Olivenöl. S. 82

Kultur & Sehenswertes

Römische Reste in Buje: Die Pfarrkirche des kleinen Ortes Buje ist zu einem bedeutenden Teil aus römischen Fundstücken zusammengesetzt. S. 80

Glagolitische Allee und »kleinstes Dorf der Welt«: Zwischen den Ministädtchen Roč und Hum verläuft die Glagolitische Allee mit Stelen und Tafeln zum Thema glagolitische Schrift. S. 96

Aktiv & Kreativ

Die Höhle Baredine besuchen: Unter der grünen Oberfläche ist das Innere Istriens von Karsthöhlen durchlöchert. Die Baredine-Höhle ist die interessanteste. S. 94

Wandern über dem Limski kanal: Von Vrsar nach Kloštar wandert es sich gemütlich hoch über dem steil eingeschnittenen Limski kanal. Am Ende winken Zicklein oder Spanferkel vom offenen Feuer. S. 94

Genießen & Atmosphäre

Muscheln und Austern am Limski kanal: Zwei Restaurants am Limski kanal bieten die dort gezüchteten Muscheln und Austern an. Frischer geht's nimmer. S. 91

Turmrestaurant Peterokutna Kula in Poreč: Das ist perfekte Camouflage: Im Verteidigungsturm am Eingang der Altstadt von Poreč verbirgt sich ein Restaurant mit offener Aussichtsterrasse auf der höchsten Plattform. S. 93

Abends & Nachts

»Jazz is back« heißt es an Hochsommerabenden in Grožnjan, ans Schlafen denkt da keiner. S. 85

Infobox

Touristeninformationen

Hauptbüro für die Region Istrien: Tourismusverband der Region Istrien (Turistička zajednica Istarske županje), 52440 Poreč, Pionirska 1, Tel. 052 45 27 97, Fax 052 45 27 96, www.istra.com, Callcenter Tel. 052 88 00 88.

Internet

www.istra.com ist die Site der istrischen Tourismusinformation. Infos zu Istrien-relevanten Themen und natürlich zu Buchungsmöglichkeiten.
www.istrien.info ist eine weitere (private) Site, auf der es vor allem um Buchung von Unterkünften geht.

Anreise und Verbindungen

Mit dem **Auto** über Triest (Autobahn Tarvis–Udine) oder Rijeka (Autobahn Zagreb–Rijeka). Die Verbindung innerhalb der Region leistet das ›Istrische Ypsilon‹, eine Autobahn, deren drei Äste in der Mitte des Landes zusammenlaufen. Europabusse fahren von Nürnberg bzw. München nach Rijeka.

Das **Bahnnetz** Istriens ist dürftig, es gibt eine Bahnverbindung von Pula nach Divača (Slowenien) mit Anschluss nach Triest oder Ljubljana. Rijeka (von dort aus nach Istrien mit dem Bus) ist mit Kurswagen von Wien aus erreichbar.

Der **Flughafen** Pula wird von verschiedenen Destinationen in Deutschland aus saisonal direkt angeflogen (z. B. Germanwings, Ryanair), über Zagreb mit Croatia Airlines auch ganzjährig. Insbesondere für Süddeutschland kommt auch – zumindest im Sommer – der Alitalia-Flug München–Triest in Frage, ab Triest gibt es gute Busverbindungen nach Istrien.

Der Norden der Halbinsel Istrien ist grün, üppig mediterran an den Küsten und im Hügelland, karg in den Bergen des Inneren. Während sich an den Küsten der Tourismus breit gemacht hat – an einigen Stellen, wie in und um Poreč, mit besonderer Dichte –, ist das Innere bis auf wenige aber umso interessantere kulinarische Inseln – Trüffelland! – vom Fremdenverkehr ziemlich unberührt geblieben und umso interessanter zu entdecken.

Die Halbinsel, deren Großteil zu Kroatien gehört (ein kleinerer zu Slowenien und ein winziges Stück um Triest zu Italien), ist ein Dorado für Wassersportler, seien es Segler, Taucher oder Surfer, für Wanderer, Mountainbiker und Freeclimber. Wellness und Fitness werden groß geschrieben, fast jedes der größeren Hotels hat ein »Wellness Centar«, Hallenbad, Tennisplätze. Umag ist ein Weltklasse-Tennisort.

Die Küste ist abwechslungsreich, wenn auch nicht spektakulär, Kiesstrände überwiegen. Das Meereswasser ist sauber, denn es gibt weder Industrie noch bedeutende städtische Abwässer, was die Austern aus dem Limski kanal und die *škampi* aus den Fangkörben vor der Küste bestätigen – beide übrigens mit im kulinarischen Spektrum, das von Meeresfrüchten über Trüffel und Wildspargel bis zu getrocknetem Schinken und handgerollten *fuži* (Nudeln) mit Wildschweinragout reicht.

Den Städten an der Küste, etwa Poreč, Novigrad und Umag, sieht man ihre venezianische Vergangenheit an, ein Teil der Bevölkerung spricht heute noch Italienisch. Die meisten Orte liegen auf Halbinseln, die schon zur Römerzeit und früher besiedelt waren. Die kleinen Orte im Inneren sind oft noch von Mauern umgeben, Motovun etwa oder Hum, die »kleinste Stadt der Welt«. Die ländliche Bevölkerung schwindet seit Jahrzehnten, in einigen Orten wie in Vižinada sind Künstler nachgerückt.

Istrien bietet seinen Besuchern jede Art von Unterkunft: erstklassige Hotels und eine zunehmende Anzahl von Apartments (beide nicht billig, denn Kroatien ist kein preiswertes Reiseland). Zudem Unterkünfte auf dem Lande, die ideale Art, die Insel und ihre liebenswürdigen Bewohner kennenzulernen.

Umag ▶ A 4

Auf den ersten Blick ist Umag (ital.: Umago) ein altes, pittoreskes Örtchen auf einer Halbinsel: Hauptplatz mit alter Pfarrkirche Mariae Himmelfahrt, Reste der Stadtmauern, ein Turm mit Heimatmuseum. Tatsächlich aber ist es ein Touristenzentrum ersten Ranges, mit Großhotels und Apartmentblöcken, Autocamps, Restaurants, gepflegten Badestränden, zwei Marinen und jeder Menge Sport- und Freizeitvergnügen. Tennis wird in Umag ganz groß geschrieben: Kein Hotel ohne mehrere gepflegte Tennisplätze; das Tennisstadion ist Austragungsort des renommierten, seit 1990 veranstalteten Croatia Open Umag. Strände, wohin das Auge reicht, nach Norden folgt einer um den anderen, zunächst alle mit Hotel oder Feriendorf, dann wird es ab dem kleinen touristisierten Fischerdorf Savudrija einsamer. An der Südküste des Golfs von Piran (das bereits in Slowenien liegt) folgt dann nur noch ein FKK-Camp, wunderbar gelegen, ruhig.

Stadtmuseum

Sommer Di–Sa 10–13/18–21, So 10–13, sonst Di, Mi 10–12, Do, Fr 10–12/ 17–20 und Sa/So 10–13 Uhr
Das Stadtmuseum in einem Turm der Stadtmauer sollte man sich nicht entgehen lassen: Vor allem die Unterwasserfunde aus dem Meer vor dem Rt (Kap)

Katoro, das zwischen Umag und der Nordspitze Istriens liegt, und die Funde von römischen Siedlungen an der Küste sind interessant (Kommentarfaltblatt gratis). Auf dem Platz vor dem Turm wurden die Reste einer frühmittelalterlichen Kirche, eine Ölmühle, Hausfundamente, 1700 Jahre alt und älter, ergraben.

Übernachten

Die meisten Hotels in Umag sind auf Pauschalreisende eingestellt und nehmen im Sommer kaum einen Gast, der unter einer Woche bleibt. Größte Hotel- und Feriendorfagentur ist Istraturist/Sol Meliá Croatia, beide Jadranska 66, Tel. 052 70 07 00, www.istraturist. com. Alternative: Campen oder Privatzimmer, letztere z. B. bei Kompas Travel, Trgovačka bb., Tel. 052 74 16 13, umag@kompas-travel.com.

Stadthotel – **Kristal:** Obala m. Tita 9, Tel. 052 70 00 00, www.hotel-kristal. com, DZ/FR mit Balkon 80–150 €. Das einzige Stadthotel Umags liegt in der Altstadt an der Spitze der Halbinsel. Das Haus ist komplett renoviert, modern, hat ein Hallenbad und ein gutes Restaurant (s. u.). Im Erdgeschoss hat sich ein »Casino« eingenistet, lies: Einarmige Banditen à la Las Vegas.

Tennishotel – **Meliá Coral:** Katoro bb. ca. 3 km vom Zentrum in Richtung Savudrija, Tel. 052 70 10 00, melia.coral@ istraturist.hr, DZ/FR ab ca. 100 €. Das Meliá Coral ist – wie könnte es in Umag auch anders sein – auf Tennis spezialisiert (Tennis Center Katoro, Tel. 052 71 00 24) und – passend dazu – Wellness. Das großzügig renovierte Haus liegt 50 m vom Meer, hat einen großen Pool und sehr komfortable Zimmer.

Camping – **Kanegra:** Kanegra bb., Tel. 052 70 90 00, kanegra@istraturist.hr. Der beliebte FKK-Platz liegt landschaftlich wunderschön an der Bucht von Piran mit ihren Kies- und Felsstränden. Im Kanegra ist es recht ruhig – aber nicht so im nahen Bungalowdorf Kanegra mit Disco, DJ und ganztägiger Beschallung! Mitte April–Sept.

Essen & Trinken

Zwei Restaurantmeilen gibt es – die eine entlang der Obala Sv. Pelegrina am Südrand der Altstadt, sehr stimmungsvoll in alten Fischerhäusern. Die andere an der Nova Obala zwischen der dorthin führenden Trgovača und der großen Bucht im Norden.

Elegant – **Allegro:** Obala m. Tita 9 (im Hotel Kristal), Tel. 052 70 00 00, Menü ab 30 €. Exquisite Zubereitung, gehobenes Ambiente. Entenbrustfächer in Basilikumsoße, Hummersalat mit Wildspargel.

Bürgerlich-traditionell – **Dario:** Trgovačka 21, Tagesmenü 7 €, Nudeln 4–7 €, Fischplatte für 2 Pers. 35 €. Das am wenigsten touristische Lokal an der Nova Obala bietet traditionelle Gerichte wie *fuži* mit Wildragout, besonders empfehlenswert sind die Tagesgerichte.

Aktiv & Kreativ

Tennis – In Umag der Sport Nr. 1, alle Hotels haben mehrere Tennisplätze, dazu kommt das Tennisstadion auf der Halbinsel Punta mit 13 weiteren Plätzen: ITC Stella Maris, Tel. 052 71 00 00, beim gleichnamigen Touristendorf.

Wassersport – Baden vor allem an Kiesstränden, bei Zambratija und Kanegra (beide im Norden) auch FKK.

Tauchausflüge – **Zum Rt (Kap) Katoro** mit seinen reichen Unterwasserfunden zahlreicher hier untergegangener Schiffe bietet z. B. die Tauchschule Subaquatic Diving Center des Touristen-

dorfes Sol Stella Maris, Tel. 052 74 18 06, www.subaquatic.org.

Radfahren – Mehrere durch Schilder gekennzeichnete Mountainbikerouten in der Umgebung, Kärtchen bei der Touristeninformation.

Wellness – Große Wellnessbereiche mit Massage, Peeling, Sauna, Akupunktur und Reflexzonentherapie (und hundert andere Behandlungen) im Hotel Meliá Coral (s. o.) und im Hotel Sol Umag, Tel. 052 71 40 00, sol.umag@istraturist.hr.

Abends & Nachts

Discos, meist *open air*, gibt es in allen Hotels, Solei beim Hotel Coral, eine weitere beim Apartmentkomplex Stella Maris, Disco Mulino in Kanegra.

Infos & Termine

Info TZG: Trgovačica 6, Umag, Tel. 052 74 13 63, info@istria-umag.com, www.istria-umag.com

ATP Vegeta (bis 2011 Studena) **Croatia Open Umag** nennt sich *das* Tennisevent Kroatiens (jährlich). Frühere mehrfache Turniersieger wie Thomas Muster sind heute Ehrenbürger Umags.

Buje ► B 4

Buje, ein Städtchen im Binnenland, 12 km von Umag entfernt, hat im jüngeren, unteren Bereich des Stadthügels ein paar moderne Lokale, aber in der Altstadt auf der Hügelkuppe geht das Leben weiter, als gäbe es keine Fremden, die neugierig in alles hineinschnüffeln wollen. Gässchen, Treppen, abblätternder Putz, manche der alten Steinhäuser wirken wie kurz vor dem Einsturz. In die Mauern der Pfarrkirche auf dem höchsten Punkt des Hügels

wurden zahlreiche römische Säulen-
trommeln, Grabstelen und sonstige
große Steinblöcke eingemauert. Sie
dienen nicht der Verzierung, sondern
ausschließlich der Verstärkung des
Mauerwerks – Buje ist wie alle anderen
istrischen Orte ein paar Mal von Erdbeben heimgesucht worden. Weit und
breit ist der Glockenturm mit seinen
50 m das höchste Gebäude, man sieht
ihn aus der Ferne von allen Seiten.

Übernachten

… in Brtonigla
Luxus auf dem Lande – **San Rocco,**
Srednja ul. 2, 52474 Brtonigla (8 km
nördlich im Binnenland), Tel. 052 72 50
00, www.san-rocco.hr, DZ/FR 120–210,
Suite 340 €. Das 2004 eröffnete Hotel
ist in der obersten Qualitätskategorie
angesiedelt. Eingerichtet ist es in einem
früheren Herrensitz mit allem Komfort
unserer Zeit samt kleinem Wellnessbereich. Hübsch ist der Kontrast zwischen
freigelegten   Balkenkonstruktionen
und Holzdielenböden mit modernem
Qualitätsmobiliar.

Essen & Trinken

… in Brtonigla
Kultige konoba – **Konoba Astarea,**
Ronkova 9, 52474 Brtonigla, Tel. 052 77
43 84, geschl. 2. Novemberwoche bis
ca. Mitte Dez., Hauptgericht ab ca. 17 €.
Astarea nennt sich eine Kult-*konoba*,
von deren rustikal-urigem Inneren sich
viele andre im Lande bei ihrer Innen-
dekoration beeinflussen ließen. Kultig
ist auch die Zubereitung der Speisen
über dem offenen Feuer und vor allem
die ganz langsam garenden Gerichte
unter der *peka*, der Tonglocke oder
črpnja, der gusseisernen Glocke (probieren Sie die Kalbshaxe!).

Grožnjan ▶ B 4

Auch Grožnjan (ital: Grisignana) liegt
auf einem Hügel in Aussichtslage,
zwanzig Kirchtürme der umliegenden
Orte könne man von hier aus sehen,
heißt es. Die italienischsprachigen Bewohner sind nach 1954 ausgewandert.
Der einstmals wichtige venezianische
Ort war im Begriff zu veröden, als sich
eine Künstlergruppe seiner erbarmte
und aus ihm eine zumindest im Sommer sehr lebendige Künstlerkolonie
machte. Die Steinhäuser mit ihren
schönen Adelswappen, die Stadtmauern, das – einzig erhaltene – Haupttor,
die hübschen Innenhöfe, der alte
Waschplatz, die Kirche SS. Vito e Mo-
desto, ehemals Bischofskirche, die venezianische Loggia von 1577 wurden
in Stand gebracht. Ein Vorzeigestädt-
chen entstand, ein Ort wie aus dem Bilderbuch, mit Galerien, Künstlerateliers
und Werkstätten, Läden mit Kunsthandwerk und einer Sommer-Musik-
akademie.

Übernachten, Essen

Traditionslokal – **Ladonja:** Tel. 052 77
61 25, Grožnjan, zwei Gänge 15–30 €,
das Restaurant hat auch eine ange-
schlossene kleine Pension. Im Ort lädt
das alteingesessene Restaurant der Familie Radečić zum ebenso rustikalen
wie erlesenen Schmaus. Spezialität
sind Gerichte mit den Pilzen der Region, seien es Steinpilze oder Trüffel.

Einkaufen

Im Sommer haben in Grožnjan zahlreiche Kunst- und Kunsthandwerksgale-
rien geöffnet. Die **Galerie Fonticus**, Tel.
052 77 61 31, ist als eine der wenigen
ganzjährig geöffnet.

Auf Entdeckungstour

Trüffel und Olivenöl – gastronomische Entdeckungen

Feinschmecker sind im Mirnatal und im Hügelland zu beiden Seiten auf dem richtigen Weg. Neben Trüffeln und Steinpilzen locken Wildspargel sowie der Weltgeltung genießende Malvazija, Pršut und Olivenöl. Doch nicht nur Gourmets, auch Radfahrer und Wanderer kommen voll auf ihre Kosten. Im Prinzip ist die Tour ganzjährig möglich, am schönsten ist es jedoch im Oktober. Frisch gibt es die Weiße Trüffel nämlich nur von September bis Mitte Januar.

Reisekarte: ▶ B 4

Zeit: Ein halber (besser ein ganzer) Tag.

Planung: Weinproben und Verkostungen vorher telefonisch anmelden. Die Restaurants Zigante und Marino haben täglich geöffnet. Bei beiden besonders abends reservieren.

Anfahrt und Route: Rundfahrt ab Buje (49 km), dorthin von Umag (12 km), Poreč (28 km) oder Rovinj (58 km).

Die Trüffelregion in Nordistrien rechts und links der Mirna gilt als gastronomisches Paradies. In den Trüffelwäldern am Fluss und den Steinpilzwäldern der Berge schöpft die Natur aus dem Vollen. Die örtliche *konoba* serviert luftgetrockneten Schinken, Wildspargelomelett oder *fuži* (Nudeln) mit Wildschweingulasch zum hauseigenen roten Teran oder weißen Malvasier.

Ouvertüre: Olivenöl in Buje

Olivenöl, kalt gepresst, eine Delikatesse, kann man gleich in Buje probieren, wo sich an der Höhengrenze des frostempfindlichen Ölbaums gepflegte Haine ausdehnen. Vielleicht schmeckt das »extra native« Olivenöl gerade wegen dieser kritischen Klimasituation so delikat. Ölbaum ist übrigens nicht gleich Ölbaum: In Istrien kommen acht Sorten wie Bianchera und Moraiolo recht häufig vor, andere oft nur noch in verwilderten Anlagen. In Buje ist der Produzent Franco Basiaco eine gute Adresse: A. Manzoni 15, Buje, Tel. 052 77 34 05, franco.basiaco@pu.t-com.hr. Oder Nino Činić in Krasica 40, Buje, Tel. 052 77 61 64, nino.cinic@gmail.com.

Erster Satz: Trüffel in Livade

Im Herbst 1999 war Carlo Zigante mit seiner Hündin auf Trüffelpirsch. Seine gefundene Weiße Trüffel wog 1,31 kg, das war – und ist – das schwerste jemals gewogene Exemplar und reif fürs Guinness-Buch der Rekorde. Heute kostet das Kilo Trüffel je nach Art und Marktlage 1500 € bis 2500 €. Zigante gründete im Heimatdorf Livade eine Trüffelfirma, die sich zu einem bedeutenden Unternehmen entwickelt hat. Trotzdem führt er immernoch in Livade den Laden. Man sollte ihn unbedingt besuchen, auch wenn man keine Trüffel kaufen möchte. Und natürlich lohnt sich ein Besuch des Restaurants Livade, ebenfalls ein Zi-

gante-Unternehmen. Dort gibt's alles mit Trüffeln, auch das Dessert.

In den Pappelwäldern an der Mirna und den Flaumeichenwäldern an den Hängen darüber kommen mehrere schwarze und weiße Trüffelarten vor. Die edelste und duftintensivste ist die meist als Alba-Trüffel bezeichnete Weiße Trüffel *Tuber magnatum pico*, die zwischen September und Januar gefunden und praktisch nur roh gegessen wird. Am besten schmeckt sie eigentlich zu einem ganz schlichten Gericht: Tagliatelle (breite Nudeln) mit etwas Butter und darüber fein geraffelte Weiße Trüffel. Dazu ein trockener Malvazija.

Restaurant Enoteka & Zigante Tartufi nennt sich *das* Restaurant für Trüffel-Fans: Weiße und Schwarze, Sommer- und Wintertrüffel, wahrlich meisterhaft zubereitet. Ein Menü mit Trüffeln kostet ab ca. 60 € (nach Tagespreis), das Degustationsmenü bis 80 €. 14 Punkte bekam es bei Gault-Millau (im Band Österreich 2012), das ist für Istrien nicht mehr absolute Spitze (Monte in Rovinj: 17) aber doch weit über dem Durchschnitt. Im Laden nebenan kann man Mitbringsel kaufen, sogar tiefgekühlte Trüffel. Livade 7, Livade, Tel. 052 66 43 02, www.zigantetartufi.com.

Zweiter Satz: Malvazija und Muškat in Momjan

Ein istrischer Rotwein ist der etwas derbe Teran. Gianfranco Kozlović in Momjan keltert einen der feinsten. Vor allem ist der Winzer aber für seinen kultigen Muskat (Muškat) berühmt, einen trockenen, im Bouquet an Muskat und Rosen erinnernden Weißwein aus einer Rebsorte, die sonst eher für Dessertwein bekannt ist. Seit einem Jahrzehnt wird der weiße Malvazija in Istrien häufiger angebaut, hervorragende Kreszenzen bekommt man im Weingut Kabola in Momjan im Ortsteil Kremenje und im

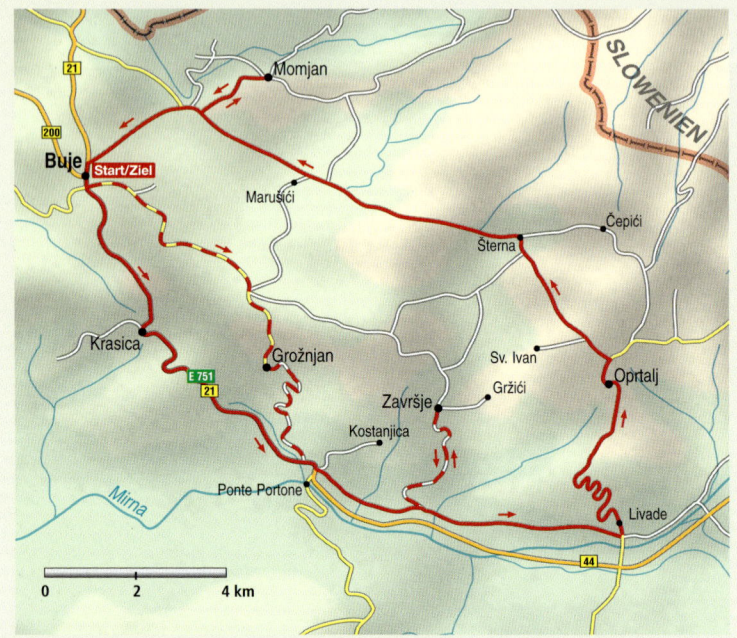

dortigen Restaurant Marino. Der Malvasier ist ein delikater, reiner, feinbitterer, an den Duft von Akazien erinnernder Wein, unverzichtbar zu den mit Trüffeln veredelten Tagliatelle.

In Momjan probiert man im Weingut Kozlović auf jeden Fall den Momjanski Muškat: Valle 78, Momjan, Tel. 052 77 91 77, www.kozlovic.hr. Ausgezeichnet auch das Weingut Kabola, Kremenje bb., Momjan, Tel. 052 77 92 08; dessen Weine können Sie im erstklassigen Restaurant Marino testen, das auch Trüffelgerichte serviert. Angenehm: die Kabola-Weine gibt es dort auch an der Bar als offene Weine: Restaurant Marino, Kremenje bb, Tel. 052 77 90 47, www.konoba-marino-kremenje.hr.

Wenn Sie in Momjan übernachten, abends den eigenen getrockneten istrischen *pršut*, Tagliatelle mit vom Haus-

herrn gefundenen Trüffeln sowie Wein und Schnaps aus eigener Herstellung genießen wollen, empfiehlt sich das Anwesen »San Marino«. Es hat 20 Betten, die Apartments für zwei kosten mit Frühstück 48–64 €. Familie Sinković, Sv. Mauro 157, Momjan, Tel. 052 77 90 33, www.sinkovic.hr.

Finale: Pršut und Walnüsse

Gerade im Herbst gibt es genügend Bauern, die ihre Produkte direkt an der Straße anbieten, etwa frische und getrocknete Steinpilze, Olivenöl, Wein, Walnüsse, Honig, Rohschinken und frisches Brot. Im Frühjahr verkaufen Bauern bleistiftdünnen grünen Wildspargel. Beim Einkauf bitte (bis zum EU-Beitritt Mitte 2013!) an den Zoll denken: In die EU darf man zollfrei nur 2 l Wein und 1 l Schnaps einführen!

Infos & Termine

TZG Grožnjan: Umberta Gorjana 3, 52429 Grožnjan/Grisignana, Tel./Fax 052 77 61 31, www.tz-groznjan.hr.
Internationales Kulturzentrum der Kroatischen Musikjugend: Mitte Mai bis Mitte Sept. mit breit gefächertem Programm, vorwiegend aber klassischer Kammermusik.
Festival »Jazz is back«: Ende Juli/Anfang Aug., beide in Grožnjan, Programm auf der Website des Ortes.

Novigrad ▶ A 5

Nur die Mauern, die den Süden der Insel vor Angriffen von der Meerseite aus schützen sollten, sind von der alten Befestigung des Küstenortes Novigrad (ital.: Cittanova) übrig geblieben. Auch bei dem von Cafés gesäumten Trg Venezia ist ein größerer Mauerabschnitt erhalten, er stammt wie die anderen Mauern aus venezianischer Zeit. Auch in den Fassadendekors, im Dom, in der Form des Campanile ist Venedig präsent. Die Domkrypta mit ihren Reliquien erinnert an die frühere Bedeutung von Novigrad, für das 8. Jh., in dem sie errichtet wurde, war sie ein beeindruckender Bau. Das Marinemuseum Galerion in der Altstadt lohnt den Besuch (Mlinska 1, Di–So 9–12, 16–20 Uhr, www.kuk-marine-museum.com). Im 18. Jh. wurde die Insel zur Halbinsel, damals schüttete man einen Teil des trennenden Meeresarmes zu, ließ aber Platz für einen Hafen. Der alte Hafen Mandrač dient heute als Jachthafen.

Übernachten

Novigrad hat nur wenige Unterkünfte, dafür gibt es etwas außerhalb in Brtonigla ein sehr gelobtes Hotel (s. S. 81).

Elegant – **Cittar**: Prolaz Venecije 1, Tel. 052 75 77 37, www.cittar.hr, DZ/FR ab 80 €. Das Privathotel ist in die zinnenbekrönte Stadtmauer hineingebaut. Komfortable Zimmer und vor allem jede Menge Atmosphäre.
Mittelklasse – **Laguna:** Škvrska 8, Tel. 052 75 70 50, www.laguna-novigrad. hr, DZ/HP 90–230 €. Das präsentable Hotel liegt unweit der Altstadt nahe dem Strand, wirkt nach Renovierung wie ein Neubau und hat Sauna und Fitnessraum, Meerwasserhallenbad und Süßwasserpool, die Zimmer natürlich Sat-TV und Klimaanlage.

Essen & Trinken

An Lokalen vom touristischen *konoba*-Typ (mit dunklem Innenraum und rustikalen Dekorstücken) herrscht kein Mangel. Ein Restaurant mit überregionalem Ruf ist für Gourmets ein Muss. Sehr gut auch das Restaurant »Pepe Nero« im Hotel Cittar.
Istro-Sushi auf Sterneniveau – **Damir e Ornela,** Zidine 5, Tel. 052 75 81 34, www.damirornella.com (Mo geschl., unbedingt reservieren, v. a. an Wochenenden und im Sommer), drei Gänge ab ca. 35 €, 5 Gänge mit Wein ab ca. 70 €. Dass sich hinter der leicht zu übersehenden Tür in einer Nebengasse eines der besten Restaurants Kroatiens verbirgt, ist schon überraschend, dass dann drinnen gerade mal sechs Tische stehen noch mehr. Und der rohe Fisch, die rohen Muscheln, das mag für nicht vorinformierte Gäste noch überraschender sein. Damir hat sein Tranchiermesser immer gut geschliffen, damit wird das Meeresgetier, das vor Istriens Küsten schwimmt, fangfrisch à la Sushi präpariert: mit darüber gehobelten Weißen Trüffeln, frischen Früchten aus dem istrischen Garten, köstlichem Olivenöl. Keine Speisekarte.

*Istrische Küche – ***Torči 18:** Ulica Torči 18, Tel. 052 75 77 99, Drei-Gänge-Menü ab 24 €. Die traditionelle *Gostionica* am Altstadtkai bietet hervorragenden Fisch und gute Nudelgerichte – auch mit Trüffeln. Es gibt auch Zimmer.

Infos

TZG Novigrad: Porporella 6, 52466, Novigrad, Tel./Fax 052 75 70 75, www.istra-novigrad.com.

Poreč ! ▶ A 5

Poreč (ital.: Parenzo) ist ein Juwel von einer Stadt, der alte Kern auf seiner spitz zulaufenden Halbinsel kaum durch Neubauten verschandelt. Was neu gebaut wird, so das lange Zeit aufgegebene Hotel Riviera am Hafen, das älteste Hotel der Stadt, das als »Palazzo« wieder auferstand, wird den alten Straßenzügen und Fassaden angepasst. Und was birgt diese Altstadt! Eine spätantik-byzantinische Basilika, Reste römischer Tempel, mittelalterliche Straßenzüge, gotische und barocke Paläste.

Rund um die Neustadt gibt es zahlreiche Hotels (vor allem für Pauschalurlauber), sie liegen unweit kleiner Buchten mit Kies- und Felsstrand, von alten Schwarzkiefern beschattet. Ein langer Wanderweg am Strand entlang führt von der Stadt zu den Hotelbuchten Plava Laguna und Zelena Laguna. Wer's bequemer mag, nimmt das regelmäßig zwischen Stadt und Buchten pendelnde Boot, eines fährt zur Insel Sv. Nikola direkt vor der Stadt, dort steht mitten im Grün ebenfalls ein Hotel.

Langeweile kann in Poreč kaum aufkommen. Sport- und Wellness- sowie Animationsprogramme der Hotels würden schon genügen, dazu kommen Bars und Strandbars, Discos, Casi-

Der Hafen von Novigrad – beliebte Anlegestelle für Jachten

nos, Kino und die Feste von Karneval über den 30. April, an dem die Befreiung der Stadt und der Beginn der Saison gefeiert werden, bis zu sommerlichen »Touristenfesten« in der Umgebung.

Decumanus

Eine lange Straße zieht sich über den Rücken der Halbinsel hinweg, auf der die Stadt Poreč (ital.: Parenzo) liegt, ehemals einfach *Strada grande* genannt, große Straße. Sie entspricht dem Decumanus, der Hauptstraße des römischen Parentium. Den 2000 Jahre alten Decumanus, der meist von flanierenden Urlaubsgästen völlig verstopft ist, säumen venezianische Gebäude wie der spätgotische Palast auf Nr. 5 mit seinen prachtvoll verzierten Fenstern und den von Löwen getragenen Brüstungen im ersten Stock oder der Palast der Familie Sinčić von 1719 auf Nr. 9, in dem heute das **Stadtmuseum** **1** (seit 2010 wegen Restaurierung geschlossen) untergebracht ist. Vom Parkplatz her betritt man die Stadt durch das ehemalige **Landtor** **2**, dessen fünfeckiger Verteidigungsturm (*Peterokutna kula*) auf der Südseite erhalten ist. Zwei spätgotisch-venezianische Paläste stehen zu beiden Seiten des *Cardo Maximus* (Via Cardine Massimo), hier sind die gedrehten Säulchen der Fenster von Nr. 17 bemerkenswert. Ein Stück weiter steht das sog. **Romanische Haus** **3** des 12./13. Jh. (Öffnungszeiten in der Touristeninfo erfragen). Der dritte Stock dieses Steinhauses besitzt wieder seinen alten, umlaufenden Holzbalkon.

Marafor-Platz

Am Ende des *Decumanus* liegt der Marafor-Platz, der den Standort des **Römischen Forums** **4** (Martis Forum = Forum des Mars) markiert. Reste des Neptuntempels und Säulen des Tempels des Mars sind von einem ehemals aus drei Tempeln bestehenden Komplex übrig geblieben, sie stehen etwas hinter dem heutigen, gegenüber der Antike kleineren Platz. Der Tempel des Mars war mit 30 x 15 m der größte Istriens, ehemals 16 m hoch, die erhaltenen Säulen sind aus rotem Veroneser Marmor. Bummelt man durch die Seitengassen des *Decumanus*, findet man immer wieder Wandschmuck, sehenswerte Innenhöfe, reizvolle alte Häuser, wie das Haus der zwei Heiligen, dessen zwei Heiligenreliefs auf der Außenseite ihm den Namen gaben.

Euphrasius-Basilika **5**
Tgl. 7–20 Uhr

Die Euphrasius-Basilika, der große Stolz der Stadt, ist in ihren ältesten Teilen nochmals fast tausend Jahre älter. Während der Christenverfolgungen unter Kaiser Valerius (253–260) wurde auch Maurus, der erste Bischof von Parentium, zum Märtyrer. Er wurde in seiner eigenen Hauskapelle bestattet, über der im 4. Jh. eine erste Kirche entstand. Der größere Nachfolgebau, die sog. »Prä-Euphrasiana«, bestand bis 539, als der damalige Bischof Euphrasius einen Neubau beginnen ließ. Nach byzantinischem Muster entstand eine große dreischiffige Kirche mit Chor und Apsiden, einem offenen Vorhof (Atrium) und einer achteckigen Taufkirche. Beim Bau wurde nicht gespart, das kann man im Chor und in den Apsiden erkennen (die Frontmosaiken stammen großteils aus dem 19. Jh.).

In der Basilika ist vor allem der Chor von Bedeutung: Die drei Apsiden besitzen im unteren Wandbereich noch ihre prachtvollen alten Inkrustationen aus Marmor, Schmelzglas, Perlmutt und Emaille, darüber leuchten Goldmosaiken aus dem 6. Jh., die wie durch ein Wunder erhalten geblieben sind: Christus als Weltenrichter mit der Gottesmut-

Poreč

Sehenswert
1 Stadtmuseum
2 Landtor
3 Romanisches Haus
4 Römisches Forum
5 Euphrasius-Basilika
6 Bischofspalast

Übernachten
1 Diamant
2 Fortuna
3 Valamar Riviera Hotel
4 Filipini
5 Autocamp Zelena Laguna
6 Koversada
7 Grand Hotel Palazzo

Essen & Trinken
1 Dvi Murve
2 Peterokutna kula
3 Istra
4 Konoba Bare
5 Fjord
6 Istarska Konoba

Einkaufen
1 Vinothek Pinot
2 Matošević
3 Markt

Aktiv & Kreativ
1 Bike Point

Abends & Nachts
1 Euphrasiana
2 Caffe Bar Torre Rotonda

Barbaran

Sv. Nikola

ter, Heiligen und Engeln, darunter der hl. Euphrasius mit einem Modell der Basilika, Verkündigung und Heimsuchung. Der Altar mit seinem kunstvoll verzierten Ziborium (Baldachin) entstand 1277. Die Hauskapelle des Maurus, das Oratorium, ist heute die Sakristei.

Bischofspalast 6
Tgl. 8–17 Uhr
Die Grundmauern der Prä-Euphrasiana und die älteren Kirchenbauten kann man vom ehemaligen Bischofspalast aus studieren, in dem jetzt die Bischöflichen Sammlungen untergebracht sind. Aus der hohen Empfangshalle im ersten Stock sieht man besonders gut auf die

Baureste der Vorgänger der heutigen Basilika, deren Standort Euphrasius etwas südlich vom ursprünglichen Heiligengrab bestimmte. Aber auch ein römisches und mittelalterliches Lapidarium sowie eine interessante Sammlung von Kirchenschätzen, Gemälden und Skulpturen sind zu sehen.

Vrsar, Limski kanal, Romualdo-Höhle ► A 5

In Vrsar (ital.: Orsera) verbrachten die Bischöfe von Parenzo bis 1772 ihre Sommer. Die noch recht ansehnlichen Ruinen des Sommerpalastes liegen neben

der Pfarrkirche des Ortes, den man allerdings eher wegen des großen FKK-Camps Koversada mit seinen 120 ha besucht, auf dem bis zu 5000 Personen campen können – das kann bisweilen etwas eng werden, aber die Tuchfühlung ist schließlich der halbe Spaß beim Campen.

Naturfans und diejenigen, die von der istrischen Küche schwärmen, wählen Vrsar als Urlaubsstützpunkt, weil dort um den Limski kanal eine ziemlich naturnahe Landschaft erhalten blieb, sowie wegen der zahlreichen Dorfwirtshäuser, in denen sich ganz ausgezeichnet speisen lässt und natürlich wegen der Austern, die im Limksi ka-

nal gezüchtet und im Restaurant am Ufer verspeist werden können. Der Limski kanal ist der vom Meer überschwemmte Unterlauf eines steil in das flache Plateau Westistriens eingeschnittenen Flusses, der auch im Oberlauf als echter Karstfluss mal fließt, dann wieder nicht – meistens letzteres.

Übernachten

Sport und Wellness – **Diamant** 1: Brulo bb, Tel. 052 400 00, reservationsporec@valamar.com, DZ 65–160 €. Das großzügig renovierte Hotel der Valamar-Gruppe verleugnet mit seiner Terrassenbauweise nicht die Titozeit. Das Hotel liegt etwas vom Strand entfernt im Kiefernwald, komfortable Zimmer (Klimaanlage). Ausgezeichnetes Sport- und Wellnessangebot, Hallenbad. Sehr gutes Frühstücksbüffet (noch besseres Abendbüffet bei Halbpension).

Inselfreuden – **Fortuna** 2 : Otok Sv. Nikola, Tel. 052 40 60 00, DZ/HP 50–260 €. €. Das Hotel Fortuna liegt auf der Insel Sv. Nikola direkt vor dem Hafen, häufige Shuttleboote verbinden Insel und Altstadt. Wer Tanzmusik mag, bucht Zimmer zur Terrasse mit Blick auf Poreč, die Rückseite schaut auf den Kiefernwald.

Stadthotel – **Valamar Riviera Hotel** 3 : Tel. 052 46 51 00, www.valamar.com, DZ/HP 100–330 € (Suite). Mit Bedacht und komfortabel renoviertes Stadthotel mit moderner Einrichtung, Zimmer mit Sat-TV, Minibar und nach vorne leider laut – ein Tipp also für Nachtschwärmer, die mitten drin wohnen wollen.

Mediterran – **Filipini** 4 : Filipini 1b., Tel. 052 46 32 00, www.istra.com/filipini, DZ oder Apt./FR 65–95 €. 6 km außerhalb im Dorf Filipini (Straße 302 nach Pazin/Rijeka, dann links) liegt das sympathische und im mediterranen Stil eingerichtete Privathotel. Ruhige Lage im Grünen, acht einfache, solide möblierte Zimmer und Apartments.

Im Zelt – **Autocamp Zelena Laguna** 5 : Zelena Laguna bb., Tel. 052 41 01 02, www.plavalaguna.hr, geöffnet Ostern bis Okt. Der bestens ausgerüstete, ortsnahe Platz (5 km südlich) hat meist Felsenstrand und viele schattige Stellplätze. Auch FKK.

Camping – **Koversada** 6 : Petalon 1, 52450 Vrsar, Tel. 052 44 13 78, kover sada-camp@maistra.hr. Beliebter FKK-Platz am Eingang des Limski kanal mit eigenem Inselchen, auf dem man zelten darf. Der Platz ist groß, 120 ha, schattig, auch Bungalows zu mieten.

Luxus – **Grand Hotel Palazzo** 7 : Obala Maršala Tita 24, Tel. 052 85 88 00, Fax 052 85 88 01, www.hotel-palazzo.hr, DZ oder Suite/FR 108–538 €. Das 1910 errichtete Gebäude, einziges an der Uferstraße, das direkt am Meer steht, war jahrelang triste Ruine. Heute ist das 2009 eröffnete Hotel ein Haus mit sehr hohem – allerdings nicht wirklich luxuriösem – Standard, mit drei Zimmerkategorien und Suiten (wenige mit Balkon), großem Wellnessprogramm und – lobenswert gut geschultem Personal.

Essen & Trinken

Nicht nur Trüffel – **Dvi Murve** 1 : Grožnjanska 17, Ortsteil Vranići, Tel. 052 43 41 15, zwei Gänge 25 € und mehr. Das Dvi Murve ist ein hervorragendes Lokal mit verfeinerter istrischer Küche: Probieren Sie Tagliatelle mit Trüffeln oder, rustikaler, Gnocchi mit Rehgulasch. Die Spezialität ist Fisch in der Salzkruste, die sehr gute Weinkarte führt beste Kreszenzen auf.

Gemütlich, mit Ausblick – **Peterokutna Kula** 2 : s. Lieblingsort S. 93.

So traditionell wie gut – **Istra** 3 : Bože Milanovića 30, Tel. 052 43 46 36, ein Gang ab ca. 10 €, drei Gänge ab ca. 30 €. Traditionell mit guter istrischer Küche an der Hafenpromenade am Rand der Altstadt. Oft sieht man festlich gekleidetes lokales Publikum – hier wird gerne gefeiert.

… in Bare

Istrische Küche – **Konoba Bare** 4 : Kamenarija 4, Tel. 052 44 51 93, Vorspeise und Hauptgang ab 20 €. Das Haus liegt an der Straße zwischen Funtana und Vrsar, es ist für seine vorzügliche istrische Küche bekannt. Spezialitäten sind Brot, Fisch und Fleisch mit Kartoffeln, alles unter der *peka* gebacken, is-

Poreč, Mosaik in der Euphrasius-Basilika

trische Würstchen vom Rost, Baccalà alla crema, *fuži* mit Trüffeln. Und eine auch bei plötzlichem Stress durch Busgruppen immer freundliche Bedienung.

… am Limski kanal

Austern satt – **Fjord** 5 : Limski kanal bb., Sv. Lovreč, Austern und Weißfisch um 25 €, Risotto und Muschelgericht um 12 €. Direkt am Limski kanal (ein zweites Fischrestaurant nebenan): Dass hierher an Feiertagen und abends die Massen strömen, liegt nicht nur an den frischen Austern, sondern genauso am Ambiente direkt an der engen Meeresbucht, dem »Fjord«.

… in Kloštar

Spanferkellokal – **Istarska Konoba** 6 : Kloštar bb., Der »istrische (Wein-)Keller« ist eine große dörfliche *konoba*, die nicht nur Ferkel vom Spieß (an der Straße aufgestellt, damit es auch jeder Vorbeifahrende sieht) serviert, sondern auch gute istrische Hausmannskost. Empfehlenswert die Hausplatte mit Fleisch und Wurst vom Grill, für zwei Personen zahlt man ab 25 €.

Einkaufen

Istrische Weine – **Vinothek Pinot** 1 : Partizanska 4. Große Auswahl istrischer und sonstiger kroatischer Weine; *Kultweingut* – **Matošević** 2 : Matošević, Krunčići 2, Sveti Lovreč, Tel. 052 38 05 97, www.matosevic.com. Wein gibt es direkt vom Produzenten bei Matošević südöstlich von Poreč unweit Kloštar: einem der besten Weingüter mit gerühmter Malvazija-Produktion (der aromatische, trockene Malvazija ist der klassische Weißwein Istriens).

Dies und das – **Markt** **3** tgl. an der Mlinska neben dem Großparkplatz.

Aktiv & Kreativ

Wassersport – Die Großhotels an den von Kiefernwald beschatteten Buchten südlich und nördlich der Stadt bieten alle nur denkbaren Wassersportmöglichkeiten.

Tauchen – **Diving Center Poreč:** Tauchschule des **Hotel Diamant** **1**, Tel. 052 43 36 06, www.divingcenter-porec. com. Wracktauchen, z. B. zum britischen Spionageboot Coriolanus mit **Starfish Diving** in Vrsar, Autokamp Porto Sole, Tel./Fax 052 44 21 19, www. starfish.hr.

Mountainbiken – Mountainbike-Routen in die Umgebung und ins istrische Hinterland, einige nicht ganz leicht. Radverleih und -reparatur bei **Bike Point** **1**, B. Parentina 19, Tel. 052 45 35 20.

Wellness – Im **Hotel Diamant** **1** gibt es ein großes Hallenbad (in der Nebensaison gerne von Sportlergruppen belegt), einen Fitnessraum und mehrere Saunen, Tel. 052 40 00 00.

Abends & Nachts

Die Altstadt ist abends recht ruhig, den Touristen wird in ihren Hotels fast immer Unterhaltung kostenlos geboten, auch in hoteleigenen Diskotheken. Wer in den Hotels an der Zelena Laguna abgestiegen ist, kommt in den Genuss der dortigen Open Air Discos; klassische Konzerte in der **Euphrasiana** **1**, Juli–Mitte Sept. Das **Peterokutna Kula** **2** (s. S. 93) ist ein Superstandort für Nachtschwärmer in der Altstadt, ebenso das Café im Rundturm auf der anderen Halbinselseite, die **Caffe Bar Torre Rotonda** **3**, Trag Narodni 3a.

Infos & Termine

TO Poreč: 52440 Poreč, Zagrebačka 9, Tel. 052 45 12 93, www.to-porec.com, hilfreich, aber viele Prospekte werden von den Mitarbeitern erst auf direkte Nachfrage hin ausgehändigt, so die Radweg-Faltblätter und ein recht guter Stadtplan.

Gratis-Internet-Surfen (10 Minuten) in der städtischen Infostelle, Internetcafé Cyber@c, Internet Center, M. Grahalića 1 (Nebengasse der Zagrebačka).

Tag der Stadt Poreč und Beginn der Touristensaison: 30. April, mit großem Unterhaltungsprogramm; Maurustag: 21. Nov., Festmesse und Volksfest auf dem Trg Slobode.

Busbahnhof am Rande der Altstadt, dort befindet sich auch ein Taxistand, Tel. 052 43 34 65;

Touristenboot vom Hafen nach Brulo, Plava Laguna, Zelena Laguna; Katamaran tgl. nach Venedig.

Ins Innere von Istrien

Die hügelige Landschaft im Hinterland von Poreč bietet sich für leichte und mittelschwere **Radtouren** an – auf das Mirnatal im Norden sollte man allerdings verzichten, wenn man keine steilen Strecken fahren will. Zwei gute Karten gibt es gratis bei der Touristeninformation: Bike Poreč North und South. Versorgen Sie sich mit reichlich Getränken, denn in den kleinen Dörfern des Umlandes haben die wenigen Geschäfte dort häufig eine (sonst nicht übliche) lange Mittagspause!

Zwei interessante Touren seien besonders empfohlen: die Radwanderung ab und nach Poreč siehe »Auf Entdeckungstour – Radrundfahrt durchs grüne Istrien ab Rovinj« S. 102

Lieblingsort

Gemütliches Restaurant mit Ausblick 2

Im venezianischen Torturm am Eingang von Poreč würde man kein Restaurant vermuten. Und schon gar keines wie das Peterokutna kula mit so viel Atmosphäre. Schmaler Treppenaufstieg, dann das großzügig gestaltete Lokal, wo einst die Wache ihre Räume hatte. Auf der obersten Etage die Terrasse, ein magischer Ort bei Sonnenuntergang. Dazu klassische istrische Küche, Flaschenwein wird nach Verbrauch berechnet. Risotto mit Tintenfisch, Steak mit Trüffeln, Weißfisch mit Mangoldkartoffeln – köstlich. Nicht zu vergessen: der charmante Service auf Deutsch.
Peterokutna Kula, Decumanus 1, Tel. 052 45 13 78, Menü ab 25 €.

Mein Tipp

Eco ride über dem Limski kanal und Romualdo-Höhle

Der »Eco ride«, wie ihn die örtlichen Prospekte nennen, ist eine recht gemütliche Mountainbiketour durch die Waldlandschaft am Nordrand des Limski kanal. Sie beginnt in Vrsar bei der Busstation unterhalb der Altstadt und führt auf das Plateau im Rücken der Stadt hinauf. Das Flugfeld von Vrsar wird südlich (rechts) umgangen, dann geht es in leichtem Auf und Ab durch Wald und Weiden bis zum kleinen Ort Kloštar (Verpflegung s. S. 91). Auf halbem Weg Hinweisschild auf die unterhalb im Steilhang über dem Limski kanal liegende Romualdo-Höhle, Fußweg! Die Höhle kann im Sommer tgl. 10–16 Uhr mit Führer betreten werden. Rückweg ebenfalls durch Wald etwas weiter nördlich, Weggabelung nach ca. 1,5 km Rückfahrt auf der Trasse des Hinweges, das letzte Stück hinunter nach Vrsar auf der Hauptstraße. Gesamtstrecke ca. 35 km, Dauer hin/zurück ohne Pausen ca. drei Stunden, gute Übersichtskarte im Faltblatt »Vsar Bike Eco ride« bei der Touristeninformation Vrsar oder Poreč.

sowie die Radwanderung »Eco Ride« ab Vrsar s. o.

Baredine-Höhle ▶ A 5

Tel./Fax 052 42 13 33, www.baredine. com; April/Okt. 10–16/16.30, Mai/Juni/Sept. 10–17, Juli/Aug. 9.30–18/18.30 Uhr
Ein Ausflug vor die Tore der Stadt führt zur Baredine-Höhle in **Nova Vas**, die man auch ganz bequem mit dem Fahrrad an einem ausgeschilderten und teilweise asphaltierten Radweg erreichen kann. Die Tropfsteinhöhle, deren Besuch ca. 40 Min. dauert, ist besonders im Sommer eine herrlich kühle Wunderwelt voller Stalaktiten, weißer bis orangefarbener Tropfsteinvorhänge und Stalagmiten. Wer mehr wissen will über Höhlen, macht eine Höhlenerkundung, die bei Speleolit nebenan für ca. 35–60 € organisiert wird. Dabei werden Kleidung und Ausrüstung gestellt und man besucht eine

oder mehrere der nahe liegenden, nicht allgemein geöffneten Höhlen.

Motovun ▶ B 5

Spektakulär auf einem Bergkegel und mit Blick über das Mirnatal liegt Motovun (ital.: Montona; Abb. S. 97). Das »ona« des Ortsnamens kommt wie bei Albona (Labin) von einer keltischen Wurzel, die »besiedelter Ort« bedeutet. Das mittelalterliche Städtchen zieht sich um das Kastell herum, zwei konzentrische Mauern umgeben Kastell und Stadt, eine dritte Mauer umgibt die Unterstadt, die man durch die Porta della Madonna betritt. Mit dem Bau der Mauern hat man begonnen, als die Besitzer des Ortes noch wechselten: mal die Grafen von Görz, dann die Patriarchen von Aquileia. Da die Stadtregierung einsah, dass sie auf Dauer keine Chance gegen das mächtige Venedig hatte, begab sie sich 1278 lieber freiwillig unter die Fittiche des Markuslöwen. Die Venezianer vollendeten Mauern und Tore in fünf Jahrhunderten.

Übernachten, Essen

Die Region ist für ihre gastronomische Qualität und die urigen Lokale bekannt, nennen sie sich nun *konoba* oder Restaurant. Adressen siehe Entdeckungstour »Trüffel und Olivenöl – gastronomische Entdeckungen«, S. 82.

Unterm Kastell – **Kaštel:** Trg A. Antića 7, 52424 Motovun, Tel. 052 68 16 07, www.hotel-kastel-motovun.hr, DZ/FR 65–115 €, DZ/FR 80–180 €. Das ruhige Altstadthotel befindet sich innerhalb eines Adelspalais am Hauptplatz des Dorfes. Komfortable, helle und freundliche Zimmer machen den Aufenthalt angenehm, stimmig abgerundet wird er von einem Besuch im guten **Restaurant** des Hotels. Hier sitzt man drinnen oder draußen auf dem Burgvorplatz unter Schatten spendenden Rosskastanien und isst istrischen Schinken, Gnocchi mit Gulasch, *fuži* mit Trüffeln. Zwei Gänge inkl. Trüffelgericht kosten um 20 €.

Infos & Termine

Filmfestival Motovun: An fünf Tagen von Ende Juli bis Anfang August werden bis zu 80 Filme aus 20 Ländern gezeigt.
Ein **Markt** findet jeden dritten Montag im Monat statt.

Buzet ▶ B 4

Eine moderne Straße zieht sich durch das im Unterlauf teilweise versumpfte Mirnatal, das sich bei Istarske Toplice stark verengt. Hier treten heiße Quellen aus, die von einer Bade- und Kuranstalt genutzt werden. Nach der engen Talstrecke wirkt das Becken von Buzet doppelt geräumig. Der alte Ort Buzet/Pinguente liegt – wie sonst? – auf einem Hügel, der neue Ort breitet sich im Becken darunter aus. Man betritt die alte Stadt durch ein von den Venezianern 1547 errichtetes Tor, Teil der Stadtmauern, die sie dem 1421 erworbenen Ort zukommen ließen. Pinguente wurde Venedigs Verwaltungssitz und Militärzentrum in diesem Abschnitt der Grenze zum österreichischen Teil Istriens. An schönen Steinhäusern mit Adelswappen vorbei gelangt man zum Hauptplatz, mit dem ehemaligen venezianischen Rathaus (Palazzo Pretorio) und dem Amtssitz des Militärstatthalters, Casa del Capitano. Hier steht auch Buzets barocke Pfarrkirche, die Teile eines gotischen Baus von 1326 integriert. Bei der Kirche Sv. Juraj (1611) kann man die Stadtmauer besteigen und ein Stückchen auf ihr spazieren gehen, um den herrlichen Ausblick auf die Landschaft ringsum zu bewundern.

Infos

TZG Buzet: II istarske brigade 2, 52420 Buzet, Tel./Fax 052 66 23 43, www.tz-buzet.hr.

Roč und Hum ▶ B 4/5

Roč liegt an der N 44 von Buzet nach Rijeka (selten Busse), Hum ist nur mit dem eigenen Fahrzeug auf Sträßchen ab Roč oder von der Schnellstraße beim Učka-Tunnel zu erreichen.

In **Roč** mit seinen fast komplett erhaltenen Stadtmauern zeigt ein Lapidarium im nördlichen Stadttor die lange Vergangenheit des Ortes an. In der Kapelle Sveti Rok nahe dem Nordtor sind die Fresken eines italienischen Künstlers des 14. Jh. zu bewundern.

Von Roč nach Hum führt die »**Glagolitische Allee**« (Aleja Glagoljaša). An ihr wurde zwischen 1977 und 1981 eine Reihe von Denkmälern aufgestellt, die mit der glagolitischen Schrift bekannt machen sollen. Beim Weiler Brnobići hat man bei der Kapelle unterhalb der Straße Abgüsse von glagolitischen Schriftsteinen aufgestellt. Mehr über die glagolitische Schrift und ihre Bedeutung für die Entwicklung des kroatischen Staates s. S. 62.

Hum schmückt sich mit dem Titel »kleinste Stadt der Welt«. Tatsächlich war es einer der befestigten Orte, die unter dem Kommando des venezianischen Militärbefehlshabers in Buzet die Grenze zu Österreich bewachten, daher die starken Mauern, die sich komplett erhalten haben. Die Handvoll Einwohner wählte einen Bürgermeister aus ihren eigenen Reihen, auch das mag zum Nimbus der »Stadt« beigetragen haben. Vor dem Stadttor bietet die weitum bekannte Humska konoba rustikale istrische Küche an, im Muzej/Galerija im Inneren des Mauerringes kann man Kopien glagolitischer Inschriftensteine kaufen. Im Haus gegenüber dem romanischen Campanile der Kirche steht unter Arkaden das große Original eines solchen Steines. In den beiden Gässchen des Ortes lassen sorgfältig gebaute Bruchsteinhäuser keinen Zwischenraum frei.

Kotli

Einige Bekanntheit hat der halb verwaiste Weiler Kotli erlangt (3 km westlich der Glagolitischen Allee). Die hier noch junge Mirna hat in den Kalkstein eine Reihe so tiefer Gumpen gegraben, dass man drinnen – einigermaßen – baden, ja bei hohem Wasserstand sogar ganz manierlich schwimmen kann. Im Dörfchen gibt es eine Sommer-*konoba*, die am Wochenende eine ordentliche Stärkung bietet. Nach Kotli

führt ein Fahrweg ab Brnobići auf halber Strecke zwischen Roč und Hum.

Essen & Trinken

Hausmannskost und Trüffel – **Humska konoba:** Hum 2, Roč, Tel. 052 66 00 05, 2 Gänge ab 12 €. Klassische rustikale *konoba* an der Stadtmauer, ziemlich deftiges Essen (Würste aus dem Dorf, Fleisch und Gemüse aus der Umgebung). Weinsuppe, Suppentopf »Nedeva«, Hauswürste mit Sauerkraut, hausgemachte Nudeln *(fuži)* mit Trüffeln, selbst gebrannter Mistelschnaps.

Termine

Wahl des Präfekten: Ende Juli in Hum, mit einem kleinen Volksfest.

Pazin ▶ B 5

Auf dem Rückweg zur Westküste fährt man durch das Tal der Fojba, die beim Ort Pazin plötzlich in einem senkrechten Schlund verschwindet. Die Kleinstadt im Herzen Istriens hieß früher Mitterburg und war das Zentrum der habsburgischen Verwaltung in diesem Gebiet. Rund um die Burg stehen noch Häuser aus dem 15. bis 17. Jh. Die Einwohner sind stolz darauf, dass einer der Romane von Jules Verne hier (und im Limski kanal) spielt: »Mathias Sandorf«. Es gibt sogar einen Jules-Verne-Verein und Jules-Verne-Tage, an denen mächtig gefeiert wird.

Burg von Pazin

Sommer Di–So 10–18,
Mitte Okt.–Mitte April Sa/So 10–16,
sonst meist Di–So 10–15 oder 16 Uhr
Die **Mitterburg**, nach der sich der ganze Ort benannte, ist seit 1002 be-

Thront auf einem Hügel: Motovun

legt. Vom Vorplatz und aus einigen Fenstern kann man in den Schlund der Fojba blicken – Schwindel erregend. Im Frühjahr, nach der Schneeschmelze, stürzt sich der angeschwollene Fluss mit lautem Getöse in die Tiefe, im trockenen Spätsommer ist das Spektakel weit weniger aufregend. Die um einen großen Innenhof errichtete Burg wird als Ethnographisches, Archäologisches und Stadtmuseum genutzt. Historische Trachten, Möbel, alte Handwerksgeräte, eine Glockengießerei mit 23 Kirchenglocken sowie archäologische Funde sind hier zu besichtigen (Besuch der Fojba wie Burg, www.pazinskajama.com).

Beram ▶ B 5

Im nahen Beram besorgt man sich – jeder im Ort, weiß, wo er sich gerade befindet – den Schlüssel für die Kirche **Sveta Marija na Škriljinama** auf dem Ortsfriedhof. Der von außen unauffällige, unlängst wegen Wassereintritt sanierte Bau enthält einen beeindruckenden vollständigen **Freskenzyklus**

von 1474, den Meister Vinzenz von Kastav schuf. Der Meister behandelt das für eine Friedhofskirche wie generell für die Zeit des Spätmittelalters weit verbreitete Thema des Totentanzes. Auf 75 m^2 stellt er in 46 Bildern den Bethlehemitischen Kindermord und die hl. Drei Könige dar, Szenen aus dem Leben Mariae, das Leiden Christi und eben den Totentanz. Die Gesichter der Tanzenden zwischen den Skeletten sind realistisch gezeichnet, sie sind Porträts von Zeitgenossen des Meisters.

Infos & Termine

TZG: Stari Trg 8, 52000 Pazin, Tel./Fax 052 62 24 60, www.tzpazin.hr.
Die **Jules-Verne-Tage** finden im Sommer in Pazin statt, das große **Volksfest** in Beram steigt am 15. August.
Bus: Pazin ist ein wichtiger istrischer Buslinienknoten, Direktbusse verkehren regelmäßig nach Pula, Rovinj, Poreč und Rijeka.

Istrien – der Süden und der Osten

Highlight !

Pula: Die Römer haben in Kroatien eine Menge Denkmäler hinterlassen. Eines der spektakulärsten, vergleichbar nur mit dem Kolosseum in Rom und der Arena von Verona, ist die »Arena« von Pula, ein bestens erhaltenes Amphitheater. S. 107

Auf Entdeckungstour

Radrundfahrt durchs grüne Istrien ab Rovinj: Nur hügelig ist die Umgebung von Rovinj, für Radler meist familiengeeignet. Küstenwege, hübsche Dörfchen mit alten Kirchlein, *teran* und *pršut* in der *konoba* garantieren Abwechslung. Als Radtour vier oder fünf Stunden Schweiß und als Tagesausflug genug Zeit für die Rast. S. 102

Kultur & Sehenswertes

Österreichischer Marinefriedhof in Pula: Ein großer Friedhof voll mit Grabmälern aus österreichisch-ungarischer Zeit. Kaum anderswo wird man so massiv mit dieser Phase kroatischer Geschichte konfrontiert wie hier. S. 108

Aktiv & Kreativ

Tauchen vor der Küste: Bei so vielen Schiffswracks in so geringer Tiefe macht Tauchen auch Neulingen Spaß. Nach der Einführung ist man bald dabei, ab Rovinj besucht man z. B. das Wrack der 1914 gesunkenen »Baron Gautsch«. S. 106

Genießen & Atmosphäre

Hotel La Scaletta in Pula: Angenehmer als in diesem gepflegten Familienhotel, einen Steinwurf von der Arena entfernt, kann man kaum absteigen. S. 110

Abends & Nachts

Bar Valentino in Rovinj: Romantische Meeresszenerie bei Sonnenuntergang? Die Bar Valentino in Rovinj bietet sogar Sofas an, um sich am Felsenufer auf die Nacht einzustimmen, aber auch von der Terrasse unterhalb St. Euphrasia hat man einen spektakulären Sonnenuntergang. S. 107

Techno-Fort in Pula: Ein altösterreichisches Sperrfort (Fort Bourguignon) auf der Halbinsel Verudela südlich Pula sollte doch der richtige Ort für Techno-Weekends sein, schließlich sind die Wände dick genug, um den Schall zu brechen. S. 112

Istriens Süden ist etwas weniger touristisch als der Norden, besonders die oft steile und schlecht erreichbare Ostküste hat sich Erschließungstendenzen bisher ziemlich verweigert. Das heißt, dass man zwischen Rovinj und Pula und an der Ostküste noch unentdeckte Winkel findet, aber auch geschützte Naturlandschaften wie das Kap Kamenjak und einen Nationalpark, der die Brijuni-Inseln umfasst. Ganz im Osten ragt das Bergmassiv der Učka auf, der 1394 m hohe Gipfel markiert den Südrand eines großen, fast unbesiedelten Plateaus, der Čićarija.

Nur in und um Rovinj, in Pula und in den Orten und kleinen Buchten südlich davon sowie in Rabac unterhalb des alten Städtchens Labin im Osten der Halbinsel hat sich der Tourismus angesiedelt. Die Strände sind meist aus Kies, nach dem Ende der forcierten Industrialisierung zu Tito-Zeiten ist das Wasser wieder sauber geworden. Vor allem bieten der Süden und Osten Istriens an diesen Orten alle Möglichkeiten für Wassersportler und Wanderer, Mountainbiker und Freeclimber, sich zu bewähren – die Klettergebiete der Učka haben nicht nur lokale Berühmtheit. Auch Wellness und Fitness werden groß geschrieben, fast jedes der größeren Hotels bietet seinen Gästen ein »Wellness Centar«, ein Hallenbad oder Tennisplätze an.

Infobox

Touristeninformationen

Der Tourismusverband der Region Istrien gibt Infos zur Region, außerdem in Deutschland das Büro von Istrien Info. Kontaktdaten sowie weitere Informationen zu Internet, Anreise und Verbindungen siehe Infobox S. 78 »Istrien – der Norden und die Mitte«.

Rovinj sieht man seine venezianische Vergangenheit an, ein Teil der Bevölkerung spricht heute noch Italienisch. Die Stadt liegt wie andere venezianische Orte auf einer Halbinsel, die schon zur Römerzeit besiedelt war, eine bedeutende Wallfahrtskirche überragt ihre Spitze. Pula, die größte Stadt der Region, hat ebenfalls eine römische Vergangenheit, wie die »Arena«, ein hervorragend erhaltenes Amphitheater, beweist, aber auch eine österreichische: Pula war wichtigster Militärhafen der österreichisch-ungarischen Monarchie.

Rovinj ▶ A 5

Auf einem Luftbild sieht man deutlich, dass ein Drittel der von Felsen umgürteten Fast-Insel Rovinj (ital.: Rovigno) aus dem Grün um die ehemalige Kathedrale Sveta Eufemija besteht. Die alten Zypressen dort sind geschützte Naturdenkmäler. Dieses Grün umfasst den alten Friedhof, der wahrscheinlich die Stelle der ersten Siedlung auf diesem Boden, einer spätrömischen Festung (3./4. Jh.), markiert. Damals war die heute mit der Vorstadt durch einen breiten Streifen Land verbundene Altstadt von Rovinj noch eine Insel. 965 wurde sie durch einen Einfall der Narentaner Kroaten zerstört. Die Stadt, immer noch rein romanischsprachig, erholte sich rasch, unter Kaiser Otto III. erhielt der Bischof des Ortes gar das Primat über alle istrischen Diözesen.

Altstadt

Unter dem höchsten Punkt der schildförmigen Stadtanlage drängen sich die Häuser so dicht aneinander, wie sich das für einen mediterranen Küstenort gehört. Der **Uhrturm**, das venezianische **Stadttor** »Arco dei Balbi« und die venezianische **Loggia**, heute in den Bau des Rathauses inkorporiert, dominieren den

Rovinj mit Kirche der hl. Eufemija

Trg Maršala Tita auf der aufgeschütteten Fläche zwischen Festland und früherer Insel. Rechts vom Stadttor liegt das **Städtische Museum** (www.muzej-rovinj. hr, Juni–Sept. Mo– Fr 10–14/18–22, Sa/So 10–14/19–22, sonst Di–Sa 10–13 Uhr), es ist als Bau schon sehr interessant und zeigt Gemälde alter Meister bis zur Moderne, u. a. einige Seestücke des Marinemalers A. Kircher mit Schiffen der k. u. k.-Kriegsflotte. Links vom Tor passiert man an der Uferstraße das **Batana-Museum** (Kuća o batani, www.batana. org, Sommer tgl. 10–15/ 18–22, Rest des Jahres außer Jan/Feb. Di–So 10–13/15–17 Uhr). Die Batana ist das klassische Fischerboot Istriens und des Kvarner. Alte Fotos, Videos und Modelle geben eine Vorstellung vom Bootstyp und vom Leben der Fischer.

Kirche Sv. Eufemija
Die Treppengasse Grisia führt zur Spitze des Stadthügels, auf ihrer ganzen Länge wird sie von Boutiquen, Souvenirläden, eifrig stickenden oder häkelnden Frauen und diversen Bars flankiert. Die Grisia wird von fast allen Neuankömmlingen bis hinauf zur Kirche der hl. Euphemia beschritten, dem Dom auf der Spitze des Inselberges mit dem weithin sichtbaren nadelspitzen Campanile. Einer altchristlichen Kirche wurde im 6. Jh. eine größere Kirche übergestülpt, die dann im 9./10. Jh. durch einen dreischiffigen Bau ersetzt wurde, dessen barocke Erweiterung wir heute betreten. Der aus der Zeit Justinians stammende Marmorsarkophag der hl. Euphemia ist ein bedeutendes Wallfahrtsziel (Hauptwallfahrtstag: 16. September). Auf dem 60 m hohen Campanile dreht sich ihre Statue (seit 1758) nach der Windrichtung und weist den einlaufenden Schiffern den richtigen Weg.

Carera und Franziskanerkloster
Die Carera (Carrera) ist die alte Straße nach Bale (Valle) und Pula (Pola), heute ist sie die geschäftige Verbindungsgasse zum Busbahnhof. ▷ S. 105

Auf Entdeckungstour

Radrundfahrt durchs grüne Istrien ab Rovinj

Eine Radpartie eignet sich prima, um das Hinterland der istrischen Küste kennenzulernen. Eine besonders abwechslungsreiche Tour startet in Rovinj/Rovigno. Auf nur 68 km und mit lediglich 550 m Gesamthöhenunterschied gibt es viel zu erleben: Limski kanal, Weinbau in Krunčići, nochmals das tief eingeschnittene Lim-Tal, diesmal ohne Gewässer. Es folgen die Ruinenstadt Dvigrad sowie Kanfanar mit seiner schönen Kirche San Silvestro, dann verkarstetes Gebiet mit Dolinen. Schließlich Bale/Valle, Sitz der italienischen Gemeinschaft Istriens, und das Vogelschutzgebiet Palud.

Reisekarte: ▶ A/B 5, B 6

Planung: Rovinj–Limski kanal: 12,5 km, 130 m im Auf- und Abstieg; Limski kanal–Kanfanar: 9,5 km, zwei Anstiege à 210 m! Abfahrt 130 m; Kanfanar–Bale: 28 km, 150 m Höhenverlust; Bale–Rovinj: 18 km, 140 m Höhenverlust.

Von Rovinj zum Limski kanal

Man verlässt Rovinj in Richtung **Porton Biondi**, die Straße biegt bei der Tabakfabrik links ab. An der Gabelung der Straßen nach Valdaliso und Valalta hält man sich rechts und schwenkt in der folgenden Linkskurve nach rechts auf einen Fahrweg. Ganz allmählich ansteigend führt der Weg weiter, der recht steile bewaldete Hügel Sv. Tomaž bleibt links. Kurz vor dem Limksi kanal hält man sich rechts und erreicht auf einem Fahrweg den ausgedehnten Ort **Rovinsko Selo** an der N 303.

Nun etwa 800 m nach links auf der N 303, die hier den Ort nördlich umfährt und dann auf eine links abzweigende Straße, 100 m weiter rechts auf einen Fahrweg. Man passiert eine Häusergruppe und erreicht ein besseres Sträßchen, auf dem man sich rechts hält. Wieder kommt man zur N 303, diesmal quert man sie nur, um auf der sie kreuzenden N 21 nach links und zum Limski kanal hinunter zu zischen – 130 großartige Höhenmeter. Unten warten links zwei Muschel- und Austernlokale, vielleicht haben Sie ja schon Appetit auf eine Meeresfrüchteplatte.

Vom Limski kanal nach Kanfanar

Nun wird es etwas anstrengend, denn man möchte ja auch wieder auf die Hochfläche hinauf, in die sich der Lim eingeschnitten hat. In den Kurven und oben an Aussichtstellen locken fliegende Händler und Buden mit Souvenirs, Schnäpsen und Honig (es gibt sogar einen hölzernen Aussichtsturm, von dem man angeblich gegen Eintritt einen besonders guten Blick hat). Oben bei der Gabelung rechts und auf dem Zufahrtssträßchen weiter nach Kruncici. Hier ist einer der besten und bekanntesten Winzer Kroatiens ansässig. Vielleicht ist im Weingut Ivica

Matošević, dem Istrien einige seiner tollsten Weine verdankt, eine Besichtigung (und Weinprobe!) möglich (Tel. 098 36 73 39). Nur dumm, dass man mit dem Rad keine Flaschen transportieren kann.

Dann geht es über Jural und über die Autobahn hinweg nach Mrgani, wo man ein Sträßchen nach Osten (rechts) erreicht, das zum Lim zurückführt. Ab Jural fährt man im Wesentlichen bergab, das letzte Stück hinunter kommt man wieder besonders flott voran.

Jenseits des Tales befindet sich links die Ruinenstadt Dvigrad (Duecastelli). Die dreischiffige Kirche Santa Sofia und ein Teil der Stadtmauer sind gut erhalten, die verbliebene Einrichtung der Kirche wurde allerdings in die Pfarrkirche Kanfanar gebracht. Noch heute wird die kleine Friedhofskirche unterhalb der Stadt genutzt. Warum das Ruinenstädtchen »Dvigrad« heißt, »die beiden Burgen«? Weil es nicht nur in der Stadt selbst, sondern auch auf dem Sporn genau gegenüber eine Burg gab – Duecastelli.

Nun noch ein kürzerer Anstieg, und man erreicht Kanfanar in Balkonlage über dem Tal des Lim, leider zu nahe an der neuen Autobahn (sie ist zweispurig ausgebaut).

Von Kanfanar nach Bale/Valle

Auf der Straße 303 fährt man in Richtung Rovinj, 1,2 km nach der Brücke über die Autobahn biegt man in einer Rechtskurve nach links ab. Nun geht es geradeaus in südlicher Richtung, bei einer Gabelung hält man sich rechts und erreicht die N 21, der man etwa 1 km in Richtung Bale (links) folgt. Bei der Einmündung der Straße in Richtung Golaš rechts und im folgenden Örtchen Sv. Bembo nach links zur Straße Rovinj–Bale. Auf dieser weiter nach Bale (links), das von seinen Be-

wohnern meist Valle genannt wird, sind sie doch vorwiegend Italo-Kroaten. Im hervorragend restaurierten Castel Bembo hat die Vereinigung der Italiener in Istrien ihren Sitz.

Von Bale/Valle nach Rovinj

Zurück an die Gabelung von Zufahrts- und Umgehungsstraße, dort auf die andere Seite zum Sträßchen nach Barbariga. Nach 5 km geht es rechts ab auf einen Fahrweg und entlang des Vogelschutzgebietes Palud (das man links liegenlässt) nach Veštar und über Villas Rubin zurück nach Rovinj.

Veranstalter von Radreisen

Zahlreiche Anbieter haben organisierte Radreisen nach Istrien im Programm. Dazu zählen z. B. Eurobike, Mühlstr. 20, A 5162 Obertrum, Österreich, Tel. 0043 62 19 74 44, www.euro bike.at und Istriabike, Tel. 0043 699 10

74 77 97, www.istriabike.com; Mallorca Aktiv, Ursprungsweg 32, D 71263 Weil der Stadt, Tel. 0049 70 33 53 75 96, www.mallorca-aktiv.de und ebenso der in erster Linie durch seine Wanderreisen bekannte Schweizer Veranstalter Baumeler Reisen: Zinggentorstraße 1, CH 6002 Luzern, Tel. 0041 414 18 65 65, www.baumeler.ch.

Zusätzliche Informationen

Internet: www.istra-bike.com zeigt ausführlich beschriebene Touren und man bekommt wertvolle Tipps zu Übernachtungsmöglichkeiten und Sehenswürdigkeiten. Eine interaktive Landkarte und kostenlose GPS-Tracks stehen zum Download bereit.

Karten, Atlas: Sehr zu empfehlen ist der Istra Bike Atlas, der vom Tourismusverband Istrien herausgegeben wird und im Buchhandel in Istrien erhältlich ist.

Älter als dieser ist das Oktogon auf der anderen Straßenseite, die kleine Kirche der hl. Dreieinigkeit ist romanisch. Auf dem Hügel links oben steht das Franziskanerkloster, ein eindrucksvoller barocker Bau mit sehenswerter Bibliothek.

Aquarium

Mitte April–Mitte Okt. 10–13/15–18, im Hochsommer 9–21 Uhr

Weiter stadtauswärts und wieder tiefer und meeresnah gelegen steht das Aquarium. Dieses historisch bedeutsame, bereits 1891 als Außenstelle der Uni Berlin eingerichtete Adria-Aquarium wird heute vom Ruđer-Bošković-Insitut betreut (zu dem es auch räumlich gehört), der größten naturwissenschaftlichen Institution Kroatiens, die sich mit Meeresbiologie befasst.

Katharineninsel

1905 ließ der österreichische Erzherzog Karl Stefan das vorgelagerte Inselchen Sveta Katarina als Park gestalten. So können die Gäste des Katarina-Hotels hier unter alten Bäumen lustwandeln.

Crveni Otok ▶ A 5

Die »Rote Insel« ist eigentlich eine Doppelinsel, deren Teile durch einen Damm zusammen gehalten werden. Auf dem größeren **Sv. Andrija** breitet sich weitläufig der Hotelkomplex Istra aus, lässt aber genug Platz für den schönen Park, der noch aus dem späten 19. Jh. stammt. Nur ein Privatmann hat Zeit und Geld, sich so einen Park anzulegen, dieser war ein Baron Hütterodt. Der andere Inselteil heißt **Maškin**, ist unbewohnt, bewaldet und von felsigem Strand umgeben, ein Teil ist FKK-Anhängern vorbehalten. Das Revier um die Insel ist für Taucher ein einziges Dorado!

Am Hafen in Rovinj legen mehrmals täglich Boote zur Crveni Otok ab; die Tauchschulen des Ortes sind auf Fahrten rund um die Insel eingestellt.

Übernachten

Vor allem hochpreisig ist das Angebot der Altstadt, sieht man von ein paar einfachen Zimmern ab. Preisgünstiger wird's in den Touristenburgen außerhalb (die meisten gehören zu Maistra, V. Nazora 6, Tel. 052 70 02 50, www.maistra.com). Der Platz Porton Bondi liegt nur eine Viertelstunde Fußweg von der Altstadt entfernt. Privatzimmer bietet Kompas Travel, Tel. 052 81 32 11, www.kompas-travel.com.

Fünfsterner auf dem Mühlenberg – **Monte Mulini:** A. Smareglina bb., Tel. 052 63 60 00, www.montemulinihotel.com, Premium-DZ/FR 204–566 €, Luxussuite 550–1130 €. Zwei neue Fünfsterner stehen oben auf dem Monte Mulini, dem Mühlenberg, das Monte Mulini und das Lone (www.lonehotel.com). Das passt zum allgemeinen Bild der Küste Kroatiens, dass in die Top-Hotelklasse investiert wird, die von Normal-Sterblichen nicht bezahlt werden kann. Luxustraum für Innenausstatter, zwei Restaurants mit Stern, Super-Wellnessbereich, Klasse Sportanlagen. Man gönnt sich ja sonst nichts.

Wohnen im Palast – **Hotel Heritage Angelo d'Oro:** Via Švalba 40, Tel. 052 84 05 02, www.rovinj.at, DZ/FR 140–240 €, zur NS im Internet deutlich billiger. Eines der jüngsten Hotels der Stadt ist die Villa »Goldengel« (das bezieht sich auf die vergoldete Statue auf der Kirche Sv. Eufemija). Dem barocken Architekturrahmen entspricht die individuelle Ausstattung der Zimmer mit jedem Komfort (Minibar, Sat-TV, Klimaanlage, gratis WLAN), die Mehrzahl mit schönem Ausblick.

Auf der Insel – **Katarina**: Otok Katarina bb., Tel. 052 80 41 00, www.maistra.com, Komfortable DZ/ Suite/HP mit Meerblick 120–390 €. Gutes Hotel auf der Katharineninsel vor der Stadt mit Sporteinrichtungen, Bootsshuttle. Zimmerkategorien von Standard bis zur Suite. Geöffnet Mitte April bis Mitte Okt.

Stadthotel – **Adriatic**: Pino Budićin bb., Tel. 052 80 35 10, www.maistra.com, DZ/FR ab 80 €. Das kleinere Stadthotel in einem spätgründerzeitlichen Bau direkt am zentralen Platz ist angenehm und innen sehr komfortabel. Die Zimmer haben Sat-TV, Klimaanlage und Minibar, sind aber wegen der zentralen Lage nicht besonders ruhig.

Camping – **Porton Biondi**: Aleja Porton Biondi 1, Tel. 052 81 35 57, Fax 052 81 15 09, www.portonbiondi.com. Kleiner, gut ausgestatteter Platz, stadtnah, schattig, regelmäßig Busse zur Altstadt; Ostern bzw. Mitte April–Sept.

Essen & Trinken

An der Riva reihen sich mehrere Lokale aneinander, ihre Küchen ähneln sich, die Preise sind tourismusgemäß. Aber es gibt Ausnahmen:

Elegant und kreativ – **Monte**: Montalbano 75, Tel. 052 83 02 03, www.monte.hr, nur abends, gegrillter Fisch ab 45 € für zwei Pers., drei Gänge (inkl. Trüffelgang) ab 50 €. Das Lokal knapp unter der Kirche der hl. Euphemia bietet herausragende Küche mit traditionellen italo-istrischen Zutaten von Garnelen bis zu Wildem Spargel und ebenso kreativen wie überraschenden Zubereitungen und Kombinationen, die zwischen mediterranen und ostasiatischen Einflüssen (rohe Krustentiere!) pendeln.

Konoba mit Kick – **Veli Jože**: Svetog križa 3, Tel. 052 81 63 37, Nudel- oder Reisgericht plus Hauptgang ab 25 €, mit Trüffeln deutlich mehr. Besonders stimmungsvoll ist diese *konoba* in der Altstadt, ungewöhnlich gemütlich der Gastraum (und etwas üppig das Dekor). Gut die Nudeln mit dicken Bohnen *(pasta e fagioli)*, Fleischspießchen, Weißfisch vom Grill oder die hausgemachten Tagliatelle mit Trüffeln.

Altstadtlokal – **Giannino**: A. Ferri 38, Risotti/Nudeln ab 8 €, zwei Gänge ab ca. 25 €. Die gostionica liegt abseits der Touristenströme, man isst z. B. gegrillte Kartoffelnudeln mit Hummer, aber auf jeden Fall istrische Gastroschlager in guter Zubereitung. Der kleine Gastgarten gegenüber im Gässchen ist besonders nach Sonnenuntergang schön lauschig.

Einkaufen

Dies und das – Die **Grisia**, die Treppengasse vom Hauptplatz zur Spitze des Altstadthügels, ist eine einzige Einkaufszeile. Viel Billigkram und Nippes, aber auch besonders in den Ateliers das eine oder andere originale Stück.

Aktiv & Kreativ

Wassersport – Sehr gute Bedingungen auf der vorgelagerten Insel Crveni Otok, mehrere **Tauchschulen**, darunter Nadi Scuba, J. Dobrile 11, Tel. 052 81 32 90. Vor dem Hafen von Rovinj liegt in geringer Tiefe das österreichisch-ungarische Passagierschiff »Baron Gautsch«, das 1914 auf ein von der eigenen Marine gelegtes Minenfeld gelaufen war. Das in nur 28–42 m Tiefe liegende, gut erhaltene Wrack ist als Kulturdenkmal geschützt und darf nur von offiziellen Tauchschulen aufgesucht werden.

Radeln – Radtouren ins Hinterland sind nicht schwierig: kaum steile Strecken und wenig befahrene Straßen, Karte »Bike Rovinj« gratis bei der Stadtinfo.

Ausstellung – Kunstgalerie unter freiem

Himmel auf der Grisia zwischen Trg M. Tita und St. Euphemia am 2. So. im Aug., jeder kann seine Werke ausstellen!

Abends & Nachts

Klubs, Tanzcafés, Discos im Vergnügungspark Zabavni im Ortsteil Monvi, z. B. Disco Monvi im Hotel Eden.
Romantisch – **Bar Valentino** direkt am Strand unter der Altstadt, sehr stimmungsvoll, Kissen, gepolstertes Mobiliar, Sofas auf den Felsen unterhalb direkt über dem Meer. Zum Träumen. Den Sonnenuntergang verfolgt man noch ein wenig spektakulärer von der großen Terrasse an der Landspitze unterhalb der Euphrasius-Basilika.

Infos & Termine

TZG: Obala P. Budićina 12, 52210 Rovinj, Tel. 052 81 15 66, www.istria-rovinj.com.
Internetcafé: @mar, Carera 26, Tel. 052 841211 (teuer, aber zentral).
Tag der Stadtpatronin hl. Euphemia: 16. Sept., Prozession, Volksfest.
Busbahnhof am Trg na Lokvi am Ende der Carera.

Pula! ▸ B 6

Pula (ital.: Pola) ist eine freundliche, nicht übertrieben geschäftige Mittelstadt mit großem Hafen, etwas Industrie und einer bedeutenden Vergangenheit. Römische und österreichische Bauten erinnern an die beiden Höhepunkte der Stadtgeschichte. Das römische Pula wurde als Gegenpol zum illyrischen Nesactium gegründet und überholte die Gegnerin bald bezüglich Wirtschaftskraft und Einwohnerzahl. Beide Orte verloren mit dem Ende des Römischen Reiches jedoch jegliche Bedeutung. Es mussten erst die Spezialisten der k.u.k.-Kriegsflotte kommen (1856), die den Naturhafen von Pula als idealen Hafen für die österreichische Kriegsmarine erkannten und Pula wieder Bedeutung verschafften.

Sergijevaca und Forum
Forumtempel
Der Narodni Trg mit seinen Markthallen, dem Grünmarkt, den Cafés, Bistros und Restaurants ist der ideale Startpunkt für einen Stadtbummel. Am Triumphbogen der Sergier (Slavoluk Sergijevaca) betritt man die Altstadt, rechts erinnert ein Denkmal an James Joyce, der hier lehrte – ohne große Freude, wie er seinen Freunden mitteilte. Hier beginnt die Einkaufsstraße Sergijevaca, Nachfolgerin des römischen cardo. Sie führt in leichtem Bogen auf einen großen Platz, das römische **Forum**, das auch heute wieder diesen Namen hat. Auf einem Podium erhebt sich der noch zu Augustus' Zeiten entstandene **Tempel der Roma** und **des Augustus** (Sommer tgl. 9–18, Winter 8–14 Uhr); seine vier vorgeblendeten korinthischen und zwei seitlichen Säulen sind hervorragend erhalten. Das haben wir den frühen Christen zu verdanken, die das Innere ausräumten und aus dem Tempel eine Kirche machten. Der Tempel enthält heute ein kleines Museum römischer Skulpturen. Um das Geheimnis des rechts anschließenden Rathauses (von 1296) zu ergründen, muss man um den Bau herumgehen. An der Rückfront erkennt man, dass er einen zweiten Tempel, wahrscheinlich den der Diana, umschließt.

Dom
Eintritt frei
Der Dom Mariae Himmelfahrt ist hingegen eine Enttäuschung. Zwar alt, romanisch-gotisch, aber innen ziem-

lich leer, die reliefierten Kapitelle der Säulen kann man mit bloßem Auge kaum noch identifizieren.

Arena

tgl. im Sommer 8–21, im Winter 8.30–16.30 Uhr

Pulas große Sehenswürdigkeit, das Amphitheater (Abb. S. 58), ist auch das größte Gebäude der Stadt: 130 x 105 m in Ellipsenform, bis zu 30 m hoch, ehedem bis zu 20 000 Besucher fassend (heute Bestuhlung für 5000). Die Außenmauer mit ihren leeren Arkadenfenstern wird von vier Türmen unterbrochen, wie das gesamte Gebäude aus istrischem Kalk. Man vermutet, dass sie die Aufgänge für die Arbeiter waren, die das Zeltdach aufzuspannen hatten, wenn die Tageshitze unerträglich wurde. In den unterirdischen Gängen, die früher für Gladiatoren, Tiere und Kulissenschieber gedacht waren, ist heute ein Museum zum antiken Wein- und Ölbau in Istrien untergebracht.

Archäologisches Museum

Sommer Mo–Sa 9–20, So 10–15, Winter Mo–Fr 9–14 Uhr

An der Carrarina liegt der Eingang zum Archäologischen Museum Istriens, das auf drei Stockwerken eine Fülle von Funden aus der Vorzeit bis ins Frühmittelalter zeigt. Besonders interessant sind die **Funde aus Nesactium** im ersten Stock, die an ihren Spiraldekors erkennbar sind. Hinter dem Museum und frei zugänglich befindet sich die recht gut erhaltene Rückwand des **Römischen Theaters**. Auch das auf den Platz Giardini weisende Tor ist römisch, es ist eines der Stadttore aus der Kaiserzeit, genannt Herkulestor (Porta Ercole), und hat einen bärtigen Herkules im Scheitel.

Kastell

Im Sommer tgl. 9–21, im Winter Mo–Fr 9–17 Uhr

Im Zentrum der Stadt und auf ihrem höchsten Punkt lag immer ein Kastell, die venezianisch-österreichische Anlage von heute ist nur die letzte einer Reihe. Im Inneren befindet sich das Museum der Geschichte Istriens mit Sammlungen, die vor allem den Schiffbau der Region beleuchten.

K. u. k.-Marinefriedhof und österreichische Festungswerke

Nicht gerade zentral liegt der k. u. k.-Marinefriedhof, ein Gelände, auf dem während der gesamten österreichisch-ungarischen Zeit Marineoffiziere und Mannschaften bestattet wurden. Noch etwas weiter südlich liegt eine der großen Festungen, die Österreichs Kriegshafen schützen sollten, das Fort Bourguignon (auf der Halbinsel Zlatne Stijene hinter der pyramidenförmigen Disco). Heute wird es bei Techno-Veranstaltungen manchmal an Wochenenden 48 Stunden lang bewummert – es hält auch dieser Belastung stand.

Die Umgebung von Pula

Kamenjak, Pomer und Medulin ▶ B 6

Südlich von Pula streckt sich die lange, schmale Halbinsel **Kamenjak** weit ins Kvarner-Meer vor: 9,5 km lang und maximal 1,5 km breit, 30 km Küstenlinie. Ab dem Dorf Premantura ist sie als Naturpark geschützt, Pisten führen über den Kamm der Halbinsel und zu einigen der Strände in den Buchten mit schönen Badegelegenheiten (PKW und Motorräder zahlen Eintritt, Fahrräder frei). Trotz des von den PKWs aufgewirbelten Staubs ist die Runde mit dem Mountainbike ein echtes Erlebnis: karge

Landschaft und weite Blicke aufs Meer, unverfälschte Strände und Einsamkeit.

Eine zweite Halbinsel reicht südlich der touristischen Ortschaft **Medulin** bis zum Rt Marlera. Wer mit dem Fahrrad unterwegs ist und zuerst Kamenjak besucht hat, kann einen schmalen Damm nach **Pomer** nehmen und von dort aus die Straße nach Medulin. Besonders hübsch, mit Kiefernwald, Felsstränden und einem kleinen Sandstrand, ist die Halbinsel, auf der sich das Autocamp Medulin befindet, aber das wissen leider schon sehr viele Leute.

Nationalpark Brijuni ▶ B 6

Informacije Nacionalni park Brijuni, 52212 Fažana, Brijunska 10, Tel. 052 52 58 88, www.brijuni.hr. Boote von Fažana in kurzen Abständen nach Brijuni; man bucht, immer inkl. Führung, an Bord oder bereits im Reisebüro; org. Ausflüge in den Nationalpark von allen Ferienorten Istriens aus

Vom Küstenort Fažana/Fazana erreicht man die Inselgruppe Brijuni (ital.: Brioni). Jugoslawiens Staatschef Mar-

schall Tito verwendete sie als Sommersitz, für gewöhnliches Publikum war sie *off limits*. Nach Titos Tod hat man sie zum Nationalpark erklärt. Die 14 größeren und kleineren Inseln umfassen gepflegtes Parkland, einen Freiluftzoo, Reste einer antiken Siedlung und einer römischen Villa, einen Golfplatz und zwei Hotels. Ein Ethnographisches Museum (im Sommer tgl. 8–19, im Winter 8–14 Uhr) hat auch eine Abteilung mit Dokumenten und Fotografien über Tito und seine Beziehung zu Brijuni.

Vodnjan ▶ B 6

Vodnjan (ital. Dignano), 12 km nördlich von Pula, ist ein großer geschäftiger Ort mit vielen mittelalterlichen Bauten. Bemerkenswert und sehr reizvoll ist das Haus Castello am Hauptplatz. Das Ziel vieler Menschen, ob Wallfahrer oder Touristen, ist die Kirche Sveti Blaž, ein spätbarocker Bau. In der Gruft wird eine Sammlung von 370 Reliquien mit Resten von 287 ›Heiligen‹ gezeigt. Dazu gibt es einen Dorn aus Christi Dornenkrone, ein Tuch, mit dem

Ausgrabungen auf den Brijuni-Inseln (römische Villa rustica)

der hl. Simon Jesus einhüllte, Reliquien aller Apostel und vor allem sechs istrische Mumien, die erschreckend gut erhalten sind (geöffnet tgl. 9–19 Uhr außer während der Messen).

Übernachten

Während das Hotelangebot in Pula selbst eher bescheiden ist, kann man auf den Halbinseln und in den Orten weiter südlich, vor allem Stoja, Veruda, Verudela, Banjole, Premantura und Medulin, gut unterkommen. Größter Anbieter und fast exklusiv bei den großen Pauschalhotels und riesigen Feriendörfern ist Arenaturist, A. Smareglia 3, www.arenaturist.hr.

Komfort mit Stil – **Milan:** Stoja 4, Tel. 052 21 02 00, www.milanpula.com, DZ/FR 100–120 €. Solide und komfortabel ist

Mein Tipp

Hotel La Scaletta

Das freundliche, modern und sehr gut ausgestattete Hotel (man sehe sich die Bäder an!) darf sich mit gerade mal zwei Sternen schmücken – mysteriös sind die Kategorien, nach denen in Kroatien Hotels bewertet werden –, drei Sterne mindestens wären angebracht. Die deutschkroatische Besitzerfamilie kümmert sich persönlich um ihre Gäste. Gutes Frühstück mit (z. B.) frischen Laugenstangen (jawohl!). Was man halt so »a home away from home« nennt. Gutes Restaurant im Haus. In Fußentfernung von Fernbusbahnhof und Arena (La Scaletta, Flavijevska 26, Tel. 052 54 15 99, www.hotel-scaletta.com, DZ/FR 80–100 €).

das Milan, ein modernes Privathotel mit Tradition in der Nähe des Marinefriedhofs. Die stilvoll eingerichteten Zimmer haben Klimaanlage, Sat-TV und Minibar, es gibt Pool und Hallenbad.

Für Stadtschwärmer – **Hotel Riviera:** Splitska 1, Tel. 052 21 11 66, marketing @arenaturist.com, DZ/FR ab 60 €. Gründerzeitlicher Bau mit eindrucksvoller Fassade, aber nur recht einfachen Zimmern. Die zentrale Lage macht jedoch für Stadtschwärmer den spartanischen Einrichtungsstil sicher wett. Die obersten Räume nach vorne haben zudem einen sehr schönen Ausblick!

… auf der Halbinsel Verudela

Hotelburg – **Park Plaza Histria:** Verudela bb., Tel. 052 59 00 00, histria@arenaturist.com, DZ/FR ab 90 €. Das Histria ist ein nicht unfreundliches Großhotel (448 Betten) in schöner Lage auf einer Anhöhe an der Punta Verudela. Auf drei Seiten gibt es Felsenstrand, jeder Komfort wie Hallenbad, Wellness & Fitness wird aufgeboten. Zimmer mit Sat-TV, Minibar, Fön, Klimaanlage, Balkon – aber ohne indivuelle Atmosphäre.

… in Valsabbion

Schick vom Feinsten – **Valsabbion:** Pješčana uvala IX/26, Tel. 052 22 29 21, www.valsabbion.hr, DZ/FR 84–169 €. Elegant und sehr exklusiv ist die passende Beschreibung für diesen Privathotel an der Uferstraße mit kleinem Hallenbad und ausgezeichnetem Beauty-, Wellness- und Fitnesscenter; das Restaurant des Hauses (s. rechts) ist weit über die Grenzen Kroatiens hinaus bekannt.

Einfach und günstig – **Jugendherberge:** Zaljev Valsaline 4, Valsaline (Bus 2 ab Pula bis zur Haltestelle am Beginn der Stichstraße nach Valsaline), Tel. 052 39 11 33, geöffnet Mitte April–Mitte Okt.

Naturnah – **Camping Village Stoja:** Stoja 37, Tel. 052 38 71 44, www.arenaturist.

hr. Großer Platz auf einer hügeligen Halbinsel mit eigener Tauchschule. In der Nähe befinden sich die Disco Piramida und die Techno-Hochburg Fort Bourguignon, im Sommer kann es also besonders an Wochenenden recht laut in der Umgebung werden.

… im Brijuni-Nationalpark

Logieren auf der Insel – **Neptun-istra:** 52214 Brijuni, Tel. 052 52 58 88, www. brijuni.hr, DZ/HP ca. 72–255 €. Die Nr. 1 auf Brijuni steht gleich am Landesteg der Boote, ist aber trotz dreier Sterne und gehobener Preise recht schlicht (Zimmer mit Sat-TV, Minibar, Fön).

Essen & Trinken

Italo-Spitzenküche – **Milan:** Stoja 4, Tel. 052 21 02 00, drei Gänge ab 30 €, mit Weißfisch oder Trüffeln deutlich mehr. Das elegante Restaurant im gleichnamigen Hotel bietet italienische Küche, z. B. eine delikate Vorspeisenplatte mit Meeresfrüchten, sehr gute Desserts und ausgezeichnete Auswahl an Weißweinen.

Pizza Pasta – **Pizzeria Pompei:** Clarisseanova 3, Pizza 5–7,50 €. Die Pizzeria ist ein angenehmes Lokal am Rand eines verkehrsfreien Platzes mit plätscherndem Brunnen. Hier speist man hervorragende Pizza (sehr gut die »istriana« mit *pršut* und Oliven), auch die Nudelgerichte sind ausgezeichnet. Aber es gibt wirklich nur Pizza und Pasta! Das Ambiente drinnen ist eher dröge, schöner sitzt man draußen.

… in Pješčana uvala

Exzellenz als Tradition – **Valsabbion:** Pješčana uvala IX/26, im gleichnamigen Hotel, Tel. 052 21 80 33, drei Gänge kaum unter 30 €, großes Degustationsmenü (12 Gänge) 65 €. Das Valsabbion, wo vor einer Generation erstmals in

Kroatien Spitzengerichte aus der Küche kamen, ist ein exklusives, elegantes Restaurant, sicher eines der besten des Landes – von hier aus nahm die Neue Küche Kroatiens ihren Weg (2012 16 Punkte vom Gault Millau): Branzino in der Salzkruste, Carpaccio mit Trüffeln – das können nen Sie erwarten.

… in Banjole

Frisch und familiär – **Konoba Batelina:** Čimulje 25, Banjole, Tel. 052 57 37 67, nur abends geöffnet, Hauptgerichte ab 7 €. Die von einer freundlichen Familie geführte *konoba* in Banjole lohnt die ca. 5 km weite Anfahrt von Pula. Hier isst man frisch, was aus dem Meer oder an anderen Produkten auf den Tisch kommt, nach alten Traditionen zubereitet, so rustikal wie schmackhaft, guter Durchschnitt.

… am Kap Kamenjak

Gemütlich – Nahe dem Rt Kamenjak gibt es eine kleine **Sommerbar,** auf deren origineller luftiger und schattiger Terrasse Getränke und kleine Speisen zu haben sind.

Einkaufen

Trüffel – **Trüffelgeschäft Zigante** an der Smareglina nahe dem Markt.

Für Naschkatzen – großes **Feinkostgeschäft Dulcis** mit – vor allem – Schokolade, istrischem Wein und Trüffelprodukten, an der Puljanka ebenfalls in Marktnähe.

Auswahl – Täglich großer Markt auf dem Narodni Trg mit vielen Ständen und Hallen.

Aktiv & Kreativ

Wassersport – Wie nicht anders zu erwarten, baut Pula auf Wassersport, es gibt einen Jachthafen (ACI Marina Pula), Tel. 052 21 91 42, m.pula@aci-club.hr, ein Tauchzentrum in der Valsa-line-Bucht, Tel. 052 38 22 50, und viele meist kiesige oder felsige Strände.

Tennis – Plätze gibt es im Istra-Sport-zentrum Verudela auf der gleichnamigen Halbinsel, Tel. 052 39 10 25.

Radfahren – Radverleih z. B. Istraway, Riva 14, Tel. 052 21 46 13.

Abends & Nachts

Casino im Hotel Histria, Verudela, **Disco Piramida** im AC Stoja, an der Hafenpromenade nahe der Arena lockt tags (Café) und nachts (Disco) **Pictas Julia** (Riva 24). Südlich der Stadt liegen mehrere Festungswerke der österreichischen Kriegsmarine, die den Hafen schützen sollten. Was tun mit den riesigen Dingern, die ihren Sinn schon damals nicht erfüllten und heute wirklich sinnentleert die Landschaft blockieren? Im **Fort Bourguignon** finden Techno-Wochenenden statt, da kann man endlich mal so laut aufdrehen, wie die Ohren es aushalten, ohne dass sich die Nachbarn beschweren.

Angenehm kann man den Abend verbringen im **Irish Pub Bounty**, Veronska 8, mit Guinness und Kilkenny vom Fass in Pub-Atmosphäre. Auf dem Forum in Pula ist das **Café Galerija Cvajner** dank plüschiger Sofas und Galerie an den Wänden der – nicht ganz billige – abendliche In-Treff.

Infos & Termine

Informationen

Infopunkt: 52100 Pula/Pola, Forum 3, Tel. 052 21 91 97, www.pulainfo.hr, modern eingerichtet, am Forum.
Internetcafé: Enigma PC-Center, Kandlerova 19.

Termine

Musikfestival Histria im Juli und August, www.histriafestival.com.
Internationales Theaterfestival: Anfang Juli.
Internationales Jugendtheaterfestival: Juli/Aug.
Opernaufführungen in der Arena im Sommer, www.pulainfo.hr, ebenfalls im Sommer **Kroatisches Filmfestival** und gleichzeitig **Internationales Filmfestival,** u. a. mit Vorführung neuer Filme in der Arena und Starauftritten, www.pulafilmfestival.com.
Krabbenfest in Premantura: 1. Mai.
Fest des Ortspatrons von Premantura hl. Laurentius »Lovrečevo«: 10. Aug.

Verkehr

Flughafen Pula: 6,5 km entfernt, innerkroatische Verbindungen, kein Busverkehr, Tel. 052 53 01 05, www.airport-pula.hr.
Bahnverbindungen nach Lupoglav und Slowenien, ab Lupoglav per Bus nach Rijeka.
Fernbusse: 43 Istarske Divizije bb. (Stadtrand); Regional- und Lokalbusse: Cararina/Istarska (Innenstadt); Taxi 052 22 32 28.

Labin, Rabac und die Ostküste

Dem Golf von Kvarner wendet Istrien seine abweisende Seite zu: Die Učka-Kette stürzt steil ins Meer, wenige Dörfer liegen zwischen Ölbaumhainen und Kastanienwäldern. Aber die Berge schützen auch gegen Wind und Kälte. Rabac hat ein mildes, angenehmes Klima, das einen Aufenthalt in allen Jahreszeiten erlaubt. Nur werden im Gegensatz zum nahen Opatija (s. S. 117) in Rabac im Herbst die Gehsteige bis zur Karwoche hochgeklappt.

Labin ► C 5

Unter den Rosskastanien des Hauptplatzes von Labin (ital.: Albona) sitzt man zwischen der alten Stadt auf der Felskuppe und der neuen Bergarbeiterstadt. Beide haben ihren Höhepunkt überschritten, denn die Bergwerke waren bloß vom 18. bis späten 20. Jh. in Betrieb. Eine von den Italienern zu Zeiten des faschistischen Regimes angelegte Bergarbeitersiedlung (Raša) hat man von Pula kommend gerade passiert. Die Funktion der alten Stadt fiel bereits weg, als ganz Istrien unter österreichische Herrschaft kam: Die Venezianer hatten Albona, wie der Ort seit keltischen Zeiten hieß, vor allem als Grenzfestung gegen den benachbarten österreichischen Besitz in Istrien ausgebaut.

Sehenswertes

Eine Renaissance-Loggia, eine runde Befestigung und das Stadttor Sveto Flor (alle nach 1555) leiten in die alte Stadt mit ihren Treppengassen, unnahbaren Steinhäusern und Adelswappen. Im Nationalmuseum, das im barocken Palazzo Battiola-Lazzarini eingerichtet wurde, kann man sich über die Stadtgeschichte, die Archäologie der Zone und das ehemalige Bergwerkswesen informieren (Öffnungszeiten im Sommer Mo–Fr 10–13, 17–19, Sa 10–13 Uhr, Winter Mo–Fr 7–15 Uhr). Auf dem höchsten Punkt der Stadt steht ein Campanile. Wer ihn besteigt, hat ein Panorama, das weit über Istrien reicht und erst an den Inseln des Kvarner seinen Horizont findet (tgl. 9–14 Uhr).

In Labin lehrte auch der lutherische Theologe Mathias Flavius Illyricus (1520–1575), der in Wittenberg Schüler von Martin Luther gewesen war und heute als bedeutendster protestantischer Gelehrter gilt, den Kroatien je besaß.

Rabac ► C 5

Rabac liegt nur 5 km entfernt von Labin unten am Meer. Der Ort ist eine Retortenstadt der Titozeit: Die Hotels liegen im Grünen, um den kleinen Hafen begegnet man dem üblichen Gedränge von Restaurants, Bars und Shops – und an den Hängen erstreckt sich eine rasch wachsende Zahl von Apartmenthäusern, Villen und Wochenendhäusern. Der Fels- und Kiesstrand ist nirgendwo sehr breit, aber er bietet überall Zugang zu wundervoll klarem Wasser. Nur an der Maslinicabucht lockt ein recht breiter und flacher Strand.
Bergland: Učka s. S. 118.

Übernachten

Erstklassig – **Villa Annette:** Raška 24, Rabac, Tel. 052 88 42 22, www.villa annette.hr, DZ/FR 100–190 €. Großzügig geschnittene Suiten mit moderner, komfortabler Einrichtung zeichnen dieses erstklassige Hotel aus. Schön ist die Lage über dem Ort mit tollem Ausblick auch vom Pool. Gratis Internet.
Praktisch – **Mimosa:** Rabac bb., 52221 Rabac, Tel. 052 87 20 24, maslinica@ istra.com, DZ/HP 60–150 €. Das Mittelklassehotel mit Hallenbad hat in den renovierten Zimmern Klimaanlage und Sat-TV, viele haben Balkon.

Infos

TZG Labin: (auch für Rabac zuständig) Aldo Negri 20, 52220 Labin, Tel. 052 85 55 60, www.rabac-labin.com.
Zwischen Labin und Rabac gibt es häufige **Busverbindungen**. Der Busbahnhof liegt ca. 1 km von der Altstadt entfernt, er wird von allen Bussen der Strecke Pula–Rijeka angelaufen.

Opatija und die Inseln des Kvarner

Highlight!

Cres-Lošinj: Die lange, schmale Doppelinsel bietet auf kleinem Raum große Kontraste: lichter Laubwald in den Bergen, duftende Steineichenmacchie am Meer, verlassenes Kulturland mit alten Ölbäumen und verfallenden Mäuerchen und Orte wie Veli und Mali Lošinj mit 150-jähriger Tourismustradition. S. 123

Auf Entdeckungstour

Geierwanderungen: Nur noch auf Cres und zwei kleinen Inselchen gibt es Gänsegeier. In Beli werden verunglückte Geier hochgepäppelt, bevor sie wieder in die Freiheit entlassen werden. Gepflegte Wanderwege und (ja!) Labyrinthe führen durch die alte, heute verlassene Kulturlandschaft. S. 124

Kultur & Sehenswertes

Villen und Hotelbauten aus Gründerzeit und Jugendstil in Opatija und Lovran. Die renovierten großbürgerlichen Absteigen sind heute zum Teil Luxushotels. S. 118 und 123

Die Altstadt von Rab: Vier Kirchtürme stechen aus der Skyline heraus, die Rabs Altstadt überragt. In den Gassen hat sich seit Jahrhunderten kaum etwas verändert. S. 144

Aktiv & Kreativ

Flanieren an der Uferpromenade: Wo schon Kaiser Franz Josef (heißt es) am Meer entlang wandelte, kann man auch heute spazieren gehen. S. 120

Thalassotherapie in Opatija: Noch nicht genug für Gesundheit und Wohlbefinden getan? Opatija hat eine lange Tradition der Meerwassertherapie und ein zeitgenössisch ausgestattetes Therapiezentrum. S. 119

Genießen & Atmosphäre

Hafenlokale in Volosko: Das Plavi Podrum und das Le Mandrać am Fischerhafen von Volosko. Das ist konzentrierte Kulinarik mit Meeresduft auf höchstem Niveau. S. 119

Traumhafter Strand und blaues Meer: Kann man sich in eine Landschaft verlieben? Traumhaft schön, unvergesslich blau: die Bucht von Baška. S. 140

Abends & Nachts

Bora Bar in der Rovenska-Bucht bei Veli Lošinj: Abends sitzt man besonders stimmungsvoll am Fischerhafen und kann die kreative Küche des Hauses so richtig genießen. S. 133

Partystrand Zrće bei Novalja: Wer sich an der kroatischen Küste richtig austoben will und von einer Party träumt, die kein Ende nimmt, ist am Zrće-Strand auf Pag bestens aufgehoben. S. 150

Wie ein Schutzwall umgeben die Halbinsel Istrien und die Doppelinsel Cres-Lošinj die Kvarner Bucht mit ihrer Vielzahl großer und kleiner Inseln von der Größe einer Klippe bis zu 406 km2 (was sowohl auf Cres als auch Krk zutrifft). Karg ist die Vegetation auf diesen Inseln, Schafweiden überziehen sie, wenige Wälder, dichte Macchie, wo es etwas feuchter ist. Die Menschen sind aus den Dörfern im Inneren an die Küste gezogen oder ausgewandert. An den Küsten gibt es genug Arbeitsplätze: Das milde mediterrane Klima, die gute Luft, das selten sehr stark bewegte Meer, die Früchte des Meeres von der Goldbrasse bis zum Hummer haben schon vor 150 Jahren Touristen angelockt. Damals vor allem aus der österreichisch-ungarischen Monarchie und aus dem Deutschen Reich. Wer konnte, baute sich eine Villa, wie Opa-

tija und Lovran an der istrischen Ostküste (aber zum Kvarner gehörig) mit zahlreichen Beispielen illustrieren, auch mit solchen, die nunmehr als Luxushotel locken. Heute kommt man aus aller Welt, wenn auch Österreicher und Deutsche neben den Italienern weiterhin das Bild bestimmen.

Cres, Lošinj, Krk, Rab und Pag sind die großen Inseln im Golf von Kvarner, gut erschlossen und doch naturnah, mit wunderschönen Stränden und zahllosen Buchten, in denen man immer noch allein sein kann. Das gilt noch mehr für die unzähligen kleinen und kleinsten Inseln und Inselchen, die ein Meer sprenkeln, das ein wahres Skipperparadies ist. Klassische Motorsegler sind mehr und mehr zu sehen, ein Trip auf einem dieser altmodischen Schiffe ist ein echtes Erlebnis. Wenige Sandstrände, Kies- und vor allem Fels-

Infobox

Touristeninformationen
Hauptbüro für die Region Kvarner: Nikole Tesle 2, 51410 Opatija, Tel. 051 27 29 88, Fax 051 27 29 09, kvarner@ kvar ner.hr, www.kvarner.hr.

Die Insel Pag gehört zwar geografisch zur Kvarner Bucht, verwaltungsmäßig aber zu Lika-Senj im Norden um Novalja und Zadar im Süden um Pag, auch die Telefonvorwahl ist anders (053 bzw. 023), s. S. 150 und S. 151.

Internet
www.kvarner.hr: Fremdenverkehrszentrale für den Kvarner.
www.kvarner.com: eine kommerzielle Seite speziell für Hotelbuchungen.

Anreise und Verbindungen
Zwei Alternativstrecken bis Rijeka: Au-

tobahn und Bahnlinie Zagreb–Rijeka oder Autobahn und Bahnlinie Ljubljana–Rijeka, Bahn-Infos www.hznet.hr, Mautbrücke zur Insel Krk.

Busse fahren ab Rijeka auf alle Inseln (Brücke oder Fähre), die meisten von Autotrans, www.autotrans.hr.

Fähren gibt es von Brestova nach Porozina (Cres), von Valbiska (Krk) nach Merag (Cres) sowie von Valbiska nach Lopar (Rab). Rab ist über die Fähre von Mišnjak nach Jablanac mit dem Festland verbunden.

Katamarane fahren zwischen Mali Lošinj und Rijeka sowie zu den kleineren Inseln und zwischen Rijeka, Rab und Novalja. Fährinfos auf www.jadro linija.hr, für Rab www.rapska-plovidba. hr, für die Strecke Valbiska nach Rab www.np.hr.

küsten umranden die Inseln, aber genau dieser Umstand bewirkt, dass man auch im Hochsommer eine Bucht findet, in der man sich den Strandplatz nicht mit Handtüchern markieren muss.

Mali und Veli Lošinj haben sich erst durch den Tourismus, auch wenn er schon unter Habsburg begann, aus Fischerdörfern zu größeren Orten entwickelt, und das gilt auch für die Tourismusmetropole der Region, Opatija, das frühere Abbazia. Aber Cres und Osor auf der Insel Cres, Krk auf der gleichnamigen Insel, die Stadt Rab und die Stadt Pag sind alte, bis auf die erste schon römische Städte. Und das sieht man ihnen an, vor allem die lange venezianische Phase der Region.

Sie suchen Hotels? Es gibt sie – renoviert, vor allem in Opatija auf Hochglanz poliert. Aber ein Großteil der Unterkünfte sind Apartments und – seit Jahrzehnten – die »sobe«, die Privatzimmer. Und natürlich Camping, FKK wurde schon in den 1930ern hier im Kvarner erfunden.

Opatija ► C 5

Hinter den Klunkern aus der k. u. k.-Zeit, als Opatija noch Abbazia hieß, verbirgt sich eine solide Infrastruktur. Die Uferpromenade in Richtung Lovran wie in Richtung Volosko ist dieselbe geblieben, auch wenn sie jetzt abends beleuchtet wird. Die Hotels im Umkreis des »Kvarner« im Zentrum des Ortes haben sich ihre dekorativen Gründerzeitfassaden bewahrt, auch wenn es drinnen Klima-Anlage, Sat-TV und Kühlschrank gibt. Und nichts hat sich an der üppigen Gartenflora verändert, hier duftet und blüht es wie damals in *Fin de siècle*, als die Damen noch hochgeschlossen und mit Sonnenschirm promenierten.

Vom Fischerdorf zum Kurort

Opatija heißt auf Italienisch Abbazia, beides bedeutet Abtei, Kloster. Der Name leitet sich von einem kleinen Kloster her, dessen Kirchlein heute noch steht (an der Küste beim Hotel Kvarner), verschwindend klein unter den späthistoristischen Prachtfassaden und den Klotzbauten der 70er-Jahre des 20. Jh. Das Fischerdörfchen wachte 1844 aus seinem Dämmerschlaf auf, als ein Geschäftsmann aus dem nahen Fiume (Rijeka) hier eine Villa für seine Wochenenden errichten ließ, die **Villa Angiolina**. Als 1873 die Bahnlinie Wien–Triest–Fiume an der Küste des Kvarner ankam, war Abbazia plötzlich direkt im Visier der erholungshungrigen Wiener Gesellschaft. Abbazia wurde über Nacht *en vogue*, wurde der Winterluftkurort der gesamten österreichisch-ungarischen Monarchie. Die Villen und Hotels, die in rascher Folge entstanden, allen voran das **»Quarnero«** (1884), wurden in eine Gartenlandschaft gestellt, die der alten Mittelmeerflora wenig Platz ließ. Aus allen Erdgegenden wurden subtropische Pflanzen angeschleppt und an der »Riviera« angepflanzt: Winterblüher wie Magnolie, Mimose, Pittosporum, Judasbaum, immergrüne Gewächse wie Palme, Oleander, Agave. Nur der duftende Lorbeer und die Steineiche gehören zur ursprünglichen Vegetation.

Nach zwei Weltkriegen, sozialistischer Misswirtschaft und einem Bürgerkrieg, der erst vor nicht allzu langer Zeit zu Ende ging, werden die vom Verfall bedrohten Prachtobjekte der Zeit vor 1914 wieder auf Hochglanz gebracht, die Bausünden der Titozeit einigermaßen korrigiert oder zumindest übertüncht. Es lohnt sich wieder, durch den Ort, entlang der Uferpromenade oder der leider ziemlich lärmigen, immer noch nach Tito benannten (!) Hauptstraße zu schlendern und die Fassaden der Hotels und Villen zu betrachten.

Wandern im Učka-Bergmassiv

Das im **Vojak** bis zu 1401 m Höhe aufragende Učka-Bergmassiv ist ein ideales Wanderland mit schattigen Wäldern, Wiesen, alten Steinmauern, Bruchsteinhäusern und – guten Markierungen. Aber ohne Wasser, sieht man vom Frühjahr ab. Vom Učkagipfel, den man auch auf einer Straße erreichen kann, stürzen sich Drachenflieger in den starken Aufwind und westlich des Massivs sind in den senkrechten und überhängenden Felswänden und -nadeln der Vranjska Draga die Freikletterer in ihrem Element (Zugangsweg von einem Haus 0,5 km westlich des Motel Učka an der alten Straße nach Pula). Eine Wanderkarte gibt es in den Touristeninfos. Besser ist die neuere Karte »Park prirode/Naturpark Učka 1:30 000« (ca. 10 €, am Kiosk, im Buchhandel).

Übernachten

Opatija setzt auf Luxustourismus. Bislang besitzt der Ort 15 Hotels mit vier oder fünf Sternen, in diesem Investitionssegment wird fleißig gebaut bzw. saniert. Bei den preiswerteren Quartieren stagniert das Angebot oder nimmt sogar – durch Renovierung, Aufwertung und nachfolgende Preiserhöhung – ab. Ausnahmen, etwa im nahen Ika, bestätigen die Regel.

Mehrere Hotels in Opatija und an der Riviera managet Liburnia Riviera Hotels, z. B. Ambasador, Kvarner/Amalia, Palace/Bellevue, Imperial, Kristal, Belvedere (Liburnia Riviera Hotels, Maršala Tita 98, Tel. 051 71 04 44, Fax 051 71 04 10, www.liburnia.hr).

Luxus mit Tradition – **Milenij:** M. Tita 109, Tel. 051 20 20 00, www.milenijho teli.hr, DZ/FR 100–190 €. Das alte »Jadran«, ein Werk des damaligen Wiener Stararchitekten Carl Seidl im üppigen Stil der auslaufenden Gründerzeit, wurde neu gestaltet und individuell eingerichtet. Es entstand ein Hotel der Luxusklasse (5 Sterne), Zimmer mit Bildern und Möbeln in einem Biedermeier-Louis-XV-Mischstil und allem erdenklichen Komfort.

Stilvoll – **Galeb:** M. Tita 160, Tel./Fax 051 71 19 35, www.hotel-galeb.hr, DZ/FR ab ca. 100 €. Der warme Rotton des Kirschholzes bestimmt die Zimmer und Suiten dieses Privathotels der Oberklasse. Alle Räume haben Klimaanlage, Minibar, Sat-TV, Kirschholzmöbel, Teppiche, Schallschutzfenster, die meisten haben Balkon. Die persönliche Aufmerksamkeit, wie man sie hier erfährt, ist leider selten geworden.

Villa mit Charme – **Villa Ariston:** Maršala Tita 179, Tel. 051 27 13 79, www.villa-ariston.hr, DZ/FR 90–250 €. Fast schon in Ičići liegt diese elegante Spätgründerzeitvilla mit Park und direktem Zugang zum Meer, ein Bau des Wiener Architekten Karl Seidl. Elegant, komfortabel, die Mansardenzimmer besonders stimmungsvoll. Ausgezeichnetes Restaurant (s. rechts)!

Grandhotel – **Kvarner/Amalia:** Pava Tomašića 12, Tel. 051 27 12 33, kvarner@ liburnia.hr DZ/FR ab ca. 65 €, im Amalia 60–110 €. Das »Grandhotel Kvarner« ist Opatijas erstes und ältestes Hotel (1884) – was man ihm nur an der Fassade ansieht, denn drinnen steckt ein modernes, komfortables Hotel. Neben dem großen Speisesaal ist der spätgründerzeitliche Kristallsaal (1911), der ehemalige »Kursaal Quarnero« zu bewundern. Die Villa Amalia nebenan ist etwas einfacher eingerichtet.

Freundlich und preiswert – **Ika:** Ika bb., Ičići, Tel. 051 29 17 77, www.hotelika.hr, DZ/FR 60–130 €. Das freundliche kleine Privathotel liegt in Ika (an der Straße nahe Lovran) direkt am Strand. Die Zimmer sind auf Dreisterneniveau renoviert und haben Balkone mit Meerblick sowie WLAN gratis. Das Hotel hat ein gutes Restaurant und insgesamt ein ausgezeichnetes Preis-Leistungs-Verhältnis.

Im Freien – **Camping Opatija:** 51414 Ičići, Liburnijska 46, Tel. 051 70 43 87, Fax 051 70 40 46. Kleiner, meist voller, lauter Platz in Ičići; April–Anf. Okt.

Essen & Trinken

Opatija hat am Ufer eine Reihe von Lokalen, die den üblichen Touristeneinheitsbrei auftischen, natürlich zu gehobenen Preisen. Einige Ausnahmen bestätigen die dröge Regel:

Villa für »Feinspitze« – **Villa Ariston:** M. Tita 174, Tel. 051 27 13 79, zwei Gänge ab 25 €. Das hervorragende Restaurant in der alten Villa direkt über dem Lungomare ist auf Meeresfisch und Fohlenfleisch spezialisiert. Das kann bedeuten: Carpaccio mit Parmesan und Radicchio, gefüllte Hühnerbrust mit Trüffeln und Steinpilzsoße, Seeteufel in Weißwein mit Mangoldkartoffeln, Nusspalatschinken machen den Mund wässern. Gute Weinkarte.

Für den süßen Zahn – **Grand Café:** M. Tita 85. Das Konditoreicafé der Gruppe Mileni ist ein Renner: Größe, Ausstattung und vor allem das Angebot an Torten, Kuchen und Konfekt – alles stimmt.

Luxus am Fischerhafen – **Le Mandrać:** Volosko, Obala F. Supila 10, Tel. 051 70 12 23, Hauptgang ab 25 €, Menü ab 50 €. Noch ein Fischlokal am Hafen von Volosko und eines der besten an der gesamten kroatischen Adria. Bestes aus dem Meer, es ist schließlich nur ein paar Meter entfernt, aus den Wäldern

Istriens (Trüffel und Steinpilze) und – für Kroatien noch ungewöhnlich – frische Kräuter aus dem Garten.

Frisch aus dem Meer – **Plavi Podrum:** Voloska, Obala F. Supila 2, Tel. 051 70 12 23, Hauptgang 10–25 €. Die Meeresfrüchte auf der überdachten Terrasse am Fischerhafen in Volosko sind ein Gedicht, das Personal ist flink, der Tischwein keine Offenbarung.

Einkaufen

Trotz diverser Boutiquen entlang der Maršala Tita hat Opatija wenig Interessantes zu bieten. Allenfalls Gourmets kommen auf ihre Kosten: Probieren Sie die **Vinoteka Veritas**, M. Tita 93/3.

Aktiv & Kreativ

Wassersport – **Baden:** Strände sind um Opatija rar, man behilft sich mit Betonplatten und betonierten Stellen zwischen den Felsen, die größeren Hotels haben Hallenbäder, fast alle einen Pool. **Tauchen** in Volosko, Volosko Sub, Brajdica 1, Tel. 051 70 11 44, www.volosko-sub.com. Jachthafen ACI Marina Opatija in Ičići (Richtung Lovran), Tel. 051 70 40 44, m.opatija@aci-club.hr; das Hotel Admiral hat eine eigene Marina, Tel. 051 27 15 23.

Ausflüge – **Bootausflüge** entlang der Küste und hinüber zu den Inseln Cres und Krk bieten mehrere am Kai von Opatija liegende Boote, die mit Tafeln auf ihr Angebot hinweisen.

Wandern – Das Učka-Bergmassiv, das hinter der Küste bis 1401 m aufragt, ist ein ideales Wandergebiet mit recht gut markierten Wegen. Kostenlose Wanderkarte gibt es in den Touristeninformationen.

Thalassotherapie – **Thalasso Wellness Centar Opatija:** M. Tita 188/1, Tel. 051

Lieblingsort

Flanieren an der Uferpromenade

Einer der schönsten Spaziergänge, die man am Kvarner unternehmen kann, führt am Stadtrand entlang. In Volosko am Hafen beginnend, an Opatija vorbei bis Lovran. Zwar sind das 12 km und ohne Pausen drei Gehstunden. Aber dieser Spaziergang auf dem »Obala šetalište Franza Josefa österr-ungar-Kaiser« (so steht's auf dem Schild) ist diese Anstrengung wert. Rechterhand Villen und schicke Hotels des Fin de siècle österreichischer Prägung, Palmen und Agaven, Parks und Gärten. Links das Meer, ein paar dem Fels abgerungene Badeplätze sowie Bars, Cafés und Restaurants. Vor allem aber der großartige Blick auf die Insel Cres, den Sie nur in dieser Richtung haben! Am Ende wartet noch ein Juwel, das an Jugendstilbauten reiche Lovran. Mit dem Bus Nr. 32 geht's zurück, selbst spät abends verkehrt er auf der Strecke Lovran–Rijeka noch in erträglichen Abständen.

20 26 00, www.thalassotherapia-opa tija.hr. In Opatija hat die Meerwasser- therapie eine lange Tradition. 2005 hat sich die Stadt ein modernes Zentrum für Thalassotherapie gegönnt, übri- gens das erste in Kroatien. Natürlich dürfen andere Wellness- sowie Beauty- und Kosmetikangebote nicht fehlen, nicht nur Kranke, im Gegenteil vor al- lem Gesunde sollen das Haus aufsu- chen. Und bitte im Winter und in der Nebensaison!

Abends & Nachts

Disco Seven, M. Tita 125, Tel. 099 477 70 00 ist die wohl beliebteste Disco: Disco, DJs, Fr. House, So. 80er und 90er Retro (nur Juni–Sept.). Elegant gestylt ist die **Bar Hemingway** direkt an der Uferpromenade, Zert bb. Beliebt ist auch die **Bar Monokini**, M. Tita 96, mit Retro-Mobiliar der 60er und DJ-Aben- den am Wochenende; **Freiluftbühne** an der Landspitze am Park der Villa An- giolina mit Kino, Theater, Konzert, Oper; die umliegenden Restaurants und Bars sind auf jugendliches Publi- kum eingestellt.

Infos & Termine

TZG Opatija: Verwaltung in der Vladi- mira Nazarova 3, 51410 Opatija, Tel. 051 271 10, Fax 051 27 16 99, www.opa tija-tourism.hr (Auskünfte nur telefo- nisch und schriftlich). Das **Infobüro** be- findet sich in der M. Tita 138, Tel. 051 27 13 10, opatijainfo@ri.t-com.hr; kos- tenlos gibt es einen Übersichtsplan von Stadt und Umgebung mit den wich- tigsten Adressen »Riviera Opatija« (Leasure Map). **Internet:** Gratis Internet-Hotspots gibt es im Zentrum, u. a. im Park Villa An- giolina.

Termine

Der **Karneval von Opatija** hat die Bräu- che der umgebenden Dörfer aufge- nommen und ist vor allem wegen der mit Ziegenhörnern, Ziegenfellen und Glocken auftretenden, archaischen *zvončari* (meist aus dem Ort Kastav) bekannt. Während des Sommers hat Opatija eine große Anzahl fast aus- schließlich auf Touristen ausgerichte- ter Veranstaltungen.

Verkehr

An der **Bahnstation Matulji**, 5 km ent- fernt, halten Züge nach Slowenien und Österreich. **Lokalbusse** der Linie 32 fahren nach Lovran und Rijeka; am Busbahnhof (dort Agentur Autotrans Tel. 051 27 16 17) halten auch die Busse auf der Linie Pula–Rijeka und Ri- jeka–Brestova–Lošinj (meist nur ein Buspaar pro Tag); Katarina Line, Tel. 051 60 34 00, www.katarina.line.hr bietet von Ende April bis Anf. Okt. am Samstagnachmittag eine **Bootsverbin- dung** mit Krk, Rab und Mali Lošinj; **Taxi** vor dem Hotel Palace oder Tel. 051 70 41 00.

Lovran ► C 5

Die »Riviera von Opatija« ist ein wind- geschützter, der Sonne zugewandter, mit milden Temperaturen gesegneter Küstenstrich, der sich zwischen Lovran und Volosko über fast 15 km erstreckt. In Lovran beginnt die **Uferpromenade** aus Kaiser Franz Josephs Zeiten (s. S. 120), die Lovran und Opatija verbin- det. Der Lorbeerort (kroat. lovor = Lor- beer) ist ein pittoreskes, von Gründer- zeit- und Jugendstilvillen umlagertes Städtchen – das einzige alte dieses Küs- tenstrichs. Das Kirchlein **Sveti Trojstvo** steht etwas außerhalb des ehemals be- festigten Ortes, der heute von der Küs- tenstraße immer noch durch zwei Tore betreten wird. Im Zentrum ragt der Campanile der Kirche Sveti Juraj auf. An der Straße in Richtung Opatija zeigen die Baustile der Villen wie Jahresringe die Entwicklung zum Badeort.

Übernachten

Lovran war und ist heute wieder so etwas wie ein Luxusvorort von Opatija (das ja auch nicht gerade bescheiden ist). Markenzeichen Lovrans sind die schicken Villen der späten Gründerzeit und des Jugendstils. Neben der unten erwähnten finden sich weitere auf www.lovranskelvile.com.

Luxusvilla – **Villa Astra:** Viktora Cara Emina 11, Tel. 051 29 44 00, www.lovranske-vile.com, DZ/FR 225–330 €. Das Luxushotel wurde in einer wunderschönen Villa des *Fin de siècle* mit Garten eingerichtet. Maurischer Stil und das Wellnessprogramm des Hauses gehen gut zusammen.

Solider Komfort – **Excelsior:** M. Tita 15, Tel. 051 29 22 33, www.liburnia.hr, DZ/FR ab ca. 65 €. Es gibt sie auch, die komfortable Mittelklasse in Ortsnähe. Betonierter Strand, Pool, Meerwasser-Hallenbad, insgesamt angenehm.

Essen & Trinken

Gutbürgerlich à la Kvarner – **Knezgrad:** Trg Slobode 12, Tel. 051 29 18 38, zwei Gänge 15–20 €. Sehr schön sitzt man auf der großen Gartenterrasse im Grünen oberhalb der Altstadt. Familiäre Atmosphäre und leider ziemlich stark touristisch verwässerte istrische Küche.

Infos

TZG: M. Tita 63, 51415 Lovran, Tel. 051 29 17 40, Fax 051 29 43 87, www.tz-lov

ran.hr, die Info hält u. a. einen Faltplan des Ortes mit Beschreibung der wichtigsten Sehenswürdigkeiten bereit. Die **Busse** der Linie 32 von Rijeka und Opatija enden in Lovran.

Cres-Lošinj❗ ▶ C 5–7

Seit die Römer bei Osor einen Durchstich machten, sind Cres und Lošinj zwei separate Inseln. Während die Insel Cres aus einem hoch gelegenen Karstplateau (ca. 300–648 m) besteht, ist Lošinj ein einziger, stark gegliederter, in der Televrina bis 589 m aufsteigender Bergrücken.

Keine andere Insel Kroatiens bietet dermaßen große Kontraste auf so kleinem Raum: Das Istrien nahe Cres besitzt im Norden, der Tramuntana, noch ganz mitteleuropäische Laubmischwälder, das weit in die Bucht des Kvarner hineinragende Lošinj ist dagegen vollständig mediterran, mit Steineichen- und Lorbeerwald. Cres ist Bauernland, auf Lošinj lebten die Menschen vom Fischfang. Während Lošinj touristisch exzellent erschlossen ist, hat auf Cres der Tourismus noch weniger Fuß gefasst, zahlreiche Buchten sind völlig unerschlossen.

Anreise nach Cres-Lošinj

Die meisten Urlauber reisen mit dem Pkw an, die Fährverbindungen sind während der Saison sehr gut. **Autofähren** verkehren zwischen Brestova (Istrien) und Porozina (Insel Cres): im Sommer bis zu 17 x pro Tag in beiden Richtungen, von Valbiska auf Krk nach Merag (Cres): bis zu 13 x pro Tag. Die meisten **Busse** der Linie Rijeka–Cres–Lošinj fahren nicht mehr über Brestova, sondern über die Insel Krk und Valbiska, Beli ist jetzt fast nur noch mit dem Bus ab Cres zu erreichen (3 x pro Tag an Wochentagen)! ▷ S. 127

Auf Entdeckungstour

Geierwanderungen

Nur noch auf Cres und zwei kleinen Inseln des Kvarner brüten Gänsegeier. In Beli werden verunglückte Geier aufgepäppelt, bevor man sie wieder in die Freiheit entlässt. Gepflegte Wanderwege und Labyrinthe führen durch die alte, heute verlassene Kulturlandschaft. Naturliebhaber, Wanderer und alle, die Europas Natur- und Kulturerbe nicht sterben sehen wollen, werden hier viel Freude haben.

Reisekarte: ▶ C 5

Zeit: Mind. ein halber Tag, davon 3 Std. für die Wanderung (8 km, 250 m Höhenunterschied).

Planung: Eko-Centar Caput Insulae, Beli 4, Beli, Tel./Fax 051 84 05 25, www.supovi.hr/english (in Englisch); keine festen Öffnungszeiten. In der Nebensaison Anmeldung empfohlen (Englisch, Italienisch).

Start: Beli im Norden der Insel Cres, an Wochentagen 3 x tgl. Bus ab Cres.

Bis auf eine Höhe von 650 m erhebt sich im Norden der Insel Cres ein bewaldetes Bergland. Von der Inselhauptstraße aus gesehen »hinter dem Berg« (italienisch: »Tramontana«) liegen bis vor einer Generation bewohnte und fast sämtlich verlassene Dörfchen. Ein einziges, Beli, ist auch heute noch bewohnt – von einer Handvoll Menschen. Über der Tramuntana kreisen Gänsegeier, die bei Beli in den Felsen nisten. Sie suchen nach Futter, aber der früher reichlich mit toten Schafen gedeckte Tisch ist heute nur noch karg bestückt: Immer wieder verhungern Jungvögel, fast alle sind unterernährt. Die Kulturlandschaft verfällt und verwildert nicht nur aufgrund der wachsenden Vegetation, durch Regen- und Sturmschäden, sie wird zudem auch zerstört. Vor ein paar Jahren hat man auf Cres Wildschweine freigelassen, sie wühlen den Boden auf, bringen Mauern zum Einsturz und nehmen den Geiern, den einzigen, die noch in Kroatien brüten, die Nahrung weg.

Ein Besuch im Forschungszentrum Caput Insulae am Ortsrand von Beli macht mit dieser Problematik und den Gänsegeiern vertraut. Das Zentrum betreut Geier und päppelt verletzte Tiere wieder auf. Die Kulturlandschaft der Tramuntana zu erhalten, ist das zweite, aber mit dem ersten eng verbundene Ziel der Einrichtung. Nach dem Besuch des Eko Centar kann und sollte man einen der Wanderwege einschlagen, die durch die Tramuntana führen. Dabei wird man diese Landschaft mit ihrer noch vor Kurzem lebendigen Kultur näher kennenlernen, als dies jemals vom Auto oder Boot aus möglich wäre.

Unter Geiern: Das Forschungszentrum Caput Insulae

In Beli widmet sich das Forschungsinstitut vor allem der Erhaltung und Erforschung der Geier. Es zeigt eine kleine Dauerausstellung zur Tramuntana und informiert über Ökologie, Natur- und Kulturlandschaft. Es gibt natürlich einen Infobereich zu den Gänsegeiern, der Höhepunkt ist die Besichtigung des Geier-Freiluftkäfigs. Da sitzen sie drinnen, die verletzten und erschöpften Vögel und lassen den Kopf hängen. Ihre enorme Flügelspannweite von bis zu 2,8 m kann man hier nicht erkennen, ebenso wenig ihre Fähigkeit, bis in Höhen von 14 000 m aufzusteigen. An manche Tiere darf man ganz nahe heran, sie haben keine Scheu vor Menschen. Rettungsaktionen für Geierbabys, die aus den Nestern abstürzen, und Aufzucht im Geierspital gehören zu den sommerlichen Hauptaufgaben der freiwilligen Mitarbeiter. Im Sommer 2006 wurde Hinko, ein erwachsenes Männchen, in der Nähe von Krk von einem Freizeitsegler völlig erschöpft aus dem Meer gefischt. Im Zentrum kam er wieder zu Kräften und konnte im Sommer des nächsten Jahres in die Freiheit entlassen werden. Im November 2007 wurde er gesichtet, offensichtlich flog er gesund und munter über Slowenien.

Hinterm Berg: Wanderung zwischen Natur und Kunst

Ein ganzes Netz von Wanderwegen durchzieht heute die Tramuntana, deren Weiler verlassen wurden und deren Begrenzungsmauern zwischen den Feldern verfallen. Das Institut hat alte Wege gerodet und instand gesetzt, markiert und mit einer Anzahl von Kunstwerken versehen. Das betont einen neuen Aspekt der Landschaft und soll an das reiche Sagen- und Mythengut der früheren Bevölkerung erinnern. Alles war belebt: Steine und die beiden Wasserlöcher, Senken im Boden, Höhlen. Der *masmalić*, ein Zwergwesen, wohnt auf dem Grund von Höhlen und ärgert sich, wenn man einen Stein in seine Wohnung wirft. Dem Menschen, der so etwas tut, kann es böse ergehen.

Man beginnt die Wanderung bei der Überblickskarte am Eko-Centar und schlägt den Eco trail Staza Tramuntana I ein. Er ist der älteste Weg und wurde 1995 eröffnet. Hier trifft man auch auf das erste von 20 Kunstwerken, die »Pforte«, ein vom Steinmetzen Ljubo de Karina gestalteter Lochstein (er hat auch die anderen geschaffen). Alle Steininschriften stammen von Andro Vid Mihičić (1896–1992) aus Beli, der erst mit 92 Jahren zu dichten begann. »Nahrung für die Seele« sind diese Steine, heißt es hier. Die steinernen Labyrinthe, denen man später begegnet, sind wiederum »Metaphern für das Leben«.

Über das Dorf Beli und die römische Brücke, die einzige, die sich im Kvarner erhalten hat, erreicht man die eigentliche Tramuntana mit ihren Trockenmauern *gomače* und gepflasterten Wegen, Schafgattern *kirinči*, runden und von niedrigen Mauern umgebenen Plätzen, deren Bedeutung nicht bekannt ist. Man kommt an der gut restaurierten Kapelle Sv. Ivan Krstitelj vorbei, vor der sich früher der Dorftanz abspielte, und am verlassenen Dorf Podupčić. Die Wege sind hier sehr gut ausgeschildert.

Zurück zu den Geiern

Sie sind doch nicht vom Weg abgewichen (auch das mögen die *masmalić* nicht!)? Aber vielleicht haben Sie einen der Geier hoch über der Insel kreisen sehen? Immer noch erzählt man sich Geschichten, dass Geier lebende Schafe angreifen. Das sind Märchen. Gänsegeier würden nicht einmal eine Gans schlagen, geschweige denn ein Lamm. Aber die Geierjungen schlüpfen im Januar, und viele Lämmer werden im Februar geboren. Geier ernähren sich von den Totgeburten, von den bei der Geburt verendeten Schafen, vor allem aber von den 50–70 % der Lämmer, die es nicht über die ersten zwei Monate schaffen.

Zusätzliche Infos: Mehr über die Landschaft der Tramuntana und das Geierprojekt erfährt man im deutschsprachigen Buch von Goran Sušić und Tea Perinčić: Tramuntana, Beli/Rijeka 2000. Es enthält auch eine detaillierte Beschreibung des Wanderweges und ist im Eko-Centar erhältlich.

Riječki Rt Banja
Rt Jablanac
Rt Osredak
zaljev
Rt Starganac
V. bok 122 m
Konec
Ivanje
Rt Grota
Brestova
Porozina
Rosulja
Vazminec
Frantin
Poljana
Petrčevi
Niska
Sv. Marija
Sv. Ivan Krstitelj
Beli
Eko centar
Start/Ziel
Dragozetići
Brštanovo
Cres
Gorice
Gorica 648 m
Veli crni 529 m
0   2   4 km

Kleiner Flughafen Lošinj 13 km nordwestlich Mali Lošinj, lokale Dienste, Tel. 051 23 51 48, www.airportmali losinj.hr; Flughafen Unije, Tel. 051 23 58 22 (North Adria Aviation).

Beli und die Tramuntana ▶ C 5

Wenn man in Porozina die Fähre von Brestova verlässt, zeigt sich der Rücken der Insel als schmaler Grat, über dem der Aufwind besonders stark ist. Ihn nutzen die Geier, die in den Felsen der Ostküste ihre Nist- und Schlafplätze haben, um sich mühelos hochzuschrauben und nach Nahrung zu suchen. Folgt man vom Hafen in Beli einem Trampelpfad, kann man von unten her einen Blick auf die Nester und heranfliegende Geier erhaschen – naturnahe Unterhaltung.

Beli selbst, gegen Piraten durch seine Lage auf einem Steilfelsen über dem Meer geschützt, ist eng und winkelig. Ringsum liegt immer noch bearbeitetes Kulturland mit Öl- und Obstbäumen, Wein, Feigen, Saubohnen, Zwiebeln und Lauch.

Übernachten

Am Wasser – **Autocamp Brajdi:** Beli, Tel. 051 84 05 32. Campingplatz am Meer beim Hafen unterhalb des Ortes Beli, mit Grillrestaurant.

Stadt Cres ▶ C 6

Das Städtchen Cres in seiner weiten Bucht trat im 15. Jh. unter venezianischer Herrschaft die Nachfolge der alten Inselhauptstadt Osor an. Unter den Venezianern wurde die Stadt befestigt – ein Teil der Mauern und drei **Stadt-** tore haben sich erhalten – und es entstand ein winkelig enges Gassengewirr, in dem sich die Kühle angenehm hält. Die Venezianer haben einige repräsentative Bauten hinterlassen, z. B. die elegante **Stadtloggia** am Hafen. In ihr und um sie herum findet der tägliche Grünmarkt statt, auf dem Bäuerinnen kalt gepresstes Olivenöl, Honig, Schafskäse, Früchte aus dem eigenen Garten und selbst gebrannten Feigenschnaps anbieten. Auch die Fassade der **Pfarrkirche** ist venezianisch, ebenso wie der rein spätgotische Bau des **Stadtpalastes der Familie Arsan-Petris,** in den nach Jahren der Restaurierung wieder das Stadtmuseum einziehen soll.

Franziskanerkloster
Tgl. 10–12, 18–20 Uhr
Auch das im 13. Jh. gegründete Franziskanerkloster vor der Stadt hütet eine Erinnerung an das Venedig der Renaissance: einen provinziell schlichten, aber großen Kreuzgang und in dessen Zentrum die große Zisterne (1554–1560). Wie es heißt, wurde das Kloster vom hl. Franz von Assisi persönlich gegründet, als er auf der Rückreise von seiner Pilgerfahrt ins Heilige Land war. In der einfachen Kirche des 13. Jh., im Kloster mit seinem großen und kleinen Kreuzgang, im Museum und in der Bibliothek mit ihren mehr als 10 000 Bänden gibt es dafür jedoch keinen Beweis.

Übernachten

Naturnah – **Camping Kovačine:** Tel. 051 57 31 50, www.kamp-kovacine. com, am Rt Kovačine 1,5 km von Cres. Großer Platz in schöner Lage auf einer teilweise bewaldeten Landzunge – allerdings ist es hier auch oft recht laut, geöffnet April–Okt.

Essen & Trinken

Bars, Pizzerien und Restaurants gibt es rund um das Hafenbecken.

Für alle etwas – **Cres:** Großes Restaurant des Hotels Cres mit guten Risotti, auch vegetarische Speisen, Lamm und Languste auf Bestellung.

Pizza am Hafen – **Palada:** Palada 4, Pizza 4–7 €. Angenehm schattig ist es in der Pizzeria auf der kühlen Hafensüdseite.

Urige konoba – **Bukaleta:** Loznati bb, Tel. 051 57 16 06. In der *konoba* im winzigen Dorf Loznati 5 km südlich Cres dreht sich alles ums Lamm, vom Schafskäse bis zum geschmorten Lammbraten: Lammportion um die 9 €.

Aktiv & Kreativ

Baden – bei Cres gibt es einen Kiesstrand, die schönsten Strände wie Sveti Blaž oder jene vor der Blauen Grotte unterhalb Lubenice erreicht man per Taxiboot; ACI Marina Cres, Tel. 051 57 16 22, m.cres@aci-club.hr.

Infos

TZG Cres: Cons 10, 51557 Cres, Tel./Fax 051 57 15 35, tzg-cresa@ri.t-com.hr.

Der Südteil der Insel Cres

Südlich von Cres verbreitert sich die Insel bis auf 12 km bei einer Durchschnittshöhe von 250–350 m. Ehemals lagen alle Dörfer auf der Hochfläche, die Bewohner betrieben Ackerbau, zogen Ölbäume, Feigen und Aprikosen.

Valun

Über dem kleinen Hafenort Valun steht noch die **Kirche Sveti Marko,** sie markiert den früheren Standort des Dorfes. Zu Venedigs Friedenszeiten zogen die Dorfbewohner ans Meer hinunter, ihre Toten begraben sie weiterhin am alten Platz. Fischfang ist heute noch wichtig; was gefangen wird, landet in den Küchen der Gaststätten. In der Dorfkirche ist die berühmte »Grabplatte von Valun« eingemauert, die sich ursprünglich in der alten Kirche befand. Sie ist zweisprachig, Kroatisch und Lateinisch, der kurze kroatische Text ist in glagolitischer Schrift geschrieben. In der *konoba* Toš Juna kann man eine Kopie sehen, die im dortigen **Lapidarium** auch Kopien anderer Steine mit glagolitischen Inschriften zeigt, wie jene aus Baška, Senj, Vrh und Plomin.

Der Süßwassersee von Vrana

In einer ovalen Vertiefung, nur 14 m über dem Meeresspiegel, liegt der große Süßwassersee von Vrana. Er ist 74 m tief, reicht also bis 60 m unter das Meeresniveau. Trotz dieser Tiefe hat er keine Verbindung mit dem nahen Meer und kann das Regenwasser des Plateaus des südlichen Cres speichern, ohne zu versalzen. Der Zutritt zum See ist gesperrt, er dient der Wasserversorgung der Doppelinsel.

Lubenice

378 m über dem Meer liegt der pittoreske Ort Lubenice. Der Ausblick ist prachtvoll und das soll er auch sein, denn der Standort des Dorfes wurde so gewählt, dass man Piratenschiffe rechtzeitig erkennen konnte. Einen Hafen gibt es nicht – wozu auch, die Bewohner waren und sind Bauern, noch heute ist die engere Umgebung des Dorfes sorgfältig und intensiv kultiviert. Es ist die Atmosphäre dieses Dorfes, die den Besucher verzaubert, seine Lage, seine Enge, das Bruchsteinmauerwerk der noch bewohnten und der verfallenden Häuser, der von den wenigen verblie-

Lubenice: prachtvoller Ausblick auf das Meer

benen Bewohnern angebotene Grappa und Feigenschnaps und der Schafskäse aus eigener Herstellung. Ein Wanderweg führt im großen Bogen in 45 Min. zum Strand hinunter, mindestens eine Stunde wieder hinauf, da bleibt von der Erfrischung des Bades im Meer wenig übrig.

Übernachten

Maritim – **Camping Zdovice:** bei Valun, Tel. 051 57 11 61, www.cresanka.hr. Kleiner Platz am Meer, keine Straßenzufahrt, Gepäcktransport ab Parkplatz möglich.

Essen & Trinken

Beim Hafenwirt – **Toš Juna:** um die 15 €, mit Weißfisch bis 25 €. Valuns Traditionslokal ist die *konoba* am Hafen, auf der Terrasse stehen Kopien glagolitischer Inschriftsteine. *Pršut* und

Schafskäse, Fisch, Schalentiere, lokaler Wein und eine joviale Atmosphäre machen nicht nur die vielen italienischen Besucher zu Stammgästen.

Aktiv & Kreativ

Baden – Schöner Strand unterhalb von Lubenice, in der Nähe die mittäglich blau leuchtende »Plava Grota«, die Blaue Grotte.

Infos & Termine

Termine
Lubenicer Musikabende mit Open-Air-Veranstaltungen klassischer Musik im Hochsommer.

Verkehr
Die öffentliche Straße nach Valun endet am Parkplatz etwas oberhalb des Ortes, von dort Gepäcktransport zum Campingplatz.

Osor ▶ C 7

Die alte Hauptstadt der Insel Cres mag nur noch siebzig Einwohner zählen, weniger als einige Dörfer auf der Insel. Die Mauern ringsum sind verfallen und nur ein Teil des ehemaligen Stadtgebietes ist noch bebaut, der Rest liegt in Ruinen.

Placa, Loggia und Bischofskirche

Auf dem Hauptplatz, der Placa, mit ihrem Café, das von einem großen Laubbaum überschattet wird, hat man das Gefühl, sich in einer Stadt zu befinden. Da ist die venezianische **Loggia** mit (späterem) Uhrturm, heute Archäologisches Museum (im Sommer tgl. 10–12, 19–21 Uhr). Da ist die große dreischiffige Pfarr- und **ehemalige Bischofskirche**, sie wurde nach Zerstörungen im Zweiten Weltkrieg originalgetreu wieder aufgebaut. Rechts neben ihr steht eine gotische Kapelle. Sie ist dem hl. Gaudentius geweiht: Der Patron der Doppelinsel Cres-Lošinj stammte aus einem nahen Dorf. Im ehemaligen Bischofspalast aus dem 15. Jh. gegenüber der Loggia befindet sich eine kleine Sammlung sakraler Objekte (im Sommer 9–12, 19–21 Uhr).

Die **Bronzeskulpturen** von Musikern, die in den Gässchen um den zentralen Platz aufgestellt wurden, stammen von kroatischen Bildhauern, unter ihnen Ivan Meštrović. Sie verweisen auf Osors sommerliche Musikabende.

Ruinen von Basilika und Kloster

Auch außerhalb des heutigen Ortes gibt es Sehenswürdigkeiten. Eine altchristliche Basilika der hl. Maria steht nahe der Straße in Richtung Cres; wichtig sind auch die eindrucksvolle Ruine des Männerklosters des hl. Petrus, noch innerhalb der Mauern auf der Westseite der Stadt, und das erst 1841 verlassene Franziskanerkloster in der Bucht nordwestlich des Ortes.

Übernachten

Biologisch – **Camping Bijar:** Tel./Fax 051 23 70 27, info@camp-bijar.com. Platz mit eigenem Bootshafen etwas außerhalb Osor im Kiefernwald. Vorbildlich die biologische Kläranlage; Mai–Okt.

Essen & Trinken

Hausmannskost à la Kvarner – **Bonfačić:** Osor 64, Tel. 051 23 74 13, Vorspeise und Hauptgang 15–25 €. Im *konoba*-Restaurant an der alten Stadtmauer gibt es »Essen wie bei Großmutter«, also sehr rustikal, aber in einem modernen, hellen Restaurant mit Blick ins Grüne und aufmerksamer Bedienung.

Nerezine und der Wanderberg Osoršćica ▶ C 7

Eine Klappbrücke führt bei Osor von Cres nach Lošinj, der nächste Ort auf der anderen Seite ist Nerezine. Das Fischerdorf hat durch die Marina und lebhafte Bautätigkeit ein neues Gesicht bekommen.

Über dem Ort erheben sich grüne Berge: Das in der Televrina 589 m hoch aufragende Massiv der Osoršćica ist hervorragend als Wandergebiet erschlossen, es gibt Zustiege von Osor, Nerezine und Čunski (bei Mali Lošinj), die Wege sind gut markiert und mit Hinweistafeln versehen. Vom höchsten

Musik am Abend
Im Sommer gibt es in der einstigen Kathedrale von Osor mindestens 2 x wöchentlich Abende mit klassischer Musik. Infos unter www.tz-malilosinj.hr.

Punkt, der Televrina, hat man einen fantastischen Ausblick über die Doppelinsel und den Kvarner.

Mali Lošinj und Veli Lošinj ▶ C 7

Veli Lošinj (ital.: Lussin Grande) war ein Ort der Seeleute und der Kapitäne, Mali Lošinj ein unbedeutendes Fischerdorf. Bis ein österreichischer Erzherzog entdeckte, wie ideal das Klima für einen **Winterkurort** war: durchschnittliche Jahrestemperatur 15,3 °C, im kältesten Monat, dem Februar, 7,1 °C, im wärmsten, dem August, 24,4 °C, relative Luftfeuchtigkeit im Jahresmittel 70 %, nur 869 mm Niederschläge. Das war 1886, der Erzherzog hieß Karl Stephan und die Villa, die er für sich in Lussin Grande errichten ließ, »Seewarte«; sie dient heute als Krankenhaus. Ein anderer Österreicher, Forstbeamter, ließ verlassene, von Macchie überwucherte Felder roden und mit Kiefern bepflanzen, ihm verdanken wir die schönen, schattigen Wälder auf der Halbinsel der beiden Orte. Und die Mole wie die Hafenbefestigung in der Rovenska-Bucht gehen gar schon auf Erzherzog Ferdinand Maximilian (den späteren Kaiser von Mexiko) zurück.

Mali Lošinj

Nach 1918 wurde Veli Lošinj zu eng für die Badelustigen und die Zeit war reif für den Aufstieg von Mali Lošinj (ital.: Lussin Piccolo). Den größten Sprung machte der Ort zu Titos Zeiten, als die Hotels und Campingplätze in der von Kiefern bestandenen, noch heute wunderschönen **Čikat-Bucht** entstanden. Mali Lošinj ist ein freundlicher Hafenort mit einer unbestimmt mediterranen Atmosphäre. Der große **Hafen**, der so von Halbinseln und Inseln umgeben

ist, dass man seinen Ausgang vom Ort aus nicht erkennen kann, vermittelt Abgeschlossenheit und Geborgenheit. Sehenswürdigkeiten gibt es keine, sieht man von der Sammlung Piperata mit alten Meistern ab, die sich in der Volkshochschule befindet (V. Gortana 35 – auf der alten Hauptstraße parallel zur Hafenpromenade, im Sommer tgl. 10–12 und 19–21 Uhr).

Vielleicht noch 2013 wird der Ort eine echte kulturelle Attraktion bekommen: Dann kehrt nämlich die antike **griechische Bronzestatue** des »Apoxyomenos« (Schaber), die man 1997 auf dem Meeresgrund vor der Insel gefunden hat, nach langjähriger Restaurierung und Ausstellungstour durch Europas Museen nach Mali Lošinj zurück (vermutlich in den Kapitänspalast an der Riva). Derzeit wird der Apoxyomenos noch im Museum Mimara in Zagreb ausgestellt.

Veli Lošinj

Dagegen bietet Veli Lošinj neben dem hübschen Ortsbild um die schmale Bucht einige kunst- und kulturhistorische Sehenswürdigkeiten. In der spätgotischen, barockisierten **Pfarrkirche Sv. Antun** hängt ein Meisterwerk der venezianischen Frührenaissance: Bartolomeo Vivarinis »Madonna mit Heiligen« von 1475. Der runde **venezianische Wehrturm** von 1455, die Kula, wurde zum Museum ausgebaut, die Objekte zur Entstehung des Turmes und zur Geschichte des Ortes sowie eine Kopie des Apoxyomenos zeigt.

In der **Rovenska-Bucht** sind die dortigen Fischrestaurants ein beliebtes Ziel. Man erreicht sie von Veli über alte Gassen oder entlang des Meeres auf einem Promenadenweg.

Das Lošinj-Delfinschutzgebiet

Delfine sind im Mittelmeer rar geworden, in der Adria gibt es nur noch eine einzige Population des Großen Tümmlers (Tursiops truncatus), sie befindet sich in kroatischen Gewässern. Die Tiere halten sich normalerweise im Meeresgebiet zwischen Lošinj und der Halbinsel Punta Križa im Süden von Cres auf. Dort ist die Population aber durch den starken Motorbootverkehr, Fischen mit Treibnetzen und zu nahes Heranfahren von Booten stark dezimiert worden und akut gefährdet. Um die letzten etwa 100 Tiere (1998 waren es noch 218, darunter 16 Jungtiere) zu schützen, ist seit Längerem ein Delfinschutzgebiet geplant. Das Projekt wird von Blue World getragen, vom staatlichen Institut für Naturschutz in Zagreb und durch die Stadt Mali Lošinj. Delfinpatenschaften (Formulare in den Touristeninformationen) sollen einen Teil der benötigten Gelder einbringen. 20 € kostet eine Patenschaft, etwa für »Debby – Ein starkes, freundliches Weibchen, das während der letzten zehn Jahre zwei wunderschöne Jungtiere zur Welt brachte«. Am 1. Sa. im Aug. gibt es einen Delfin-Infotag, anstreichen im Kalender! Mehr Infos bei Blue World, Kaštel 24, Veli Lošinj, Tel. 051 60 46 06, www.blue-world.org.

Übernachten

Die meisten Hotels (Alhambra, Aurora, Bellevue, Punta Vespera) und Campingplätze werden von der Agentur Jadranka verwaltet: Mali Lošinj, Čikat 13, Tel. 051 23 19 54, www.jadranka.hr; Bus-Shuttle von den Hotels zum Kai in Mali Lošinj. Privatzimmer vermitteln mehrere Agenturen, u. a. an der Riva nahe dem Bushalt Lošinjska Plovidba Turizam, Riva 8, Tel. 051 23 10 77, www.losinjska-plovidba.hr, wo man auch Karten für die Fähren und Katamarane bekommt; Apt. f. 2 Pers. 27–50 €, DZ ab 22 €.

Exklusiv an der Riva – **Apoksiomen:** Riva lošinjskih kapetana 1, Tel. 051 52 08 20, www.apoksiomen.com, DZ/FR 190–215 €. Luxus direkt an der Ufer-

Ein beliebter Ankerplatz bei Skippern: der Hafen von Mali Lošinj

promenade in einem der dortigen Häuser aus der zweiten Hälfte des 19. Jh., heute wieder in österreichischem Besitz. Das Hotel hat nur 25 Zimmer, im Erdgeschoss befinden sich ein Restaurant und ein angenehmes Café.

Viersterner – **Aurora:** Sunčana uvala bb., Mali Lošinj, Tel. 051 23 13 24, www.jadranka.hr, DZ/HP ab ca. 120 €. Aurora nennt sich der Viersterner in der schönen Sunčana-Bucht mit Kies- und Felsstrand. Das beliebte und 2008 komplett renovierte Hotel im Schwarzkiefernwald ist modern und praktisch eingerichtet, die Zimmer sind klimatisiert und haben Internetzugang, ein zweistöckiger Wellnessbereich sorgt für's Wohlbefinden.

Klein aber fein – **Villa Margarita:** Bočac 64, Tel. 051 23 38 37 Fax 051 23 19 40, www.vud.hr, DZ/FR ab 80 €. Angenehmes kleineres Hotel (10 Zi. und Apts.) in einer Gründerzeitvilla oberhalb des Hafens. Restaurant im Haus.

Familiengerecht – **Bellevue:** Čikat bb., Mali Lošinj, Tel. 051 23 12 22, hotel.bellevue@jadranka.t-com.hr, DZ/FR 70–130 €. Hübsch im Kiefernwald an der Čikat-Bucht liegt dieser quadratische Bau mit großem Innenhof wie er in ähnlicher Form auch an anderen Orten der kroatischen Küste errichtet wurde; die renovierten Zimmer haben wirksamen Deckenventilator; Hallenbad mit warmem Meerwasser.

Im Wald – **Camping Čikat:** Mali Lošinj Tel. 051 23 21 25, www.camp-cikat.hr. Weitläufiger, schön schattiger Platz im Schwarzkiefernwald.

Essen & Trinken

Italienisch inspiriert – **Nino:** Matije Gupca 30, Tel. 051 23 14 90, 10–20 €, Hummer wesentlich mehr. Vorzügliches Familienrestaurant mit meist voller Terrasse, viele italienische Gruppen,

nicht wenige sind Stammgäste. Gute Fisch- und Nudelgerichte, probieren Sie die grünen Nudeln mit Meeresfrüchten. Wer will, bekommt Hummer.

Kreative Küche – **Bora Bar:** Baia Rovenska, Veli Lošinj, Tel. 051 86 75 44, www.borabar.com, zwei Gänge ab ca. 20 €. Die Bora Bar ist keine Bar, sondern eine Trattoria mit kreativer Küche, dazu gibt es die besten istrischen Weine auch glasweise. Superlage am Rovenska-Hafen. Der Name ist Geschichte: So nannte sich das erste Lokal in der Bucht. Nicht zu vergessen: Stimmungsvoller als auf der Terrasse am alten Fischerhafen, der heute noch einer ist, kann man den Abend kaum verbringen.

Aktiv & Kreativ

Wassersport – **Sportzentrum Veli Žal** in der Sunčana-Bucht mit Tennis, Fahrrad- und Mopedverleih, Bootsverleih, Beachvolleyball, Windsurfen etc.; drei Tauchzentren! In der Čikat-Bucht Diver Ski & Diving School, Čikat bb., Tel./Fax 051 23 39 00, www.diver.hr. Hafen Tel. 051 23 14 38, Marina Mali Lošinj Tel. 051 23 16 26, marina@ri.t-com.hr, Ausflugsboote nach Susak, Unije, Ilovik, Rab.

Wandern – Für die Halbinsel südlich Mali/Veli Lošinj gibt es bei der Touristeninformation eine kostenlose Wanderkarte. Die Wege sollte man trotz geringer Höhenunterschiede nicht unterschätzen, das verwitterte Karstgestein des Untergrundes ist alles andere als leicht zu begehen!

Abends & Nachts

Die größeren Hotels haben abendliche Livemusik mit Tanz, das Bellevue im Innenhof; Disco Club Energy; Casino im Hotel Bellevue; Beach-Cocktailbar mit Live-Shows in der Čikat-Bucht in der

Saison. Und wegen ihrer stimmungsvollen Lage die Lokale in der Rovenska-Bucht bei Veli Lošinj, allen voran die Bora Bar (siehe oben).

Infos & Termine

TZG: Riva lošinjskih kapetana 29, 51550 Mali Lošinj, Tel. 051 23 15 47, www.tz-malilosinj.hr.
Lošinj-Regatta am ersten Augustwochenende in Mali Lošinj.
Infos über Delfine des Kvarner: 1. Sa. im Aug.
Stadtfest Mali Lošinj am 11. Nov.
Fähren und im Sommer **Katamarane** zu den vorgelagerten Inseln, nach Rijeka, Novalja und Rab.
Busse von Veli und Mali Lošinj nach Cres und Rijeka (meist über Merag, wenige über Porozina)

Unije, Susak und Ilovik

▶ C 7/8

Die Insel **Unije** ist groß genug, besitzt aber nur ein einziges Dorf, den Hafenort Unije mit gerade mal 80 ständigen Einwohnern. In der dichten Macchie soll es 629 Pflanzenarten geben, wer die wohl bestimmt und gezählt hat?

Ganz anders ist **Susak**. Kein Karstfeld, sondern gut verfestigter Lösssand bildet den Untergrund, während der Eiszeiten angehäuft und heute idealer Weinbaustandort. Die Bevölkerung spricht noch den tschakawischen Dialekt, eine der beiden Sprachen, aus denen das Kroatische (und das Serbische) hervorgegangen ist. Auch die Kleidung ist sehr traditionell, wo sieht man in Kroatien schon noch Frauen in der althergebrachten Tracht (wenn auch nur an hohen Festtagen)? In Susak trug man die Röcke nur bis zum halben Oberschenkel, mehrere

übereinander, wie ein Minirock, aber mit den Petticoats der 50er-Jahre. Dazu handgestrickte Wollstrümpfe in Schockfarben (vor allem Pink ist sehr beliebt) und Stickereien auf Bluse und Kleid.

Die Reede von **Ilovik** befindet sich im schmalen Kanal, der es von der Nachbarinsel Sveti Petar trennt, einen eigenen Hafen gibt es nicht. In der Saison liegen abends die Jachten aufgereiht auf der Sveti Petar nahen Seite, der windgeschützte Kanal (nicht bei Schirokko!) ist ein beliebter Nachtplatz. Auf Sveti Petar liegt der Friedhof mit kleiner Kapelle, die man von Ilovik aus gut sieht. So hat man immer vor Augen, wo man dereinst ruhen wird, die letzte Fahrt wird über den Kanal nach Sveti Petar führen.

Krk ▶ C/D 5/6

2500 Sonnenstunden pro Jahr, durchschnittliche Lufttemperatur im Sommer 22,8 °C, Meerestemperatur im Sommer 23–25 °C. Macchie mit Steineichenreservaten, hügelige Landschaft im Nordwesten, grünes Tal zwischen kahlen Bergen im Südosten, gut ausgebaute Wanderwege und Fahrradrouten, überdurchschnittliches touristisches Angebot, vom Festland aus ohne Fähre über die Brücke Krčki most erreichbar – Krk ist eine Urlaubsinsel der Sonderklasse, wo es wirklich alles gibt, was man sich auf einer mediterranen Insel wünscht.

Anreise Insel Krk

Man erreicht Krk über die mautpflichtige Brücke von Kraljevica oder mit der Fähre Merag–(Cres)–Valbiska (bis zu 13 x pro Tag). Zwischen Valbiska und Lopar (Insel Rab) verkehrt eine Fähre der LNP (www.lnp.hr) 2 x tgl. (im Sommer evtl. häufiger).

Omišalj, Njivice, Malinska ▶D 5

Der schmale Ort **Omišalj** wirkt wie kaum vom Tourismus berührt, obwohl ein Großhotel in der nahen Bucht für reichlich Besucher sorgt. Die venezianische Loggia, die Marienkirche mit ihrem ebenfalls venezianischen Campanile, der wunderschöne Frührenaissance-Flügelaltar venezianischer Herkunft im Chor dieser Kirche sprechen von der historischen Zugehörigkeit des Ortes. Vom Aussichtsturm bei der Kapelle Sveta Helena am Ortsende blickt man über die Bucht von Rijeka (und leider ziemlich hässliche Industrieanlagen) und auf die istrischen Berge.

Die beiden touristischen Zentren **Njivice** und **Malinska** ziehen sich als fast ununterbrochener Siedlungsstreifen über 8 km an der Nordwestküste der Insel hin. Beide haben schöne Kies- und Sandstrände, Großhotels und Apartments, Privatzimmer, Cafés und Restaurants. Wassersport und Shopping sind die vorherrschenden Freizeitbeschäftigungen, Familien mit Kindern fühlen sich hier besonders wohl.

Infos

Infos zu Njivice und Omišalj auf www.tz-njivice-omisalj.hr, zu Malinska auf www.tz-malinska.hr.
Die Orte werden von den **Bussen** der Linie Krk–Rijeka angelaufen.

Stadt Krk ▶D 6

Die Venezianer besaßen Veglia, heute Krk, Stadt und Insel, mit kurzen Unterbrechungen von 1118 bis 1797. Die Adelsfamilie, die mit der lokalen Verwaltung beauftragt wurde, nannte

sich später Frankopan; sie sollte eine bedeutende Rolle in der kroatischen Geschichte spielen. Krk ist ein Städtchen des Spätmittelalters, der Frührenaissance. Daran erinnern das Kastell, das die Frankopanen errichteten, der Mauerring aus venezianischer Zeit, die viereckige Kula von 1191, der sechseckige Hafenturm von 1407. Weil seit dem Abstieg Venedigs zur unbedeutenden Provinzmacht im 18. Jh. kaum noch investiert wurde, hat sich das Städtchen so erhalten, wie es im späten 17. Jh. aussah.

Die Altstadt

Vom Parkplatz und Busbahnhof betritt man die Stadt durch das ehemalige Haupttor mit rechts anschließendem, kräftigem Verteidigungsturm, der Kula. Dahinter öffnet sich der Hauptplatz, die Vela Plaza mit der 24-Stunden-Uhr. Vier schmale Gassen erschließen von hier aus die Stadt, jede wird von alten Häusern mit Außentreppen, kleinen Höfen, Blumentöpfen auf den Treppenstufen, Läden, Eissalons und Boutiquen flankiert. Das mitten im Ort aufgedeckte römische Mosaik (2. Jh. n. Chr.) verdient einen Besuch (in der Gasse Ribarska, im Privathaus Nr. 7, Eingang durch die Caffebar Mate, Eintritt 5 Kn).

Kathedrale

Im Zentrum des Ortes stehen die Marienkathedrale und die Kirche Sveti Kvirin (hl. Quirin). Die Diözese des Bistums umfasst nicht nur Krk, sondern auch die aufgelösten Bistümer Rab und Osor/Cres. Die römischen Säulen und Kapitelle der dreischiffigen romanischen Basilika entstammen dem spätantiken Vorgängerbau, der errichtet wurde, als es noch reichlich Baumaterial aus zerstörten Tempeln gab. Der romanische Um- und Ausbau rückte das Schiff über das ehemalige Atrium hinweg an die benachbarte Quirinkirche heran, die nun Schulter an Schulter mit der Kathedrale steht. Der Innenraum mixt die Kunstphasen: ein barocker Hochaltar, Lesepulte aus der Renaissance, ein spätgotischer Retabel aus Venedig (letzte Nische rechtes Seitenschiff), eine barocke Kanzel mit geschnitzten Heiligenfiguren. Schön ist die spätgotische Kapelle (vorderste im linken Seitenschiff), die den Frankopanen gewidmet ist, die Löwen sind ihr Wappentier. Die benachbarte, ebenfalls romanische Quirinkirche besteht eigentlich aus zwei Kirchen, Unter- und Oberkirche betritt man von verschiedenen Seiten. Im ersten Stock des Campanile wurde ein Museum sakraler Gegenstände eingerichtet (tgl. 9.30–13 und 20–22 Uhr).

Kastell

Im Kastell, der von den Frankopanen ab dem 12./13. Jh. errichteten Burg, finden heute Konzerte des Krker Musikalischen Sommers statt. Ein massiver Viereckturm, der »Gerichtsturm« von 1191, venezianische Brunnen und der Rundturm der Frankopanenburg (dem damals wichtigsten kroatischen Adelsgeschlecht) aus dem 14. Jh. haben sich gut erhalten.

Strände

Zu beiden Seiten der Stadt dehnen sich Strände mit Buchten und von Kiefern besetzten Halbinseln aus, am schönsten nach Südosten in Richtung des Hotels Koralj, dessen Lage im Wald über der Bucht nicht besser gewählt werden konnte. Noch ein Stückchen weiter kommt der FKK-Campingplatz Politin, und wer jetzt immer noch nicht genug frische Luft getankt und Natur genossen hat, der kann die ganze Halbinsel südlich dieses Camps auf guten Wegen erwandern (gute Wanderkarte »Grad Krk izletničke staze« gratis bei der städtischen Touristeninformation).

Übernachten

In der Altstadt von Krk gibt es kaum Übernachtungsmöglichkeiten, sieht man vom Hotel Marina am Hafen ab. Dafür liegen in den Strandzonen außerhalb zwei größere Pauschalhotels. Privatzimmer vermittelt z. B: Primaturist, Zvonimirova 98, Tel. 051 85 61 32, www.primaturist.hr, außerdem www.adriasun.hr und www.turizam-autotrans.hr.

Vierstern an der Ruva – **Marina:** Obala hrvatske mornarice bb., Tel. 051 22 11 28, www.hotelikrk.hr, DZ/FR 160 220 €. Das jüngst renovierte komfortable Hotel direkt an der Uferpromenade vor der Altstadt hat nur zehn Zimmer, das gibt eine intime Atmosphäre.

Im Kiefernwald in der Bucht – **Valamar-Koralj:** V. Tomašića bb., Tel. 051 65 54 06, reser vations-krk@valamar.com, DZ/FR 55–180 €. Der moderne, in mehrere Ebenen gegliederte Bau im Kiefernwald oberhalb der Bucht ist ein Hotel für Urlauber, die Ruhe und Erholung suchen, wenn sie nicht gerade die Zimmer in Richtung Nachtbar und Disco wählen.

Solide Mittelklasse – **Dražica:** Ružmarinska 6, Tel. 051 65 57 55, www.hotelikrk.com, DZ/FR 55–135 €. Das an der Küste gelegene Hotel wirbt mit großem Pool, Terrasse und gelegentlich Live-Musik, abends Tanz. Zimmer mit Klimaanlage, Sat-TV, viele mit Fön und Minibar.

Schlicht – **Jugendherberge Krk:** Dr. Dinka Vitezičar 32, Tel. 051 22 02 12, www.hostel-krk.hr. Recht ansprechende Herberge am Altstadtrand mit maximal Sechsbettzimmern, eigenem Restaurant und Garten.

Strandnah – **FKK Camp Politin:** Politin bb., Tel. 051 22 13 51, reservations-krk@valamar. com. Sehr beliebter, landschaftlich schön gelegener Platz zwischen Fels- und Feinkiesstrand und Kiefernwald, leider nicht sehr schattig, Mai–Sept.

Essen & Trinken

Rustikal – **Nono:** Krčkih Iseljenika 8, Tel. 051 22 22 21, Vorspeise/Nudeln und Fleisch um die 15, mit Fisch/*škampi* ab ca. 20 €. Das Nono ist eine überaus beliebte, rustikale *konoba* etwas außerhalb der Altstadt. In der Natursteinhalle mit Boot in der Mitte oder auf der Sommerterrasse speist man *šurlice* (Lochnudeln) mit Gulasch, Meeresfrüchte oder *škampi*, lokalen Käse und trinkt dazu den offenen Žlahtina. Angenehme Bedienung.

Einkaufen

Adriaschiffe im Miniformat – **Schiffsmodelle** gibt es bei Leut am Platz oberhalb Sv. Kvirin, Tel. 051 22 00 85, http://leut2.leut-krk.hr (Seite im Aufbau); Željko Skomeršić hat sein Hobby erfolgreich zum Beruf gemacht und produziert Modelle von Schiffstypen der Adria, aber auch z. B. der k. & k.-Kriegsmarine.

Töpferei – In der **Fortis galerija**, Dr. Dinka Vitezićar bb (hinter Sv. Kirin) gibt es ungewöhnliche kunsthandwerkliche Tonwaren; im Hinterzimmer ist die kleine, aber interessante Archäologische Sammlung Samblich zu sehen.

Aktiv & Kreativ

Wassersport – Von den Badebuchten ist die beim Hotel Koralj am schönsten; Fahrradverleih im Hotel Park in Punat. Von den Ausflügen mit klassischen Motorseglern sollte man auf jeden Fall den nach Punat und zur Insel Košljun mitmachen.

Abends & Nachts

An den Türmen – **Tiffany:** Stepinca 2. Bar und Café mit ein paar Tischen draußen, dahinter die Mauern der Stadt mit eckigem und rundem Turm – als Ambiente für ein Bier oder ein Glas Wein kaum zu überbieten.

Am Hafen – **Casa dei Fransipane:** Šetalište sv. Bernardina bb. Bar zwischen Busbahnhof und Altstadt in einem alten Hafengebäude und direkt am Sporthafen. Die üblichen Korbmöbel, tagsüber Coffeespot, abends Cocktailbar.

Infos & Termine

Tourismusverband: Trg sv. Kirina 1, 51500 Krk, Tel. 051 22 13 59, Fax 051 22 23 36, www.krk.hr (Information für die Insel Krk).
TZG Krka: Vela placa 1, 51500 Krk, Tel./Fax 051 22 14 14, ww.tz-krk.hr. Reichlich Infomaterial: Stadtplan, Wanderkarten, Beherbergungsverzeichnis, Prospekte.
Internet: Enigma gegenüber Busbahnhof (1. Stock).

Termine

Sommerfestival der Stadt Krk: Mitte Juli bis vorletzte Augustwoche, **Oper, Theater, klassische Musik:** Aufführungen auch auf der Insel Košljun, **Regatta** von Krk: Juli, **Segelregatta:** August.

Verkehr

Busse u. a. nach Rijeka und Zagreb, nach Cres Umsteigeverbindung über Malinska.

Punat und Košljun ▶ D 6

Das alte Punat liegt oberhalb der Uferpromenade mit ihren Cafés, Eissalons, Geschäften, Buden, dem Anleger der Ausflugsboote nach Košljun, dem Ho-

Vrbnik bei Nacht

tel Park. Wer dem Trubel entfliehen möchte, folgt der Promenade am Hotel Park und dem Camp Pila vorbei. Noch vor dem FKK Camp Konobe fallen die Hüllen, in den kleinen Buchten mit Grobschotter zwischen den felsigen Landvorsprüngen wird bedeckt oder nackt gebadet, wen schert's?

Inmitten der Bucht von Punat befindet sich die **Insel Košljun**. Ein Steineichenwald umgibt das Franziskanerkloster, das darauf steht. Tagsüber lösen die Ausflugsboote von Punat und Krk einander ab, abends kehrt Ruhe ein. In der Klosterkirche aus der Renaissance zieht ein mehrteiliges Gemälde von Giralomo di Santacroce von 1535 auf dem Hauptalter die Blicke auf sich. Es zeigt u. a. den hl. Quirin (mit Bischofsmütze, links) mit einem Stadtmodell von Krk, das deutlich macht, wie es zur damaligen Zeit aussah. Der offene Dachstuhl der Kirche ist aus Holz, die Querbalken tragen noch die Bemalungen der Entstehungszeit. In einem Teil der Klostergebäude zeigen die Mönche Samm-lungen sakraler Objekte, Naturalien, traditionelle Bootstypen und vor allem ihre Bibliothek von mehr als 30 000 Bänden mit kostbaren Inkunabeln und Manuskripten.

Übernachten

Ruhe und Komfort – **Kanajt**: Kanajt 5, 51521 Punat, Tel. 051 65 43 40, www.kanajt.hr, DZ/FR 85–130 €, die Suite etwas mehr. Das komplett renovierte Hotel ist ein Familienbetrieb, bei dem alles perfekt organisiert ist und der Gast sich als König fühlen darf. Das Hotel, ehemals Sommersitz des Bischofs von Krk, liegt ganz ruhig oberhalb der Marina im Grünen. Gute Zimmer mit großen Balkonen und bester Aussicht (Zimmer mit Meerblick nehmen!).

Hautnah – **FKK Camping Konobe**: Konobe bb., Tel. 051 85 40 49, konobe@hoteli-punat.hr. Schöner, großer Platz in einer Bucht ca. 4 km von Punat, Caravanstellplätze schattenlos, Zelte im Kiefernwald; Mai–Sept.

Essen & Trinken

Rustikal – **Kanajt:** Im Restaurant des Hotel Kanajt (s. o.) werden traditionelle, rustikale Speisen serviert, etwa die typischen *šurlice* (ein Nudelgericht). Besonders schmackhaft sind Fisch und Fleisch unter der Peka – dafür ist aber Vorbestellung nötig: Tel. 051 65 43 40. 2 Gänge ab ca. 15 €.

Aktiv & Kreativ

Baden – Hübsch ist die Abfolge von Stränden in Richtung Camp Konobe: betonierter Stadtstrand, dann Kies-, schließlich Felsstrand. Häufige Bootsausflüge zur Insel Košljun. ACI Marina Punat, Tel. 051 65 41 11, www.marina-punat.hr.

Infos & Termine

TZG Punat: Pod Topol 2, 51521 Punat, Tel./Fax 051 85 49 70, www.punat.com, www.tzpunat.hr.
Sommerspiele: Mitte Juni–Mitte Sept. mit Folklore, Konzerten, Theater, 1–3 x pro Woche, auf der Insel Košljun im gleichen Zeitraum **Musikabende**.
Regatta: Internationaler Croatia-Cup im Mai.
Busse verkehren mehrmals täglich (bis 12 x) nach Krk und zu den anderen Inselorten.

Vrbnik ▶ D 6

Die Häuser rücken in Vrbnik besonders eng zusammen. Das Felsplateau 84 m hoch über dem Meer bietet nicht viel Platz, da macht man lieber die Gassen schmaler und die Häuser kleiner. Das Pflaster ist großenteils noch alt: abgerundete Steine in allen Mustern und

Farben, kunterbunt verlegt, wie sie gerade zur Hand waren. Am kleinen Hauptplatz bieten zwei Lokale Erfrischungen an. Der höchste Punkt dient, wie üblich, der seelischen Erhebung: Kirche und Campanile.

Die Tropfsteinhöhle Biserujka

Öffnungszeiten jahreszeitlich stark wechselnd, Angaben dazu bei Touristeninformationen der Insel oder über Tel. 098 21 16 30
Von der Bucht von Soline, wo Rheumakranke im pechschwarzen Heilschlamm Linderung suchen, führt eine gute asphaltierte Straße über Čižići zum fast verlassenen Weiler Rudine, in dessen Nähe die Karsthöhle Biserujka liegt. Es überrascht, dass mitten in einem flachen Karstplateau eine Höhle sein soll; tatsächlich handelt es sich um einen Schacht, der in tiefere, von schönen Sinterbildungen überzogene Höhlengänge führt. Die seit Langem bekannte, aber erst vor einigen Jahren erforschte Höhle wird von den Besuchern in einem 110 m langen Gang besichtigt; die Temperatur schwankt zwischen 10 und 13 °C.

Aktiv & Kreativ

Besichtigungen – In Vrbnik können mehrere **Weinkeller** besichtigt werden (Katunar, www.katunar.com; Vrbnik, Tel. 051 85 71 01; die Touristeninformation veranstaltet Ortsbesichtigungen.

Baška ▶ D 6

Die Sehenswürdigkeiten von Baška sind eine bescheidene barocke Pfarrkirche, ein kleines Heimatmuseum daneben, die frühromanische Kirche Sv. Ivan neben ihrem Kirchhof auf einem Hügel oberhalb der Stadt. Hier oben

Lieblingsort

Traumhafter Strand und blaues Meer ▸ D 6

Baška hat mit dem Rest der Insel Krk kaum etwas gemeinsam. Von Krk-Stadt kommend steigt man bis auf 320 m hinauf und erreicht im Abstieg ein grünes fruchtbares Tal, das zu beiden Seiten von steilen Hängen, ja unbezwinglich erscheinenden Felswänden flankiert wird. Hier liegt Baška, ein ehemaliges Fischerdorf, das beinahe im touristischen Ambiente untergegangen ist. Das Meer ist so blau, dass es in den Augen schmerzt, der Strand aus Sand und Kies zieht sich entlang der weiten Bucht, jenseits von Felsvorsprüngen warten weitere Buchten und Strände ... Besonders eindrucksvoll ist die Bucht im Winter, wenn der Ort nahezu leer ist, der Strand ganz ohne Menschen und das silbern funkelnde Meer am Horizont fast unmerklich in den hellen Himmel übergeht.

Mein Tipp

Žlahtina aus Vrbnik

Vor dem Ortseingang von Vrbnik kann man kaum die **Vinarija Katunar** übersehen. Sie verarbeitet die Trauben aus dem etwas höher gelegenen flachen Polje. Es sind Trauben der auf die Umgebung von Vrbnik beschränkten Rebsorte Žlahtina, die dem lokalen Wein auch den Namen gegeben haben. Der Žlahtina ist einer der besten und interessantesten Weißweine Kroatiens, man sollte Vrbnik keinesfalls verlassen, ohne ihn hier in der freundlichen *konoba* oder in der Stadt bei einem anderen Keller gekostet zu haben.

lag das alte Baška, erst die Bannung der Piratengefahr nach den Uskokenkriegen erlaubte das Siedeln an der Küste.

Straße der Glagolitischen Schrift

Auf dem Weg von Punat oder Krk nach Baška steht in der ersten engen Kurve nach dem Pass ein hohes Steinmonument, es stellt den ersten Buchstaben des glagolitischen Alphabets dar – das A. Noch vor Jurandvor folgt auf einem Parkplatz das B und schließlich in und um Baška der Rest des Alphabets, das aus 33 Zeichen besteht. Der Künstler Ljubo de Karina (s. S. 126) hat diese Monumente der Straße der glagolitischen Schrift geschaffen. Die großen Objekte sind aus weißem istrischem Kalkstein, die kleineren aus lokalem, cremefarbenem Stein (alle im Stadtplan in der örtlichen Info zu finden).

Jurandvor

In Jurandvor, das man kurz vor Baška durchfährt, steht oberhalb der Straße

das altkroatische Kirchlein Sv. Lucija auf den Resten einer spätantiken *villa rustica*. Hier wurde der »Stein von Jurandvor« gefunden, eines der ältesten Dokumente glagolitischer Schrift aus der Zeit um 1100.

Berge um die Bucht von Baška

Das Bergland mit seinen schroffen Flanken zu beiden Seiten des grünen Tales, das man vom Pass herunter durchfährt, ist ein Wanderland mit markierten Wegen und Steigen. Wenn man vom Tal kommt, durchsteigt man zuerst steilen Felsbereich und erreicht dann ein nur leicht hügeliges Hochplateau ohne Baum und Strauch, ein Karstplateau mit Steinmäuerchen, die um die wenigen einigermaßen fruchtbaren Dellen errichtet wurden. Nicht zufällig nennt sich einer der Wege ab Baška »Weg zum Mond«.

Baden an der Bucht von Baška

Man muss ja nicht mit Hunderten direkt vor dem Hotel auf dem Kiesstrand lagern. Es gibt zahlreiche Alternativen.

Zu Fuß erreicht man wenige, so zum Beispiel die **Bunculuka-Bucht**, für die man Eintritt zahlen muss, weil sie vom Campingplatz besetzt ist. Von dort aus geht es auf einem nicht ganz einfachen Weg über die Küstenfelsen zur **Jablanova** und zur wunderschönen **Storišće-Bucht**. Von dort aus wird's heikel, man feste Schuhe geht nichts mehr. Taxiboote bringen Sonnenanbeter und Wasserratten in weiter entfernte Buchten. Die beiden schönsten sind die **Vela und die Mala Luka**. Steile, steinige Hänge mit verfallenden Trockenmauern umstehen die Vela Luka, dort gibt es einen Anleger, eine Sommer-*konoba* und einen sandig-kiesigen Strandstreifen. Einsam ist die flache Mala Luka: kein Anleger, keine *konoba*, nur (meist) Stille und eine karge Mondlandschaft, die man für sich allein genießen kann.

Übernachten

Zweckmäßig – **Corinthia I und II:** E. Geislicha 34, Tel. 051 65 61 11, www. hotelibaska.hr, DZ/FR 55–135 €. Groß-hotel mit drei Gebäuden an der Bucht, 100 m vom Strand (Feinkies). Block I renoviert, Zimmer mit Klimaanlage, Sat-TV, Minibar, Balkon – zweckmäßig, aber ohne Atmosphäre.

Luftig – **FKK Camp Bunculuka:** Tel. 051 85 68 06, bunculuka@hotelibaska.hr. Wunderschön in der kleinen, teilweise sandigen Bucht gelegenes Camp mit feinem Kiesstrand, auf den Camping-terrassen einigermaßen schattig.

Essen & Trinken

Drei Dutzend Lokale an der Strandpro-menade sind exklusiv auf Touristen eingestellt.

Aktiv & Kreativ

Baden – Besonders schön zum Baden und Sonnenbaden ist der Strand der benachbarten Bucht Bunculuka, 10 Kn (1,50 €) Eintritt. Ein Bootstaxi fährt zu den Stränden der Umgebung, nach Prvič etc.

Wandern – In der Umgebung von Baška gibt es 14 markierte Wander-routen. Eine kostenlose, gute Karte ist bei der Touristeninfo erhältlich.

Infos

TZG Baška: Kralja Zvonimira 114, 51523 Baška, Tel. 051 85 68 17, Tel./Fax 051 85 65 44, www.tz-baska.hr. **Internetcafé** im Hotel Corinthia. Mehrmals täglich **Busverbindung nach Rijeka**, meist ohne Umsteigen in Punat oder Krk.

Die **Fähre nach Lopar** auf Rab existiert nicht mehr!

Rab ▶ D 6/7

Die kleinste der »großen« Inseln in der Bucht von Kvarner umfasst zwar nur 90,84 km^2, hat aber mindestens soviel Abwechslung zu bieten wie die ande-ren. Der bis zu 408 m hohe Kamenjak teilt sie in einen vegetationslosen, von der Bora leergefegten Nordostteil und einen relativ fruchtbaren, grünen Süd-westteil. Der Kamenjak wirkt auch als Wolkenfalle für aus dem Nordosten kommende Wolkenbänke, nach Nord-westen wiederum ist die Insel durch die vorgelagerten Inseln Krk und Cres vor allzu viel Bewölkung geschützt. Fazit: 2499 Sonnenstunden – das ist au-ßerhalb von Wüsten rekordverdächtig. Im Nordwesten bei Lopar gibt es Traum-Sandstrände, im Süden und Südwesten und auf der von Wald be-standenen Halbinsel Kalifront aber Kies- und Felsstrände. Das Ufer dort ist aufgelöst in viele parallele Buchten und Landvorsprünge, einfach ideal für diejenigen, die ein wenig Einsamkeit suchen.

Anreise nach Rab

Fährverbindung: Von Jablanac (auf dem Festland, südlich von Senj) nach Mišnjak (auf Rab): bis 22 x tgl. Sie wird von der örtlichen Schifffahrtslinie **Rapska Plovidba** betrieben (www.rap ska-plovidba.hr), die im Sommer auch eine tägliche Linie nach Lun (Tovar-nele) auf Pag betreibt (im Winter nur Mo, Mi und Fr). Der Fährort Mišnjak wird außer der seltenen Verbindung mit Rijeka nicht von Bussen angefah-ren! Der **Jadrolinija-Katamaran** ver-kehrt zwischen Rab und Novalja, Mali Lošinj und Rijeka. Jadrolinija wird durch die Agentur Numero Uno vertreten (am Hafen). Nach Suha Punta und Kalifront fahren **Taxiboote**. **Fähre** Lopar–Valbiska (Insel Krk) s. S.148.

Stadt Rab

Rab gehört zu jenem halben Dutzend venezianischer Hafenstädte, die das Bild der kroatischen Adria geprägt haben. Die eindrucksvollen Befestigungen sollten Stadt und Hafen gegen Angriffe der Uskoken und der Türken schützen. Der Hafen war wegen seiner günstigen Lage auf halbem Weg zwischen Zara (Zadar) und Parenzo (Poreč) für das venezianische Handelsnetz entlang der östlichen Adria besonders wichtig.

Wie bei einer ganzen Reihe kroatischer Küstenstädte geht das Straßennetz von Rab auf eine römische Anlage zurück. Die Hauptstraße, der Decumanus, folgt dem Inselrücken, ein zweiter verläuft auf halbem Hang parallel dazu, der ehemaligen Küstenlinie folgt ein dritter, heute sind das Gornja, Srednja und Donja ulica (Obere, Mittlere, Untere Straße). Sie werden im rechten Winkel von Treppengassen geschnitten. Die meisten Häuser wurden im Spätmittelalter oder während des 16./17. Jh. errichtet. Venezianische Truppen besetzten die Stadt erstmals im 11. Jh., Venedigs Macht hielt sich bis 1797, da wundert es nicht, dass die Häuser allesamt venezianischen Charakter haben.

Srednja ulica

Während die Donja trotz der Cafés, die dort auf Gäste hoffen, eher Hinterhofcharakter hat, ist die Srednja eine einzige Folge von Läden, Boutiquen, Büros. In den Seitengassen finden sich Restaurants und Cafés. An ihrem Beginn, am Trg Sv. Kristofora, steht man vor dem ehemaligen **Landtor**. Der schöne **Stadtpalast** gleich rechts hat eine schlichte Renaissancefassade mit ein paar gotischen Zitaten, etwa in den Mittelfenstern der Straßenfront. Das der Tafel nach 1326 errichtete, aber sicher später veränderte Gebäude ist heute Sitz der Stadtapotheke. Die folgende schlichte **Kirche des hl. Antonius von Padua** (links) ist außen recht unauffällig, innen erfreut sie durch einen großen Barockaltar mit einem Altarbild, auf dem man im Hintergrund Stadt und Insel Rab zur Entstehungszeit (1675) erkennt. Eindrucksvoll ist die alte **Stadtloggia** (rechts), heute Bar-Restaurant, und die hinter ihr gelegene kleine Kirche des hl. Gaudentius von Osor (heute Kunstgalerie).

Basilika Sv. Marija Velika

Die spitzen Türme der Kirchen an der Gornja ulica bestimmen das Profil der Stadt, wenn man sich ihr von der See her nähert. Sie beginnt an der Spitze der Halbinsel mit dem **Kloster Sv. Antun**, heute ein Frauenkloster. Die Basilika Sv. Marija Velika in der Gornja ulica hat einen für die engen Verhältnisse an dieser Stelle überraschend großen Vorplatz – immerhin war sie bis 1828 Kathedrale. Der romanische Bau hat eine schlichte Fassade, das Innere ist von Cipollino-Säulen (»Zwiebelschalenmarmor«) bestimmt, die einem antiken Bau entstammen. Das altersschwarze hölzerne Chorgestühl der Frührenaissance (1445) ist detailreich geschnitzt. Besonders bemerkenswert ist das frühkroatische Ziborium (Baldachin) über dem Altar, das einzige entlang der Küste Kroatiens, das sich an Ort und Stelle erhalten hat. Die typische Flechtwerkverzierung des Stirnbogens sieht man sonst nur in den großen Sammlungen frühkroatischer Kunst in den Archäologischen Museen von Split und Zadar. Der romanische Glockenturm, 25 m hoch, ist aufwendig mit einfachen, doppelten, drei- und vierfachen Fenstern gegliedert.

Weitere Kirchen

Das Benediktinerinnenkloster **Sveti Andrija**, ebenfalls in der Gornja ulica, hat eine Kirche aus dem 11. Jh., ihr Turm mit Triforen im letzten Stockwerk als einziger Fenstergruppe ist weniger auffällig als jener der Kathedrale. Dafür wartet **Sveta Justina**, 1574 errichtet, mit einem geschwungenen steinernen Turmaufsatz auf, der mit den einfachen Pyramiden der anderen Türme stark kontrastiert und die individuelle Silhouette der Stadt bestimmt. Eine Sammlung religiöser Kunst im Kloster (9–12, 19.30–22 Uhr) ist besichtigenswert. Zwischen den beiden Kirchen liegt ein stimmungsvoller Platz, der die Gornja bis zum Steilrand der Halbinsel durchbricht (Ausblick!), eine riesige Steineiche spendet Schatten.

Die Kirche **Sv. Ivan** ist vorromanisch; der hohe, sechsstöckige Glockenturm romanisch. Man besteigt ihn von der Ruine des Klosters her, die sich anschließt. In diesem stimmungsvollen Ruinengelände werden im Sommer Konzerte abgehalten.

Park Komrčar

Die Gornja geht in den Park Komrčar über, durch den man auf Stiegen hinunter zum Meer steigen kann. Er hat eine Fläche von 16 ha, wurde noch unter österreichischer Verwaltung angelegt und gehört sicher zu den schönsten Parkanlagen der kroatischen Küste.

Übernachten

Die Hotels Imperial, Padova, Carolina, Eva, die Touristendörfer Suha Punta und San Marino sowie mehrere »Villen« und Apartments auf der ganzen Insel werden von Imperial verwaltet, Tel. 051

66 77 88, sale@imperial.hr, www.imperial.hr. Zimmer werden auch direkt von der Touristeninformation angeboten, großer Katalog »Rab Familienunterkunft« und www.tzg-rab.hr.

Villa an der Mole – **Arbiana:** Obala Kralja Krešimira IV 12, Tel. 051 77 59 00, www.arbianahotel.com, DZ/FR ab ca. 110 €. Villa der Zwischenkriegszeit im kleinen Park an der Hafenpromenade, umfassend und umsichtig restauriert und ausgestattet, auf jeden Fall auf Zimmer mit Meerblick bestehen!

k. & k. – **Imperial:** J. Barakovića 2, Tel. 051 72 45 22, www.imperial.hr, DZ/FR 75–135 €. Das toll gelegene Hotel aus guten alten Zeiten mitten im Komrčar-Park ist recht schlicht trotz bombastischer Fassade. Die einfachen, aber erst vor einigen Jahren aufgemöbelten Zimmer haben Klimaanlage, Fön und Sat-TV.

Zweckmäßig – **Autocamp Padova III:** 51280 Banjol, Tel. 051 72 43 55, padova3@imperial.hr, April–Mitte Okt. Padova III ist der stadtnächste, ein großer aber oft lauter Platz in Banjol südlich Rab, mit gutem Sportangebot.

Essen & Trinken

Stilvoll speisen – **Grand:** Srednja bb., Tel. 051 72 41 15, Hauptgang ab 7 €. Das große Café-Restaurant liegt am Rand des Trg Sv. Kristofora. Besonders reizvoll ist der von Arkaden umgebene Innenhof. Nudeln, Fisch und Fleisch in üblichen Zubereitungen, reichlich Gerichte vom Schnitzel-Typ.

Rustikal und gemütlich – **St. Marija:** Dinka Dokule 6, Hauptgericht ab 7 €. Rustikales Ambiente mit Holztischen im Innenhof und auf der Terrasse eines alten Stadthauses. Es gibt Weingulasch und einige binnenkroatische Spezialitäten wie Samoborkotelett, gefüllte Paprika oder gebackene Kalbsleber.

Stadt der Kirchtürme: Blick auf die Altstadt von Rab

Peka in der konoba – **Rab:** Kneza Branimira bb. Vorspeise, *peka*-Gericht, Dessert um die 20–25 €. Rustikal ist die dunkle *konoba* in einer Seitengasse der Srednja; Spezialität: Lamm, Kalb oder Huhn unter der *peka*.

Aktiv & Kreativ

Wassersport – Schöne **Badebuchten** auf der Halbinsel Kalifront, dort auch Mountainbiketracks in allen Schwierigkeitsgraden. ACI Marina Rab, Tel. 051 72 40 23, m.rab@aci-club.hr; **Tauchen** bietet z. B. Mirko Diving Center, Barbat 710, Tel. 051 72 11 54, www.mirkodivingcenter.com.

Bootstouren – Von den Bootsausflügen sind jene zu den Buchten der Halbinsel Kalifront und hinüber nach Lun (Tovarnele) an der Nordspitze von Pag besonders empfehlenswert, Letztere wird von **Rapska Plovidba** veranstaltet (s. S. 143). *Wandern, Radfahren* – Für Wanderungen und Radtouren eignen sich die Halbinsel Kalifront und der Kamenjak. Radverleih: **Numero Uno**, Šet. Markantuna Dominisa 5 (beim Supermarkt).

Abends & Nachts

Diskothek Ali Baba, Donja Ulica 11, einen Katzensprung weiter in derselben Gasse Bar Forum.

Bar-Café San Antonio am Trg Municipium Arba, wird abends zur Disco.
Beach Club Santos, am Pudarica-Strand nahe Barbat, volles Party-Programm bis morgens.
Open-air-Kino an der Donja ulica neben der Klosterruine.
Vier Aufführungen des **»Rapski samostreličari«**, des historischen Armbrustschützenfestes von Rab, zwischen Anfang Mai und Mitte August.

Infos

Tourismusverband: Trg Municipium Arba 8, 51280 Rab, Tel. 051 72 40 64, Fax 051 72 50 57, Infobüro gleiche Adresse, Tel. 051 77 11 11, beide www.tzg-rab.hr;
Internetcafé: Digital Internet Office, Srednja bb. (nahe Kneza Domagoja gelegen).

Kalifront und Kamenjak

Taxiboote führen auf die Rab gegenüber liegende **Halbinsel Kalifront,** die unter Naturschutz steht. Die ursprüngliche Vegetation, ein naturnaher, an die 200 Jahre alter Steineichenwald, wurde während des Zweiten Weltkrieges abgeholzt. Der heutige Wald ist zwar sehr artenreich, aber eben erst ein halbes Jahrhundert alt. Wanderwege und Mountainbikerouten durchqueren die Halbinsel.

Auf den **Kamenjak,** den höchsten Berg der Insel (409 m), führt eine bei Sommerhitze etwas anstrengende Wanderung. Sie beginnt im Park am Hafen (1 Std. 40 Min., Markierung), man folgt zunächst dem Sträßchen nach Mundanije und biegt dann am eigentlichen Bergfuß nach links auf den markierten Wanderweg ab. Eine *konoba* etwas unterhalb des Gipfels ist im Sommer geöffnet, der eigentliche Gipfel ist ein von Gesteinsschutt überdecktes Plateau mit großartigem Blick auf das Velebitgebirge. Die SMAND-Karte 20a Otok Rab (2003 überarbeitet) leistet gute Dienste, es gibt sie im örtlichen Buchhandel.

Kampor und Supetarska Draga

In **Kampor** steht ein im 13. Jh. gegründetes Franziskanerkloster, dessen heutige Bauten während der Renaissance entstanden. Damals arbeiteten die Brüder Antonio und Bartolomeo Vivarini an den auf Holz gemalten Darstellungen der Kassettendecke, die der Geschichte des hl. Franziskus gewidmet sind.

Supetarska Draga ist für seine ACI-Marina bekannt, es beherbergt aber auch ein kunst- und kulturhistorisches Kleinod: die Klosterkirche des hl. Petrus, entstanden um 1060. Sie ist eine dreischiffige Basilika; das Mittelschiff ist fast doppelt so hoch wie die Seitenschiffe, hier ist sie noch ganz stark spätantiken Vorbildern verbunden.

Lopar und San Marino ▶ D 6

San Marino im Nordwesten der Insel ist konzentrierter Touristenrummel. Rund um die Halbinsel Lopar liegen zwar mehrere Sandstrände, aber der von San Marino ist der größte, breiteste, noch immer schönste von allen. Heute verstellen ein großer Campingplatz, eine Hotelanlage, Läden, Supermärkte, Disco, ein Dutzend Restaurants, eine riesige Wasserrutsche und zahlreiche Hütten, in denen alles verkauft wird, was als Mitbringsel oder modisches Accessoire denkbar ist, den Strand. Wer noch unberührte – aber keineswegs einsame – Sandstrände sucht, lässt sich mit dem Taxiboot zum FKK-Strand Sahara bringen, einer halbrunden Bucht feinsten Sandes, oder auch zu einer anderen Sandbucht.

Der Ort San Marino verdankt seinen Namen übrigens dem hl. Marin, der hier geboren wurde und als Diakon der Bischöfe von Rimini im 3. Jh. verfolgt wurde. Er floh in die Berge und gründete mit Gleichsinnten ein Dorf mit Kirche. Das Dorf existiert noch heute, es ist die Hauptstadt des Staates San Marino.

Lopar selbst, der Fähranleger ist verwaist, seit die Fähre nach Baška auf Krk nicht mehr fährt. Nicht einmal der Inselbus verkehrt bis dorthin, wer zur Fähre Valbiska auf Krk will, muss den letzten halben Kilometer auf der Straße gehen.

Übernachten

Strandnah – **Autocamp San Marino:** Tel. 051 77 51 33, ac-sanmarino@imperial.hr. Ausgedehnter Platz (9,5 ha) am Paradiesstrand, geöffnet Mitte April–Mitte Okt.

Essen & Trinken

Rustikales unterm Strohdach – **Feral:** Lopar 70, Tel. 051 77 52 88, drei Gänge 15–20 €. Die traditionelle *konoba* bei Lopar hat eine recht rustikale Karte inkl. Spanferkel vom Spieß und *brodet* mit Polenta (vorbestellen!) oder Riesen-*pljeskavica* mit Käsefüllung und Đuvećreis. Nach dem Essen gibt es gratis köstliche frische Fritule, wer will, kann auch Palatschinken bestellen.

Infos

Bus: San Marino und Lopar werden häufig vom Bus angefahren, die letzten 500 m zum Fähranleger in Lopar muss man aber zu Fuß gehen.
Fähre: Valbiska–Lopar 2 x tgl., im Sommer evtl. häufiger (LND, www.lnd.hr, Lopar, Tel. 051 77 55 32).

Pag ▶ D/E 7/8

Die lang gestreckte Insel Pag – 70 Straßenkilometer sind es vom Kap Lun im Nordwesten zur Brücke über die Ljubačka vrata, die Pag mit Dalmatien verbindet – besteht eigentlich aus drei Inseln, die durch schmale Senken miteinander verbunden sind. In diesen haben sich die beiden Städte der Insel ausgebreitet, Novalja im Norden, Pag im Süden.

Der ganzen Insel ist die geringe Vegetation eigen; die Bora aus dem nahen Velebitgebirge peitscht ungehemmt auf die Nordostküste und erwischt auch noch die Höhen der Südwestküste, nur die Senken dazwischen haben einiges Grün. Die einzigen, die sich in dieser dürren Wildnis wohl fühlen, sind Schafe, ihr leicht salziges Fleisch – die Bora bringt Salzwasser mit – ist sehr geschätzt, der Käse aus ihrer Milch, *paški sir*, also Käse aus Pag, in ganz Kroatien beliebt. Der Schafe wegen sind die Steinmäuerchen zwischen den Weiden, die in abstrakten Mustern die gesamte Insel überziehen, gut in Schuss. In den Senken sind einige an die sehr flachen Meeresbuchten grenzende Bereiche in Parzellen geteilt, dort wird heute immer noch Salz gewonnen, so bei Pag und bei Dinjiška weiter im Süden.

Wovon lebt man in dieser dem Menschen nicht sonderlich gewogenen Landschaft? Man macht von allem etwas: etwas Ackerbau, um die Häuser ein paar genügsame Feigenbäume; will man Anspruchsvolleres pflanzen, muss man die Parzellen mit Spanischem Rohr als Windschutz umgeben. Schaf- und Ziegenzucht, etwas Fischerei, Salzgewinnung, Spitzenklöppelei und, seit zwei Generationen, Tourismus. Und man lebt gut davon.

Novalja ▶ D 7

Der größte Ort des Nordteils liegt in einer flachen Senke, vom Schiff aus sieht man über die Stadt und das Umland hinweg auf die Halbinsel Barbat und das Velebitgebirge jenseits des Velebitski kanal. Das frühere Fischerdorf hat sich zur Touristen- und besonders Partypeople-Hochburg gemausert, vor allem Pensionen und Apartmentgebäude werden gebaut. In römischen Zeiten war der Ort nicht unbedeutend

Mein Tipp

Käse aus Pag, köstlich zu essen und ein Super-Mitbringsel!

Klassischer Pager Käse, *paški sir*, ist aus reiner Schafsmilch. Er ist ein halbfester bis fester Schnittkäse, der lange abgelagert wurde. Sein Geheimnis liegt in der Pressung, die eine weder krümelige noch fette, annähernd schichtige Konsistenz ohne jede Luftblase bewirkt. Die Laibe haben ein Gewicht von ca. 2 kg und kosten beim Erzeuger ab 25 €. In ein leicht angefeuchtetes Tuch gewickelt und alle zwei Wochen feucht abgewischt, hält sich der Laib ein halbes Jahr im Gemüsefach des Kühlschranks.

gewesen, wie eine gut erhaltene unterirdische Wasserleitung beweist, die man gegenüber dem Rathaus besichtigen kann (tgl. 9–12 Uhr). Das **Museum** Stomorica neben der **Pfarrkirche** zeigt eine Sammlung römischer und frühchristlich-spätantiker Funde, die den Eindruck noch verstärken, dass Novaljas antiker Vorgänger ein größerer Ort gewesen sein muss.

Strände

Die seichten Kiesstrände zu beiden Seiten der Stadt sind so angenehm wie überlaufen, der Partystrand Zrće hat mittlerweile internationalen Ruf und wird im Sommer von den trendigsten kroatischen Discos bespielt, etwa der Kult-Disco »Aquarius« aus Zagreb.

Es lohnt sich, der Halbinsel Lun zu folgen und irgendeinen der immer noch (wie lange noch?) einsamen Strände an der Strecke aufzusuchen. In **Tovarnele** ist die Welt zu Ende, um die Ecke liegt Rab, vom Hafen blickt man auf Cres. Es ist hier so schön, dass man bleiben möchte.

Übernachten

Hafenblick – Loža: **Loža:** Tel. 053 66 13 13, DZ/FR 35–75 €. Direkt am Kai liegt das Loža (Loggia) mit Restaurantterrasse zum Hafen und 35 einfachen Zimmern.
Im Freien – **Camping Straško:** Tel. 053 66 13 04, turno@turno.hr. Sehr schöner, großer (72 ha!) Platz nahe der Stadt, schattig, auch FKK, Mai–Sept.

Abends & Nachts

Discos und Beach Clubs in Novalja (Cocomo Club u. a.) und am Zrće-Strand (Aquarius, Kalypso, Papaya, Euphoria u. a.). Novalja ist eines der Zentren der sommerlichen Party- und Disco-Kultur, wie sie auch anderswo an Kroatiens Stränden vertreten ist (auch in den meisten größeren Campingplätzen), aber nirgendwo so massiv wie hier. Der Strand von Zrće ist eine einzige Party- und Outdoordisco-Meile, die u. a. von so renommierten kroatischen Discos und ihren DJs bespielt wird wie dem Zagreber »Aquarius«. Dem Baden (oder Schlafen) tagsüber folgt am Spätnachmittag die After-Beach-Party, dann die Party zum Sonnenuntergang und anschließend die Disco *open air* oder einer der Beach Clubs bis früh morgens.

Infos

TZG Novalja: Trg Brščić 1, 53291 Novalja, Tel./Fax 053 66 14 04, www.tz-novalja.hr.
Fähre von Žigljen nach Prizna nördlich Novalja häufig, zwischen 8 und 20 Uhr nonstop.

Telefonvorwahl im Norden der Insel Pag mit Novalja lautet 053. Dieser Inselteil gehört nicht zum Kvarner, sondern zur Grafschaft Lika Senj. Allgemeine Auskünfte gibt das Hauptbüro für die Region Lika-Senj: TZŽ Ličkosenjske, Budačka 12, Gospić, Tel. 053 54 76 87.

Der Süden der Insel Pag

Stadt Pag

In Pag ist alles im rechten Winkel angelegt, sauber, adrett, ein bisschen langweilig, besonders wenn die Touristen weg sind. Als nach einer nicht spezifizierten Katastrophe die Bewohner der zerstörten Vorgängerstadt, heute Stari Grad genannt, die neue Stadt errichteten, ließen sie sich einen Plan zeichnen, an den sie sich hielten. Baumaterial gab es genug – die Ruinen der alten Stadt.

Die Pfarrkirche und frühere Kathedrale am Hauptplatz ist das bedeutendste Gebäude der Stadt. Sie wurde erst 1562 vollendet, den Glockenturm ließ man halb fertig stehen. Im privaten Spitzenmuseum neben dem Hauptplatz (im Sommer tgl. 18–21 Uhr) werden die für die ganze Insel typischen Spitzen gezeigt, sie wurden früher zumeist geklöppelt, heute ausschließlich gehäkelt. Dies kann man bei den Frauen beobachten, die vor ihren Häusern ein Tischchen hingestellt haben, um ihre fertige Ware anzubieten, und dabei fleißig die Finger bewegen.

Stari Grad

Stari Grad liegt 1,5 km von Pag entfernt an der Südseite der Saline. Der frühere Ort auf einem markanten Hügel besteht nur noch aus Kirchplatz, Marienkirche und den Ruinen des Franziskanerklosters innerhalb verfallender Mauern. Leider kann man die romanische Kirche mit ihrem schönen Hauptaltar nur zweimal pro Jahr bewundern, am 15. Aug. und 9. Sept., wenn die Prozession der Madonna vom Hauptaltar zur Kirche in Pag stattfindet.

Übernachten

Meerblick – **Pagus:** A. Starčevića 1, Tel. 023 61 13 10, www.hotel-pagus.hr, DZ/ HP 66–260 €. Das renovierte, nicht gerade kleine Hotel (242 Betten) liegt wirklich direkt am Meer und hat seinen eigenen Strand. Die Zimmer sind mit Klimaanlage (die man auf Pag im Sommer auch wirklich braucht) und Sat-TV ausgestattet, die Balkonzimmer zur Meerseite haben einen herrlichen Meerblick, hier ist es aber auch etwas lauter.

Angenehm und preiswert – **Biser:** A. G. Matoša 8, Tel. 023 61 13 83, www.hotel-biser.com, HP 72–80 €. Das freundliche Hotel liegt an der Westseite der Bucht und bietet seinen Gästen recht komfortable Zimmer mit Sat-TV zu einem guten Preis.

Unter Bäumen – **Camping Šimuni:** Beim Ort Šimuni in der Suha-Bucht, 12 km von Rab, Tel. 023 69 74 41, www. camping-simuni.hr. Schattiger, ruhiger Waldplatz (48 ha) mit schönem Kies- und Sandstrand, geöffnet April–September.

Essen & Trinken

Wie bei Muttern – **Dva Ferala:** Katine bb., Pag, Tel. 023 61 26 93, 15 € und mehr für Vor- und Hauptspeise. Das Dva Ferala ist eine stimmungsvolle rustikale *konoba* mit familiärer Atmosphäre, eigenem Gegić-Wein, lokalem Käse und Schinken, gutem Lammbraten.

Einkaufen

Pager Spitzen und Pager Käse sind die ortsüblichen Mitbringsel für Freunde. Spitzen kauft man von den Damen, die sie überall im Ort herstellen und direkt anbieten, Käse ist z. B. bei Paška Sirana, einem Spezialgeschäft in der Vela ulica, zu erwerben.

Aktiv & Kreativ

Wassersport – Es muss ja nicht der Partystrand sein. Tauchen lohnt sich vor allem im Südosten der Insel, wo die Wrackfunde in der Bucht Vlaška Mala gesichtet und durch ein Gitternetz geschützt wurden, aber für Taucher weiterhin zugänglich sind. Es handelt sich um ein Schiff, das im 1. Jh. v. Chr. mit seiner gesamten Sammlung an Amphoren sank, wobei sich die Amphoren meist unzerbrochen erhalten haben. **Lagona Divers,** www.lagona-divers-pag.com, oder **Ocean Pro,** www. oceanpro.cz, beide befinden sich in Stara Novalja.

Infos & Termine

TZG Pag: Ul. od spitala bb., 23251 Pag, Tel./Fax 023 61 13 01, www.pag.hr. **Allgemeine Auskünfte:** Hauptbüro für die Region Zadar: TZŽ Zadarske, Sv. L. Bogdana Mandića 1, Tel. 023 31 53 16. **Telefonvorwahl** für den Süden der Insel mit der Stadt Pag lautet 023 (die Region gehört verwaltungstechnisch zu Zadar).

Prozession am 15. Aug., Mariä Himmelfahrt, und am 9. Sept.

Der Süden Pags ist durch eine **Brücke** an die Region Zadar angebunden. **Direktbusse** fahren von hier nach Zadar und über Novalja nach Rijeka und Zagreb.

Die Küste von Rijeka bis Paklenica

Highlight!

Nationalpark Plitvicer Seen: Wasserfälle, weiß-gelbliche Sinterdämme, grünes Wasser in natürlichen Becken, alles in einem streckenweise von steilen Wänden begrenzten, manchmal sich zu Seenbreite weitenden Tal, das ist der Nationalpark Plitvicer Seen. S. 161

Auf Entdeckungstour

Rafting auf der Zrmanja: Die Ufer des tief in ein karges Plateau eingeschnittenen Flusses sind total einsam, hohe Sinterbarrieren unterbrechen die technisch unproblematische Tour. S. 168

Kultur & Sehenswertes

Burg Nehaj: Die Uskoken, Glaubens-flüchtlinge und Kämpfer gegen Osma-nen wie gegen Venedig, bauten die wehrhafte Burg Neha über der Stadt Senj. S. 162

Die Wallfahrtskirche in Trsat über Ri-jeka: Wussten Sie, dass das Marienhaus von Loreto in Trsat eine Zwischensta-tion machte? Einer der bedeutendsten Wallfahrtsorte Kroatiens erzählt die Geschichte dieses Transfers. S. 156

Aktiv & Kreativ

Radeln im Vinodol: Das »Weintal« ist auf Radler spezialisiert, in Novi Vino-dolski sagt man Ihnen, wo die schöns-ten Routen sind. S. 160

Freiklettern im Nationalpark Pakle-nica: Zu den bekanntesten und spekta-kulärsten Freiklettergebieten Kroa-tiens zählen die Felsen in der Velika Pa-klenica. S. 166

Genießen & Atmosphäre

Innenhof des »Lavlji Dvor« in Senj: Idylle im Innenhof eines alten Stadt-hauses in Senj und dazu vorzügliche Regionalküche. S. 161

Dom u Paklenici: Die Hütte im Natio-nalpark Paklenica ist ein magischer Ort zum Verweilen. S. 167

Abends & Nachts

Straßencafés auf dem Korzo in Rijeka: Das book shop caffe, aber auch die an-deren Cafés am Korzo sind der richtige Platz, um das abendliche und nächtli-che Rijeka an sich vorbeiziehen zu las-sen. S. 157

Nationaltheater in Rijeka: Das Theater Ivan Zajc in Rijeka zeigt im Ambiente der k. & k.-Zeit neben Theater auch Opern und Musicals. S. 158

Infobox

Touristeninformationen

Hauptbüro für die Region Lika-Senj:
TZŽ Ličko-senjske, Budačka 12, Gospić,
Tel. 053 54 76 87;
Infopunkt **»Kvarner Info – Jug«** an der
Autobahn in Novi Vindolski, Tel./Fax
051 24 43 06, info@tz-novi-vinodolski.
hr, tgl. geöffnet.

Internet

www.kvarner.hr: Website des Touris-
musverbandes Kvarner.
www.lickosenjska.com: Seite des Tou-
rismusverbandes Lika-Senj (zuständig
für die Küste zwischen Senj und Karlobag und den Nationalpark Nordvelebit).
www.zadar.hr: Website des Touris-
musverbandes Zadar (zuständig für die
Küste südlich Karlobag und den Nationalpark Paklenica).

Anreise und Verbindungen

Rijeka ist mit Zagreb und Ljubljana
durch Autobahn und Bahnlinie verbunden, von Rijeka Küstenstraße in Richtung Zadar, der Südteil der Küste ab Senj
wird durch Autobahnzubringer von der
Autobahn Zagreb–Split erreicht.

Telefonvorwahl

051: Rijeka und die Küste bis knapp vor
Senj und der Nationalpark Plitvicer Seen.
053: Senj und die Küste zwischen Senj
und Karlobag und dem Nationalpark
Nordvelebit.
023: Die Küste südlich von Karlobag
und der Nationalpark Paklenica.

Die »Jadranska magistrala«, wie sich
die Küstenstraße entlang der Adria
nennt, hat ihren nördlichen Endpunkt
in Rijeka. Landschaftlich äußerst eindrucksvoll ist die Fahrt auf dieser
Straße: Die Bergflanken, an denen sie
sich entlang windet, werden nach
Süden hin immer steiler, die Berge –
das Velebitgebirge – immer höher, bis
sie in dem Gipfel des Vaganski Vrh
(1758 m) und den beiden gewaltigen
Schluchten Velika und Mala Paklenica
kulminieren. Immer wieder neue Blicke auf Meer und Inseln des Kvarner
tun sich dabei auf. Krk, Rab, Pag und
die kleineren Inseln wie Goli Otok
und Sveti Grgur ziehen am Betrachter
vorbei und ganz in der Ferne sind sogar Cres und Lošinj, später Dugi Otok,
bereits in Dalmatien, zu sehen.
Rijeka mit der lebhaften Promenade
und den würdigen Gründerzeithäu-
sern ist der wichtigste Seehafen Kroa-

tiens, Crikvenica und Novi Vinodolski
sind Seebäder mit langer Tradition, die
sich mit der des ›Piratennestes‹ Senj
aber nicht messen kann. Trotz einiger
kultureller Sehenswürdigkeiten wie
der Wallfahrtskirche in **Trsat** über Rijeka oder der Festung Nehaj in Senj, ist
es die Natur, die man bewundert und
die zum Baden, Tauchen, Wandern
und Bergsteigen, Mountainbiken, Freiklettern und nicht zuletzt zum Raften
verlockt.

Rijeka ▶ C 5

Rijeka (ital.: Fiume) ist eine geschäftige
Großstadt, mit 144 000 Einwohnern die
drittgrößte Stadt Kroatiens und der
wichtigste Seehafen des Landes. Der
kroatische Name Rijeka und der italienische Fiume bedeuten beide »Fluss«,
letzterer wird heute noch von 2760 Ein-

wohnern italienischer Nationalität verwendet.

Im Mittelalter wurde der illyrisch-römische Ort mit seinem nicht sonderlich guten Flusshafen von den Frankopanen regiert, dann von den Habsburgern. Den Ungarn verdankt Rijeka den heutigen Hafen, der dem österreichischen Triest allerdings nie ernsthaft Konkurrenz machen konnte. 1919 wurde die Stadt von italienischen Freischärlern unter dem Schriftsteller Gabriele d'Annunzio im Handstreich genommen, um einen Anschluss an Jugoslawien zu verhindern. Rijeka kam schließlich (als Fiume) an Italien, alles was links des Mrtvi-Kanals lag, fiel (als Sušak) an Jugoslawien, erst 1947 wurde die Stadt im neuen sozialistischen Jugoslawien wieder vereinigt.

Vom Stadttor zum Stadtarchiv

Die Altstadt Rijekas ist heute nicht mehr von Mauern umgeben, aber ein **Stadttor** **1** samt **Stadtturm** mit Uhr hat sich erhalten. Von oben blicken die Büsten der Kaiser Leopold I. und Karl VI. etwas hochnäsig auf die Passanten herunter, die vom Korzo in die Altstadt eilen. Vom Koblerov Trg dahinter führt ein schmales Gässchen zum **Alten Tor** **2** (Stara Vrata), das wahrscheinlich ehemals ins römische *castrum* führte. Am großen Trg Grivica fällt gleich der Rundbau der heutigen **Kathedrale Sveti Vid** **3** auf, die Kirche des hl. Veit, des Stadtpatrons von Rijeka. Das eindrucksvolle, durch Säulenpaare rhythmisch gegliederte barocke Innere (1638) birgt ein großes gotisches Kruzifix, das aus dem Rheinland stammt. Hinter dem Dom, jenseits der Straße Žrtava fašizma, befinden sich das **Museum des kroatischen Küstenlandes** **4** (Di–Fr 9–13/15–20 und Sa 9–13 Uhr), das **Naturhistorische Museum** **5** (Di–Sa 9–19 und So 9–15 Uhr) und das **Stadtarchiv** **6** in

der ehemaligen Villa eines habsburgischen Erzherzogs.

Am Platz der Erklärung von Rijeka

Die Gebäude um den Platz der Erklärung von Rijeka (Trg Riječke rezolucije) sind das eigentliche Herz der Stadt. In der Mitte steht die **Standartensäule** **7** (Stendardac), eine spätmittelalterliche Rolandsäule, die unter Kaiser Maximilian aufgestellt wurde. Sie geht zurück auf das Jahr 1508, als Rijeka bei einer Türkenbelagerung Kaisertreue zeigte. Die durch den Roland – hier in Gestalt des hl. Veit – symbolisierten städtischen Freiheiten waren der Dank des Reiches. Die barocke, im Kern aber bereits spätgotische **Kirche Sveti Jeronim** **8** an der Südseite des Platzes ist dem hl. Hieronymus gewidmet, letzter Rest eines 1788 aufgehobenen Augustinerklosters.

Korzo und Hafen

An Stelle des Korzo stand bis in die Neuzeit die Stadtmauer, die direkt ans Ufer grenzte. Erst umfangreiche Landaufschüttungen in der zweiten Hälfte des 19. Jh. gewannen dem Meer den heutigen Stadtbereich westlich des Korzo ab. Der Korzo ist, sein Name sagt es schon, die vorrangige Flanier- und Einkaufsmeile der Stadt.

Gleichzeitig mit dem Korzo wurde auch der neue Hafen angelegt und der ganze Stadtteil südöstlich davon mit sehr schönen **Markthallen** **9** und Nationaltheater. Das ehemalige Gebäude der **Jadrolinija** **10** (noch früher österreichischer Lloyd) mit seiner zentralen Kuppel ist dort das wohl eindrucksvollste gründerzeitliche Bauwerk, dicht gefolgt vom **Nationaltheater Ivan Zajc** **11**, einem 1885 fertig gestellten Bau der Wiener Architekten Hellmer und Fellner. Dass das zur Entstehungszeit ausgemalte und sehr schön restaurierte Nationaltheater Fresken

Rijeka

von Gustav Klimt besitzt, ist wenig bekannt.

Festung Trsat **12**

April–Okt. tgl. 9–20, Nov.–März 9–15 Uhr

Über dem Stadtteil Sušak liegt die Festung Trsat, die 561 Stufen der Peter-Kružić-Stiege führen hinauf. Die gut erhaltene Burg der Frankopanen und später der Habsburger dominiert den Ausgang des Rječina-Tales. Vom Innenhof und vom Rundturm hat man einen fabelhaften Blick auf Rijeka, den Kvarner und Istrien.

Wallfahrtskirche **13**

In der nahen Wallfahrtskirche **Unsere Liebe Frau von Trsat** (1641) soll in den Jahren 1291–1294 das Haus der Jungfrau Maria auf dem Weg nach Loreto Zwischenstation gemacht haben. Warum es ihm hier nicht gefiel und das Haus weiter zog nach Italien, wird nicht erklärt. Immerhin wird in der barocken Kirche ein Marienbild gezeigt, dass der Papst den Bewohnern von Rijeka zum Trost für den Verlust ihres Hauses geschickt haben soll. Hunderte von Weihegaben dankbarer Pilger an den Wänden der Votivkapelle beweisen, dass Trsat heute noch ein bedeutender Wallfahrtsort ist.

Übernachten

Rijekas Bettenkapazität ist gering. Aber Opatija ist ja nicht weit! (s. S. 117)

Meerblick – **Jadran 1**: Šetalište XIII divizije 46, Tel. 051 21 66 00, www.jadran-hoteli.hr, DZ/FR ab 115 €. Rijekas einziges Hotel am Meer, generalüberholt, glänzt auf Viersternestandard mit eigenem Strand, Fitnessraum und Restaurant.

Hinter Glas – **Bonavia 2**: Dolac 4, Tel. 051 35 71 00, www.bonavia.hr, DZ/Suiten in 2 Kategorien mit FR 160–210 €. Das komfortable Hotel mit seiner glänzenden Glasfront liegt zentral, eine Querstraße vom Korzo entfernt. Alle Zimmer haben Klimaanlage, Sat-TV, Minibar und Internetanschluss.

Schlicht – **Neboder 3**: Strossmayerova 1, Tel. 051 37 35 38, www.jadran-hoteli.hr, DZ 50–70 €. Teilrenovierte Zigarettenschachtel in Sušak (Innenstadtnähe). Zimmer ohne Luxus, haben aber Bad, Sat-TV und Balkon; Frühstück gibt's im nahen Hotel Continental (Tel. 051 37 20 09, DZ/FR ab ca. 85 €).

Essen & Trinken

Meeresfrüchte und Pizza – **Zlatna školjka und Pizzeria Bracera** **1**: Kružna 12a, Tel. 051 21 37 82, Hauptgang ca. 9–15 €, Pizza ab 5 €. Das enge Gässchen sieht nicht gerade einladend aus. Das Restaurant (rechts) dagegen sehr. Beste Qualität der Fischgerichte, stilvoller Service, die *škampi buzara* sind hier noch saftig und nicht – wie meist – übergart.

Gutbürgerlich – **Feral** **2**: Matije Gupca 6, Tel. 051 21 22 74, zwei Gänge ab 15 €, mit Fisch ab 20 €. Ein Lokal der gehobenen Klasse, die Karte ist schwächer als die Küchenqualität: Fisch und Muscheln, Pfeffersteak und Carpaccio. Fisch und Meeresfrüchte kommen wirklich frisch vom Fischmarkt um die Ecke, der Gast wählt vom Angebot, das ihm der Kellner im kleinen Restaurant präsentiert.

Cocktails am Korzo – **book shop caffe** **3**: Korzo 28. Als »Kavana Filodrammatica« ein beliebtes Kaffeehaus, als »Hemingway« Cocktailspot, und jetzt »book shop caffe« (mit Buchhandlung im hinteren Bereich) – die Lage ist 1a, das Publikum blieb treu.

Einkaufen

Markt – Großer täglicher Grünmarkt um die **Markthallen** **1**.

Souvenir – Ein beliebtes Mitbringsel ist der *morčić* (kleiner Mohrenkopf), das Maskottchen der Stadt, in Form von Ansteckern oder Schmuck.

Shopping Center – Jede Menge Boutiquen im modernen, vierstöckigen **Shopping Center Tower Center Rijeka** **2**, Janka Polić Kamova 81/7, auch sonntags geöffnet, Bus 2 ab Stadtmitte.

Mein Tipp

Karneval

Rijeka besucht man am besten während des Karnevals. Der Karneval der Stadt ist Kroatiens größter, buntester und bekanntester, während der letzten Karnevalstage werden Umzüge und Sitzungen durch das Kroatische Fernsehen live übertragen und im ganzen Land gesehen. Wie in Köln oder Mainz nimmt die ganze Stadt teil, ohne Kostüm wagt sich an den letzten Tagen vor Aschermittwoch kaum jemand auf die Straße. Infos auf www.ri-karneval.com.hr.

Abends & Nachts

Casino – **Casino Ri** **1**, Riva bb., Tel. 051 31 12 46. Casino mit Roulette und Disco auf einem Schiff im Hafen der Stadt.
Kultur – Das **Nationaltheater Ivan Zajc** **2** ist eine Dreispartenbühne plus Konzertsaal. Hrvatsko Narodno Kazalište Ivana Zajca, Tel. 051 35 59 07, www.hnk-zajc.hr.

Infos & Termine

TZG: Korzo 16, 51000 Rijeka, Tel. 051 33 58 82, Fax 051 21 47 06, www.tz-rijeka.hr, www.rijeka.hr und www.mojarijeka.hr sind städtische Seiten.
Internet: In der Innenstadt gibt es gratis WLAN (z. B, auf dem Korzo).
Fest des Stadtpatrons Sv. Vid: 15. Juni; Wallfahrt nach Trsat: 15. Aug.
Flughafen Rijeka auf Krk, ca. 25 km entfernt, innerkroatische Verbindungen, Tel. 051 84 21 34, www.rijeka-air port.hr. Vom Bahnhof, Krešimirova 1,

Züge nach Zagreb und Ljubljana/Wien/München, Bustransfer zum Zug nach Pula über Lupoglav. Direkte Regionalbusse fahren in alle kroatischen Städte, nach Deutschland und in die Schweiz, Trg Žabica (400 m westlich vom Jadranksi Trg); Taxi Tel. 051 33 51 38 und am Busbahnhof; Katamaran- und Fährverbindungen gibt es in den Kvarner, Auskünfte und Tickets sind erhältlich bei Jadrolinija, Riva 16, Tel. 051 66 61 11, www.jadrolinija.hr oder Riječni Lukobran bb. (Passagierterminal), Tel. 052 21 14 44.

Die Bucht von Bakar ▶ D 5

185 kurvenreiche, enge und nicht ungefährliche Straßenkilometer liegen zwischen Rijeka und der Maslenicabrücke, wo der gestresste PKW- oder Motorradfahrer die Küste verlässt, um über die Halbinsel Ravni Kotar nach Zadar abzubiegen. Diese Adriamagistrale sollte seinerzeit den Fremdenverkehr am südlichen Kvarner ankurbeln und vor allem zahlungskräftige Touristen nach Dalmatien bringen, so hatte man sich das zu Titos Zeiten ausgerechnet und bestätigt bekommen. Aber sie ist überlastet und streckenweise ein wahrer Alptraum. Seit 2005 wird der Verkehr nach Split auf die das Binnenland nutzende Autobahn A 1 umgeleitet.

Die tiefe, schmale Bucht von Bakar ist ein sicherer Naturhafen, dem man leider zu sozialistischen Zeiten durch Raffinerien, Tanks und Schlote etwas den Charme nahm. Inzwischen sind die Schmutzerzeuger stillgelegt und abgeräumt, es lohnt sich wieder, die Bucht aufzusuchen und dort, besonders im klaren Wasser bei Bakarac, zu baden. Die Thunfischleitern bei Bakarac erinnern daran, dass der Thunfischfang einst eine wichtige Einkommensquelle in dieser Region war.

Die Brücke von Kraljevica am Ende der Bucht von Bakar zur Insel Krk ist mautpflichtig.

Crikvenica ▶ D 5

Beim Badeort Crikvenica ist der kilometerlange, kinderfreundliche Strand recht flach. Dass er zu einem wichtigen Tourismusmagneten wurde, verdankt der Ort dem Konflikt zweier habsburgischer Erzherzöge. Weil der eine, der spätere österreichische Kaiser Franz Joseph I., vorzugsweise Abbazia (Opatija) besuchte, setzte sich sein Bruder Joseph in den Kopf, ein eigenes Seebad zu bauen. Das war im Jahre 1881. Bis 1914 entstanden dann drei große Hotels, darunter das heute noch existierende »Erzherzog Joseph« (derzeit unter dem Namen »Falkensteiner Therapia«) und das wunderschöne Jugendstilhotel Miramare, das an demkleinen Park neben dem städtischen Freibad seiner Renovierung entgegendämmert, während ihm die damals besonders schicken Wellenmotive à la Knossos (oberster Fries) immer mehr abblättern.

Übernachten

Hotel im Kloster – **Kaštel:** Frankopanska 22, Tel. 051 24 10 44, www.jadran-crikvenica.hr, DZ/HP ab ca. 85 €. Das gediegene Hotel Kaštel wurde im alten Kloster direkt am Strand am Ende der Uferpromenade eingerichtet. Manchmal ist es hier leider nicht ganz leise.

Maritim – **Camping Kačjak:** Kačjak bb., Tel. 051 78 62 50, Mitte Mai bis Mitte Sept. Der Platz ist hübsch, schattig und liegt direkt am Meer.

Infos

TZG Crikvenice: Trg Stjepana Radića 1c, 51260 Crikvenica, Tel. 051 24 10 51, Tel./Fax 051 24 18 67, www.tzg-crikvenice.com.
Ganzjährige Verbindung mit dem **Motorboot** nach Šilo (Insel Krk), Taxiboote fahren nach Novi Vinodolski.

Novi Vinodolski ▶ D 5

Novi ist sehr viel älter als das benachbarte Crikvenica, wie die – im 19. Jh. veränderte – Frankopanenburg zeigt. In der Burg werden im Ethnologischen Museum alte Trachten gezeigt (tgl. 8–14 Uhr). Novi war wichtiger Hafen der fruchtbaren Kultur- landschaft des Vinodol (»Weintal«) im Hinterland. Verglichen mit dem Strandleben an den unterhalb gelegenen Hotels ist die Altstadt ruhig. Wie in Crikvenica geht der

Altgedient, aber neu

Das auf Hochglanz restaurierte Hotel Therapia mit seiner Arkadenfassade zum Meer hin wurde 1895 gegründet; den Namen trägt es seit 1899, als man in Nachahmung von Opatija auf Meerwassertherapie zu setzen begann. Das heutige Therapia hat ein gut ausgestattetes Wellness Center, mit Thalassotherapie hat es aber nichts mehr am Hut. Die besten Zimmer sind die 22 mit Balkon nach vorne (weitere 70 Zi. und 19 Apt.). **Falkensteiner Therapia**, B. Buchoffer 12, Crikvenica, Tel. 051 20 97 00, www.falkensteiner.com, DZ/HP 1 Woche 1050–2380 €.

Tourismus noch auf die Gründerzeit zurück, den einst herrschenden Konkurrenzkampf mit seinem Nachbarn hat Novi freilich verloren.

Radeln im Vinodol

Von Novi aus führen markierte Fahrradrouten auf meist asphaltierten Wegen durch das idyllische Vinodol, Wegbeschreibungen und Karte gibt es bei der Touristeninfo. Das »Weintal« ist allerdings nicht überall ein Tal: Wer den Rundweg über Breze und Lukovo wählt, muss über 1000 Höhenmeter bewältigen und im Abstieg vorsichtig sein. Übrigens kann man im Vinodol auch wunderbar wandern und auch dafür gibt es kostenlose Karten und Infos. Nur Wein gibt es – oder gab es bis vor wenigen Jahren – im Weintal nicht mehr, denn die aus Amerika eingeschleppte Reblaus, die im späten 19. Jh. fast den europäischen Weinbau vernichtete, wirkte sich auch im Vinodol aus – total.

Detaillierte Auskunft gibt die Touristeninfo für Vinodol, TZO Vindodolske, Bribir 8, 51253 Bribir, Tel./Fax 051 24 87 30, www.tz-vinodol.hr, die auch Privatzimmer vermittelt.

Übernachten

Komfort – **Tamaris:** Kralja Tomislava 14, 51250 Novi Vinodolski, Tel. 051 79 22 80, www.hoteltamaris.com, DZ/FR 70–135 €. Kleineres, modernes Privathotel in Strandnähe mit Pool und Terrasse, die Zimmer haben Klimaanlage, Sat-TV, Internetanschluss und Balkon.

Infos & Termine

TZG: Kralja Tomislava 6, 51250 Novi Vinodolski, Tel. 051 79 20 32, Tel./Fax 051 24 43 06, www.tz-novi-vinodolski.hr.

Musikfestival im Vinodol im Sommer: klassische Musik und Volksmusik in Kirchen und Kastellen.

Senj ▶ D 6

Senj war lange Zeit ein Piratennest. Die kroatische Gründung (auf den Ruinen eines römischen Senia) hatte große Lagevorteile: In Senj beginnt die kürzeste Verbindung ins kroatische Binnenland. Die Frankopanen besaßen Stadt und Hafen zwischen 1271 und dem späten 15. Jh., Senj machte damals sein Geld mit Warenumschlag vom Adriaschiff zum Maulesel, mit Handel und Schiffsbau. 1537 kamen die Uskoken, erbitterte Feinde der Osmanen, bauten die **Festung Nehaj** über der Stadt (1551–1558) und eine schlagkräftige Flotte relativ kleiner, aber schneller Schiffe, mit der sie im Piratenstil gegen die Türken kämpften. Und gegen die Venezianer, denn die waren immer wieder gut Freund mit den Türken. Österreich und Venedig gerieten sich wegen der Uskoken in die Haare, es kam zum Krieg. Der Friedensvertrag von 1617 sah die Vertreibung der Uskoken vor, 130 Familien gingen in die Berge westlich von Zagreb. Im 18. Jh. nahm die Stadt wieder einen Aufstieg als Umschlagplatz, Hafen, Werft. Unter Kaiser Karl VI. entstand die Straße Rijeka–Senj, unter Joseph II. die Straße über den Vratnik-Pass nach Karlovac, Zagreb und Wien. Den Senjern ging es gut. Dann erreichte 1873 die Bahnlinie von Budapest und Wien über Zagreb die Adria, doch nicht bei Senj, sondern bei Rijeka. Senjs Stern sank, was blieb, ist eine Kleinstadt mit bewegter Vergangenheit.

Altstadt

Die Straßen sind schmal in Senj, man hatte wenig Raum zwischen den Mauern, der Platz vor der **romanischen Kathedrale** Sveta Marija verdient kaum seinen Namen. Halb Naturstein, halb Ziegel bilden ihre asymmetrische Front mit Zwergarkaden und dem Renaissanceportal. Das **Stadtmuseum** befindet sich in einem spätmittelalterlichen Palast, gotische und Renaissance-Elemente sind gleichermaßen in seiner Architektur zu finden. Durch die **Stara Vrata**, das Alte Tor, verlässt man die ummauerte Stadt. Außen befindet sich noch die Inschrift »JOSEPHINAE FINIS«, Ende der Josephina; hier endete der epochale Bau der ersten modernen Straßenverbindung von der Adria ins kroatische Binnenland.

Übernachten

Haus im Turm – **Garni Hotel Art:** Kralja Zvonimira 4, Tel. 053 88 43 77, www. coning.hr, DZ/FR 45–60 €. Die am Hafen neben dem mittelalterlichen Rundturm gelegene Unterkunft hat saubere, einfache Zimmer, einige mit Hafenblick. Derzeit ist das Art das einzige Hotel des Ortes.
Schöne Lage – **Autocamp Bunica:** Idyllisch gelegenes Camp in der Bunica-Bucht 5 km nördlich der Stadt, Tel. 053 61 67 18; direkt daneben liegt ein weiterer, von der gleichen Familie betreutes Camp.

Essen & Trinken

Löwenhof – **Lavlji Dvor:** P. Preradovića 2, Tel. 053 88 17 38, 15–20 €. Das Restaurant besitzt einen kühlen Innenhof mit Renaissance-Arkaden und Brunnen, wo man auch an heißen Sommertagen angenehm sitzen kann. Auch die eigentliche *konoba* ist ein Raum mit Atmosphäre. Fleisch, Fisch, Schalentiere, köstliches Zagreber Schnitzel

(hier heißt es »Senjer Schnitzel«, im deutschen Sprachraum Cordon bleu), delikate Palatschinken und – eine Seltenheit – drei offene Marken-Weißweine!

Infos & Termine

TZG: Stara cesta 2, 53270 Senj, Tel. 053 88 10 68, Fax 053 88 12 19, www.tz-senj.hr.
Sommerkarneval: vier Tage im August.
Busverbindung nach Gospić über den Zlatnik-Pass 2 x tgl.

Nationalpark Plitvicer Seen❗ ▶ F 6/7

Ein gutes Stück von der Küste entfernt, im waldigen Bergland der Mala Kapela, liegt der 1949 gegründete Nationalpark Plitvicer Seen. Er umfasst 295 km^2 und wurde bereits 1979 von der UNESCO in die Liste des Welterbes aufgenommen. Der wasserreiche Korana-Fluss hat sich dort ein tiefes Tal geschaffen, das durch den Einbruch eines darunter liegenden Höhlensystems streckenweise noch weiter vertieft wurde. Das kalkreiche Wasser lagert Kalksinter im Flussbett ab, der immer wieder neue Terrassen und Barrieren bildet. Dahinter staut sich das Wasser zu größeren und kleineren, blau und grün schillernden Seen und stürzt dann in ein tiefer liegendes Becken. Die sechzehn miteinander verbundenen Seen bilden so ganze Kaskaden von neben- und übereinander gelagerten Wasserfällen, der höchste erreicht eine Fallhöhe von bis zu 76 m. Weil die Dämme aus dem weichen Kalktuff ständig wachsen oder wieder einstürzen, verändert sich auch die Landschaft von Jahr zu Jahr.

Lieblingsort

Burg Nehaj

Auf dem Berg über Senj thront die weithin sichtbare Festung Nehaj. Sie ist von der Stara Vrata auf einem sanft geschwungenen Spazierweg leicht zu erreichen (es gibt auch eine Autostraße). Die fünfeckige Festung mit dem Grundriss einer Krone hat drei Stockwerke und einen offenen Innenhof. Bei Grabungen im Erdgeschoss hat man die Grundmauern älterer Bauten freigelegt, u. a. einer kleinen Kirche – für den Neubau von Nehaj wurden sämtliche bestehende Bauten auf dem gesamten Hügel abgetragen. Einen Teil der ausgegrabenen Inschrift- und Dekorsteine kann man an den Wänden bewundern. Im ersten Stock wird die Geschichte Senjs und der Uskoken dargestellt. Vom offenen Laufgang auf dem höchsten Niveau hat man einen fantastischen Ausblick. Mai/Juni und Sept./Okt. tgl. 10–18 Uhr; Juli/Aug. tgl. 10–21 Uhr.

Beeindruckende Aussicht im Nationalpark Plitvicer Seen

Ein Panoramabus befährt einen Großteil der Strecke zwischen den beiden Eingängen des Parks. Ideal ist es, beim Eingang 1 (Nord) zu parken, dort den Wanderweg in die Schlucht und zu den Unteren Seen zu nehmen. Er führt an diesen vorbei und, teils über Stege, teils auf Erdwegen, hinauf zum Kozjak jezero. Dort nimmt man den Panoramabus zu den Hotels, quert mit dem Shuttleboot auf die andere Seeseite und nimmt den Weg nach links entlang der Oberen Seen zum Prošćansko jezero, wo schon der Bus für die Fahrt zurück zum Eingang 1 oder 2 wartet.

Übernachten

Parkhotel – **Jezero:** Tel. 053 75 14 00, info@np-plitvicka-jezera.hr, DZ/HP 105–150 €. Das beste der drei Hotels im Park liegt recht ruhig mitten im Grünen.

Infos

Nacionalni park Plitvička jezera: 53231 Plitvička jezera, Tel. 053 75 10 15, www. np-plitvicka-jezera.hr.
Die **Busse** Zagreb–Split (soweit sie noch auf der Nationalstraße fahren und nicht auf der Autobahn) setzen einen im Park ab, nehmen einen aber nicht immer mit! Am einfachsten ist der Nationalpark mit einer organisierten Bustour zu erreichen.

Nationalpark Nordvelebit ► D/E 6/7

Kroatiens jüngster Nationalpark ist trotz seiner großen Fläche nur ein kleiner Teil des Velebitgebirges. Dieser vor allem aus Kalken bestehende Gebirgszug steigt hinter der Adriaküste zwischen Senj und Maslenica als gewaltig schroffe Bergkulisse abrupt bis auf 1768 m auf und ist als Naturpark Velebit in seiner Gesamtheit geschützt (ca. 2000 km², inbegriffen sind Nationalpark Nordvelebit und Nationalpark Paklenica). Stark verkarstete Jurakalke bilden den Großteil des Nationalparks, hohe Niederschlagsmengen erlauben dichte alpine Vegetation. Der **Botanische Garten Velebit** im Nationalpark ist durch eine Forststraße von Sveti Juraj an der Küste aus leicht zu erreichen, er erstreckt sich vor einer prachtvollen Gebirgskulisse und bietet viele gut markierte Wanderwege und Naturlehrpfade. Es gibt drei Hütten, bei insgesamt nur 100 Betten sollte man in der Hochsaison unbedingt reservieren.

Hajdučki i Rožanski kukovi ► E 6

Der schönste Teil des Nationalparks ist das Schutzgebiet Hajdučki i Rožanski kukovi; man erreicht es sowohl von Senj bzw. Sveti Juraj aus als auch von Jablanac weiter südlich über den Alan-Pass. *Kukovi*; Einzahl *kuk*, sind Felsspitzen, die aus dem Bergwald und den Almwiesen heraustechen, viele von ihnen kann man kletternd bezwingen. Eine unbewirtschaftete Unterkunft mit Zisternenwasser, die Rossijeva koliba, bietet ein Notquartier, man kann die *kukovi* aber von der Straße aus bequem an einem Tag erkunden. Ganz in der Nähe der Rossijeva liegt auf 1475 m die 1994 entdeckte und immer noch nicht vollständig erforschte Lukina-Höhle, die mit 1392 m die achttiefste der Erde ist – an ihrem tiefsten Punkt ist man nur 83 m über Meeresniveau! Wanderungen sollte man nur bei sicherem Wetter unternehmen. Der gefährlichste Feind unterwegs ist Blitzschlag – die steilen Flanken des Gebirges halten die von Westen heranrückenden Gewitterfronten an und bringen sie zur Entladung. Mit Schneefall und dadurch plötzlich verschwundenen Markierungen ist in jedem Monat des Jahres zu rechnen, wie die Wetterstation auf dem Zavižan zweifelsfrei festgestellt hat.

Übernachten

Einfach – **Zavižan-Hütte (1594 m):** 50 Betten, Tel. 051 72 47 66 (Verein) bzw. 053 61 42 09 (Hütte) mit ganzjährig besetzter Wetterstation (seit 1953), an der Straße beim Botanischen Garten gelegen.
Zweckmäßig – **Alan-Hütte (1305 m):** 40 Betten, Tel. 099 515 49 99 (Hütte); **V. Lubenovac-Hütte** (1260 m): 12 Betten, Tel. 016 14 00 16 (Verein »Stanko Kempny« in Zagreb).

Infos

Nacionalni park Sjeverni Velebit: 53270 Senj, Obala kralja Zvonimira 6, Tel. 053 88 45 51, Fax 053 88 45 52, www.np-sjeverni-velebit.hr.
Besucherzentrum des Nationalparks in Krasno: auf halbem Weg zwischen Sv. Juraj und Otočac, Tel. 053 66 53 80.
Der Nationalpark Nordvelebit ist mit **öffentlichen Verkehrsmitteln** nicht zu erreichen. Mit dem **Auto** nimmt man von Norden die Straße von Sveti Juraj nach Krasnopolje und biegt auf dem Oltare-Pass auf die Forststraße zum Zavižan ab, Fahrstraße bis zur Hütte. Von Süden führt ab Jablanac die Straße zum Alan-Pass mit Alan-Hütte, von wo aus man zu Fuß auf einem Sträßchen zur Lubenovac-Hütte geht (6 km). Zur Rossijeva-Unterstandshütte von der Zavižan-Hütte wie von Alan-Pass je ca. 2 Std. 30 Min. Fußweg.

Zavratnica ▶ D 7

Südlich des Fährortes **Jablanac** liegt der wie ein norwegischer Fjord steil eingeschnittene, schmale Meeresarm Zavratnica. Ob von Land her oder von Krk und Mali Lošinj aus auf Tagesausflügen mit dem Boot, die Zavratnica ist ein beliebtes Ausflugsziel. Fotografen seien gewarnt: Den faszinierenden Tiefblick, den die Bilder von den Ausflugsunternehmen zeigen, hat man nur von hoch oben, und man muss etwas klettern, bis man in Aussichtsposition ist.

Fähre Jablanac–Mišnjak (Insel Rab) siehe S. 143.

Nationalpark Paklenica ▶ F 8

Südlich von Karlobag windet sich die Straße in Sichtweite des Meeres, aber meist recht hoch am Hang, die Küste entlang. Die auf der Festlandseite hochragenden Gipfel des Velebitgebirges werden höher und unnahbarer, die von der Bora kahl gefegte Nordostseite der Insel Pag jenseits des schmalen Velebitski kanal erscheint immer mehr wie eine Mondlandschaft. Seit 1949 sind die höchsten Gipfel des Gebirges im Nationalpark Paklenica geschützt, nach einer Erweiterung 1997 umfasst er heute 102 km2. Man erreicht ihn im Ort Starigrad Paklenica.

Der Nationalpark Paklenica reicht von ca. 15 m Meereshöhe am Parkeingang bis auf 1758 m, der Höhe des Vaganski vrh, des höchsten Gipfels im Velebitgebirge. Der Gebirgszug ist hier in zwei Stufen aufgebaut: Auf der ersten liegen alte Almdörfer, die heute allmählich veröden, die zweite stellt das Gipfelplateau dar. Der Vaganski vrh ist nur eine von vielen kleinen Erhebungen, die das Karsthochplateau in einer Höhe von 1650–1700 m überragen.

Velika und Mala Paklenica ▶ F 8

Zwei gewaltige Schluchten durchziehen das Gebirge im Parkbereich, die große und kleine (Velika und Mala) Paklenica. Während die Große Schlucht durch einen Wanderweg erschlossen ist, der zu einer am Wochenende bewirtschafteten Hütte, dem Dom Paklenica, führt, ist die Kleine Schlucht zwar begehbar – nicht nach der Schneeschmelze, nicht nach schweren Unwettern! –, aber man muss sich seinen Weg über Geröll und Felsbrocken suchen. Bis zu 400 m hohe, senkrechte Wände stehen am Eingang der Großen Paklenica, auch für Spaziergänger vom Parkplatz aus leicht erreichbar. In den Felsen turnen die Freikletterer, der 712 m hohe Anića kuk gehört zu den Leckerbissen. Ein gut markiertes Netz von Wanderwegen, einige auch als Mountainbike-Trails verwendbar, durchzieht den Park. Die Karte »Trekking Nationalpark Paklenica« gibt es in der Nationalpark-Information.

Tier- und Pflanzenwelt

Die Tierwelt des Parks reicht über den Bären zu seltenen Reptilien – die ehemals über dem Schluchteingang nistenden Geier sind seit dem Jahr 2000 ausgestorben. Desinteresse und zu starke Beeinträchtigung durch die großen Besucherzahlen in der Schlucht, aber auch Mangel an Tierkadavern, von denen sie sich ernähren (es gibt ja viel weniger Schafe als früher), sind die Ursache. Die Vegetation ist artenreich, in Teilen herrscht dichter Bergwald. Einen weiteren Reiz dieses Parks machen die Felsen aus, die sich durch Verkarstung in die skurrilsten Gebilde verwandeln können.

Blick auf das Velebitgebirge am Horizont, im Vordergrund die Insel Pag

Übernachten

Familienhotel – **Vičko:** Jose Dokoze 20, 23244 Starigrad-Paklenica, Tel./Fax 023 36 93 04, www.hotel-vicko.hr, DZ/FR 60–130 €. Die Zimmer sind modern und gut eingerichtet, das Personal ist allerdings gelegentlich uninteressiert.

Freiklettertreff – **Rajna:** Dr. Franje Tuđmana bb., 23244 Starigrad-Paklenica, Tel. 023 35 91 21, www.hotel-rajna.com, DZ/FR 40–65 €. Gemütliches Hotel in Privatbesitz, Freeclimber-Treff – hier wird das Routenbuch der Paklenica aufbewahrt. Zimmer mit Sat-TV und Minibar, Restaurant (Grillgerichte probieren!).

Magisch – **Dom u Paklenici:** Tel. 023 43 67 00 (Hüttenwart in Zadar, die Hütte selbst hat kein Telefon), Starigrad Paklenica (im Park). Das Dom u Paklenici ist eine im Hochsommer durchgehend geöffnete, ansonsten an Wochenenden betreute und einfach bewirtschaftete Selbstversorgerhütte. Großartig ist ihre Lage am Ende der Großen Paklenica-

schlucht. Die Hütte ist Ausgangspunkt für Touren in alle Richtungen. An Wochenenden kann es mittags recht geschäftig werden, am Abend ist man dann wieder (wenn keine Gruppen nächtigen) allein unter dem Sternenhimmel.

Aktiv & Kreativ

In den Bergen – **Wandern, Bergsteigen, Freiklettern, Mountainbiken** im Nationalpark Paklenica (s. S. 166).

Wassersport – **Kajaken und Raften** auf der Zrmanja (s. S. 168).

Infos

Info des Nacionalni park Paklenica: Dr. Franje Tuđmana 105, 23244 Starigrad-Paklenica, Tel. 023 36 91 55, Fax 023 36 92 02, www.paklenica.hr; **TZG Starigrad Paklenica:** Trg Tome Marašovića 1, Tel. 023 36 92 45, www.rivijera-paklenica.hr.

Auf Entdeckungstour

Rafting auf der Zrmanja

Vor allem im Frühjahr können Aktivurlauber, die den Adrenalin-Kick suchen, mit Raft, Kajak oder Kanu auf der Zrmanja einen großartigen, 15 km langen Flusstrip durch einen von Wasserfällen unterbrochenen Canyon erleben. Es ist abenteuerlicher als auf der bekannteren Cetina bei Omiš und daher umso eindrucksvoller.

Reisekarte: ▶ F/G 9

Zeit: Mit Anfahrt ab Zadar und Umgebung oder Starigrad Paklenica meistens ein voller Tag.

Planung: Es gibt mehrere Anbieter, aber besonders empfehlenswert ist Huck Finn, www.huck-finn.hr, Tel. 016 18 33 33 mit langer Erfahrung, in Zadar auch Aquarius (s. S. 184).

Am Fuße der südöstlichen Velebit-Kette breitet sich ein flaches Plateau aus. Der Untergrund ist aus Kalkstein, der Boden karg und die Besiedlung extrem dünn. Ein Karstfluss mit seinen Zuflüssen, die Zrmanja, durchschneidet das Plateau wie mit einem Messer. Zwischen Kaštel Žegarski und Dolni Bilišane kann man den Fluss mit Rafts, Kanus und Kajaks befahren, aber nur, wenn genug Wasser aus den Bergen kommt, das bedeutet also im Frühjahr während der Schneeschmelze. Im Mai ist es meist mit dem Rafting-Abenteuer schon wieder vorbei. Dann sinkt der Wasserstand am Pegel von Kaštel Žegarski unter 40 cm. In dieser Zeit wagen sich nur noch ein paar sehr mutige Kajaker – mit Bodenberührung – den Fluss hinunter.

Der Flusslauf ist durch Sinterablagerungen und die dadurch bedingten Wasserfälle geprägt und meist von steilen Hängen und Schutthalden flankiert.

Das Boot

Heutzutage gelten Rafts eigentlich als sichere Gefährte, aber wer sie vom Ufer aus einen 3 m hohen Wasserfall hinuntergleiten sieht, kann kaum an ein unfallfreies Ende glauben. Meist ist dann der Mann am Heck-Stechpaddel der einzige, der die Übersicht und die Ruhe bewahrt. Seine bis zu elf (meist sieben) Passagiere, die eigentlich ihre Paddel nach vorheriger Anweisung einsetzen sollten, sind völlig mit Kreischen und Heulen beschäftigt (zumindest nimmt man das aufgrund ihrer verzerrten Gesichter an, denn hören kann man es im Tosen des Wasserfalls nicht).

Der Trip bis zum Veliki buk

Man beginnt die Tour an der Flussbrücke der Zrmanja in der Nähe von Kaštel Žegarski, 18 km östlich von Obrovac (auf guter Straße) und 70 km von Zadar entfernt. Das Ziel erreicht man nach etwa 15 Flusskilometern bei Dolni Bilišane, 10 km östlich von Obrovac.

Beim Startpunkt der Raftingtouren unterhalb der Brücke bei Kaštel Žegarski fließt der Fluss noch durch ein relativ breites Tal, das sich jedoch schon bald verengt. Hier unten ist es ziemlich grün: Die Travertin-Dämme im Fluss unterteilen ihn in viele Rinnsale und kleine Wasserfälle, zwischen denen begrünte Zungen bis fast hinunter zum meist recht ruhigen Wasserspiegel hängen.

Die Krupa mündet von rechts. Nun steigt der Wasserstand wieder an. Plötzlich scheint der Fluss, der sich an dieser Stelle zu einem kleinen See aufgestaut hat, ins Nichts zu fließen: Direkt vor uns befindet sich der große Wasserfall, der Veliki buk, der 13 m in die Tiefe stürzt.

Befahren kann man ihn nicht, das Boot wird links umgetragen. Die kleine Schwelle unterhalb ist wieder befahrbar und das Bad, das dann im ruhigen Teil folgt, hat man sich redlich verdient.

Vom Veliki buk zur Brücke bei Dolni Bilišane

Noch einmal verengt sich der Fluss, beim Gazin buk überwindet er auf etwa 70 m mit Stromschnellen einen Höhenunterschied von 2,5 m. Ob er befahrbar ist oder nicht, entscheidet der Bootsführer. Es folgt noch ein Wasserfall, der Ogari buk (mit einer Höhe von 3,5 m!), und wir erreichen die Brücke bei Bilišane, wo es einen speziellen Ausstieg für die Rafter gibt. Im kleinen Ort befindet sich ein Gasthaus, das auf Rafter, Kanuten und Kajaker eingestellt ist.

Zadar und Umgebung

Highlight!

Zadar mit seiner Kirche Sveti Donat und der Altstadt: Seit byzantinischer Zeit steht der majestätische hohe Zentralbau von Sveti Donat im Zentrum der Altstadt von Zadar. S. 172

Auf Entdeckungstour

Venezianische Spuren in Zadar: Ein halbes Jahrtausend regierte Venedig in Zara. Machen Sie einen Spaziergang durch Zadar auf den Spuren der Serenissima. S. 178

Kultur & Sehenswertes

»Gold und Silber« in Zadar: Die Schatz-kammer der Benediktinerinnen nennt sich zu Recht »Gold und Silber«. S. 175

Nin und die frühe Geschichte Kroa-tiens: Nin, heute kaum mehr als ein Dorf, war eine der ersten kroatischen Königstädte. S. 185

Aktiv & Kreativ

Eine Radtour über die Inseln Pašman und Ugljan: Ob auf der Straße mit dem Rennrad oder auf alten Maultier-wegen mit dem Mountainbike, diese sechzig Kilometer haben's in sich. S. 188

Eine Tour zum Salzsee Mir auf der In-sel Dugi Otok: Bei starkem Westwind schwappt das Meerwasser durch eine Öffnung zwischen den senkrechten Kliffs in den salzigen See. S. 189

Genießen & Atmosphäre

Restaurant Foša am kleinen Hafen in Zadar: Stimmungsvoller als auf der verglasten Terrasse im venezianischen Zolltor am Fischerhafen kann man nicht Fisch speisen. S. 181

Hotel Sali in Sali auf der Insel Dugi Otok: Unterkunft mit Traumlage an der Bucht, eigenes Tauchzentrum, ringsum kein anderes Gebäude – was will man mehr? S. 189

Abends & Nachts

Die Meeresorgel in Zadar: Die Töne der Meeresorgel an der Küste in Zadar sind verführerisch – zumindest zum längeren Verweilen und vor allem bei Sonnenuntergang. S. 182

Die »Četiri Kantuna« in Zadar: Sie ha-ben auch tagsüber geöffnet, aber erst abends kommen sie in Schwung, die Kneipen und Bars rund um die »Vier Ecken« in Zadar. S. 184

Zadar ist die lebendige Hauptstadt Norddalmatiens. Mit dem römischen Forum bilden die byzantinische Kirche Sveti Donat und die gotische Kathedrale ein außergewöhnliches Ensemble. Die Straßen säumen vor allem venezianische Bauten, denn die Stadt war vier Jahrhunderte lang Venedigs Verwaltungsstandort für Dalmatien. Dabei ist Zadar mehr als nur historisch oder kunstgeschichtlich interessant – sie ist zentraler Ort für eine große Region, der tägliche Grünmarkt ist einen Besuch Wert, die Basketballmannschaft gehört zu den besten Kroatiens (sie ist die beste, sagt man in Zadar) und an Kneipen und Klubs herrscht kein Mangel.

Am Stadtrand in Borik und im Umfeld liegen Badeorte wie Zaton, Biograd und das historisch bedeutsame Nin, in letzteren hatten die ersten kroatischen Könige vor nunmehr einem Jahrtausend Residenzen. Vor der Küste lockt ein schwach besiedelter Inselarchipel mit seiner kaum auslotbaren Fülle an Freizeitmöglichkeiten. Dugi Otok ist immerhin 30 km lang, die durch eine Brücke verbundenen Inseln Pašman und Ugljan bringen es auf 60 km.

Ein großartiges Naturdenkmal ist der Naturpark Telašćica zwischen dem Südteil von Dugi Otik und dem (bereits auf dem Gebiet von Šibenik befindlichen) Nationalpark Kornaten. Wer in diesem Inselarchipel nicht weiß, was er mit seiner Zeit anfangen soll, ist selber schuld.

Zadar! ▶ E 9

Aus der Vogelschau erkennt man die rechten Winkel im Straßennetz von Zadar, Erbe der römischen Anlage. Wer sich von der hier oder über die Fußgängerbrücke nähert, sieht zuerst die venezianischen Stadtmauern und Kirchtürme der alten Hauptstadt Dalmatiens (nach 614–1919). Vor dem Landtor erinnern österreichische Festungsmauern an mehr als ein Jahrhundert Zugehörigkeit zum Habsburgerreich. Das Nebeneinander frühkroatischer und gotischer, venezianischer und gründerzeitlicher Bauten ist der abwechslungsreiche Hintergrund für die heitere Altstadt auf der Halbinsel. Wer ihre Lebendigkeit erleben will, geht morgens zum großen Markt zwischen Kathedrale und Meerestor und flaniert abends auf der Kneipenmeile zwischen Narodni Trg und der Stomorica-Gasse. Zadar mag ein Touristenziel sein, vor allem aber ist es das Zentrum einer großen Region, unaufgeregt geschäftig, selbstgenügsam und selbstbewusst.

Einen noch nicht absehbaren Einfluss könnte die Fertigstellung des neuen

Infobox

Touristeninformationen
Tourismusverband des Landkreises Zadar: TZŽ Zadarske, Sv. L. Bogdana Mandića 1, Tel./Fax 023 31 53 16, www.zadar.hr.

Internet
www.zadar.hr: Informative Site des Landkreises Zada (auch auf Deutsch).

Anreise und Verbindungen
Zadar hat einen Regionalflughafen, besser erreicht man den Ort allerdings mit dem Flugzeug über den Flughafen Split und dann weiter mit Bus oder Leihwagen. Die Bahnverbindung mit Zagreb ist langsam und deshalb wenig empfehlenswert, es sei denn, man liebt klassische Bahnfahrten! Über die neue Autobahn ist Zadar direkt mit Zagreb, Rijeka und Split verbunden. Auch gibt es regelmäßige Fähren nach Ancona.

Großhafens **Gaženica** bringen. Der neben Split größte Hafen des Landes wird neben den Fähren auch Frachter und Kreuzfahrtschiffe bis 350 m Länge (!) aufnehmen können. Der Stadthafen wird dann für die kleineren Jachten frei, die bisher kaum Platz fanden.

Wissenswertes zur Geschichte

Der *Decumanus maximus*, die Nordwest-Südost-Hauptachse des römischen Ladera, ist heute noch zu erkennen: Die Široka ulica folgt ihrem Verlauf und hat ihre Funktion übernommen. Nach der Eroberung von Salona durch die Awaren (614 oder 615) verlegte Byzanz die Verwaltung Dalmatiens hierher. Ihre Nachfolger, die ungarisch-kroatischen Könige, waren für die selbstbewusste Stadt nur die offiziellen Herren, tatsächlich verwaltete Zadar sich selbst. 1409 fiel Zadar mit ganz Dalmatien durch Kauf an Venedig, der Name der Stadt war nunmehr Zara. Von 1797 bis 1919 – unterbrochen durch die napoleonische Zeit – regierte Österreich. Dann fiel Zadar nicht etwa an das neu gegründete Königreich Jugoslawien, sondern an Italien. Erst nach dem Zweiten Weltkrieg und seinen Zerstörungen kam Zadar zu Jugoslawien, die Italiener und ihre Sympathisanten mussten gehen. 1991–1995 war das inzwischen kroatische Zadar durch die Freischärler der serbischen Republik Kraijna von seinem Hinterland abgeschnitten und musste über See versorgt werden. Die Wunden aus beiden Kriegen sind inzwischen verheilt.

Rund um den Narodni Trg

Von Zadars wenig ansprechender, in großen Teilen aus jugoslawischen Zeiten stammender Neustadt führt eine Fußgängerbrücke hinüber zur Altstadt.

Man betritt sie durch die Nova vrata (Neues Tor). Vor dem Narodni Trg passiert man das spätgotische **Palais Ghirardini-Marchi** `1`.

Der Narodni Trg ist der unbestrittene Mittelpunkt der Stadt, von hier aus erreicht man mit ein paar Schritten sowohl die Einkaufsstraße (Široka) als auch die Kneipengasse (Mihe Klaića). Die **Stadtloggia (Loža)** `2` von 1565 und die Stadtwache mit **Uhrturm (Gradska straža) und Loggia** `3` sind Bauten des venezianischen Staatsbaumeisters Sanmicheli, der Uhrturm wurde erst 1798 errichtet. Rechts davon befindet sich das Café Lovre, in dessen Hof durch eine Glaswand die Ruine der **Kirche Sveti Lovro** `4` aus dem 11. Jh. zu sehen ist. Das **Rathaus** `5` wurde während der italienischen Verwaltung errichtet (1934), die Verwandtschaft mit venezianischen Bauten der Renaissance ist kein Zufall.

Von der Široka zum Arsenal

Die Hauptstraße der Stadt, die Široka, wird meist »Kale larga« genannt, die breite Gasse. Leider hat sie im Zweiten Weltkrieg durch Bombentreffer stark gelitten, der Wiederaufbau der Nachkriegszeit ist nicht jedermanns Geschmack. In einer Parallelstraße stehen die **Paläste Fanfogna** `6` und **Guerini** `7` sowie die **Kirche Sveti Krševan** `8`, die dem Stadtpatron Chrysogonus gewidmet ist. Der romanische Bau wurde barock umgestaltet, sehenswert ist besonders der Marmoraltar des Titelheiligen.

Hafentor

Auch auf dem **Hafentor (Lučka vrata)** `9` ist der hl. Chrysogonus präsent, in diesem Fall im Stadtwappen von 1573. Außerhalb des Tores und der Mauern sind die Anlegestellen der Fähren zu den vorgelagerten Inseln, entsprechend dicht ist der Strom der Fußgänger durch das Tor. Das **Stadtmuseum** 🔟 (Muzej grada Zadra, Mo/Di, Do/Fr 9–14, Mi 9–12 und 17–19 Uhr) auf dem Platz vor dem Hafentor zeigt auf drei Stockwerken interessante Architekturmodelle, Skulpturen, Architekturteile, Möbel, Gemälde und Geschirr aus zwei Jahrtausenden.

Arsenal 11

Vom Hafentor ausgehend sollte man einen Abstecher zum venezianischen **Arsenal** machen, einem massiven Steinbau, der heute Bars, Restaurants und Läden beherbergt. Das Sträßchen oben auf der Stadtmauer (Stiege auf der Museumsseite des Hafentores) bietet den interessantesten und wegen der Blicke, die man von oben auf den Hafen hat, eindrucksvollsten Weg dorthin.

Rund ums römische Forum

Forum nennt sich heute wieder der Platz, auf dem man die Reste des römischen Forums und des anschließenden Kapitols ausgegraben und konserviert hat. Gut sind die Mauerzüge der *tabernae* zu erkennen, einräumiger Läden, die einstmals das Forum flankierten. Grundmauern des Kapitoltempels und Säulen finden sich ebenfalls. Am Rande des Forums entstanden die wichtigsten Sakralbauten Zadars, die Kirche Sveti Donat und die Kathedrale.

Sveti Donat 12

Der nach außen nur durch Lisenen und drei Ostapsiden gegliederte Zentralbau der Kirche Sveti Donat zieht besonders viele Blicke auf sich. Der byzantinische Bau entstand um 800. Faszinierend ist das Innere, ein zweigeschossiger Mittelraum mit Umgang und Galerie, die Säulen stammen aus einem römischen Tempel des Forums. 27 m über dem Boden spannt sich die (restaurierte bzw. teilrekonstruierte) Holzkuppel (Originalbalken im Museum gegenüber).

Kathedrale 13

Erst im 12. Jh. wurde mit dem Bau der heutigen Kathedrale **Sveta Stošija (St. Anastasia)** begonnen, der Zeit entsprechend im romanischen Stil. Ein älterer Bau wurde dafür größtenteils abgetragen und teilweise integriert. Die Kathedrale wurde im 14. Jh. mit einer Fassade im Stil norditalienischer Dome versehen, mit übereinander gelagerten Reihen von Blendarkaden und zwei Fensterrosen. Im 15. Jh. kam schließlich noch der Campanile hinzu, der alle anderen Türme der Altstadt überragt. Das Innere der dreischiffigen Basilika wird durch die freitragenden Säulen aus einem römischen Tempel bestimmt. Ihren Höhepunkt findet die prachtvolle Ausstattung in einem zierlichen gotischen Baldachin und vergoldetem Chorgestühl aus dem frühen 15. Jh.

Archäologisches Museum 14

Mo–Sa 9–12, im Sommer evtl. zusätzlich 17–20, So 10–12 Uhr
Auf der anderen Seite des Forums bietet das Archäologische Museum vorgeschichtliche, griechische und römische Funde sowie frühkroatische Architektur- und Ausstattungsteile, Kirchenmodelle, Holzbalken aus dem Dachstuhl von Sv. Donat.

Kirche Sv. Marija 15

Die Kirche Sv. Marija (hl. Maria) steht – wie früher der römische Kapitoltempel gegenüber – auf einem Podium, zu dem Stufen hinaufführen. Sie hat eine Renaissance-Fassade und ist im Inneren spätbarock ausgestattet. Die Logen im inneren Obergeschoss verraten ihre ursprüngliche Funktion: Sie gehörte zu einem Nonnenkloster. Von hier aus ver-

Kirche Sveti Donat in Zadar

folgten die Nonnen den Gottesdienst, ohne gesehen zu werden. Der eindrucksvolle romanische Campanile wurde um 1105 errichtet.

Benediktinerinnenkloster 16

Mo–Sa 10–12.30/13, Sommer auch 18–20 Uhr, So 10–13 Uhr

Ein weiteres interessantes Bauwerk flankiert das Forum auf seiner Südostseite: das Kloster der Benediktinerinnen. Es beherbergt auf zwei großflächigen Stockwerken die Sammlung **Zlato i Srebro Zadre (Gold und Silber aus Zadar)**, eigentlich »Ständige Sammlung kirchlicher Kunst in Zadar«. Die Ausstellung heißt nicht zufällig so, denn unter den hier gezeigten Kunstschätzen dominieren (meist sakrale) Gold- und Silberschmiedearbeiten. Eindrucksvoll sind die goldenen und vergoldeten Reliquiare des Früh- und Hochmittelalters mit ihren im Edelmaterial nachgeformten Glied-

maßen, etwa einem Arm des hl. Isidor und die reich verzierten Reliquienkästchen wie das des hl. Gregor.

An der Halbinselspitze

Franziskanerkloster 17

Fast an der Spitze der Altstadthalbinsel liegt das Franziskanerkloster mit der Kirche Sveti Frane (hl. Franziskus). Sie hat eine sehr schlichte gotische Fassade, wie sie für die Franziskanerkirchen des Mittelalters üblich war. Die 1280 geweihte Kirche des Klosters ist die erste und somit älteste gotische Kirche Dalmatiens. Die barocken Altäre des einschiffigen Baus sind gut, aber nicht aufregend, dagegen ist das Chorgestühl im Mönchschor (1394) ein Meisterwerk.

Meeresorgel 18

S. Lieblingsort S. 183

Zadar

Sehenswert

Von der Stomorica zum Landtor

Stomorica **19** nennt sich die Ruine einer kleinen frühkroatischen Kirche. Sie ist tief in den heutigen Boden eingesenkt, die Mauern über kleeblattförmigem Grundriss sind noch bis zu 2 m hoch. Nachtschwärmer kennen eher die hier beginnende gleichnamige Gasse, die zum Kneipenmittelpunkt Zadars führt, der Straßenkreuzung »Četiri kantuna«.

Sveti Šime 20

Unweit davon steht die **Kirche des hl. Simeon**, in der sich einer der bedeutendsten Kunstschätze Kroatiens befindet, der Sarkophag des hl. Simeon, des Titularheiligen. Das Kunstwerk wurde um 1380 von der ungarisch-kroatischen Königin Elisabeth bestellt. Sie widmete dem Heiligen den kostbaren Sarkophag als Votivgabe und wohl auch als Bestechung – sie hoffte auf einen männlichen Erben und Thronfolger (er- ▷ S. 180

Auf Entdeckungstour

Venezianische Spuren in Zadar

Zadars Altstadt hat so viele Sehenswürdigkeiten zu bieten, dass man beinahe den Überblick verliert. Warum nicht einen einzelnen Aspekt herausgreifen, etwa die Präsenz der Republik Venedig im Stadtbild? Hier folgt ein Vorschlag für Venedig-Fans und alle kulturbegeisterten Stadt-Spaziergänger!

Reisekarte: ▶ E 9

Zeit: 2–3 Std. oder länger.

Planung: Üblicherweise haben die Kirchen vormittags von 8–12 oder 13 Uhr und nachmittags – weniger verlässlich – von 15 oder 16 bis 19 oder 20 Uhr geöffnet. Brunnen, Arsenal und die beiden Loggien können ständig besichtigt werden.

Start: Landtor von Zadar

Lange war Venedig in Zadar, damals Zara, präsent. Die meisten Spuren hat die Renaissance hinterlassen, als die Serenissima gegen türkische Angriffe ein komplett neues Befestigungssystem errichten ließ und dafür den bewährten Stadtbaumeister Sanmicheli beauftragte. Aber auch aus dem Barock sind einige Veneziana erhalten, vor allem in den Kirchen.

Landtor, Platz der fünf Brunnen und Grimani-Bastion

Beim Landtor **29** tritt uns Venedig sofort ganz deutlich entgegen. Sanmichelis Rustiko-Dekor des mit Säulen ganz nach Renaissancegeschmack gestalteten Tores, das einem antiken römischen Tor gleichen sollte, ist unverkennbar. Klar, dass ein großer Markuslöwe über dem Hauptdurchlass wacht.

Gleich rechts hinter dem Tor liegt etwas höher – denn darunter befindet sich eine riesige Zisterne – der Platz der fünf Brunnen **27**. Hintereinander sind sie aufgereiht, die steinernen achteckigen Tröge. Sie markieren das ehemals wichtigste Wasserreservoir von Zara. Rechts oberhalb sieht man die große pfeilförmige Grimani-Bastion, die ein Teil der in der 1. Hälfte des 16. Jh. entstandenen neuen Befestigungen ist.

Narodni Trg und die beiden Loggien

Vorbei am Palast des venezianischen Statthalters **22** (mit schönem gotischen Fenster und Loggia nach venezianischem Vorbild im Innenhof), gelangt man zum Hauptplatz von Zara, heute Narodni Trg genannt. Zwei Loggien zieren ihn, die repräsentative Stadtloggia **2** mit späterem Uhrturm und die robuste, in Rustika ausgeführte Loggia der Hauptwache. Beide

wurden von Sanmicheli entworfen, bei der Stadtloggia kennt man sogar das exakte Entstehungsdatum: 1565. In der Loggia der Hauptwache hat sich in der Nische oben links eine Büste erhalten, die den Stadtkommandanten Giovanni Zane (1608) in römischer Feldherrenkleidung, aber mit unpassendem Vollbart darstellt.

Kathedrale und Sv. Marija

Die Kathedrale der hl. Anastasia **13** besitzt mehrere Kunstwerke venezianischer Meister. Das Chorgestühl (1618–1650) ist ein Werk des Matteo Moronzon, der pompöse barocke Altar des heiligsten Sakraments im rechten Seitenschiff wurde 1719 von Andrea Vivarini geschaffen. Die Kirche der hl. Maria am Forum ist wesentlich älter als ihre Renaissancefassade, die auch in Venedig stehen könnte, und noch viel älter als der Rokokostuck eines venezianischen Künstlers im Inneren, der vor allem die Loggien der – adeligen – Nonnen im oberen Stockwerk ziert.

Franziskanerkloster, Arsenal und Hafentor

Nun könnten Sie schließlich noch das Kloster Sv. Frane **17** besuchen, das ein wunderschönes Chorgestühl von Giacomo di Borgosansepolcro (ab 1393) besitzt sowie einen Renaissance-Kreuzgang mit venezianischem Brunnen. Oder gleich zum Arsenal von 1752 eilen, das heute Läden und Gaststätten beherbergt. Von dort geht man am besten über die venezianische Mauer zum Hafentor **9**, dem letzten Punkt der Besichtigung: Beide sind venezianisch, das Hafentor entstand nach 1573, als Venedig den Türken in der Schlacht von Lepanto eine empfindliche Niederlage beigebracht hatte.

folglos). Zwischen 1377 und 1380 verarbeitete der Goldschmied in dem Sarkophag 240 kg Silber und reichlich Gold. Auf der Rückseite sieht man die Königin mit ihren drei Töchtern, wie sie dem Heiligen den fertigen Schrein übergibt, auf der Vorderseite dominiert der Einzug des Königs Ludwig von Ungarn und Kroatien in Zadar. Man sieht den Hafen mit Schiffen, die befestigte Stadt, König, Bischof und Honoratioren sowie den übergroßen Sarkophag.

Vor der Kirche steht eine **römische Säule**. Sie stammt vom Forum und gehört eigentlich nicht hierher, dient jedoch zur Markierung der Position des römischen Landtores, das 2 m unter dem heutigen Straßenniveau ergraben wurde.

Paläste

Der **Palast des Stadtkommandanten** 21 gegenüber der Simeonskirche ist reinste Renaissance, der durch den **Palast des venezianischen Provveditore** 22 getrennte mittelalterliche **Fürstenpalast** 23 wird renoviert. Die **Stadtpaläste Petrizio** 24 und **Grisogono** 25 geben einen guten Eindruck von venezianischen Palästen in der Provinz, beide haben spätgotische Formen mit Renaissance-Elementen verbunden.

Museum für antikes Glas 26

*Tel. 023 36 38 33, www.mas-zadar.hr,
Mo–Sa 9–16 Uhr*
Der ausladende gründerzeitliche Bau in der nahen Festungsbastion Moro, der **Cosmacendi-Palast,** ist das Museum für antikes Glas. Zadars (und Nins) reiche Schätze an künstlerisch bedeutsamem wie handwerklich aufwendigem römischem und jüngerem Glas werden hier samt Glasbläserei und Laden mit ausgezeichneten Repliken dekorativ in Szene gesetzt.

Am Trg pet Bunara

Der Trg pet Bunara (Platz der fünf Brunnen), hat seinen Namen von eben **fünf Brunnen** 27 aus venezianischer Zeit, die über einer riesigen Zisterne angebracht sind, die das winterliche Regenwasser für den Sommer speicherte (heute kommt das Wasser aus dem Zrmanja-Fluss). Der angrenzende **Turm des Stadtkommandanten (Kapetanova kula)** 28 ist älter, er stammt aus dem 13. Jh. und war der Vorgänger des Palastes gegenüber der Simeonskirche, später Befestigungsturm. Er ruht auf römischen und frühmittelalterlichen Fundamenten, wie man in der Gasse Prolaz Cara Augusta erkennen kann.

Vom Landtor zur Bastion

Das **Landtor (Kopnena Vrata)** 29 ist wie die Zisterne ein Werk Sanmichelis, kein Wunder, dass es den Toren dieses Meisters in der Stadtbefestigung von Verona ähnelt (Porta nuova!). Der Markuslöwe bewacht den Eingang von außen. Davor liegt der kleine Hafen Foša, auch hier gab es ein Tor, das **Zolltor** 30, das den Handel aus diesem Fischerhafen überwachte. Heute ist es in das Restaurant »Foša« integriert.

Wenn man die Altstadt durch das Landtor verlässt, stößt man auf eine gesamte Halbinsel von Zadar abriegelnde **Bastion** 31. Sie entstand in österreichischer Zeit und trug auch die Garnison der Stadt, die Gebäude werden heute anderweitig genutzt. Die Bastion wurde mit dem schönen Park **Perivoj Vladimira Nazora** bepflanzt.

Übernachten

Zadar besitzt in der Altstadt nur ein Hotel, aber Privatzimmer und kleine Pensionen. Privatzimmer vermittelt z. B. Jaderatours, Elizabete Kotromanić bb., Tel. 023 25 03 50, www.jaderatours.hr.

Luxus – **President 1**: Vladana Desnice 16, Tel. 023 33 34 64, Fax 023 33 35 95, www.hotel-president.hr, DZ/FR ab ca. 140 €. Schierer Luxus im privaten Hotel: Alle Zimmer haben Sat-TV, Internetanschluss, Massivholzmöbel, dicke Teppiche und ein elegantes Bad.

Funklub – **Funimation 2**: Tel. 023 20 61 00, Majstora Radovana 7, www.falken steiner.com. DZ all-inclusive ab 130 €. Das luxuriöseste Hotel der Gruppe am Strand von Borik, 4 km nordwestlich der Stadt, ist das »Falkensteiner Club Borik Funimation« mit Badelandschaft »Acquapura«. Besonders beliebt ist das Hotel bei Familien mit Kindern, für die mit spezieller Animation und viel Spielraum gut gesorgt ist. Zimmer nicht außergewöhnlich komfortabel, aber hell, mit Glastür zu den Balkonen.

Busy – **Kolovare 3**: Bože Perižića 14, Tel. 023 20 32 00, DZ/FR ab 130 €. Das komplett renovierte Hotel älteren Datums liegt in Gehentfernung von der Altstadt und wird gerne von Geschäftsleuten frequentiert, der nahe Strand ist leider nicht sehr schön.

Angenehm – **Mediteran 4**: Matije Gupca 19, Tel. 023 33 75 00, www.hotel mediteran-zd.hr, DZ/FR 80–100 €. Das private Hotel liegt 400 m vom Strand entfernt im Vorort Puntamika, 4 km nordwestlich der Stadt. Das Haus hat 30 Zimmer mit Sat-TV, Internetanschluss und gratis WLAN, Balkon, nicht alle mit Klimaanlage.

Privater Komfort – **Villa Nico 5**, Krešimirova obala 138, Tel. 023 33 11 98, www.hotel-villa-nico.com, DZ/FR 105–160 €. Das Familienhotel in Borik liegt an der hier ruhigen Strandpromenade. Recht große Zimmer mit guter Ausstattung wie Internetzugang, Minibar und Klimaanlage. Das Hotelrestaurant kann sich sehen lassen.

Zweckmäßig – **Jugendherberge Zadar 6**: Obala kneza Trpimira 26, Tel. 023 33 11 45, Fax 33 11 90. Haus an der Marina Borik mit 290 Betten, vorwiegend in Schlafsälen.

Luftig – **Camping Borik 7**: Majstora Radovana 7, Tel./Fax 023 33 20 74. Großer Platz mit FKK in Borik, von Mai–Sept.

Eleganz in Stadtmauern – **Bastion 8**: Bedemi zadarskih pobuna bb., Tel. 023 49 49 50, Fax 023 49 49 51, www.hotel-bastion.hr. Neueres Luxushotel in den Resten des mittelalterlichen Kastells. Nur 28 aufwendig ausgestattete Zimmer, Wellness Center. Der Service kann noch dazulernen. DZ/FR ab ca. 180 €.

Essen & Trinken

Meeresfrüchte satt – **Foša 1**: Foša 2, Tel. 023 33 44 21, Menü kaum unter 35 €, mit 1a Fisch oder Krustentieren deutlich mehr. Das Fischrestaurant im alten Zolltor am Fischerhafen hat eine verglaste Terrasse mit Blick auf den Hafen – eine unnachahmliche Atmosphäre. Die Speisekarte offeriert die ganze Palette dalmatinischer Gerichte, die in klassischer Zubereitung (*škampi buzara*) auf den Tisch kommen.

Kühl aber gut – **Dva Ribara 2**: Blaža Jurjeva 1, Tel. 023 21 34 45, zwei Gänge ab ca. 15 €. Das gute Altstadtlokal hat sich kühl und modern herausgeputzt, was nicht unbedingt zu seiner Popularität bei Einheimischen beigetragen hat. Sehr guter Fisch, Risotto nero, Spaghetti mit dalmatinischem Schinken und immer noch so rustikale Gerichte wie gefüllte Paprika als Tagesgericht (7 €).

Mehrere **einfache Esslokale** liegen in der Varoška Ulica und der Stomorica.

Kaffeehäuser

An jeder Straßenecke gibt es zwei *kaffe bars*, Brennpunkt sind die »Vier Ecken« nahe dem Narodni Trg. Besuchenswert

Lieblingsort

Außergewöhnliche Klänge – die Meeresorgel 18

Vom Franziskanerkloster ist es nicht weit bis zur Spitze der Halbinsel von Zadar. Eine steinerne Treppe führt hinunter zum Meer. Hier sind die Töne einer außergewöhnlichen Orgel zu hören, die aus den Spalten der Treppenabsätze hervordringen. 2005 hat der Architekt Nikola Bašić die »Meeresorgel« geschaffen. Das ständig bewegte Meerwasser strömt in unterschiedlich weite Röhren ein, die wiederum zu verschieden geformten Hohlräumen führen. Durch die Spalten dringt der Ton nach außen. Abends sitzen hier viele Menschen, lauschen den Tönen und betrachten den Sonnenuntergang über der Insel Pašman. Den stärksten Eindruck hinterlässt die Orgel bei stark bewegter See, aber auch an ruhigen Tagen hört man sie singen. Unweit der Meeresorgel bildet eine aus 300 Einzelteilen bestehende Glasscheibe von 22 m Durchmesser den Boden des Kais, Nikola Bašić hat sie **Sonnenanbetung** genannt (Pozdrav suncu). Tatsächlich handelt es sich um einen Sonnenenergiekollektor, er versorgt die Altstadtbeleuchtung mit Energie.

die **Caffe Bar Forum** `3` an der Široka mit Blick auf Forum, Sv. Donat und Kathedrale. Das schickere **Callegro** `4` nebenan ist Café und Kino, die zwei Etagen sind gut besucht. Ein besonders stimmungsvoller Treffpunkt ist das **Lovre** `5` (Narodni Trg). Hier verkehrt die gute Gesellschaft von Zadar. Das Besondere dieses Cafés: ein offener Durchgang zu einem mittelalterlichen Raum. Die hohen Säulen der romanischen Kirche des hl. Lorenz (Sveti Lovre) schließen sich an den Innenraum des Cafés an. Die Eisdiele **Slastičarnica Donat** `6` auf dem Platz vor der Kathedrale, Trg. Sv. Stošije, ist die Adresse für Eisschlecker (wie die besten Dalmatiens von einer albanischen Familie betrieben).

Einkaufen

Markt – **Grünmarkt** `1` tgl. vormittags innerhalb der Stadtmauer zwischen Neutor und Hafentor. Käse, Wein, Olivenöl von privat. Fischmarkt. **Lederwarenmarkt** `2` neben Jurja Barakovića (auf Trümmergelände).
Maraschino – Beliebtestes Mitbringsel ist der Maraschino, kroatisch *maraska* (www.maraska.hr), der in Zadar aus Sauerkirschen der Region erzeugt wird. Erhältlich z. B. in einem speziell für diesen Likör eingerichteten Laden im **Arsenal** `3`.
Shopping im Arsenal – Das venezianische **Arsenal** `3` besitzt viele Boutiquen und kleinen Galerien, Infos: www.arsenalzadar.com.

Aktiv & Kreativ

Wassersport – Wasserrutsche im Hotelkomplex in **Borik**; Raftingtouren auf der Kupa und Zrmanja (s. S. 168) veranstaltet z. B. **Aquarius** `1` in der Nova Vrata Tel. 023 21 29 19, www.juresko.hr.

Basketball – Zadar ist **Basketballhochburg** Kroatiens, Spiele finden in der Halle im Stadtteil Jazine statt, an der Südostseite (der von der Altstadt abgewandten Seite) der **Bastion** `31`.
Ausflüge – **Ausflugsboote** z. B. zu den Kornaten vom Kai an der Fußgängerbrücke oder von der Marina in **Borik** (mit Boot Plava Laguna, I. Gundulića 2, Tel. 023 33 44 68, Tagesausflüge).

Abends & Nachts

Die **Četiri Kantuna (**»Vier Ecken«) `1`, Lokale um die Kreuzung zwischen Narodni Trg und Spire Brusine, haben bis weit nach Mitternacht geöffnet. **Casino Zadar** `2` in der Marina Tankerkomerc, **Sommerdisco in Borik** `3`, »Clubs« gibt es z. B. auf halbem Weg nach Borik, wo das **Gotham** `4` in der Marka Oreškovića 1 (Tel. 023 20 02 89) DJ-Nächte präsentiert, daneben gibt es ein Kino und eine Sommerdisco. Das **Arsenal** `5` hat bis nach Mitternacht geöffnete Lokale. Das **Zadarer Puppentheater** (Kazalište lutaka Zadar) `6` in der Sokolska 1 (Tel. 023 31 91 81, www.kazliste-lutaka-zadar.hr) ist landesweit bekannt.

Infos & Termine

Informationen
Infostelle: TZG, I. Smiljanića bb., Tel. 023 21 24 12, www.zadar.hr; Infobüro, Mihe Klaića bb. (am Narodni Trg).
Internetcafé: In der Stadtbibliothek.

Termine
Musikabende in Sveti Donat: vier Wochen im Juli/Aug. mit klassischer Musik. **Internationaler Wettbewerb der Chöre:** Ende Mai.
Theatersommer: vier Wochen im Juli/Aug. auf dem Trg pet bunara, in Sv. Dominik und im Theater.

Verkehr

Flughafen, www.zadar-airport.hr, vor allem Regionalflüge; Croatia Airlines, Poljana Natka Nodila 7, Tel. 023 20 58 00.

Bahnverbindung nach Zagreb, Zweiglinie nach Split, 1 × tgl. Zugpaar; Bahn- und Busbahnhof Nähe Hotel Kolovare.

Fährverbindungen nach Ugljan, Dugi Otok, zu den kleinen Inseln, nach Mali Lošinj, im Sommer Schnellfähre nach Rijeka und Dubrovnik (ab 2013 von Einstellung gefährdet!), Autofähre (Sommer) nach Brbinj (Dugi Otok), Ancona. Katamaran nach Pula, Venedig. Der neue Großhafen Gaženica ca. 3,5 km südöstlich in Richtung Biograd na moru nimmt verstärkt ab 2013 den Großteil der Fährschiffe auf (Infos bei der Touristeninformation, Jadrolinija und dem Hafenamt).

Umgebung von Zadar

Zaton ▶ E 8

Von Borik, dem Hotelviertel Zadars, zieht sich die Küste mit Feinkiesstränden und Kiefernwald weiter über das freundliche Dorf Petrčane und die Hotelsiedlung Punta Skala auf einer bewaldeten Halbinsel bis Zaton. Auch dort ist eine Hotelkolonie, mitten im Kiefernwald, mit Traumstrand (einige Sandabschnitte!), einem großen Campingplatz und bekannter Sommerdisco.

Nin ▶ E 8

Auf der anderen Seite der Halbinsel von Zaton liegt zwischen Meer und Salzsumpf die kleine Stadt Nin. Ein römischer Tempel, dessen Podium mit-

ten im Städtchen ausgegraben wurde, erinnert an Nins antike Vorgängerin Aenona. Kroaten ließen sich in der während der Völkerwanderungszeit zerstörten Stadt nieder, bauten bescheidene Kirchen, wie die »kleinste Bischofskirche der Welt«: Sveti Križ (Heiligkreuz; einen Bischof gibt es schon seit 200 Jahren nicht mehr). Über dem Türsturz des Kirchleins aus dem 9. Jh. sieht man eine Inschrift, sie ist eine der ersten, die das damals noch junge Kroatien hinterlassen hat. Unter dem Fürsten Trpimir war Nin ab 846 sogar Hauptstadt des Landes. Schätze gibt es im sehr guten Stadtmuseum zu bewundern, darunter Reste eines römischen und eines frühkroatischen Schiffes (Juli/Aug. tgl. 9–13, 18–21, sonst Mo–Sa 8–13 Uhr). Gold und Silber zeigt die Schatzkammer der Pfarrkirche, kostbare Reliquiare, bemerkenswert die Arm- und Fußreliquiare aus dem 14. Jh. (keine festen Öffnungszeiten, Schlüssel bei der Touristeninfo). Vor der Stadt liegt auf einem Hügel die viel fotogra-

Mein Tipp

Bei den Touristeninformationen gibt es eine kostenlose Radkarte (»Bike Tourist Zadar«), die den Raum zwischen Zadar, Zaton und Nin abdeckt. Sie zeigt, dass man Nin über Petrčane und Zaton bis auf ein kleines Stück Hauptstraße (ca. 2 km Länge) auf Nebenstraßen und Feldwegen erreichen kann, ebenso die Halbinsel Privlaka, von der die Brücke auf die Insel Vir führt, und die Landspitze vor dem Inselchen Zečevo. Für den Rückweg ist man ab Zaton auf die Route des Hinweges angewiesen, es sei denn, man zieht die schnelle, aber ziemlich belebte direkte Straßenverbindung vor.

fierte frühkroatische Kirche Sv. Nikola. Die winzige Kirche ist aus hellem Stein mit drei Apsiden und dem (später aufgesetzten) Wehrturm.

Im Sommer 2011 hat das Salt Museum aufgemacht, es macht mit der sicher seit römischer Zeit hier angesiedelten Salzproduktion bekannt. Die flache Bucht produziert auch unter natürlichen Bedingungen Salzkrusten an ihren Ufern, der Mensch hat Pfannen geschaffen, in denen er diesen Prozess fördert. Heute noch wird hier Salz gewonnen, besonders feines »fleur de sel«. Das Museum steht am Rand einer ökologischen Schutzzone, es werden auch Führungen veranstaltet. Zu Öffnungszeiten und Bedingungen s. www.nin.hr.

Vir ▶ E 8

Die Insel Vir ist mit dem Festland durch eine Brücke verbunden. Das Verkehrsaufkommen ist besonders im Sommer gewaltig: Viele Kroaten (und Slowenen) haben auf der Insel ihr Wochenendhäuschen (meist illegal) gebaut. Virs Attraktion: einige schöne Sandstrände, besonders an der Inselspitze.

Übernachten

Platz für Familien – **Holiday Resort Zaton:** 23232 Nin, Tel. 023 28 02 80, www.zaton.hr, Apt. mit TV/Tel. f. 2 Pers. ca. 35–158 €. Das große Feriendorf im Kiefernwald bringt alle Gäste unter, denn in der Anlage gibt es auch einen großen Campingplatz. Spezialattraktion ist der Sandstrand! Geöffnet ist das Resort zwischen Mai und September.
Ausgezeichnet – **Camping Zaton:** Tel. 023 28 02 15, camping@zaton.hr. Sehr gepflegter Platz im Pinienwald mit langem Kies- und Sandstrand, Animationsprogramme und 2007 Auszeich-

nung des ADAC als erster kroatischer »Superplatz«.

Infos & Termine

TZG Nin-Zaton: Trg Braće Radića 1, 23232 Nin, Tel. 023 26 52 47, www.nin.hr, sehr bemühter Service.
Fest der Madonna von Zečevo: 5. Mai in Nin. Die Statue der Madonna wird zu Fuß und mit dem Boot zum Inselchen Zečevo gebracht, Fahrgelegenheit in den Booten ab Nin.

Biograd na moru ▶ F 9

Wie häufig an der kroatischen Adriaküste, so liegt auch das alte Biograd na moru auf einer schildkrötenförmig gewölbten Halbinsel. Die Kirche steht auf dem höchsten Punkt, der alte Hafen liegt an der Landspitze. Von der großen Vergangenheit sieht man nichts, die Krönung des ungarischen Königs Koloman zum kroatischen König in Biograd im Jahr 1102 ist doch schon zu lange her. Dazwischen wurde das Städtchen zwei Mal von den Venezianern zerstört. Was bis heute überdauert hat, besitzt eher Dorfcharakter. Dafür wird's im neuen Ort recht städtisch mit breiten Straßen, einer schönen Promenade, die nach Süden zu den Hotels am Strand führt, Shopping, Lokalen, vier Marinas, Trajektverbindung nach Tkon auf der Insel Pašman. Sämtliche Fernbusse machen den Schlenker in die Stadt. Sightseeing gibt es nur im kleinen Stadtmuseum am Fähranleger (Juli/Aug. Mo–Sa 8–12, 20–22 Uhr).

Übernachten

Biograd hat immer noch einen Überhang an Hotelzimmern aus sozialistischen Zeiten, aber im Norden und Süden wurden viele Häuschen gebaut, in denen die Besitzer Zimmer/Apartments anbieten.

Funktionell – **Meduza:** A. Šenoa 24, Tel. 023 38 33 31, www.hotelmeduza.com, DZ/FR 44–66 €. Das angenehme, kleinere Privathotel ist ein moderner Bau mit 15 Zimmern mit Satelliten-TV und Balkon. Zum Strand sind es etwa zehn Minuten.

Schöne Lage – **Camping Soline:** Put Solina bb., Tel. 023 38 33 51, www.camp soline.com. Der Dreisterne-Campingplatz am Meer mit Kies- und Felsstrand ist wirklich idyllisch gelegen.

Essen & Trinken

Für jeden etwas – **Arkada:** An der Hotelska Luka, Rohschinken und *škampi na buzaru* mit Tischwein gibt es für 30 €, einfaches Essen ohne Wein für 8–15 €, ein Gedicht der Arkada Grillteller zu ca. 12 €. Sehr freundlich, mit Innenhof.

Infos

TZG: Trg hrvatskih velikana 2, 23210 Biograd n/m, Tel./Fax 023 38 31 23, www.tzg-biograd.hr.

Inseln vor Zadar

Mit Fischfang kann sich kaum eine Familie über Wasser halten, die Landwirtschaft ist seit Generationen nur noch Teilerwerb. Wovon leben eigentlich die Menschen auf Ist und Premuda, Sestrunj, Skarda und Rivanj? Einerseits von den Einkommen, die die Männer auf den internationalen Fischerei-, Handels- und Kreuzfahrtflotten erzielen, zum anderen vom Geld, das ein Familienmitglied in Zadar, Zagreb oder Frankfurt verdient und in die Heimat überweist. Aber auch von dem Ersparten aus der Zeit, als man in Melbourne oder Chicago lebte oder von Renten, die anderswo erworben wurden.

Molat ▶ D 8

Eine Insel mit zwei Dörfern ist in der Inselgruppe zwischen Olib und Sestrunj die große Ausnahme, nur Molat hat Bedarf für eine Verbindungsstraße. Die Insel ist auch am leichtesten zu erreichen. Vorbei an der Landspitze von Uglian steuert man auf den schmalen Kanal zwischen den Inseln Veli und Mali Tun zu, dann erreicht man den Anleger von Molat. Ein schmales Sträßchen führt zur anderen Spitze der Insel, über den Weiler Brgulje zum Dörfchen Zapuntel. Auf alten Maultierpfaden erreicht man die Küste, felsig, wenige Feinkiesabschnitte, einsam.

Infos

Informationen über die Inseln erhält man in der TZG Zadar.

Tragflügelboote, Autofähren und **Katamarane** verkehren täglich nach Zadar; Olib lässt sich auch auf einem Tagesausflug besuchen.

Ugljan und Pašman ▶ E 9

Vor der Tür von Zadar liegen die Inseln Ugljan und Pašman, ihr bergiges Profil ist vom Festland aus gut zu sehen. Viele Familien aus Zadar haben im Inselort Preko ein Wochenendhaus. Von der Spitze des Berges Veliko Brdo (265 m) mit seiner Kirchenruine sieht man weit über Inseln und Festland (Straße von Preko). Im Süden von Ugljan liegt Kukljica mit dem großen

Kartenmaterial

Die vor Ort angebotene Autokarte »1:50.000. Ugljan. Pašman. Dugi Otok« wird man eher als Radfahrer oder Wanderer verwenden, denn Autostraßen gibt es ja kaum. Aber Achtung: Die Auswahl der eingezeichneten Wege ist so willkürlich wie historisch: man hat einfach alles aufgenommen, was einmal ein Weg war (gestrichelte Linien)!

Feriendorf Zelena Punta, an der Landspitze die kleine Kirche Gospa od Sniga, also Maria Schnee. Seit 1514 findet dort eine Prozession statt, bei der das Madonnenstandbild der Pfarrkirche St. Paul in Kukljica mit dem Boot zur Kirche Maria Schnee gebracht wird. Bis zu hundert Begleitboote machen aus der Prozession ein lebendiges Volksfest.

Anderswo auf den miteinander durch eine Brücke verbundenen Inseln geht es ruhiger und traditioneller zu. Besonders auf Pašman sind die Orte noch recht ländlich, wie Pašman und Kraj mit seinem Kloster Sveti Dujma u Kraju direkt am Meer. Hier kann man garantiert einen erholsamen Urlaub verbringen. Oder das mit Biograd na moru durch eine Fähre verbundene Tkon: Über dem Ort steht auf einem Hügel das alte Benediktinerkloster Sveti Kozma i Damjan, das im 12. Jh. auf einer älteren byzantinischen Klosterruine errichtet wurde. Die Mönche zeigen nachmittags Kloster und Kirche, im kleinen Museum sieht man alte Folianten in glagolitischer Schrift.

Fahrrad-Tagestour über Ugljan und Pašman

Die gesamte Radtour von Zadar über Biograd na moru, mit der Fähre nach Tkon, dann auf der Inselhauptstraße über Pašman nach Ugljan und von Preko mit der Fähre zurück nach Zadar ist 57 km lang, davon sind 27 km auf dem Festland, 27 km auf den Inseln. Alles in allem also eine bequeme Tagestour, wenn man auf den Straßen bleibt.

Wer mit dem Mountainbike unterwegs ist und abseits der Straßen fährt, wird dagegen mit einem ziemlich harten Tagespensum rechnen müssen, denn während die Straße die Hügel umgeht, sind die alten Maultierstraßen in dieser Hinsicht ungeniert: besser drüber als drumherum. Auf Pašman und Ugljan werden es dann, wenn man sich auf dem Inselrücken hält, mindestens 700 Höhenmeter und bis zu 10 km mehr.

Übernachten

Ferien unter Kiefern – **Zelena Punta:** 23273 Kukljica, Tel. 023 37 35 47, www. zelenapunta.com, Bungalows und Apartments für 1–4 Pers. mit Frühstück ab ca. 32 €. Das Feriendorf liegt im Kiefernwald an einem sanft geneigten Hang über einer Bucht bei Kukljica, geöffnet zwischen Mai und erster Oktoberwoche.

Infos & Termine

Schiffsprozession der Schneemadonna von Kukljica zur Kirche Maria Schnee: 5. Aug.

Es gibt häufige **Fährverbindungen** zwischen Zadar und Preko sowie Biograd na moru und Tkon.

Dugi Otok ▶ D 9, E 9/10

Die »Lange Insel« verdient ihren Namen: 39 Straßenkilometer liegen zwischen Soline im Nordwesten und Sali im Süden. Dabei ist die Insel meist nur

1,5–2,5 km schmal. Im Nordwestteil stehen Kiefern und Steineichen über der Macchie, um die Orte Božava, Dragove und Brbinj gibt es sogar ausgedehnte Obstgärten und Weinberge. **Božava** ist das touristische Zentrum des Nordens und der gesamten Insel. Das ist vor allem auf den Halt der Schiffe von Ancona nach Zadar im Sommer zurückzuführen, die zahlreiche italienische Gäste in die kleine Siedlung spülen. Im Süden ist der Stein nur von niedriger Macchie bedeckt und mancherorts ganz kahl. Nur rund um die beiden Orte Sali und Zaglav finden sich Gärten und Felder, dort steht auch das einzige Hotel des Inselsüdteils.

Naturpark Telašćica und der Salzsee von Mir

Überall umspült ein sauberes Meer die felsigen Küsten, die an der Südwestseite mit gewaltigen Kliffs zum Wasser abbrechen. Dort befindet sich ein viel besuchtes Naturwunder: der Salzsee von Mir im Naturpark Telašćica-Bucht. Der See, auch Silbersee genannt, ist mit Meerwasser gefüllt, das wohl unterirdisch, aber bei starkem Südwestwind auch über eine flache Landbrücke von der Adria her eindringt. Nur fünf Minuten geht man über einen Treppenweg von der Anlegestelle an der stark gegliederten Telašćica-Bucht zum See, wo man im besonders warmen Wasser herrlich baden kann. Die komplette Umrundung ist nicht möglich! Von der Anlegestelle kann man auch zum Kliff hinaufgehen und den atemberaubenden Blick hinunter aufs Meer genießen; der senkrechte Absturz ist hier um die 30 m hoch.

Übernachten

Sportlich – **Božava:** 23286 Božava, Tel. 023 29 12 91, DZ/HP ab 86 €, www.

hoteli-bozava.hr. Das Hotel besteht aus mehreren unterschiedlich komfortablen Blöcken im Kiefernwald bei Božava, der komfortabelste nennt sich Maxim. Alle Zimmer haben TV und Minibar, es gibt Sauna, Fitnessraum, Radverleih und Tauchschule. Das Hotel ist Mitte Juni bis Mitte Sept. geöffnet.
Room with a view – **Sali:** 23281 Sali, Tel. 023 37 70 49, www.hotel-sali.hr, DZ/HP 70–90 €. Das ist ein Hotel mit Charakter: Vom Hafen in Sali aus geht oder fährt man über einen bewaldeten Rücken in die nächste Bucht, dort steht ganz allein in Traumlage das Hotel. Von den einzelnen Blöcken aus hat man teils wunderschönen Meerblick. Die Zimmer haben Sat-TV und Klimaanlage und sind wesentlich komfortabler, als die beiden Sterne suggerieren. Das Hotel hat sein eigenes Tauchcenter.

Aktiv & Kreativ

Radfahren – Die 30 km lange Insel wird gerne mit dem Rad befahren, zumal weder der Verkehr noch die Steigungen wesentliche Schwierigkeiten bereiten, Radverleih in den Hotels in Sali und Božava.
Wandern – Ein Netz aufgelassener aber begehbarer Wege überzieht die Insel, leider gibt es keinen durchgehenden Wanderweg von Nord nach Süd.

Tipp für Tauchfreunde

Tauchen ist die Sportart Nummer 1 in Dugi Otok, Ausrüstung und Informationen erhält man im Tauchcenter Kornati Diver in Zaglav, Tel. 023 37 72 03, www.kornati-diver.com, beim Tauchcenter im Hotel Sali, Tel. 023 37 71 28 oder in der Tauchschule im Hotel Božava, www.bozava.de.

Von Šibenik nach Trogir

Highlights!

Der Nationalpark Krka: Die Krka löst im Oberlauf eine Menge Kalk. Bevor sie ins Meer mündet, setzt sie ihn in Form von Sinterbarrieren ab, über die zahlreiche Wasserfälle stürzen und die zwei Seen aufstauen. Unter dem größten Wasserfall kann man baden! S. 202

Altstadt von Trogir: Auf der schmalen Insel drängt sich eine Altstadt mit Gebäuden von der Romanik bis zum Barock – und Venedigs Herrschaft ist immer noch präsent. S. 203

Auf Entdeckungstour

Inselwind – Segeln durch den Inselarchipel der Kornaten: Man braucht keine eigene Jacht, in Murter und Jezera gibt es genug Anbieter von Segeltörns durch die Inselwelt der Kornaten. Am schönsten sind die mit klassischen Segel-Oldtimern mit hölzernem Rumpf. S. 198

Segeln durch den Inselarchipel der Kornaten

Nationalpark Krka

Šibenik

Zlarin

Krapanj

Primošten

Altstadt von Trogir

Kultur & Sehenswertes

Die Kathedrale von Trogir: Sie ist ein Meisterwerk dalmatinischer Steinmetzkunst aus mehreren Jahrhunderten. S. 204

Aktiv & Kreativ

Den Erinnerungen an Schwamm- und Korallentaucherei nachspüren: Auf der Insel Krapanj brachte die Schwammfischerei das täglich Brot, auf Zlarin das Tauchen nach Korallen. Ein paar Relikte gibt es noch heute. S. 196

Genießen & Atmosphäre

Babić kosten in Primošten: Wo anders als in seiner Heimat Primošten sollte man den herausragenden Rotwein Babić verkosten? S. 203

Hotel Concordia in Trogir: Alter Steinbau, Zimmer zur Mole, an der die Motorsegler anlegen, kompetenter und freundlicher Service – so soll ein Privathotel sein. S. 205

Abends & Nachts

Theater, Konzerte, Ballettabende in der Festung Kamerlengo in Trogir: Im Sommer wird die venezianische Festung Kamerlengo richtig lebendig, wenn abends auf der Bühne gespielt und getanzt wird. S. 205

Zwischen Zadar und Split haben sich zwei weitere Orte entwickelt, die heute etwas im Schatten dieser dalmatinischen Zentren stehen. Beide hatten sie früher größere Bedeutung, was die Fülle repräsentativer Bauten aus Mittelalter und Renaissance erklärt. Beide besitzen kunsthistorisch bedeutende Kathedralen und venezianische Befestigungen. In Trogir ist das Stadtbild nicht durch Neubauten gestört und die gesamte Altstadt durch die UNESCO unter Schutz gestellt. Bei Šibenik mündet der Fluss Krka ins Meer, er prunkt knapp vor seiner Mündung mit zahlreichen Wasserfällen und zwei großen Seen, geschützt durch den Nationalpark Krka. Zwischen Šibenik und Trogir sind kleine, alte Städtchen, wie Primošten und Krapanj, auf Halbinseln und noch winzigeren Inseln entstanden.

Während sich einige Küstenorte wie Primošten und vor allem Vodice auf den Badetourismus eingestellt haben, sind Šibenik und Trogir im wesentlichen Ziele von Tagesausflügen. Daran ändern auch die Handvoll Betonkastenhotels in der Umgebung und das eine oder andere Hotel in der Stadt nichts. Besonders Trogir bietet zahlreiche Restaurants in der Altstadt, während Šibenik eher auf die in Kroatien übliche *kaffe bar* setzt.

Der große Trumpf der Region ist alles andere als städtisch: Von der Halbinsel Murter mit dem gleichnamigen Städtchen und der Big-Game-Fischer-Hochburg Jezera stechen Boote in den Inselarchipel vor der Küste, dessen größter und schönster Teil sich um die lang gestreckte Insel Kornat konzentriert. Der dortige Nationalpark Kornaten (man nennt die ganze Inselgruppe nach der größten von ihnen) ist ein Skipperparadies erster Güte.

Infobox

Touristeninformation
Tourismusgemeinschaft der Region Šibenik: TZ Šibenso-Kninska Županje, Tel. 022 21 90 72, Fax 022 21 23 46, tz-skz@si.t-com.hr.
Tourismusgemeinschaft der Region Split (nur für Trogir): Braće Kaliterna 10, Split, Tel. 021 49 02 36.
Telefonvorwahl 022, mit Ausnahme von Trogir, hier lautet die Vorwahl 021.

Internet
www.sibenik-tourism.hr: ergiebige Seite für die Region um Šibenik.
www.dalmacija.net/trogir.htm: Seite für Trogir, ebenfalls recht ergiebig, auch mit Privatquartieren.

Anreise und Verbindungen
Šibenik wie Trogir liegen an der Adria-Küstenstraße und haben Anschluss an die Autobahn, die Verbindung in Trogir verläuft über Solin (Split). Trogir liegt nahe dem Flughafen Split, Stadtbus 37 verbindet Trogir mit dem Flughafen und Split.

Šibenik ▶ G 10

Die bedeutendste Phase der Stadtgeschichte Šibeniks lässt sich leicht an ihren Bauten ablesen. Die in ihrer Art einmalige Kathedrale, die Wehrmauern, Kirchen wie Sveti Ivan – sie alle weisen auf die frühe venezianische Zeit hin. Šibenik kam nach einer de-facto-Herrschaft Venedigs mit dem Rest Dalmatiens im frühen 15. Jh. auch offiziell an die Republik Venedig, von der es bis zu ihrem Ende 1797 verwaltet wurde. Wenig stammt aus früherer Zeit, wie die Kirche des hl. Franziskus, oder wurde später errichtet, wie das

Dicht an dicht stehen die Häuser in der Altstadt von Šibenik

Stadttheater und der Glasbau schräg gegenüber, den die jugoslawische Armee hinterließ und der heute als Stadtbibliothek verwendet wird.

Durch die Altstadt zur Festung Sveta Ana (Sveta Mihovil)

Die **Poljana** ❶ ist der wichtigste und größte Platz Šibeniks, hier beginnen die beiden Straßen, die fast die gesamte Altstadt durchqueren: die Kralja Tomislava zur Kathedrale und die Straßenfolge hinauf zur Festung der hl. Anna auf dem höchsten Punkt der Altstadt, die einmal komplett von Mauern umgeben war. Große Teile davon haben sich erhalten, gleich neben dem Platz wird die Parkanlage von Resten einer **Doppelmauer** ❷ begrenzt. Der **Glaspalast** ❸ dahinter war lange eine Ruine, derzeit wird er als Stadtbibliothek verwendet. So kommt dieser Protzbau der jugoslawischen Armee noch zu einer sinnvollen Funktion. Die »Straße« zur Festung der hl. Anna

(Sv. Mihovil) ist eine Treppengasse, über die man früher die Lasten mit Maultieren transportierte. Beim **Theater** ❹ beginnt sie und passiert mehrere kleine Kirchen. Die **Heiliggeistkirche** (Sveti Duh) ❺ in einer Nebengasse verdient wegen ihres schönen Radfensters einen Abstecher. Noch prachtvoller ist die Fassadenrosette der **Johanneskirche** (Sv. Ivan) ❻. Sie wurde im 15. Jh. im typisch venezianischen Gotik-Renaissance-Mischstil errichtet. Pure Renaissance zeigt der leider unvollendete Glockenturm. Ein spätgotischer Treppenaufgang führt vom komplett im Renaissancestil skulptierten Nebenportal auf eine Balustrade.

Auf dem Weg zur Festung über der Altstadt passiert man den 2008 angelegten ›mittelalterlichen‹ **Garten des Laurentiusklosters** (Sveti Lovre) ❼. Oberhalb der Klosterkirche kann man auch bei geschlossenem Gitter einen Blick auf die einfache Beetstruktur mit Kräutern und Zierpflanzen erhaschen

193

Šibenik

(Vrt Sv. Lovre 10, schwankende Öffnungszeiten, vorher anrufen: Tel. 022 21 25 15).

Die **Festung der hl. Anna** (Trđava Sv. Ana, auch Sv. Mihovil genannt) 8 ist, obwohl nach außen hin gut erhalten, innen fast ausgeräumt und baufällig. Sie bietet allerdings einen Traumblick auf die Stadt, den Hafen, die Inseln und die beiden Festungen Sv. Ivan und Šubičevac. Im Gegensatz zu diesen, die von den Venezianern errichtet wurden, steht Sv. Ana auf älteren, etwa um 1000 unter byzantinischer Herrschaft errichteten Fundamenten.

Der Kathedralplatz

Der geistliche und weltliche Mittelpunkt des alten Šibenik ist der Kathedralplatz. Hier steht die **Stadtloggia** 9 aus der venezianischen Zeit (1533–1542), in der alle offiziellen Erlässe und Verordnungen verkündet wurden. Vor allem aber wird er von der **Kathedrale Sveti Jakov** 10 dominiert, an der von 1431 bis 1555 gebaut wurde. Sie war für die Entstehungszeit ein technisches Wunderwerk: Die Dachkonstruktion des Hauptschiffes ist eine freitragende Tonne, die aus einzelnen Steinplatten zusammengesetzt ist. Die niedrigeren Seitenschiffe und die Vierungskuppel sind ebenfalls mit Steinplattenkonstruktionen gedeckt. Einen Campanile gibt es nicht, als Glockenturm diente ehemals ein Turm der nahen Stadt-

mauer. Ein großartiges Beispiel für die Meisterschaft des Juraj Dalmatinac, der zwischen 1444 und 1477 den Bau leitete, sind die 74 Porträtköpfe an den Außenseiten der Apsiden. Da sie in Augenhöhe angebracht sind, kann man sie in aller Ruhe und im Detail bewundern. Es heißt, Juraj Dalmatinac habe damit Porträts seiner Zeitgenossen geschaffen. Im gewaltigen und prunkvollen Inneren sind die Steinmetzarbeiten wie das Marmorgestühl im Chor sehenswert. Die Taufkapelle mit ihrer aus einem einzigen Stein gemeißelten Decke ist ebenfalls ein Werk des Juraj Dalmatinac (zusammen mit Andrea Alessi, 1450–1452) und ein Meisterwerk dazu.

Auf dem Kathedralplatz steht das Denkmal des Juraj Dalmatinac, geschaffen von Kroatiens großem modernen Bildhauer Iva Meštrović. Dahinter befindet sich der Zugang zu den **Bunari** 11, unterirdischen Sälen, die im 15. Jh. unter venezianischer Herrschaft als Zisternen errichtet wurden. Heute beherbergen sie ein interaktives Museum, das Motive aus der Geschichte der Stadt beleuchtet (tgl. 10–23 Uhr).

Mit einer Ecke des großen, im Inneren fast leeren Baus schaut auch der frühere **Fürstenpalast (Kneževa palača)** mit dem wenig inspirierenden (im wesentlichen archäologischen) **Stadtmuseum** 12 auf den Kathedralplatz (tgl. 10–13, 18–20, im Sommer 19–22 Uhr).

Übernachten

Šibenik besitzt lediglich ein einziges Stadthotel, nächster Hotelkomplex ist das 5 km entfernte Solaris (4 Hotels und 1 Touristendorf), das durch einen Bus stündlich mit der Innenstadt verbunden ist.

Zweckmäßig – **Jadran** 1: Obala Dr. Franje Tuđmana 52, Tel. 022 24 20 00, www.rivijera.hr, DZ/FR ca. 50–70 €. Das zweckmäßig eingerichtete Hotel steht am Ufer nahe der Kathedrale, alle Zimmer haben Sat-TV, die Meerblickzimmer sind leider besonders nachts etwas laut, wenn es draußen lebhaft ist.

Pauschalurlaub – **Solaris** 2: Hotelsko naselje Solaris bb., Tel. 022 36 10 01, Fax 022 36 18 01, www.solaris.hr, Zimmer in allen Preislagen. Die Hotelgruppe auf der Halbinsel Zablaće südlich der Stadt offeriert Drei- und Viersternhotels und ein »Apartment Settlement Villas Solaris« der gleichen Kategorie; in allen Einrichtungen haben die Zimmer den Komfort von Sat-TV und Internetanschluss.

Essen & Trinken

Feines mit Ausblick – **Zlatna Ribica** 1: Brodarica, Krapanskih spužvara 46, Tel. 022 35 03 00, Hauptgang 10–20 €. Das elegante Lokal liegt im Vorort Brodarica, von der Terrasse hat man einen schönen Blick auf die Insel Krpanj. Der Weißfisch ist hier ganz frisch und hervorragend zubereitet. Köstlich ist das gebackene Seehechtfilet mit Kapernsoße und Mangoldkartoffeln.

Schick – **Konoba Vinotoka Pelegrini** 2: J. Dalmatinca bb. (Stiege vom Kathedralplatz gegenüber Eingang Bunari), Tel. 091 579 20 56. Neueres Restaurant mit zurückhaltend moderner Einrichtung und interessanter Karte mit italienischem Touch, dazu sehr gute Weinauswahl. Hauptgericht ab 12 €.

Abkühlung – **Eiscafé Valeria** 3: Immer volle Eisdiele und Café beim Theater.

Konoba am Markt – **Penkala** 4: Fran J. Milete 17, Tel. 022 21 98 69. Traditionelle Küche in einfachem, sauberem Lokal in Marktnähe. Die Pašticada schmeckt fantastisch (mit Brot und ¼ l Wein 7 €).

Infos & Termine

TZG: Obala Dr. Franje Tuđmana 5 (gegenüber Fähranleger), 22000 Šibenik, Tel. 022 21 44 11, www.sibenik-tour ism.hr.

Internationales Kinderfestival: zwei Wochen Ende Juni/Anfang Juli, mit Straßen- und Theateraufführungen, Workshops, Ausstellungen (seit 1958).

Busse: Überregionale und manche regionale Busse starten am Busbahnhof, andere regionale und lokale Busse an der Haltestelle am Markt.

Schiffe nach Dubrovnik, Rijeka.

Fähren zu den vorgelagerten Inseln, nach Vodice.

Fähre mind. 1x tgl. zu allen Inseln.

Inseln vor Šibenik

▶ F/G 10

Fährt man durch den schmalen Kanal Sv. Ante aufs offene Meer hinaus, vorbei an der venezianischen Inselfestung St. Nikolaus (Trđava Sv. Nikola), befindet man sich in einem nicht zu überschauenden Archipel von etwa **250 Inseln und Riffen**. Alle sind steinig, von Macchie überzogen, mit nur kleinen fruchtbaren Poljen, in denen Wein und Oliven wachsen, Saubohnen und Artischocken; wenige sind bewohnt.

Zlarin

Zlarin liegt Šibenik am nächsten, der kleine Hafenort hat eine gotische und eine barocke Kirche, das zeugt von früherem Wohlstand, aber auch vom Einfluss der Kirche – von 1298 bis 1843 gehörte die Insel dem Bischof von Šibenik. Früher waren die Männer Fischer, Seeleute und vor allem Korallensammler, Zlarin war die einzige Insel Dalmatiens, die sich auf das Sammeln und die Bearbeitung von Korallen spezialisiert

hatte. Diese Einnahmequelle versiegte jedoch bereits im 19. Jh. – im Jahr 1900 gab es nur noch drei aktive Korallentaucher auf der Insel. Ein 1927 gestarteter Versuch, das Korallentauchen mit modernen Hilfsmitteln und in größerer Tiefe wieder aufzunehmen, musste bald wieder abgebrochen werden. In den Kirchen und Kapellen der Insel sieht man heute noch rote und die selteneren schwarzen Korallen als Votivgaben. Oder man kann eine kleine Korallenmanufaktur mit Museum besuchen: Coral Shop »Center Zlarinke« (Hinweisschilder vom Hafen, saisonal 9–21 Uhr).

Prvić

Die Insel Prvić mit ihren beiden Hafenorten Prvić Luka und Šepurine hatte sich auf den Schiffsbau spezialisiert. Das kann man im Hafen von Šepurine heute noch beobachten. Die Häuser reichen bis ans Ufer, es gibt keine trennende Promenade – der Tourismus ist hier bisher noch nicht eingekehrt.

Krapanj

Die winzige Insel Krapanj, gerade mal 0,36 km^2 »groß«, ist fast gänzlich von einem (gleichnamigen) Dorf eingenommen. Die 2500 Einwohner leben zumeist von Jobs auf dem Festland, aber früher war man hier noch auf ein anderes Handwerk spezialisiert: die Schwammtaucherei. Ein kleines Inselmuseum informiert über die Meeresnatur der Adria und das Schwammtauchen, einige Geschäfte bieten Schwämme an – sie kommen heutzutage meist aus dem Ostmittelmeer.

Übernachten

Auf allen genannten Inseln werden Privatzimmer angeboten, Infos in Zlarin bei der im Sommer geöffneten Touristeninformation. Im Hafen von Prvić ist das **Hotel Maestral** in seinem historischen Steinbau eine angenehme Unterkunft (Rodina 1, 22233 Prvić Luka, Tel. 022 44 83 00, www.hotelmaestral.com, DZ/FR 80–125 €). In Zlarin bietet sich das einfache **Hotel Koralj** an (Obala boraca 15, 22232 Zlarin, Tel. 022 55 36 21, four.lions@hi.t-com.hr).

Einkaufen

Kroatische Schwämme – **Žitak Fina Dalmata** bietet in Krapanj Schwämme an, die vor allem aus kroatischen Gewässern stammen, aber auch, besonders bei den feineren Schwammtypen, aus den küstennahen Gewässern vor Syrien: Žitak, Tel. 022 35 09 50, www.zitak.hr.

Vodice ► F 10

Vodice ist touristisch. Aber Vodice hat auch Atmosphäre, einen reizvollen alten Ortskern, eine Hafenpromenade mit Bars und Restaurants, Pizzerien, Eissalons und Kneipen jeder Art, wo man draußen sitzen und die flanierende Menge studieren oder ganz einfach aufs Wasser schauen kann. Dort, wo man so gemütlich sitzt, war früher noch das Wasser, der venezianische Wachturm in der Altstadt markiert die alte Küstenlinie. Der hübscheste Ausflug führt mit der Personenfähre zur Insel Prvić, die nur eine Seemeile entfernt auf der Adria schwimmt.

Übernachten

Es gibt ein großes Angebot an Hotels, ein Touristendorf, ein Hostel (www.albatros-vodice.com), Apartments und Privatzimmer (die letzteren z. B. bei Nik, Ante Poljička 2, Tel./Fax 022 44 17 30, www.nik.hr. buchbar)

Meerblick vom Balkon – **Punta:** Grgura Ninskog 1, Tel. 022 45 14 51, Fax 022 45 14 34, www.hotelivodice.hr, DZ/HP 85–175 €. Das komplett renovierte Hotel steht auf einer grünen Halbinsel am Ortsrand, die Zimmer sind komfortabel und haben Balkon mit Meerblick.

Essen & Trinken

Die Hafenpromenade ist eine Fressmeile, das Angebot meist einfallslos. *Traditionell –* **Burin:** Trg Hrvatskih mučenika 30, Tagesgericht 6–8 €. Urig ist die *konoba* am Platz zwischen Altstadt und altem Fischerhafen, innen sitzt man unter einem alten Gewölbe. Deftig-traditionell die Küche: Mixed Grill und dalmatinische *pašticada*.

Infos

TZG Vodice: Ive čaće 1a, 22211 Vodice, Tel./Fax 022 44 38 88, www.vodice.hr. **Internetcafé:** Aqu@Net Internet Club, Mirka Zore bb., beim Wachturm.

Murter und die Kornaten ► E/F 10

In Tisno führt eine Brücke auf die Insel Murter mit den Orten Jezera, Betina und Murter. Wenige erhaltene alte Feldmauern gliedern die teils bewaldete, teils mit Macchie überzogene Insel, die meisten sind verfallen, überwachsen. Die Bewohner waren seit Generationen Seefahrer und Fischer, die Landwirtschaft war immer nur Zubrot. Heute ist der Ort Murter Ausgangspunkt für Bootstouren und Segeltörns in die Inselwelt des Nationalparks Kornaten. Er hat noch die alte Form eines Fischerortes, jedes Haus hat seinen eige-   ▷ S. 201

Auf Entdeckungstour

Inselwind – Segeln durch den Inselarchipel der Kornaten

147 Inseln umfasst der Archipel der Kornaten. Inzwischen wird keine einzige mehr dauerhaft bewohnt. Zwischen den Inseln zu segeln ist herrlich und Hobby-, Berufs- und andere Segler, Wassersportler und Aktivurlauber können sich hier einen Traum erfüllen. Ein klassischer Motorsegler empfiehlt sich besonders, mit ihm lässt sich Segelspaß und Tradition verbinden.

Reisekarte: ▶ E/F 10

Zeit: 1 Tag oder länger.

Planung: Die Saison dauert von Ostern bis Ende September/Mitte Oktober.

Vor dem Start

Die meisten Anbieter von Segeltörns mit klassischen Motorseglern und anderen Booten starten in Murter. Es gibt jedoch auch welche, die in Sali auf Dugi Otok, Biograd na moru und Zadar ablegen.

Der Hafen in Murter ist kein ästhetisches Highlight, im Gegenteil, er besteht vor allem aus Parkplatz. Die im Ort von verschiedenen Agenturen angebotenen Touren sind ein- bis mehrtägig, bei eintägigen muss man bereits recht früh am Hafen sein. Eine Garantie für die Tagesstrecke gibt es nicht, wie weit man kommt und wie das Boot segelt, hängt von Wind, Wellengang und dem Kapitän ab. Die Tagestour durch die Inseln der Kornaten ist gebucht und der Nationalparkeintritt für stolze 7 € mitbezahlt. Jetzt muss man nur noch das Boot finden. Es ist sieben Uhr früh.

Das Schiff

So richtig gesegelt wird selten. Der Antrieb kommt vom Motor des Zweimasters mit zwei Großsegeln und einem Lateinersegel am Heck, wobei letzteres, ein Dreieckssegel, typisch für Murter ist. Das bauchige Schiff mit seinem Holzrumpf und Holzaufbau wurde 1886 gebaut. Damals erlebten diese hervorragend für die kroatischen Gewässer geeigneten Segler mit Motorantrieb ihren Höhepunkt.

1995, unmittelbar nach dem Krieg, hat man das immerhin 20 m lange Boot rekonstruiert und mit einigermaßen heutigem Komfort ausgestattet (ein Knüller sind die Duschen!). Die Kojen mit ihren Doppelstockbetten und Waschbecken (inklusive fließendem Wasser!!) sind zwar eng, aber in der Regel hält man sich ja doch nicht lange hier auf. Für Tagesausflügler sind sie tabu.

Zwischen den Kornaten

Es ist nur schwer vorstellbar, dass die Menschen in Murter ihre Felder, Obst- und Weingärten, Ölbaumhaine, Schafherden und sogar selbst die Milchkühe auf den Inseln der Kornaten hatten. Kaum zu glauben, dass sie mit ihrer damals motorlosen *gajeta*, die so groß war wie die heutigen Boote und ebenfalls zwei Masten besaß, nicht zum Fischen oder für touristische Exkursionen in See stachen, sondern um ihre Landwirtschaft und das dazu gehörende Häuschen auf einer Insel zu erreichen. Oder, im Fall der Pächter, (denn viele Murteraner verpachteten ihre 1890 erworbenen Grundstücke auf den Inseln), um nach Murter zu kommen und dort z. B. ihre Schafe oder Ziegen zu verkaufen.

Entlang der Nordostküste von Kornat

Die Hauptinsel der Kornaten ist fast 25 km lang und maximal 2,5 km, in der Regel weniger als 1 km, breit. Während die Südwestküste relativ flach ist, stürzt sie an der Nordostseite meist steil ins Meer. Fast alle Siedlungen befinden sich an der Südwestküste, die zusätzlich noch den Vorteil bietet, gegen die kalte Bora geschützt zu sein. Zwischen Kornat und Žut lässt der Žutski kanal eine zuerst breite, sich dann gegen Nordwesten abrupt verschmälernde Passage (die bekannte, moderne Marina Žut liegt auf der dem Kanal abgekehrten Seite dieser Insel).

Meerenge am Nordwestkap

Am Nordwestkap von Kornat passiert man eine schmale Meerenge, linker Hand ist Kornat, auf der anderen Seite die Insel Katina, zudem säumen links und rechts schwarze Steinpyramiden die Strecke. Sage und schreibe 2 m

Wassertiefe erlauben lediglich flach-kieligen Schiffen die Durchfahrt und das auch nur bei gutem Wetter.

Entlang der Südwestküste von Kornat

Die flachere Südwestküste von Kornat wird gegen das offene Meer von einer Kette aus Inseln, Inselchen und Schollen geschützt, der Kornatski kanal ist ein relativ windgeschütztes Gewässer. Auf den kleinen Klippen brüten oft Vogelkolonien, man erkennt sie schon von Weitem an ihrer weißen oder gelblichen Farbe. In den geschützten Buchten stehen Häuser zwischen ein paar Fruchtbäumen, lange Natursteinmauern ziehen sich quer durch die karge Landschaft. Immer noch werden Schafe und Ziegen gehalten. Ihr Fleisch ist besonders schmackhaft, ernähren sie sich doch von den duftenden Mittelmeerkräutern, die so unscheinbar zwischen den Steinen wachsen, dass man sie erst bei genauem Hinsehen erkennt. Angeblich trinken sie Meerwasser, der Autor konnte dies allerdings nicht beobachten.

Inselbesiedlung

In der Regel bestehen die »Dörfer« nur aus zwei oder drei Häusern. Das wohl größte von ihnen liegt in der Vruja-Bucht mit (jawohl!) fünf Häusern. Ante, die nach ihrem Patron bekannte *konoba*, hat ihren eigenen Landungssteg, oft ankern teure Segeljachten in der Bucht. Überhaupt begegnet man immer wieder exklusiven Jachten und ist auf See keineswegs allein, dazu sind die Kornaten viel zu sehr »in«.

Picknick und Rückfahrt

Bei Ausflügen ist meist ein Picknick in einer idyllischen Bucht vorgesehen, bei dem frischer Fisch gegrillt wird. Anschließend packt man seine Badesachen aus und genießt ein erfrischendes Bad. Einige Segler haben einen oder mehrere Meereskajaks dabei (die eigentlich für längere Touren bestimmt sind), mit denen man ein wenig die Umgebung erkunden kann. Später geht es durch die Meerenge zwischen Kornat und Vela Smokvica nach Nordosten und Murter wieder zurück.

Wer Kroatisch sprechen kann und die Seekarte betrachtet, kommt noch in einen Genuss der ganz besonderen Art: Die Namen zahlreicher kleiner Inseln und markanter Erhebungen stammen von Seeleuten aus Murter, die bei ihrer Namensgebung gerne auf weibliche Körperteile zurückgriffen. Wie etwa bei Babina Guzica, einem winzigen Eiland, das östlich von Vela Smokvica liegt. Das heißt auf Deutsch, sprechen wir's aus, »Altweiberarsch«.

Information

Bootsunternehmer erwerben **Lizenzen**, um im Nationalpark tätig sein zu können. Auf der Website des Nationalparks Kornati werden die offiziellen Lizenzen aufgeführt: www.kornati.hr/eng. Hier finden sich unter »offer/prices« auch die ziemlich happigen Preise für den Aufenthalt im Park.

Nur wenige Anbieter sind offizielle Lizenznehmer, alle anderen sind zwar ebenfalls zugelassen, müssen aber wesentlich höhere Gebühren entrichten, (2012 ohne Lizenz Boot 7500 kn, mit Lizenz bei z. B. 30 Gästen 600 kn), was sich in mindestens 10 € pro Person für einen Tagesausflug niederschlägt.

Ein Führer für Segeltörns durch die Kornaten ist Bodo Müller: Kroatische Küste. Die Kornaten; Hamburg (Edition Maritim) 2007.

Schwimmen im Nationalpark Krka

nen Anleger. Jezera mit seinem großen Hafen ist ein Dorf an der Südseite der Insel Murter. Hier versammeln sich im Sommer die Big-Game-Fischer der Adria. Hauptsehnsuchtsfang ist Bluefin, der sehr selten gewordene Thunfisch.

Die Inseln des **Nationalparks Kornati** sind vom Hafen in Murter aus nicht zu sehen. Wenn man jedoch aus der Bucht hinaus in das Mutersko more, das Meer von Murter, steuert, bauen sie sich am Horizont auf wie ein einziges Massiv: insgesamt 101 Inseln, Inselchen und Riffe, zusammen eine Fläche von 300 km². Die größte und längste Insel ist Kornat, 25,2 km lang, mit einer Küstenlinie von 61 km, bis zu 237 m hoch, wie alle anderen unbewohnt und verkarstet, ohne Wasser, fast ohne Vegetation. Die Häuser mit Anlegestellen, Ölbaumparzellen, Weideabgrenzungen, die man dennoch sieht, werden traditionell nur im Sommer bewohnt – noch bis ins 19. Jh. waren einige von ihnen ganzjährig besiedelt. Heute kann man viele dieser Häuschen mieten, das eine oder andere beherbergt eine Sommer-*konoba*, denn immer mehr

Menschen finden Gefallen an dem verkarsteten Inselgewirr. Der Park ist aber vor allem ein Meerespark mit ungewöhnlich artenreicher Fauna und Flora. So ist es bis heute bereits gelungen, auf dem Meeresboden zwischen den Inseln 346 verschiedene Pflanzen zu bestimmen.

Übernachten

Privatunterkünfte auf den Kornaten vermittelt **Kornat Turist**, Hrv. Vladara 2, 22243 Murter, Tel. 022 43 58 55, www.kornatturist.hr. Ein Haus für 2 Pers. kostet 480–700 € pro Woche, dazu kommen die Transferkosten, die Verpflegung muss vorher besorgt werden; wer sich versorgen lässt, zahlt viel. Für die Hochsaison frühzeitig buchen!

Essen & Trinken

Der rege Bootstourismus im Nationalpark hat viele Häuschen zu Sommer-*konobas* oder Restaurants werden lassen, alle haben einen Landungssteg oder zumindest Bojen. Wer hier anlegt, hat meist keine Geldprobleme, davon gehen die Preise aus: Fisch/Meeresfrüchte kaum unter 20 €. Von gehobener Qualität ist das Restaurant in der Marina Žut (Žut, Marina Žut, Tel. 091 473 51 55, www.restoran-zut.com.hr), das Škampi, Hummer und Weißfisch erster Qualität bietet, gerne aus dem Backofen oder unter der Peka geschmort (Hauptgericht ab ca. 12 €, Fisch/Meeresfrüchte locker das Doppelte).

Aktiv & Kreativ

Hochseefischfang – Ab Jezera, einige Infos auf www.jezera.com, Schlagwort Big Game Fishing.
Ausflüge – Von Murter während der Saison täglich Tages- und Mehrtagesausflüge in die Kornaten, Buchung vor Ort. Bewährter Jachtcharter in Murter: Jarušica, Tel. 022 43 47 76, www.jarusica.hr; Jacht für 4 Pers./Tag für eine Woche (Mindestdauer) ab 150 €.

Infos

Nationalparkinfo und **städtische Information**: 22243 Murter, Rudina 2, Tel. 022 43 49 95/022 43 46 62, Fax 022 43 50 58/022 43 49 50, www.tzo-murter.hr, www.kornati.hr; **TZG** Jezera, Put Zaratića 3, 22242 Jezera, Tel. 022 43 91 20, www.jezera.com.

Nationalpark Krka !

▶ G 9/10

Das Karstplateau im Rücken von Šibenik wird von der Krka und der Čikola in einem Canyon durchflossen, der an manchen Stellen durch Ablagerungen von Kalksinter (Travertin) unterbrochen ist. Dort stürzt sich der in viele kleine Arme aufgefächerte Fluss in Kaskaden hinunter, wo er wieder Seebreite und -tiefe annimmt. Diese Wasserfalllandschaft, eine wunderbar grüne Flussoase, ist zu Recht als Nationalpark geschützt.

Ein System von Holzbrücken und gesicherten Stegen führt über den Fluss und an die Fälle heran. Unter den Fällen darf man baden (anderswo verboten), was von vielen Besuchern genutzt wird. Der schönste, höchste und eindrucksvollste der Wasserfälle ist der **Skradinski buk**: Über 17 Stufen, in einer Gesamthöhe von 45,7 m und einer Breite von bis zu 100 m donnert das Wasser in das Tal. Oberhalb kann man ein Boot besteigen, das über den See, zu dem hier die Krka aufgestaut ist, bis zur Insel Visovac fährt. Auf der Insel hat man dann genug Zeit, um das gut erhaltene Franziskanerkloster aus dem Spätmittelalter zu besichtigen. Die meisten Boote kehren hier um, es gibt jedoch auch welche, die zum zweiten großen Wasserfall weiterfahren, dem mit 25,5 m Fallhöhe ebenfalls sehr eindrucksvollen Roški slap.

In **Skradin** unterhalb des Skradinski buk regierten frühkroatische Könige, heute ist der Ort vor allem Ausgangspunkt für Shuttleboote zum Wasserfall, für Touristen, die auf der Straße Šibenik–Skradin in den Nationalpark Krka kommen.

Übernachten

Blick auf die Krka – **Vrata Krke**: Lozovac bb., 22221 Lozovac, Fax 778021, www.vrata-krke.hr, DZ/HP voraussichtlich 60–135 €. Neueres Hotel der gehobenen Mittelklasse, komfortable Zimmer (jetzt auch mit Internetzugang) mit Balkon. Das Hotel liegt auf der Šibenik näheren Seite der Krka. Auskünfte per Email (auf Deutsch) über info@vrata-krke.hr.

Infos

Javna ustanova »Nacionalni park Krka«: 22000 Šibenik, Trg Ivana Pavla II, Tel. 022 20 17 77, www.npkrka.hr; **Stadtauskunft Skradin:** Trg Male Gospe 3, Tel. 022 77 13 29 und Infobüro Trg kneza Domagoja bb., Tel. 022 77 13 06.
Anfahrt: Von Šibenik auf der Straße nach Knin, die Abzweigung zum Skradinski buk ist gut beschildert. Attraktiver ist die Anreise per Boot ab Šibenik, von wo auch Bustouren angeboten werden. Im Park werden Bootstouren ab Skradin und vom Skradinski buk zum Roški slap angeboten.

Primošten ▶ G 11

Primošten ist ganz auf den Tourismus eingestellt. Wer durch den aus alten Steinhäusern bestehenden Ort auf der schmalen Halbinsel geht, findet viele Restaurants, Bars und Reiseagenturen. Früher konnte man Primošten nur über eine Zugbrücke erreichen, die Insellage schützte vor Feinden, vor allem Piraten. Heute hat man den Besuchern den Eintritt durch das alte Stadttor mittels Aufschüttungen erleichtert. Das Inselchen wurde erst 1564 dicht besiedelt, damals ließen sich vor den Türken geflüchtete Kroaten in dem bis dahin kleinen Fischerörtchen nieder. Von der Kirche Sveti Juraj auf dem höchsten Punkt der Halbinsel (29 m) hat man einen guten Ausblick, im Inneren ist eine Marienikone im Silberrahmen sehenswert.
Auf dem Festland gedeihen in winzigen Lesesteinquadraten die Weinreben für den in ganz Kroatien bekannten

und beliebten **Rotwein Babić**. Manche dieser Weinparzellen haben eine geringere Grundfläche als die sie umgebende Lesesteinmauer. Die historische Weinbergslandschaft des Babić ist Unesco-Welterbe.

Übernachten

Es gibt eine große Auswahl an Privatzimmern und Apartments, die von Agenturen (turist biro) vermittelt werden, u. a. Nik, Raduča 2, Tel. 022 57 12 00, www.nik.hr.
Im Grünen – **Zora:** Punta Maslin, Tel. 022 57 00 48, www.hotelzora-adria tiq.com, DZ/FR ab ca. 100 €. Komplett renoviertes Haus mit zwei Zimmertypen, Comfort*** und Premier****, nur Letztere mit Internetzugang. Fußnähe zum Ort mit schönem Strand vor der Tür und Kiefernwald im Rücken.

Essen & Trinken

Gemütlich – **Konoba Mediteran:** Put briga 13, Tel. 022 57 17 80, Hauptgericht ca. 11–17 €. Etwas touristisch, aber sehr gemütlich ist diese *konoba* mit traditioneller Küche und eigenem Wein.

Infos

TZG: Trg Don Ive Šavila 1, 22202 Primošten, Tel./Fax 022 57 19 01, www. primosten.hr.

Trogir ! ▶ G 11

Hat man an der dalmatinischen Küste keine Insel für eine Siedlung, dann schafft man sich einfach eine. Der Kanal zwischen dem Festland und der Insel, auf der Trogir zu finden ist, ist ein künstlicher Durchstich, lediglich der Kanal zur Insel Čiovo ist natürlich. Beide sind so schmal, dass die griechische Gründung Traugurion (3. Jh. v. Chr.) nicht auf Befestigungen verzichten konnte, genauso wenig wie ihre Nachfolger.

Eine Klappbrücke verbindet zur Stadtinsel, die wie Dubrovnik und Split ihr altes Ortsbild erhalten konnte. Das Renaissance-**Landtor** mit der Statue des sel. Giovanni Orsini führt in ein von rechten Winkeln geprägtes Gassensystem, Relikt der hellenistischen Anlage. Autos passen nicht in diese mit Steinplatten belegten Gassen, man geht zu Fuß, freut sich an dekorativen Eingängen mit Blicken in schmale Höfe, an steinernen Stiegen aus dem Mittelalter und venezianisch-spätgotischen Fenstern. Das **Stadtmuseum** im Palais Garagnin mit seinem recht interessanten Lapidarium im großen Innenhof steht gleich hinter dem Landtor (Mo–Sa 8–12, 18–21, So 8–12 Uhr).

Kathedralplatz

Einen Katzensprung entfernt, am Ende der Gradska, öffnet sich der Kathedralplatz mit der **Kathedrale Sveti Lovro** (hl. Laurentius; 8–12, 15–20 Uhr, im Winter kürzere Öffnungszeiten). Das um 1240 fertiggestellte spätromanische Westportal ist wohl die bedeutendste romanische Steinmetzarbeit Kroatiens. Sie ist ein Werk des Dalmatiner Meisters Radovan, Datum und Name sind durch eine Inschrift belegt. Atlanten tragen die Seitenelemente, auf denen die Monatsarbeiten und die Apostel inmitten üppiger Pflanzenranken dargestellt sind. Das Stufenportal wird von Adam und Eva flankiert, sie stehen auf Löwen. Die halbrunden Archivolten über dem Eingang zeigen Szenen aus dem Leben Christi, während im halbkreisförmigen Tympanon

in aller Ausführlichkeit die Geburt Christi erzählt wird.

Im Inneren ist die Kanzel mit ihren schlanken Säulchen und den elaborierten Kapitellen wahrscheinlich eine Werkstattarbeit unter Mitwirkung des Meisters. Das Baptisterium links von der Vorhalle stammt von Andrea Alessi (1464), die Kapelle des sel. Giovanni Orsini wurde von Alessi gemeinsam mit Niccolò Fiorentino und Ivan Duknović Trogiranin geschaffen, beide Räume sind der Florentiner Renaissance verpflichtet.

Die **Stadtloggia**, ebenfalls auf dem Kathedralplatz, vertritt den venezianischen Loggienstil der Renaissance. Daneben sticht das aus zwei Häusern zusammengesetzte **Palais Čipiko** mit seinen spätgotischen Fenstern hervor, aber auch hier sind die Portale im Renaissancestil gehalten. In einer Ecke des Platzes steht die romanische **Kirche Johannes des Täufers** (Sveti Ivan Krstitelj) mit der städtischen Pinakothek, die als größte Kostbarkeiten zwei Arbeiten von Giovanni Bellini besitzt.

Nikolauskloster

Im Nikolauskloster der Benediktinerinnen wird die dritte Sammlung der Stadt gezeigt, die Zbirka Umjetnina Kairos, die ihren Namen von einer antiken Darstellung des Kairos, des Gottes der Gunst des Augenblicks, bezieht (Sommer tgl. 9–13, 15–19 Uhr, im Winter Schlüssel aus der Klosterpforte). Das kleine Relief ist eine im 1. Jh. v. Chr. geschaffene Kopie eines Originals des griechischen Bildhauers Lysipp.

Seetor und Festung Kamerlengo

Durch das Seetor mit der kleinen Außenloggia, wo täglich der Fischmarkt stattfindet, gelangt man auf den der Insel Čiovo zugewandten Kai. Geht man von hier nach rechts zur Spitze der Insel, vorbei am Kloster Sv. Dominik, erreicht man die spätmittelalterliche Festung Kamerlengo, in deren Hof Freiluftaufführungen stattfinden. Weiter am Kai entlang passiert man den Rundturm des hl. Markus und kehrt zur Klappbrücke zurück, dem Ausgangspunkt des kleinen Stadtbummels.

Übernachten

Trogir ist gut mit Hotels ausgestattet. Apartments und weitere Hotels in Trogir und Čiovo vermittelt die Agentur Portal, Obala bana Berislavića 3, Tel. 021 88 50 16, www.portal-trogir.com, ausführlicher Prospekt auf Deutsch.

Im Steinhaus – **Concordia:** Obala bana Rerislavića 22, Tel. 021 88 54 00, Fax 021 88 54 01, www.concordia-hotel.hr, DZ/FR ab ca. 75 €. Privathotel in altem Steinhaus an der Riva. Große Zimmer, einige mit getrenntem Wohn- und Schlafbereich. Vordere Zimmer schauen auf die Riva und die Insel Čiovo. Freundlicher und kompetenter Service.

Komfortabel – **Fontana:** Obrov 1, Tel. 021 88 57 55, www.fontana-trogir.com, DZ/FR je nach Saison 70–100 €. Sympathisches Hotel in Altstadtbau, komfortable, freundliche Zimmer.

Am Wasser – **Camping Seget:** Tel./Fax 021 88 03 94, www.kamp-seget.hr, Mitte Mai–Mitte Okt. Kleinerer, teilweise schattiger Platz am Meer in der Nähe der Hotelgruppe Medena.

Essen & Trinken

Stimmungsvoll – **Monika:** Budislavićeva 12, Tel. 021 88 48 08, drei Gänge ab 20 €, mit Fisch ab 25 €. Im grünen Innenhof lässt es sich stimmungsvoll speisen. Karte traditionell, Küchenleistung ist jedoch etwas schwankend, besonders wenn das Lokal voll ist. Üppig sind die Palatschinken »Monika« zum Nachtisch.

Meeresfrisch – **Fontana Kod Zeca:** Obrov 1, Tel./Fax 021 88 48 11, zwei Gänge ab 20 €. Das Restaurant des gleichnamigen Hotels bietet frischen Fisch und Meeresfrüchte in großer Auswahl. Die kleine Terrasse beim Dominikanerkloster am Hafen wird abends zur beliebten Aussichtsterrasse mit Blick auf Corso und Sonnenuntergang.

Aktiv & Kreativ

Wassersport – Die ACI Marina Trogir, Tel. 021 88 15 44, m.trogir@aci-club.hr, ist bestens ausgerüstet. In Trogir finden immer häufiger **Segelregatten** statt, so ist der Presse Business-Cup im Jahr 2006 von Rogoznica hierher übergesiedelt. Das Meeresgebiet um die Insel Čiovo (und noch mehr jenes um Šolta!) ist ein ergiebiges **Tauchrevier**, auf Čiovo und in Trogir gibt es vier Tauchzentren.

Abends & Nachts

Kulturgenuss im Sommer– In der **Festung Kamerlengo** finden kulturelle Veranstaltungen statt. Das venezianische Kastell dient vor allem bei den abendlichen Konzerten oder Theateraufführungen als besonders stimmungsvoller Hintergrund. Auf einer Großleinwand werden außerdem **Filme** vorgeführt.

Infos

TZG Trogira: Trg Ivana Parla II, 21220 Trogir, Tel./Fax 021 88 14 12, www.trogir.hr. Der 37er **Bus** nach Split fährt den Umweg über den dortigen Flughafen. Die Fahrt mit diesem Linienbus nach Split ist wesentlich günstiger als mit dem Bus der Croatia Airlines.

Split und Umgebung

Highlight!

Split: Im verlassenen Palast des Kaisers Diokletian entstand die Stadt – der Besuch ist wie ein Spaziergang durch eineinhalb Jahrtausende. S. 208

Auf Entdeckungstour

Das Museum kroatischer archäologischer Altertümer 28 ist ein viel zu wenig besuchtes Spliter Museum. S. 214

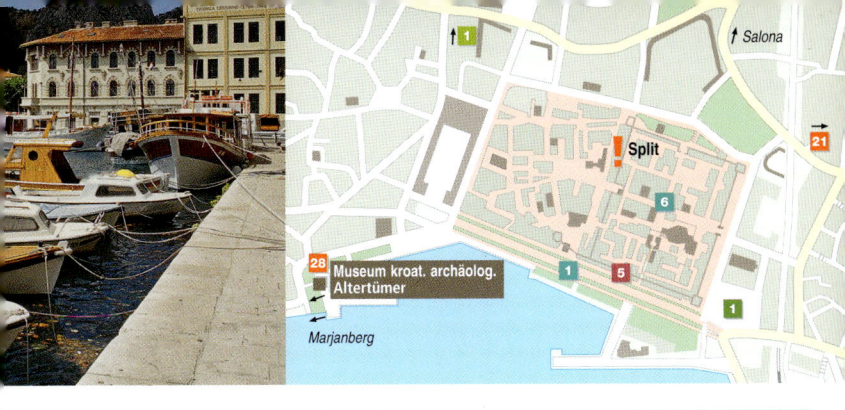

Kultur & Sehenswertes

Schiffsmodelle in der Festung Gripe 21: Nicht nur Boaties staunen, wenn sie diese detailgenauen Schiffsmodelle sehen. S. 217

Basilika Manastirine in Salona: In Salona, der antik-frühchristlichen Vorgängerin von Split, hat sich ein interessantes Heiligtum erhalten. S. 224

Aktiv & Kreativ

Spaziergang über den Marjanberg: So wünscht man sich einen städtischen Park – Wald, Hügel, Aussicht und am Schluss Meeresufer. S. 218

Ein Fußballspiel mit der lokalen Mannschaft Hajduk Split erleben 1: Nicht unbedingt viel persönliche Aktivität, die Mannschaften und vor allem die Fans sind aber aktiv genug. S. 222

Genießen & Atmosphäre

Grünmarkt 1: Keine andere kroatische Stadt hat einen lebendigeren täglichen Markt. Und das direkt vor der Palastmauer! S. 220

Café Luksor 6: Ein Café im antiken Peristyl und zwar im Erdgeschoss eines Renaissancepalastes – Atmosphäre hoch zwei. S. 222

Abends & Nachts

Café-konoba Dioklecijan 5: Die Fenster der *konoba* gab es schon zu Diokletians Zeiten. S. 221

Die Riva am Abend 1: Die breite Fußgängerpromenade mit ihren Cafés und Bars vor den römischen Palastmauern kommt erst abends so richtig in Schwung. S. 222

Die mit mehr als 210000 Einwohnern größte Stadt Dalmatiens (und zweitgrößte Kroatiens) hat erstaunlich viele Gesichter. Enttäuschend ist die Annäherung vom Norden, der Flughafenbus durchquert hässliche Industrieviertel und banale Vorstädte. Wer aber mit dem Schiff anreist, dem öffnet sich bei der Hafeneinfahrt ein unvergessliches Panorama, denn die vom grünen Marjanberg und den Hafenanlagen flankierte und vom Bergzug des Kozjak gekrönte Altstadtsilhouette ist nichts anderes als die Hafenfassade des Diokle-

tianspalastes. Laut und geschäftig geht es auf dem großen Grünmarkt an der Altstadtmauer zu. An der Riva, der Hafenpromenade vor der Prachtfassade des Diokletianspalastes, flaniert ein großstädtisches Publikum. Locker ist die Atmosphäre in den vielen Kneipen der Altstadt, wo die Jugend der Stadt bis lange nach Mitternacht über Gott und die Welt, die Regierung in Zagreb, die Raumprobleme der Uni, die Arbeitslosigkeit oder Splits Fußballklub Hajduk diskutiert. Wer Ruhe sucht, findet sie auf dem Marjanberg, dessen Grün die Spitze der Halbinsel von Split überzieht. Faszinierend schließlich die Atmosphäre am Hafen mit seinen vielen Fähren und dem trubeligen Busbahnhof.

Am Stadtrand liegen die Ruinen von Salona, der römischen Vorgängerin von Split, ein Theater, ein Kloster mit Friedhof, Reste von Zivilbauten. Und darüber die Festung Klis, umkämpft von Byzantinern, Venezianern, Türken. Noch weiter im Binnenland entspringt die Cetina, die bei Omiš südlich Split unter senkrechten Felswänden in die Adria mündet. Rafting auf der unteren Cetina und Freiklettern sind in Omiš auch räumlich verbunden.

Split ist keine Touristenstadt, aber es bietet Touristen mehr als nur den kurzen Bummel, viel mehr. Einen Abend im Peristyl des Kaiserpalastes, den Bummel über die Riva, einen morgendlichen Spaziergang über den Marjanberg mit Blick auf Split, seinen großen Hafen und die Inseln Šolta und Brač, das sollte man sich schon gönnen.

Infobox

Touristeninformationen
Touristeninformation im ehemaligen Rochuskirchlein am Peristyl, Peristil, Crkvica Sv. Roka, 21000 Split, Tel. 021 34 56 06; www.visitsplit.com.
Hauptbüro für die Region Split (mit Omiš) und Mitteldalmatien: Prilaz braće Kaliterna 10/F, Tel./Fax 021 49 00 32, 21000 Split, www.dalmatia.hr.

Internet
www.visitsplit.com: mäßig hilfreiche Seite. Unterkünfte (nur Links) sind unter »Touristenservice« versteckt.
www.dalmatia.hr: Seite für ganz Mitteldalmatien (Region Split und Inseln).

Anreise und Verbindungen
Split wird von Rijeka und Zagreb auf der Autobahn erreicht, Bahnverbindung ab Zagreb. Der internationale Flughafen Split liegt bei Trogir und ist täglich mehrmals mit Zagreb sowie mind. 1 x mit Rom und Frankfurt verbunden, dazu kommen Charterflüge von mehreren Flughäfen im deutschen Sprachraum. Split hat regelmäßige Fährverbindung mit Ancona.

Split! ▶ H 11

Nach der Zerstörung der römischen Stadt Salona durch die Awaren und Slawen (614 oder 615) wurde der weitläufige Palast Kaiser Diokletians in der Bucht von Split Zufluchtsort der überle-

Blick auf die von Palmen gesäumte Uferpromenade mit Diokletianspalast

benden Bewohner. 1075 kam die Stadt an Kroatien, blieb aber im Inneren autonom. Sie dehnte sich innerhalb der Palastmauern aus, bis sie diese ausgefüllt und überbaut hatte, dann wurden die Mauern übersprungen und es entstand eine Vorstadt. Während der venezianischen Herrschaft (1420– 1797) wurde die gesamte Stadt, Kaiserpalast und mittelalterliche Vorstadt, mit Mauern umgeben, denn die Türken standen nur ein paar Kilometer weiter bei Solin. Ein zweiter Mauerzug entstand im 17. Jh., auch davon haben sich Reste erhalten.

Unter den Österreichern wurde die Stadt stark erweitert, aber der Hafen, Splits Lebensnerv, blieb hinter dem ebenfalls österreichischen Handelshafen Triest weit zurück. Das änderte sich 1919, als dem jungen Königreich Jugoslawien aus der österreichischen Erbmasse an der Adria nur ein einziger Großhafen zufiel, nämlich Split (Triest, Rijeka, Pula und Zadar wurden italie-

nisch). In der Zeit nach 1945 wurde Split endgültig die größte Stadt an der Ostküste der Adria, Großindustrien entstanden in der Umgebung. Im neuen kroatischen Staat war Split wieder einmal Frontstadt und wurde von serbischen Bomben getroffen, in jüngerer Zeit kämpft es nach dem Schließen großer ehemals jugoslawischer Staatsbetriebe mit hoher Arbeitslosigkeit.

Diokletianspalast

Der römische Kaiser Diokletian (240– 316) stammte aus Illyrien, wahrscheinlich aus Salona, der Hauptstadt der römischen Provinz Dalmatia. Als er lange vor seiner freiwilligen Abdankung an einen Alterssitz dachte, wählte er dafür die Bucht von Split. Der Kaiser entschied sich für einen Mix aus Landsitz, Stadtpalast und Festung, der auch Hofstaat und Garde aufnehmen können sollte. Zwi-

Split

Sehenswert

1 Hafenfront des Palastes
2 Wehrturm
3 Porta Aenea
4 Kryptoportikus (Kellerräume)
5 Peristyl
6 Palais Crisogono-Cipici
7 Kathedrale Sveti Duje
8 Vestibül des Palastes
9 Ethnograph. Museum
10 Tempel des Jupiter
11 Palais Cindro
12 Stadtmuseum
13 Westtor (Porta Ferrea)
14 Osttor (Porta Argentea)
15 Nordtor (Porta Aurea)
16 Monumentalstatue
17 Loggia
18 Palazzo Milesi
19 Marko-Marulić-Denkmal
20 Mauern des 17. Jh.
21 Festung Gripe
22 Archäologisches Museum
23 Bačvice-Bucht
24 Franziskanerkloster
25 Sveti Nikole
26 Galerija Meštović
27 Kaštelet
28 Museum kroat. archäologischer Altertümer

Übernachten

1 Globo
2 Park
3 Radisson Blu Resort

4 Slavija
5 Kaštel
6 Peristil
7 Camping Stobreč-Split
8 Le Meridian Lav

Essen & Trinken

1 Mediterraneo
2 Konoba Varoš
3 Golden Gate/ Zlatne vrata
4 Galija
5 Dioklecijan
6 Gradska Kavana

Einkaufen

1 Grünmarkt
2 Kryptoportikus
3 Galerija Kolura
4 Buchhandlung Algoritam
5 Fanshop von Hajduk Split

Abends & Nachts

1 Hafenpromenade (Riva)
2 Porta
3 Bačvice-Bucht
4 O'Hara Music Club
5 Disco Vanilla
6 Café Luksor
7 Kroatisches Nationaltheater (Hrvatsko Narodno Kazalište)

Aktiv & Kreativ

1 Fußballstadion Poljud
2 ACI Marina
3 Bačvice-Bucht

Adressen außerhalb des Zentrums s. Reisekarte Rückseite

---

schen 295 und 305 entstand ein 215 m x 180 m großer, von Mauern und Türmen geschützter Baukomplex, dessen Hafenseite die privaten Gemächer und Repräsentationsräume beherbergte. In der Mitte lag das zukünftige Mausoleum. Die Landseite wurde von Kasernen, Räumen für die Garde, Lagerräumen und Dienstbotenquartieren eingenommen. Die beiden Hauptachsen der Stadt, *Decumanus* (West-Ost-Richtung) und *Cardo* (Nord-Süd-Richtung), haben sich bis heute erhalten, ebenso wie die vier Tore, von denen das sogenannte Seetor auf die heutige Uferpromenade führt.

Hafenfront des Palastes 1

Die mehrstöckige Hafenfront des Palastes wurde unter Diokletian von zwei

quadratischen Wehrtürmen flankiert, der rechte **Wehrturm** 2 hat sich erhalten. Die Fassade wurde in ganzer Breite von einer überdachten Galerie begleitet, auf der die Familie Diokletians auch bei Schlechtwetter mit Blick auf das Meer flanieren konnte. Ein Teil der Arkaden dieser Galerie sind vorzüglich erhalten, wenn auch heute zugemauert, andere wurden durch spätere Vorbauten entlang der Riva verdeckt. Besonders auffällig ist der exzellent erhaltene Mittelteil mit seinen etwas höheren Säulen und dem geschwungenen Architrav.

Porta Aenea 3 und Kryptoportikus 4

Die von der Riva in den Palastbereich führende **Porta Aenea** führt nicht etwa in die (ex-)kaiserlichen Gemächer. Links und rechts erstrecken sich vielmehr gewölbte **Kellerräume** (Mo–Sa 10–13 Uhr), heute als Souvenirmarkt genutzt und ehemals wohl als **Kryptoportikus,** ›Servicebereich‹ für die darüberliegenden Wohn- und Repräsentationsräume. Der unterirdische Gang führt über eine steile Treppe wieder ans Licht, man steht etwas oberhalb eines rechteckigen Platzes, des Peristyls.

Peristyl 5

Das **Peristyl** war der Vorraum zu den Wohn- und Repräsentationsräumen, flankiert von hohen, geschwungenen Kolonnaden, von denen die linke (nördliche) im Spätmittelalter als Fassade für einen Renaissancepalast, das **Palais Crisogono-Cipici** 6 , vermauert wurde.

Dreht man sich um, hat man die dem Peristyl zugewandte repräsentative Fassade der kaiserlichen Gemächer vor sich. Wie in der Mittelachse außen ist auch hier der ansonsten waagerechte Giebel durch eine halbrunde Arkade unterbrochen und betont.

Kathedrale Sveti Duje 7

Das Mausoleum des Kaisers auf der Ostseite des Peristyls wurde im Mittelalter zur Kathedrale Sveti Duje (Domniuskathedrale) umgewidmet. Man baute den romanisch-gotischen Campanile an (13.–16. Jh., der Glockenturm kann bestiegen werden) und stellte Altäre in das Rund, ließ eine neue, überaus prächtige Tür mit 28 Feldern schnitzen, auf denen die Leidensgeschichte Christi dargestellt ist (1214, von Andrija Buvina) und baute einen Chor an (mit romanischem Chorgestühl, 13. Jh.). Darüber hinaus blieb der achteckige Mausoleumsbau mitsamt seiner Innenarchitektur und den umgebenden 24 Säulen unangetastet. Im Inneren ist es vor allem der Grabaltar des hl. Domnius (Sveti Duje) auf der rechten Seite, der die Blicke auf sich zieht, die auf dem Sarkophag liegende Skulptur des Heiligen stammt von Bonino di Milano (1427). Von der reichen Ausstattung seien noch der Anastasiusaltar des Juraj Dalmatinac (1448) auf der anderen Seite des Schiffs und die spätromanische Marmorkanzel links hinter dem Eingang erwähnt. Die Schatzkammer enthält eine Sammlung kirchlicher Kunst von der Spätantike bis zur Gegenwart (über dem Chor, Eingang vom Umgang rechts, So. Juli/Aug. 8–12, 16–19; Juni, Sept. 10–12 Uhr, sonst, falls überhaupt, 11–12 Uhr).

Vestibül 8 und Ethnographisches Museum 9

Steigt man vom Peristyl ein paar Stufen hinauf, steht man unter der Kuppel der Vorhalle, dem **Vestibül des Palastes**, die mit ihrer großen Lichtöffnung praktisch unverändert die Zeiten überdauert hat, allerdings ohne die früheren Dekors, ohne Stuck und Vergoldung. Auf gleichem Niveau wie das Vestibül befindet sich in einem mittelalterlichen Haus das **Ethnographische Museum** (Mo–Fr 9–21, Sa 9–13 Uhr, im Winter kürzer), eine interessante volkskundliche Sammlung für Split und seine Region mit vielen Trachten.

Tempel des Jupiter 10 , Paläste und Tore

Innerhalb des Diokletianspalastes gibt es noch weitere antike und mittelalterliche Denkmäler. Der **Tempel des Jupiter** wurde im Mittelalter zu einer Taufkapelle umgestaltet, das von Säulen flankierte antike Portal blieb dabei erhalten. Das **Palais Cindro** 11 am früheren *Decumanus* und das **Stadtmuseum im Papalić-Palast** 12 sind herausragende Denkmäler der venezianischen Zeit (Di–Fr 9–20, Sa/So 10–18 Uhr). Die drei Landtore haben sich unterschiedlich gut erhalten. Das **Westtor (Porta Ferrea)** 13 ist fast völlig von späterer Verbauung umgeben, wie dem **Osttor (Porta Argentea)** 14 hat man ihm die außen vorgebauten Achtecktürme genommen.

Porta Aurea 15 und Statue des Bischofs Grgur von Nin 16

Das **Nordtor (Porta Aurea)** war wohl das Haupttor, von der Fassade sind Figuren und Marmorauflagen ver- ▷ S. 217

Auch nachts ein beliebter Treffpunkt: die Kolonnaden des Peristyls

Auf Entdeckungstour

Das Museum kroatischer archäologischer Altertümer

Nur wenige Touristen besuchen dieses Museum **28**, Split hat einfach zu viel zu bieten. Dabei macht ein Rundgang durch die Ausstellung mit einer zu Unrecht im Schatten liegenden Sammlung bekannt. Sie empfiehlt sich für alle, die an Geschichte, Kunst, Kulturgeschichte und Archäologie ihres Gastlandes interessiert sind.

Zeit: mindestens 1 Std.

Planung: Das Museum liegt in der Stjepana Gunjace bb, Bus 12 fährt ab dem Platz vor dem Franziskanerkloster am Beginn des Trumbićeva Obala, dort befindet sich auch ein Taxistand. Öffnungszeiten: Mo–Fr 9.30–16, Sa 9–14 Uhr.

Auf den Spuren von Diokletian

Damals war das während der Titozeit errichtete Museum am Fuß des Marjanberges ganz modern. Heute ist man bei so viel Beton und so viel ungenutzt überbauter Grundfläche eher geneigt, an Umstrukturierung und eventuellen Neubau zu denken. Aber dafür fehlt das Geld. Ein großer heller Saal im Hochparterre präsentiert nur wenige Objekte (gezählte elf) aus frühkroatischer Zeit, also aus dem 9.–11. Jh. Im oberen Stockwerk schlägt ein Rundgang mit Fundstücken, Plänen, Erläuterungen und Fotos ein ganz anderes Thema an: die Ausgrabungen im Diokletianspalast. Die Ausstellung bereichert und erweitert die Eindrücke, die der an Archäologie interessierte Besucher in der Altstadt bereits gewonnen hat.

Frühkroatische Kunst, ein Rundgang

Über eine Stiege gelangt man ins Hochparterre, wo eine sitzende Frau in Landestracht – ein Werk von Ivan Meštrović – vor dem Eingang zur Sammlung frühkroatischer Kunst Wache hält. Auf dem Schoß hält sie einen Steinblock mit den typischen Mäandermustern frühkroatischer Kunst und glagolitischer Schrift – Meštrovićs Hommage an seine kroatische Herkunft.

Im Saal bleibt man zunächst rechts, an der Wand sind Kopien altkroatischer Texte angebracht, eine Tafel mit lateinischem Textband des Königs Zvonimir (wohl 888) sowie die berühmte Tafel von Baška mit glagolitischem Text. Auf der Ausstellungsebene unten gibt es zwei gut erhaltene Ciborien (Altaraufsätze). Am besten betrachtet man zunächst dasjenige, das mit komplettem Pyramidendach erhalten ist. Dieses **Ciborium**

stammt **aus Biskupija** bei Knin (im Binnenland an der oberen Krka), einem der Hauptzentren der frühkroatischen Königsmacht, entstanden im **11. Jh.** Tiere in den sehr plastisch ausgearbeiteten Kapitellen (Adler) und Weinranken mit Trauben im Relief erinnern an römische und frühchristliche Dekormotive. Die Kroaten haben sie vor allem von Steinsarkophagen in Salona und Fundstücken aus dem Diokletianspalast übernommen. Die Form des Ciboriums ist byzantinisch, von Byzanz übernahm das frühe Kroatien auch die Chorschranken mit eingesetzten Reliefplatten (Pluteen, Sing. Pluteus), wie sie ebenfalls im Saal zu sehen sind.

Das zweite **Ciborium aus Biskupija** ist ohne Aufsatz und wesentlich älter, wahrscheinlich stammt es noch aus dem **9. Jh.** Es veranschaulicht eine frühere Phase der Kunstentwicklung: Die Motive des typischen Flechtmusters erinnern noch an die Völkerwanderungszeit, sie gelten als typisch frühkroatisch und tauchen immer wieder als Dekor auf. Beide Ciborien wurden aus vielen Teilen zusammengesetzt und teilweise rekonstruiert (was man an den unterschiedlichen Farben der Oberflächen erkennt).

Ein großer sechseckiger, aus einem einzigen Stück gemeißelter **Taufstein aus Nin** fällt besonders auf. Mit seinen vereinfachten reliefierten Säulchen und dem mit einem Flechtmuster aufgefüllten Kreuz an der Vorderseite repräsentiert er eine sehr frühe Form kroatischer Skulptur. Dank des lateinischen Inschriftenbandes lässt er sich datieren: Er wurde im 9. Jh. für einen Knez (Fürsten) Višeslav geschaffen. Schöne frühkroatische Flechtmuster zeigt ebenso die **Altarwandbedeckung aus Ortesa** bei Brbir. Auch sie stammt aus dem 9. Jh. und wird von einem lateinischen Text geziert. Das Flechtmuster ist zwischen den Textstreifen und einem ganz antikisch anmutenden Mäanderstreifen angeordnet – eine interessante Zusammenstellung!

Ausgrabungen im Diokletianspalast

Auch die anderen Objekte verdienen Aufmerksamkeit, aber im oberen Stockwerk wartet noch die Ausstellung zur Archäologie des Diokletianspalastes. Mit zahlreichen Fotografien, Fundstücken aus Grabungen und Dokumentation wird die Geschichte des Diokletianspalastes bis in die Gegenwart aufgerollt, die ausgestellten Keramikfunde reichen bis ins frühe 20. Jh.! Besonders interessant sind die Rekonstruktionen des Palastes, die ihn zu verschiedenen Zeiten zeigen und so einen chronologischen Gang durch die 1700-jährige Entwicklung der Altstadt von Split ermöglichen. Örtlich produziertes und venezianisches Importgeschirr, Glas und Metallwaren, feine italienische Keramik der Barockzeit – ein teurer Import – all diesen Fundstücken sind Fotos der Ausgrabungen und den Stadtrekonstruktionen bestimmter Zeiträume gegenübergestellt.

Was man – noch – nicht sieht

Derzeit kann das Museum nur einen kleinen Teil seiner Sammlung präsentieren, die Erweiterung des frühkroatischen Teils um einen Saal mit kleineren Fundstücken im Obergeschoss ist in Planung. Wieviel man nicht zu sehen bekommt, hat eine Großausstellung in Split und Brescia vor Augen geführt, die im Jahr 2001 stattfand (»Bizantini, Croati, Carolingi«). Der Katalog umfasst ein Spektrum von Altarplatten mit feinem Flecht-

muster bis zu karolingisch beeinflussten Schwertern, von awarisch anmutendem Schmuck bis zu einem auf 879 datierten Taufstein aus Biskupija. Außerdem ein mit Gold und Niello prunkendes schwenkbares Weihrauchgefäß.

Informationen

Lesestoff: Literatur, die sich speziell der frühkroatischen Kunst widmet, gibt es – außer in kroatischer Sprache – kaum. Der erwähnte Katalog zur Ausstellung »Bizantini, Croati, Carolingi« erschien nur in Italienisch (Milano, Verlag Skira, 2001, ISBN 88-8491-093-5). Einen immerhin kargen Überblick vermittelt Janez Höfler unter dem Titel: Die Kunst Dalmatiens; Graz (Adeva) 1989.

CD-Rom: So lange der Vorrat reicht gibt es im Museum kostenlos die zur Ausstellung 2001 erschienene CD-Rom »Hrvatgi i Karolinzi« mit vielen Bildern.

Internet: Das Museum kann man unter www.mhas-split.hr erreichen. Eine empfehlenswerte Website zur frühkroatischen Kunst gibt es bislang leider noch nicht.

Lust auf noch mehr frühkroatische Kunst?

Teilweise überdacht, sind im Garten des Museums weitere frühkroatische Chorschranken und Sarkophage aufgestellt, darunter einige mit schöner Flechtwerkarbeit. Eine Chorschranke mit der Darstellung eines frühkroatischen Königs befindet sich in der Taufkapelle der Kathedrale (eine Kopie kann im Museum besichtigt werden!). Die kleine Kirche Sv. Trojstvo nahe dem Poljud-Stadion (Sutrojičin put) ist ein Rundbau mit sechs halbrunden Konchen, errichtet zur Zeit Kaiser Karls des Großen.

schwunden, aber weil es nicht verbaut wurde, hat man hier den besten Eindruck, wie der Palast einmal von außen ausgesehen hat. Die oberhalb im kleinen Park aufgestellte **Monumentalstatue** stellt den frühkroatischen Bischof Grgur von Nin dar (Grgur Ninski). Sie ist ein Werk des kroatischen Bildhauers Ivan Meštrović von 1929 (s. S. 68).

Novi Grad

Die »Neue Stadt« ist die mittelalterliche Stadterweiterung, man betritt sie vom Diokletianspalast durch die Porta Ferrea, die heute noch den einzigen direkten Verbindungsweg zwischen den beiden alten Stadtteilen darstellt und entsprechend viel Fußgängerverkehr hat (Altstadt für Autos gesperrt). Novi Grad hat ganz venezianischen Charakter, das zeigt gleich die **Loggia** 17 am Narodni Trg, von den Splitern familiär »Pjaca« benannt. Die überdachte Terrasse ist typisch für venezianische Provinzstädte. Einen praktischen Zweck hatten diese Loggien nicht, sieht man davon ab, dass von hier aus neue Verordnungen und Gesetze vorgelesen wurden.

Am Trg braće Radić, dem zweiten großen Platz von Novi Grad, steht vor dem barocken (17. Jh.), aber mit einer sehr zurückhaltenden Fassade versehenen **Palazzo Milesi** 18 zu Ehren des Spliter Renaissancedichters das **Marko-Marulić-Denkmal** 19 (1450–1524), ein Werk von Ivan Meštrović.

Stadtmauern 20

Venedig schuf nicht nur Stadtpaläste. Die **Mauern des 17. Jh.**, die Split sternförmig umgaben, sind noch in ein paar Abschnitten zu sehen, so beim Kroatischen Nationaltheater (1893), das aus der österreichischen Zeit stammt.

Die Festung Gripe 21

Mo–Fr 9–19, Sa 9–14 Uhr,
im Winter nur vormittags

Auf einem flachen Hügel liegt die gewaltige Festung Gripe, die sich fast unverändert erhalten hat. Hier ist u. a. das interessante Marinemuseum mit seinen vielen Schiffsmodellen und einem halben (!) Torpedoboot von 1927 vor der Tür untergebracht. Neben unzähligen anderen Ausstellungsstücken zum Thema Kroatische Schifffahrt, die von Kapitänsporträts zu Votivbildern von Seeleuten und von alten Hafenansichten bis zu Gemälden des österreichischen Marinemalers Alexander Kircher reichen, ist das Museum vor allem wegen seiner Sammlung von Schiffsmodellen äußerst sehenswert. Ob die ragusanische Karaka oder der Šambek der Piraten aus Cattaro (Kotor in Montenegro), ob die flache Trupica der Boote des Neretva-Deltas oder das klassische kroatische Küstenboot Laut (oder Leut), sie sind alle hier zu bewundern, mit sämtlichen liebevollen Details. Wegen der Vergleichsmöglichkeiten ist dies zudem ausgesprochen informativ. Die Modelle wurden bereits in den 1920er-Jahren angefertigt und werden jetzt erstmals ausgestellt.

Archäologisches Museum 22

Mo–Fr 9–14/16–20, Sa 9–14 Uhr

Vor allem die römische Phase von Split und Salona ist im Archäologischen Museum gut vertreten, das zeigt schon der Garten. Dort hat man an der überdachten Wand des Museums zahlreiche Grabstelen und Plastiken aus römischer und frühchristlicher Zeit aufgestellt, die eine eindrucksvolle Sammlung von Steindenkmälern bildet.

Bačvice und die Strände

Split hat nicht viel an Stränden zu bieten, die nächsten schönen und nicht zu vollen Strände finden sich auf der Insel Šolta. Der altstadtnächste liegt in der **Bačvice-Bucht** 23 mit feinem Kies und Sand; aus guten Gründen ist er meist überfüllt. Hier wurde schon vor dem Ersten Weltkrieg gebadet, wie zwei Gebäude aus dieser Zeit zeigen. Nach 1918 hat man in den Park oberhalb das damals unumstritten beste Hotel der Stadt gebaut, das »Park«. Abends und nachts wird die Bucht zur Disco- und Partymeile. Die nächsten Buchten sind wesentlich weniger frequentiert, wie man auf einem Spaziergang am Strand entlang feststellen kann.

Viertel Veli Varoš

Aber auch das Haus- und Gassengewirr des Viertels Veli Varoš hinter dem **Franziskanerkloster (Sveti Frane)** 24 ist einen Besuch wert, hier findet man einige ältere Bruchsteinhäuser und eine altkroatische Kirche, **Sveti Nikole** (11. Jh.) 25.

Spaziergang über den Marjanberg

Vom Stadtteil Veli Varoš aus erreicht man über die beim Kloster Sveti Frane beginnende Senjska-Straße ein Café mit Aussichtsterrasse. Etwas versteckt liegt hier unter Bäumen ein kleiner jüdischer Friedhof. Er wurde bereits 1573 gegründet und gilt als einer der ältesten überhaupt erhaltenen. Die meisten der 700 Grabsteine sind aus dem 18. und 19. Jh.

Über eine Stiege mit Aussichtsplattformen geht es weiter auf den bewaldeten Marjanberg, der das Rückgrat der gleichnamigen Halbinsel bildet. Die Blicke auf Split und seinen Hafen, auf das Gebirge im Hintergrund – ganz in der Ferne ist sogar der Biokovo über der Riviera von Makarska zu erkennen – und auf die Inseln Šolta und Brač sind die Anstrengung wert. Besonders eindrucksvoll ist die Zeit vor Sonnenuntergang, wenn die Berge im Osten, vor allem die Kette des Mosor-Gebirges, im Licht der untergehenden Sonne aufleuchten. Vorbei an der bescheidenen Kapelle Sv. Nikola erreicht man auf Wegen oder auf der Straße den Telegrin, mit 175 m der

höchste Punkt der Insel (bis hierher ca. 30 Min.). Weiter auf dem Scheitel des Berges führen Pfade und ein Sträßchen zu einer weiteren Kapelle (bis hierher 1 Std.), von der aus man auf dem Sträßchen zur Landspitze gehen oder nach rechts auf Wegen in die Strandsiedlung Bene absteigen kann. Von beiden bringt uns Bus 12 wieder an den Platz vor Sveti Frane zurück.

Weitere Museen

Drei interessante, aber wenig besuchte Museen befinden sich am Südfuß des Marjanberges, zwei liegen in der Straße Šetalište Ivana Meštrovića und sind mit dem Bildhauer und Architekten Ivan Meštrović verknüpft (s. S. 68), der hier von 1931 bis 1942 lebte und arbeitete. In der **Galerija Ivana Meštrovića** 26, einer eindrucksvollen zweistöckigen Villa mit klassizistisch anmutendem Säulenvorbau (Hausnummer 46), sind viele seiner Werke ausgestellt, einige größere Skulpturen befinden sich im Garten (www.mdc.hr/mestrovic, Di–So 9–19, im Winter Di–Sa 9–16, So 10–15 Uhr).

Fast noch imponierender ist das **Kaštelet** 27 etwas stadtauswärts (bei Nr. 39, Öffnungszeiten wie Galerija). Dort schuf Meštrović einen Kirchenraum, dessen umlaufende Holzreliefs und zentrales Kreuz noch ausdrucksstärker sind als vieles, was in der Galerija ausgestellt ist.

Das dritte im Bunde ist das **Museum kroatischer archäologischer Altertümer** 28 mit Funden aus Kirchen der frühkroatischen Zeit Dalmatiens (s. S. 214).

Übernachten

Hotels in Split sind teuer. Wer preiswerter logieren will, nimmt ein Privatzimmer oder fährt nach Stobreč oder Podstrana südlich der Stadt, wo viele Beherbergungsbetriebe vom Typ »Pizzerija-Pansion« Gäste erwarten (und auch das Luxushotel Meridièn). Ein Privatzimmer kann man natürlich auf gut Glück am Busbahnhof buchen (jeder, der von Bus oder Fähre kommt, wird von Zimmervermietern angesprochen), sicherer ist die Buchung in einem Turist Biro, z. B. an der Riva 12, Tel./Fax 021 34 25 44.

Für Stadtschwärmer mit Stil – **Globo** **1**: Lovretska 18, Tel. 021 48 11 11, www. hotel-globo.com, DZ/FR 105–140 €. Das luxuriös eingerichtete private Hotel in Gehentfernung von der Altstadt ist leider nicht gerade billig, sonst wäre es ein ausgezeichneter Ort, um Split zu erkunden (die direkte Umgebung ist jedoch weniger toll).

Traditionshotel – **Park** **2**: Hatzeov perivoj 3, Tel. 021 40 64 06, www.hotel park-split.hr, DZ/FR 145–190 €. Das schick herausgeputzte Haus liegt fast direkt am Strand in einem kleinen Park, die Altstadt ist nicht weit entfernt und zu Fuß erreichbar. Viersternekomfort, das ist sich dieses bereits in den Zwanzigerjahren errichtete Hotel aber auch schuldig.

Komfortabel am Strand – **Radisson Blu Resort** **3**: Put Trstenika 19, Tel. 021 30 30 30, www.radissonblu.com/resort-split, DZ/FR ab ca. 145 €, NS mit Vorausbuchung über Internet ab ca. 85 €, bessere Zimmerkat./Suite bis 300 €. Aufgehübscht und mit allen nötigen Gadgets der Gegenwart versehen (gratis Highspeed-Internetzugang in allen Zimmern) ist das ehemalige Hotel Split im strandnahen Trstenik 3,5 km südlich des Zentrums nun ein äußerst komfortables »Resort« geworden. In der Nebensaison sogar bezahlbar …!

Palazzo im Palast – **Slavija** **4**: Buvinina 2, Tel. 021 32 38 40, www.hotelslavija. com, DZ/FR ab 135 €. Das erste Hotel, das im Diokletianspalast eröffnet wurde, hat man in einem älteren Palazzo eingerichtet. Restauriert und recht komfortabel, nimmt es leider et-

---

Mein Tipp

Intim – **Kaštel** **5**: Mihovilova širina 5, Tel. 091 120 03 48, www.kastelsplit.com, DZ/FR 65–125 €. Das kleine Privathotel grenzt unmittelbar an die Mauern des Diokletianspalastes, wie der Frühstücksraum mit der freigelegten antiken Wand zeigt. Das Hotel hat gut ausgestattete Zimmer mit Klimaanlage, einige mit Kochnische, dazu einen sehr freundlichen Service und das beste Preis-Leistungs-Verhältnis in Split.

---

was überzogene Preise. Abends und nachts nach vorne Lärmbelästigung durch die Bar gegenüber und eine Disco nebenan.

Luxuslage – **Peristil** **6**: Poljana Kraljice Jelene 5, Tel. 021 32 90 70, www.hotel peristil.com. Hier stimmt einfach alles, die Lage an der Kathedrale, die hochwertige Ausstattung eines an römische Mauern angelehnten Hauses und das zuvorkommende Personal. DZ/FR ab 160 €.

… in Stobreč

Großes Angebot – **Camping Stobreč-Split** **7**: Sv. Lovre 6, 21311 Stobreč, Tel. 021 32 54 26, www.campingsplit.com (ausführliche Infos auch auf Deutsch).

… in Podstrana

Podstrana, 8–10 km südlich von Split, ist ein Vorort am Meer mit zahlreichen und im Gegensatz zu Split preiswerten Pensionen und Apartments entlang der Straße nach Dubrovnik, darunter auch einige Hotels.

Luxusschuppen – **Le Méridien Lav** **8**: Grljevačka 2A, 21312 Podstrana, Tel. 021 50 05 00, www.starwoodhotels. com, DZ/FR ab ca. 105 €. Die Hotelkette

Lieblingsort

Geschäftiges Treiben auf dem Grünmarkt 1

Der tägliche Markt an der Palast-mauer (»Stari pazar«, Hrojeva) ist groß, sehr lebendig und nicht nur für Fotografen einen Besuch wert. Eindrucksvoll ist die Atmosphäre im Fischmarkt, einer großen Halle. Nach dem Einkauf können Groß und Klein sich mit einem Eis belohnen.

Starwood hat ihr Méridien Hotel »Löwe« direkt an den Strand gestellt, das können wenige Hotels bieten. Reichlich Sport- und Freizeitmöglichkeiten, »Diokletian Spa and Wellness Center«, Ballsaal und – selbstverständlich – tadellose und sehr komfortable Zimmer.

Essen & Trinken

Tradition – **Mediteranium** **1**: Put Firule 6, Tel. 021 38 98 97, www.mediteraniumsplit.com. Das ehemals beste Restaurant der Stadt, früher Šumica genannt) serviert nach Umbau immer noch ausgezeichneten Fisch und Meeresfrüchte, aber modisch schick schon mal als Bar-Fingerfood. Dazu Klassiker der kroatischen und Standards der internationalen Küche. Schicke Lounge. Das Lokal liegt in einem Kiefernwäldchen unweit vom Strand.

Dalmatinisch – **Konoba Varoš** **2**: Ban Mladenova 7, Tel. 021 39 61 38, Hauptgericht 8–15 €. Die beliebte *konoba* hat eine eher einem Restaurant entsprechende große Speisekarte mit dem üblichen Angebot aber auch einigen dalmatinischen Spezialitäten: so die immer wieder köstlichen *škampi kardinale*, Scampispießchen mit dalmatinischem *pršut*. Schmorgerichte unter der Glocke *peka* sind besonders empfehlenswert.

Pizza im Innenhof – **Golden Gate/ Zlatne vrata** **3**: Majstora Jurja, Pizza 6–8 €. Die beliebte und gute Pizzeria befindet sich in einem alten Haus in der Nähe der Porta Aurea. Der altehrwürdige Innenhof hat verglaste Galerien, im kleinen Speisesaal steht der gemauerte Pizzaofen.

Beste Pizza der Stadt – **Galija** **4**: Tončićeva 12, Tel. 021 34 79 32, Pizza 5–7 €. Zu Stoßzeiten muss man anstehen, denn Galija ist ein wegen seiner hervorragenden Pizzen sehr beliebtes Lokal. Flotter Service, immer freundlich, wer länger in Split ist, wird zum Wiederholungstäter.

Stimmungsvoll – **Dioklecijan** **5**: Dosud 9, Tel. 021 34 66 83. Der Innenraum macht kaum von sich reden, aber die Terrasse nach vorne hat's dafür in sich: Einmal, weil sie einen winzigen Platz im oberen Stockwerk der mittelalterlichen Verbauung des Diokletianspalastes einnimmt, und zum zweiten, weil die drei Fenster, durch die man auf die Riva und den Hafen blickt, die Originalfenster des Bogens über dem Hafentor des Palastes sind. Da schmeckt der Risotto (im Sommer) gleich noch mal so gut (im Winter ist das Dioklecijan nur Café).

Tradition – **Gradska Kavana** **6**: Das Café am Narodni Trg mit seinem bürgerlichen Ambiente ist eine städtische Institution; separater Restaurantteil.

Einkaufen

Wochenmarkt – **Grünmarkt** **1**, s. S. 220.

Antiquitäten – Antiquitätenläden, echte und falsche Antiken und Trödel im **Kryptoportikus** **2** des Diokletianspalastes und in der Dioklecijanova (gehobenes Niveau).

Kunsthandwerk – **Galerija Kolura** **3**, Majstora Jurja 11, Glas und Keramik vorwiegend aus kroatischem Kunsthandwerk.

Bücher – **Buchhandlung Algoritam** **4**, Bajamontijeva 2, Bücher in Englisch und Deutsch, CD-Roms etc.

Fußballfanartikel – Fußballfans decken sich im **Fanshop des Klubs Hajduk Split** **5** beim Stadion Poljud (Mediteranskihi-gare 2) mit Souvenirs ein.

Aktiv & Kreativ

Fußball – Im trotz seines Alters (1978 fertig gestellt) immer noch modernen

Fußballstadion Poljud **1** finden häufig Spiele statt, der große Publikumsmagnet ist natürlich das Match zwischen Hajduk Split und Dinamo Zagreb. Hajduk gehört zu den ältesten Klubs Kroatiens – er wurde 1911 gegründet – und war mehrfach jugoslawischer und dann später kroatischer Meister. Bekannt ist der Klub auch für seine Fans, die *torcida* (so genannt nach brasilianischem Vorbild), die 1950 mit ihrer lautstarken Unterstützung des lokalen (kroatischen) Teams gegen das (serbische) Team von Roter Stern Belgrad eine erste Krise des Nationalitätenstreits in Jugoslawien auslösten.

Jachthafen – Split besitzt mit der **ACI Marina** **2** am Ufer der Marjan-Halbinsel einen ausgezeichneten Jacht-hafen, ACI Marina Split, Uvala Baluni bb., Tel. 021 39 85 48, m.split@aci-club.hr.

Baden und Beachen – Mehrere Stadtstrände ab der **Bačvice-Bucht** **3** hinter dem Busbahnhof, recht sauber aber meist sehr überfüllt.

Rafting – Wildwasser-Raftingtouren auf dem Cetinafluss werden von verschiedenen Agenturen angeboten: Ein überaus versierter Veranstalter ist **Split-excursions** (Adresse s. Tipp S. 223), weiterhin auch **Adventure Dalmatia**, Tel. 091 501 29 13, www.adventuredalmatia.com.

Abends & Nachts

Lokale und Bars – An der **Hafenpromenade (Riva)** **1** vor dem Diokletianspalast und in der Majstora Jurja am Nordtor haben die meisten Lokale bis lange nach Mitternacht geöffnet; besonders stimmungsvoll ist das **Porta** **2** in der Majstora Jurja (neben der Pizzeria Golden Gate), das in der engen Gasse vor der Tür auch einen kleinen Sitzbereich anbietet.

Die Lokale an der Riva haben seit der kostspieligen Neugestaltung dieser Promenade, bei der man durchgehend Steinplatten verlegte, riesige Sonnendächer bekommen (die leider den früher ungetrübten Blick auf die Palastfassade beeinträchtigen). Cafés, *kaffe bars*, Konditoreien (wie das Bobis) und Eissalons drängen sich an der Riva dicht an dicht, die Preise sind hoch, der Service nicht unbedingt persönlich, aber der Standort ist Splits populärster und wird es vermutlich erst einmal bleiben.

Partys – An der **Bačvice-Bucht** **3** hinter dem Bahnhof konzentriert sich die Partyszene, vor allem der Tropic Club und die Sommerdisco sind bis morgens früh geöffnet, ansässig sind ein Kino und verschiedene Kneipen sowie Schnellimbisse und Pizzerien. Die Open Air Disco **O'Hara Music Club** **4** in der zweiten Bucht nach der Bačvice-Bucht ist ebenfalls sehr populär. In der Poljud-Bucht (nahe dem Stadion) liegt der Disco Club **Vanilla** **5**.

Traditionslokal – **Café Luksor** **6** im Palast des Peristyls: Das Luksor (oder Luxor) nimmt das repräsentative Erdgeschoss des Palastes Crisogono-Cipici ein. Dieser wurde in der Renaissance in die Säulenarkaden des Peristyls gebaut, liegt also etwas höher als das Peristyl selbst, zu dem umgehende Treppen hinunter führen. Auf den Treppenstufen darf man auf Kissen verweilen und in der Dämmerung oder in nächtlicher Kühle seinen Drink nehmen und von Split oder wovon auch imer träumen.

Theater – **Kroatisches Nationaltheater** (Hrvatsko Narodno Kazalište) **7**, Trg Gaje Bulata 1, Tel. 021 36 30 14, www.hnk-split.hr. Die Dreispartenbühne bietet im Winter sehr häufige (nicht unbedingt) tägliche Aufführungen, aber auch Konzerte, in den Übergangsjahreszeiten weniger.

Infos & Termine

Informationen

Touristeninformation im ehemaligen Rochuskirchlein, Peristil, Crkvica Sv. Roka, 21000 Split, Tel. 021 34 56 06; www.visitsplit.com. Stadtplan und Infobroschüre »Welcome to Split«, ansonsten gibt es relativ wenig gedruckte Information.

Internet: Internet & Games, Obala Kneza Domagoja bb. am Hafen; Cyber Café Mriža, Kružićeva 3.

Deutsches Konsulat: Svačićeva 4, Tel. 021 40 93 47, Fax 021 48 64 01.

Termine

Sommerfestival: Mitte Juli–Mitte Aug. in der Altstadt, mit Oper, Theater, Konzert, Straßentheater, Tanz.

Verkehr

Anreise: ca. 20 km von Split entfernt, nahe Trogir, liegt Kroatiens zweitwichtigster **Flughafen** (Tel. 021 20 31 71). Flughafenbusse von der Ecke Obala Lazareta/Obala kneza Domagoja (hinter dem Hafenamt). Auch die **Busse** der Linie 37 halten am Flughafen. Diese Linienbusse sind wesentlich günstiger, als mit dem Bus der Croatia Airlines nach Split zu fahren! Direktflüge innerhalb Kroatiens, nach Frankfurt (tgl.), Amsterdam, Berlin, Düsseldorf und Zürich. Croatia Airlines in der Stadt, Obala Hrvatskog preporoda 9, Tel. 021 36 29 97.

Bahnverbindungen vom Hafenbahnhof nach Zagreb und Zadar (umständlich).

Regionale und überregionale **Busse** vom Busbahnhof am Hafen, Tel. 021 32 91 80, www.ak-split.hr.

Fähren und Katamarane zu den dalmatinischen Inseln und Ancona, alle Agenturen im Hafen-Abfertigungsgebäude.

Taxi am Ostende der Riva beim Hafenamt, Tel. 021 47 53 43.

Mein Tipp

Städtetour per Drahtesel

Eine amüsante Art, die Stadt kennen zu lernen, bietet Splitexcursions mit der **Split Bike Tour**, für die das Fahrrad bereitgestellt wird (nur mit Voranmeldung). Der Veranstalter bietet auch andere Stadtbesichtigungstouren an: Splitexcursions, Nepotova 6, Tel. 988 581 41, info@travel49.com, www.split excursions.com.

Solin (Salona) ▶ H 11

Öffnungszeiten Ruinen und Museum Juni–Sept. Mo–Fr 9–19, Sa 10–19, So 16–19, Okt.–Mai Mo–Fr 8–15 Uhr

Römische Heere besiegten die Dalmaten im Jahr 119 v. Chr. und gliederten die östliche Adriaküste ihrem Reich ein. Zu diesem Zeitpunkt war Salona (Salonae) bereits eine bedeutende Stadt, die gemeinsam von ihren Gründern, den Griechen, und der illyrischen Bevölkerung bewohnt wurde. Die Erhebung zum Status einer Militärkolonie und die Hauptstadtfunktion für die Provinz Dalmatia ließen die Stadt kräftig wachsen. Ein Amphitheater für bis zu 18 000 Zuschauer, ein großes Forum mit bedeutenden Tempeln, ein Theater und Thermen wurden als öffentliche Bauten errichtet, deren Ruinen heute zum Teil noch zu sehen sind. Vor allem das Amphitheater im äußersten nordwestlichen Ausgrabungsgebiet und die Thermenanlage in der Nähe des heutigen Eingangs sind sehenswert. Besonders interessant sind auch die frühchristlichen Bauten: Salona nahm wie die meisten

Provinzhauptstädte die neue Religion rasch an.

Basilika Manastirine

Noch vor dem Eingang zum umfriedeten Bereich liegt die Ruine der dreischiffigen Basilika Manastirine, innen wie außen stehen zum Teil in den antiken Boden eingelassene Sarkophage. Da sich hier vor der Zerstörung des Ortes durch die Awaren 614 und der Überführung der Reliquien in den Kaiserpalast von Split das Grab des Märtyrers Domnius befand, wollten viele Menschen in seiner Nähe begraben werden. Die schönsten Sarkophage sind zwar im Spliter Archäologischen Museum zu bewundern, aber die verbliebenen sind immer noch kaum zu zählen.

Von den altkroatischen Denkmälern – Salona war im 10. Jh. eine der kroatischen Königsresidenzen – ist fast nichts zu sehen (Ruinen und »tusculum« Mo–Fr 7–15 Uhr; von der D 8 in der Nähe des Amphitheaters ist das Grabungsgebiet jederzeit frei zugänglich).

Infos & Termine

Bus 1 fährt wochentags halbstündlich, sonntags stündlich von Split (gegenüber Nationaltheater) nach Solin; Rückfahrt evtl. ab (nicht kontrolliertem) Ausgang bei der Basilika Manastirine, dort Halt der Stadtbusse 37 zwischen Trogir und Spilt (100 m rechts auf anderer Straßenseite).
Stadtfest in Solin: 8. Sept.

Omiš ► J 11

Südlich von Split lässt das Mosorgebirge an der Küste wenig Platz für Siedlungen. Das ändert sich erst bei Omiš, wo der Cetinafluss die Gebirgsbarriere in einer eindrucksvollen Schlucht durchbricht. Die Felsen kommen so nah an das Flussbett heran, dass die Straße auf der südlichen Flussseite durch einen Tunnel gelegt werden musste. Die weit aus dem Binnenland her strömende Cetina fließt ganzjährig und reichlich. Da sie auch einen Verkehrsweg ins Innere darstellt, entwickelte sich auf dem kleinen Mündungsdelta schon früh, spätestens in der Römerzeit, eine Siedlung. Im Frühmittelalter entdeckten die Neretva-Piraten, dass man den Fluss bis nach den Felsen der Engstelle mit Booten befahren konnte, dahinter lag ein sicherer, vom Meer aus nicht erkennbarer Hafen. Und die Küste von Brač liegt genau gegenüber, schwache drei Seemeilen entfernt, gerade recht für gelegentliche rasche Piratenzüge. Mit Gottes Segen, wie es scheint, auf jeden Fall mit dem der Kirche, das bezeugt die kleine frühkroatische Peterskirche (Sveti Petar u Proku, 10./11. Jh.) unter den Felsen auf der nördlichen Flussseite.

Am Cetinafluss ► J 11

Heute ist Omiš ein beliebter Ausgangspunkt für Touren entlang der Cetina. Durchschnittliche Mountainbiker finden die Straße auf dem Südufer ganz ideal, zumal man bei zwei Fischrestaurants vorbeikommt, in denen es etwa den hier gefangenen Flussaal gibt. Sportfahrer nehmen die Straße auf dem anderen Ufer, die nach Gata hinaufführt, und machen die Runde über Kostanje und Kučiće (46 km). In **Gata** können sie das Museum Poljica besichtigen, in dem Erinnerungen an die Zeit der Autonomie dieser Bauernlandschaft unter venezianischer Oberherrschaft aufbewahrt werden (Poljički muzej, bei der Kirche, im Sommer meist vormittags geöffnet).

Rafter, Schlauchboot- und Kajakfahrer entdecken, dass der Fluss einige Überraschungen bietet: Als echter

Am Hafen von Omiš

Karstfluss bildet er Sinterbarrieren, über die er sich in Wasserfällen ergießt, die Strecken davor sind fast seenglatt.

Wanderer werden vom Mosorgebirge angezogen, das man von Gata erkunden kann, oder von der Rogoznica auf der anderen Seite der Cetina. Die Dörfer südlich Omiš, die zwischen der steil ins Meer stürzenden Rogoznica und der Küste angesiedelt sind, haben kaum einen Quadratmeter ebenen Boden, Lokva, Mimice, Pisak sind zwischen ihren Ölbaumhainen wie an den Hang geklebt.

Weiter an der Küste nach Makarska und zum Neretva-Delta siehe S. 247 bzw. 252.

Übernachten

Weitblick – **Villa Dvor:** Mosorska cesta 13, 21310 Omiš, Tel. 021 86 34 44, www.hotel-villadvor.hr, DZ/FR 100–135 €. Das neuere Privathotel liegt unter den Felsen über der Stadt. Es hat 23 zweckmäßig eingerichtete Zimmer, davon einige mit Balkon und herrlicher Aussicht.

Aktiv & Kreativ

Rafting auf der Cetina, **Freiklettern** und **Gebirgswanderungen** sind *die* Sportarten von Omiš. Nimmt man den **Wassersport** hinzu und die Möglichkeiten, mit einem der im Hafen liegenden traditionellen Motorsegler in See zu stechen, ergibt sich das Bild eines idealen Ortes für Aktivurlauber. Rafting ist dabei besonders verbreitet, eine Buchung ist in allen wichtigen Touristenorten der Regionen Split und Dubrovnik möglich, in Split z. B. bei Splitexcursions (s. S. 223).

Infos & Termine

TZG: Trg kneza Miroslava bb., 21310 Omiš, Tel./Fax 021 86 13 50, www.tz-omis.hr.
Festival dalmatinischer Klapas: Dieses Treffen dalmatinischer Chöre im Juli ist ein für ganz Kroatien interessantes Event, zu dem auch zunehmend Teilnehmer aus anderen Regionen begrüßt werden.

Zwischen Split und Dubrovnik

Highlight!

Die Stadt Hvar: Ein kleiner Hafenort, dieses Hvar, ein Städtchen mit tausendjähriger Geschichte, gotischen Palazzi, Renaissanceloggia und einer Klientel vom Pauschaler zum Jachtbesitzer. S. 235

Auf Entdeckungstour

Von Makarska zum Botanischen Garten Kotišina: Am Fuß der gewaltigen Felswand des Biokovo liegt ein Botanischer Gebirgsgarten. Vom Makarska kommt man auf alten Wegen hin. S. 248

Kultur & Sehenswertes

Griechischer Friedhof auf Vis: Die Griechen waren auch an der kroatischen Adria. Von den wenigen greifbaren Spuren ist der Friedhof von Vis die überraschendste. S. 239

Die Altstadt von Korčula: Korčula ist nicht die einzige alte Stadt an der Adria, die auf einer engen Halbinsel hinter ihren Mauern zusammenrückt. Aber vielleicht die eindrucksvollste. S. 241

Aktiv & Kreativ

Auf die Vidova Gora wandern: Gar nicht so schwer, der Aufstieg auf den höchsten Berg der dalmatinischen Inselwelt. Von oben blickt man auf Zlatni rat und die Insel Hvar. S. 229 und S. 231

An der Lavendelernte auf Hvar teilnehmen: Im Frühsommer duftet es auf Hvar nach Lavendel, der dort in der Karstlandschaft gezüchtet und geerntet wird. Manche Farmer ermöglichen die Teilnahme daran. S. 235

Genießen & Atmosphäre

Friedhof der Stadt Supetar: Aus der späten Gründerzeit und dem Jugendstil stammen die meisten Grabdenkmäler des Friedhofs von Supetar. Unter seinen großen Strandkiefern kommt man ins Träumen. S. 229

Festung Španjola in Hvar: Von der gut erhaltenen Festung hat man einen Traumblick auf die Stadt Hvar. S. 236

Abends & Nachts

Hafen Mandrac in Hvar: Abends konzentriert sich um den Fischerhafen Mandrac und auf der Riva das Leben. S. 238

Höhlen-Discos in Makarska: Extra-Stimmung bringt der Standort von Grotta und Deep Night in Brandungshöhlen am Meeresufer – im wahrsten Sinne des Wortes cool. S. 251

Zwischen Split und Dubrovnik dehnt sich ein faszinierender Archipel aus. In seiner Vielfalt der Landschaften auf den großen und kleinen Inseln, dem Alter und der historischen Bedeutung seiner Orte und in seinen vielen wassersportlichen Möglichkeiten ist er nur mit einem anderen berühmten Archipel vergleichbar – den Inseln der Ägäis.

Die Inseln Brač, Hvar, Vis mit Biševo und Lastovo sind von duftender Macchie überzogen, bergig und mit langen, felsigen Küsten, aber auch Sandstränden, wie am Goldenen Horn auf Brač. Zwischen dem venezianischen Hvar und dem Fischerort Komiža auf Vis, zwischen dem Ferienort Supetar und dem verschlafenen Lastovo liegen Welten, die es zu erkunden lohnt.

Auch die Festlandküste südlich von Split ist reizvoll: Das Küstengebirge wird von zwei Flusstälern unterbrochen. An der Cetina liegt Omiš (s. S. 224), früher ein veritables Piratennest. Bei Ploče quert die Straße das Delta der Neretva, die immer ein wichtiges Einfallstor zum Balkan war, auch schon in römischer Zeit, wie die Ruinen von Narona künden, denen man jüngst ein faszinierendes Museum aufgesetzt hat. Dazwischen liegen die hübschen Orte der Riviera von Makarska, dem touristisch bedeutendsten Ort der ganzen Strecke, überragt vom eindrucksvollen, steil zur Küste abfallenden Biokovo-Gebirge.

Die Region ist touristisch gut erschlossen und ein Paradies für Wassersportler wie Taucher, Skipper, Badende an den Kies-, Fels- und einigen wenigen Sandstränden oder Passagiere auf einem Motorsegler. Sogar bergsteigen und klettern kann man, auf die Inselberge auf Brač und im Biokovo-Gebirge. Wenig bleibt zu wünschen nach einem Urlaub auf einer der Inseln, höchstens, dass man wiederkommen kann.

Infobox

Touristeninformationen

Hauptbüro für die Region Split und Mitteldalmatien (Küste bis Neum, alle Inseln außer Korčula, Mljet und Lastovo): Prilaz braće Kaliterna 10/F, Tel. 021 49 00 32, 21000 Split, www.dalmatia.hr.
Hauptbüro in Dubrovnik (für die Inseln Korčula, Mljet und Lastovo): TZ Dubrovačko-neretvanska, Cvijete Zuzorić 1/1, 20000 Dubrovnik, Tel. 020 32 49 99, www.visitdubrovnik.hr.
Telefonvorwahl 021, mit Ausnahme von Neretvadelta und Vid/Narona sowie Inseln Korčula und Lastovo, hier lautet die Vorwahl 020.

Internet

www.dalmatia.hr: ergiebige Seite für Mitteldalmatien (Region Split und Inseln); für die Inseln Lastovo und Korčula auch **www.visitdubrovnik.hr.**

Anreise und Verbindungen

Alle Inseln sind von Split aus mit Fähren und Tragflügelbooten zu erreichen, in Richtung Dubrovnik häufige Busverbindungen über Makarska und Ploče, von denen einige über Metković fahren (dort Taxi nach Vid/Narona). Auf den Inseln eher mäßige Busverbindungen, an Sonn- und Feiertagen z. T. kein öffentlicher Verkehr. Zwischen den einzelnen Inseln gibt es kaum Verbindungen, in den meisten Fällen muss über Split gereist werden. Lastovo hat keine direkte Verbindung nach Dubrovnik, zu dessen Verwaltungsbezirk es gehört, nur nach Split.

Brač ▶ H/J 11/12

Die Insel Brač hat eine buchtenreiche, sanft ansteigende Nordseite und eine steil und ungegliedert zur Vidova Gora (780 m) aufragende Südseite. Im Süden ist kaum Platz für Dörfer, nur Bol und der Weiler Murvica entstanden an dieser der Sonne ausgesetzten Küste. Die 2700 Sonnenstunden pro Jahr tun sowohl dem Wein als auch den vielen Urlaubern gut. Dafür finden sich auf dem allmählich abfallenden welligen Plateau im Norden einige recht ursprüngliche Bauerndörfer. Hier sind Touristen nur Zugvögel, Äcker und Weinberge sind immer noch wichtiger als die Jobs, die von den Jungen längst in Split, Zagreb oder München ausgeübt werden. Einige Küstenorte haben sich dem Fremdenverkehr verschrieben, so der Fährort Supetar und das ganz auf den Jachttourismus ausgerichtete Milna. Eine eigene Rolle spielt Pučišče: Hier ist die Hochburg der bedeutenden Marmorproduktion der Insel samt einer Schule für Bildhauer und professionelle Steinmetzen. Die Insel ist im höheren Bereich teilweise bewaldet (vor allem mit Aleppokiefern, aber auch alten Beständen von Schwarzkiefern), der Rest ist von mehr oder weniger hoher Macchie überzogen. Zu den Sehenswürdigkeiten gehören Naturschönheiten wie das »Goldene Horn« bei Bol, eine spitz ins Meer hinaus reichende Sandbank, und der Aufstieg zur Vidova Gora, aber auch Zeugen einer langen Kultur wie das einsam gelegene, verlassene Kloster Blaca oder der kleine Ort Škrip, dessen Bauten sich auf Jahrtausende alten Mauern erheben.

Anreise nach Brač

Flughafen Brač: 32 km von Supetar, Zubringer ab/zum Airport nach Bedarf, Charterlinien aus mehreren europäischen Ländern; Fährverbindung von/

nach Split bis zu 13 x pro Tag. **Autofähre:** Von Sumartin im äußersten Osten der Insel Brač bis zu 5 x tgl. nach Makarska. **Tragflügelboot:** Von Jelsa (Insel Hvar) über Bol nach Split.

Supetar ▶ H 11

Die Insel Brač ist von Split aus leicht zu erreichen, das hat den Fährhafen Supetar zu einem Vorort von Split gemacht. Der ovale, heute durch eine große Mole geschützte Hafen ist von älteren Häusern umstanden.

Schon vom Schiff sieht man auf dem strandnahen Friedhof ein ungewöhnliches Bauwerk: das mit Motiven orthodoxer Kirchen spielende **Mausoleum** der Familie Petrinović, ein Werk des zu seiner Zeit sehr geschätzten Bildhauers Toma Rosandić (1878–1958). Auch Werke anderer kroatischer Bildhauer aus der späten Gründerzeit bis zum Art déco finden sich auf dem Friedhof.

Von Supetar aus ist die ganze Insel mit Tagesausflügen zu erreichen, das Hotel- und Sportangebot ist groß und die Strände sind gut.

Übernachten

Die **Hotelgruppe Waterman Resorts,** Put Vela Luke 4, Tel. 021 64 01 55, www.watermanresorts.com, beherrscht den Pauschalmarkt in Supetar mit Apartmentanlagen und Hotels (Hotel Adria, Waterman Supetrus Resort) östlich der Bucht, Preise ab DZ/HP 80 €, im Apartment für zwei 105–350 € – besser vorab über Internetanbieter buchen! Es gibt Alternativen und Privatzimmer bzw. Apartments, die man z. B. über Atlas Supetar (Porat 10, Tel. 021 63 11 05, www.atlas-supetar.hr) oder Maestral (Kaleta II, R. Boškovića 13/15, Tel. 021 47 09 44, www.travel.maestral.hr) bucht.

Freundliches Haus – **Pension Palute:** Put Pašike 16, Tel. 021 63 15 41, palute@st.t-com.hr, DZ/FR ab ca. 45 €. Sympathische Familienpension, 1 km vom Stadtzentrum in ruhiger Umgebung, ganzjährig geöffnet. Die Zimmer sind einfach mit TV und Klimaanlage.

Familienhotel – **Mandić:** Vladimira Nazora 1, Tel. 021 63 09 66, Fax 021 63 09 11, DZ/FR ca. 90 €. Das kleine Hotel liegt in einem Steinbau etwas oberhalb der Bucht am Rand der Altstadt. Das Haus ist durchaus modern, komfortabel, mit Klimaanlage, TV und – nicht in allen Zimmern – Balkon.

Zweckmäßig – **Camping AC Supetar:** Tel. 021 63 00 88, Fax 021 63 00 22. Juni–Sept.

Essen & Trinken

Hafenblick – **Bistro Palute:** Tagesmenü ab 6 €. Das einzige Hafenlokal, wo man direkt am Wasser sitzen kann. Nicht nur durch seine Lage ausgezeichnet, sondern hat es auch noch zivile Preise.

Aktiv & Kreativ

Gute **Strände** beginnen am Bili rat, noch besser sind jene westlich der Bucht Vela Luka. Für **Radfahrer** gibt es eine kostenlose Karte »Dalmatia by Bike Brač« bei der Touristeninformation.

Infos

TZG: Porat 1, 21400 Supetar, Tel./ Fax 021 63 05 51, www.supetar.hr.

Škrip ► H 11

Škrip liegt in Aussichtsposition auf einem Hügel 4 km südlich von Splitska.

Das Dorf fußt auf einer eisenzeitlichen Befestigung und war seither ununterbrochen bewohnt. So ist es verständlich, dass sich das Bračer Heimatmuseum hier befindet (tgl. 10–18 Uhr, im Winter Schlüssel nebenan). Man passiert, von Splitska kommend, das Kastell der Familie Cerineo, dann steht man vor dem Wehrturm Kastell Radojković, der zum Komplex des Heimatmuseums gehört. Er steht auf bis zu 5 m hohen Mauern aus der Eisenzeit, die durch ihre Bruchsteintechnik auffallen. Im Hof des Museums befindet sich ein römisches Mausoleum, man erreicht es durch die Museumsräume. Nahe der Pfarrkirche erhebt sich eine kleine vorromanische Kirche (Sv. Duh, 11./12. Jh.) und beim Friedhofseingang findet sich eine römische Wasserstelle mit kleinem Wasserbecken, die man dort in den anstehenden Stein gehauen hat.

Pučišća ► J 11

Der mit seinen massiven, wohlgebauten Häusern fast städtisch wirkende Ort (1700 Einw.) in der schmalen Bucht lebt fast ausschließlich vom Marmor. Auf der Halbinsel östlich der Bucht liegt der größte **Steinbruch** der Insel, der den berühmten weißen Bračer »Marmor« liefert, eigentlich ein Kalkstein aus der Kreidezeit. Weltweit bekannte Gebäude wie das Weiße Haus und das Jefferson Memorial in Washington D.C., das Wiener Parlament, die Loggia in Šibenik und die Kathedrale von Zadar sind u. a. aus diesem Stein erbaut.

Bol ► H 12

Am Fuß der steil von der Vidova Gora herabfallenden Berghänge schiebt sich nahe dem Ort Bol eine bis zu 400 m lange Halbinsel aus Sand ins Meer:

Zlatni rat, die »Goldene Landzunge«. Ihre Spitze verändert sich jedes Jahr ein wenig mit den vorherrschenden jahreszeitlichen Strömungen. Wo sonst kann man an der Kroatischen Adriaküste an einem langen Sandstrand liegen!

Im Ort Bol geht man an vielen Kneipen vorbei, wenn man das äußerste östliche Ende der Siedlung und das Kloster der Dominikaner aufsuchen will. Es besitzt ein sehr interessantes Museum mit den ältesten Funden von der Anwesenheit des Menschen auf der Insel, mit Münzen, altkroatischen Inschriftsteinen, römischen Funden aus dem Meer, Manuskripten, Büchern und Bildern (im Sommer tgl. vormittags und spät nachmittags).

Zum Kloster Blaca
Langeweile? Dann lohnt sich eine Tour mit Bus und Geländewagen (oder auch zu Fuß) zum erst 1963 verlassenen, aber komplett erhaltenen und bewachten Kloster Blaca in einem Tal westlich von Bol. Der Platz – das Kloster ist an und unter eine Felswand geklebt – und die Atmosphäre des alten Baus sind eindrucksvoll. Ach, und abends nicht vergessen, den Murvica und den Vugova zu probieren, die Weine der Insel. Die Südflanke der Vidova Gora wirkt für den Weinbau wie ein Sonnenkollektor, das schmeckt man.

Wanderung auf die Vidova Gora
Diese Tour verlangt hin und zurück etwa 3–4 Stunden Gehzeit (ohne Pausen). Man startet in Bol über den über der Stiege an der Hafenpromenade beginnenden Novi Put, nach Querung zweier Asphaltstraßen weiter in Richtung Donje Podbarje (mehr oder weniger geradeaus). Ab dem Straßenende gepflegter Maultierweg, bei einer Gabelung links, ab dort folgt man dem eindeutigen Weg durch ein Tälchen, dann auf dessen linker Seite und schließlich wieder nach rechts durch einen steilen Hang zum Plateau. Dort hält man sich links entlang dem Plateaurand, bis man nach dem eigentli-

Strand am Zlatni rat bei Bol

chen Gipfel (mit Antenne) die *konoba* Dom Vladimir Nazor erreicht. Vom Plateaurand Blick auf die Insel Hvar und direkt unterhalb die Landzunge Zlatni Rt. Rückkehr auf demselben Weg.

Übernachten

Die Großhotels am Zlatni rat wie das Elaphusa gehören zur Gruppe Blue Sun Hotels (früher Zlatni rat), www.blue sunhotels.com.
Wellnesstempel – **Bretanide:** A. Rabadana, Tel. 021 74 01 40, www.breta nide.at, mehrere Kat. ja nach Saison DZ/FR ab ca. 100 € bis Suite (2 Pers. mit FR) 400 €. Das »Sport & Wellness Resort Bretanide« hat ein ausgezeichnetes Wellness- und Fitnesszentrum und alle denkbaren Wassersportmöglichkeiten.
»Club«-Hotel – **Clubhotel Riu Bonaca:** Tel. 021 30 62 69, www.bluesunhotels. com, DZ all-inclusive 100–200 €. Die Bezeichnung »Club« verrät's: all-inclusive, in diesem Fall ein Hotelkomplex nahe Zlatni rat (150 m) mit Tennis, Boccia, Mountainbikes, Windsurfen, Tauchen etc.
Für Sporturlauber – **Elaphusa:** Tel. 021 63 52 88, www.zlatni-rat.hr, DZ/FR 50–250 €. Großes Hotel in der Nähe des Zlatni rat, komfortabel, im Gelände Sporteinrichtungen wie Tennis, Surf- und Tauchschule.
Günstig – **Camping Kito:** Bračke ceste bb., Tel. 021 63 50 33, www.bolnab racu.com. In Ortsnähe, April–Okt.

Essen & Trinken

Urig und gut – **Konoba Gušt:** Frane Fradića 5, Hauptgericht ab 9 €. Stanko Marinković bietet in seiner schlichten, aber mit allem möglichen Krimskrams an den Wänden ausgestatteten *konoba* dalmatinische Schlager wie *bro-*

det mit Polenta oder *pašticada* mit dicken Nudeln. Dazu gibt es Inselweine und nachher einen selbst gebrannten Feigenschnaps mit Kräutern.

Aktiv & Kreativ

Wassersport – Surfen und Segeln sind im windigen Kanal zwischen Brač und Hvar sehr beliebt; Tauchschule Big Blue, Tel. 021 63 56 14, www.big-blue-sport.hr; Bootsausflüge nach Hvar, zum Kloster Blača und ein »Fish Picnic« bietet z. B. das Boot M/B Frane.

Abends & Nachts

Ideale Stationen für den abendlichen Ruhedrang sind die *kaffe bars* Loža unter den Arkaden und das Big Blue im kleinen Steinhäuschen, beide am östlichen Hafenende.

Infos

TZG: Porat bolskih pomoraca, 21420 Bol, Tel. 021 63 56 38, Fax 021 63 59 72, www.bol.hr.
Flughafen Brač: 14 km von Bol, Zubringer ab/zum Airport nach Bedarf.
Einige wenige **Busse** zwischen Supetar und Bol, nicht unbedingt zu touristenfreundlichen Uhrzeiten.

Hvar ▶ H–K 12

Hvar hatte bereits im 19. Jh. einen guten Ruf als erholsame Insel mit gutem Klima: »Das feuchtwarme Inselklima Lesinas« – wie Hvar damals hieß – »entspricht ungefähr demjenigen von Ajaccio (Korsika), Palermo und Korfu. Dieses Klima wirkt durch seinen sedativen Charakter wohltuend auf die Atmungsorgane und auf das Nervensystem«, schreibt ein Reiseführer für Dalmatien, der 1909 erschien. Tatsächlich ist Hvar eine ausgesprochen ruhige Insel, ihr Klima ist aber keineswegs »feuchtwarm«, wenn heutige Touristen ankommen – nämlich im Sommer und nicht wie damals im Winter. Es erreicht sogar Tagesmittelwerte von 26 °C, die Spitzenwerte gehen selten über 30 °C hinaus, denn eine leichte Brise Meerwind kühlt den erhitzten Boden ab. Bei nur 88 Regentagen im Jahr, die sich fast ausschließlich auf das Winterhalbjahr beschränken, kann man im Sommer mit Sonnenschein rechnen. Und wie angenehm ist die Meerestemperatur, sie liegt im Juli /Aug. bei 24 °C!

Die 68 km lange Insel ist schmal, an der breitesten Stelle 10,5 km, an schmalen Stellen etwa 2 km. Es gibt kaum Wald, Macchie dominiert, alte Feldterrassen sind fast überall überwachsen. Wein- und Lavendelfelder überziehen die fruchtbaren Senken der Insel. In der Ebene zwischen Stari Grad und Jelsa wird neben Wein und Lavendel auch Gemüse angebaut – seit mehr als 2300 Jahren.

Anreise

Fähre Split–Stari Grad, Busse vom Ort zu einigen Fähren. **Autofähre** Sućuraj–Drvenik bis zu 9 x tgl. **Fähre** und **Katamaran** nach Split und Vela Luka sowie Ubli; Inselbusse zu den Fähren und in den Ort Stari Grad, dort Umsteigen zu den anderen Orten.

Stari Grad ▶ H 12

Die griechische Stadt Pharos, die 385 v. Chr. an der Stelle des heutigen Stari Grad von dorischen Parthern gegründet wurde, umfasste etwa 10 ha. Die enger gefassten (und bisher als griechisch angesehenen) Mauern wurden wohl erst in spätrömischer Zeit errichtet, vom griechischen Pharos ist in der Stadt nichts mehr zu sehen. Nach der Zerstörung durch die Römer gab es keinen Ort mehr an der alten Stelle. Erst irgendwann im Mittelalter siedelten wieder Menschen in der Ruinenstätte. Aus dieser Zeit stammen wenige Bauten wie die St. Johannes-Kirche (14. Jh.) südlich der Pfarrkirche. Venedig bemächtigte sich der Insel 1420, damals begann der Ort seinen allmählichen Aufstieg. Lokale Adelsfamilien siedelten sich an, darunter die Hektorović, die sich ein Renaissance-Stadthaus mit Innengarten und Fischteich errichten ließen, das auch der Dichter Petar Hektorović (1487–1572) bewohnte (Hektorovićev tvrđalj, Öffnungszeiten saisonal unterschiedlich, im Sommer zuletzt tgl. 10–12, 18–20 Uhr.). Die Pfarrkirche Sveti Stjepan entstand 1605, sie hat ein schönes Renaissance-Taufbecken. Aus dieser Zeit stammt auch die Kirche Sveti Nikola, die Nikolauskirche (auf dem Weg zum Friedhof), in der Votivbilder von Seeleuten aufbewahrt werden – der hl. Nikolaus von Bari ist traditionell der Patron der Seeleute. Tintoretto hat eine Grablegung gemalt, die in der Kirche des Dominikanerklosters aufbewahrt wird, auch dies zeigt, dass Stari Grad damals einige Bedeutung gehabt haben muss.

Übernachten

Hotelsiedlung – **Hotel Settlement Helios:** Priko bb., Tel. 021 76 58 65, www. heliosfaros.hr. Ausgedehnter Komplex mit drei Hotels (Lavanda all-inclusive, Arkada und Roko), Apartments und Bungalows im Kiefernwald am östlichen Ufer der Bucht. Zimmer, Apts., Bungalows in allen Preislagen.

Privat – **Privatzimmer über Mistral,** beim Marktgebäude, Tel./Fax 021 76 52 81.

Camping – **Camping Jurjevac:** Njiva bb., Stari Grad, Tel. 021 76 58 43, Juni-Sept. Platz unter Kiefern zwischen Ort und Fähre – jeweils in Fußentfernung.

Essen & Trinken

Fisch in der Einsiedelei – **Eremitaž:** Put Rudine, Tel. 021 76 50 56, Hauptgericht ab 7 €. Wer in Starigrad Fisch vom Grill oder Meeresfrüchte speisen will, hat einige Auswahl, ausgezeichneter Brodet. In und vor diesem Lokal im alten Steinhaus am Hafen schmeckt es wohl schon wegen des Ambientes am besten.

Aktiv & Kreativ

Baden – Schöne Plätze in den Buchten der Halbinsel Kaba nordwestlich der Stadt, alle FKK, Wassertaxi ab Hafen oder in der Bucht Žukova bei Rudine.

Infos

TZG: Trg S. Radića 1b (Kiosk im innersten Teil des Hafens beim gedeckten Markt), 21460 Stari Grad, Tel./Fax 021 76 57 63, www.stari-grad-faros.hr.

Jelsa und Vrboska ▶ H/J 12

Schön sind die neu angelegten Lavendelpflanzungen in der Ebene zwischen Stari Grad und Jelsa, die man immer wieder lila aufleuchten sieht zwischen dem Grün der Weinblätter. Aber noch schöner sind die alten Pflanzungen am Rand der Ebene, etwa entlang der Straße nach den Dörfern von Bol, wo die halbkugelförmigen alten Lavendelsträucher so groß sind, dass sie einander bereits berühren.

Jelsa ist ein geschäftiger Touristenort mit Campingplätzen, Privatzimmern, Apartmenthäusern und Hotels, einer guten Gastronomie und lockerer Atmosphäre. Eine echte Sommerfrische: nichts zu tun, nicht viel zu sehen, angenehme Luft, warm, hervorragende Wassersportmöglichkeiten inklusive FKK-Strand, Ausflugsangebote.

Etwas anzusehen? Dafür gibt es doch **Vrboska**. Der Ort liegt nur 4 km entfernt in der nächsten Bucht, eine Strandpromenade führt hin, und dort kann man sich an malerischen Motiven freuen. Allein die Festungskirche auf der Hafensüdseite (15./16. Jh.), die aussieht wie ein steinernes Schiff mit Glockenaufsatz, ist den Besuch wert. Wer sich fragt, ob er nun vor einer Kirche oder einer Festung steht, wird belehrt: er steht vor beidem, zuerst stand die Kirche, dann wurde die Festung – gegen türkische Piraten – herum gebaut. Oder die alten Häuser des Dorfes, die Pfarrkirche mit ihrer Gemäldesammlung und das kleine Fischereimuseum (im Sommer Di–So 9–12, 17–19 Uhr).

Übernachten

Resort – **Adriatiq Resort Fontana:** Grebišće bb., www.resortfontana-adriatiq.com, Comfort ab 50 €, Deluxe ab 63 €, DZ/HP ab 86 €, jeweils für 2 Pers. Dem munteren Spiel an der östlichen Adria ›aus preiswert-alt mach teuer-neu‹ ist man auch hier gefolgt und, hoppla, so wird aus einem 60er-Jahre-Zimmer ein Deluxe Studio. Ganz de luxe zwar nicht, aber immerhin recht komfortabel mit (in den Deluxe Apartments) AC, Küche, Sat TV, einem Wellnesscenter und Pool, und die einfachere Comfort-Klasse (Apts. und DZ) ist nicht schlecht ausgestattet.

Luftig – **Camping Nudist:** 21463 Vrboska, Tel. 091 261 11 26, Fax 021 77 41 87. Nudistencamp unweit Vrboska, Mai–Sept.

Einkaufen

Beliebte Mitbringsel nicht nur aus Jelsa sind Produkte aus den Lavendelblüten.

Aktiv & Kreativ

Vom FKK-Camp Nudist in Vrboska und von Jelsa Bootsfahrten zur FKK-Insel Zečevo; die Agenturen in Jelsa organisieren Besuche der Grapčeva-Höhle im Südosten der Insel.

Wassersport – **Omfala Dive Center:** im Hotel Jadran, Tel. 021 76 18 22, **ACI Sporthafen:** in Vrboska, geschätzt als Winterquartier.

Infos

TZG: Riva bb., 21465 Jelsa, Tel. 021 76 19 18, Fax 76 10 17, www.tzjelsa.hr.

Stadt Hvar❗ ▶ H 12

Die schönste Art, sich der Stadt Hvar zu nähern, ist vom Meer her. Von Split kommend, fährt man zwischen der Südküste der Insel Hvar und den vorgelagerten buchtenreichen Pakleni-Inseln hindurch, bald ist die Festung Napoleon hoch oberhalb der Stadt sichtbar, dann die niedrigere Španjola und nach einer letzten Linkswendung, die Stadt selbst. Wenn man vom Schiffsanleger zur Stadt geht und beim Fischerhafen Mandrac angelangt ist, öffnet sich rechts ein weiteres Stadtpanorama: der lang gestreckte Stefansplatz mit der Kathedrale Sveti Stjepan im Hintergrund.

Am Stefansplatz

Das Arsenal am Anfang des Stefansplatzes wurde von den Venezianern um 1600 errichtet, auf jeden Fall nach der für die Christen glücklichen Entscheidungsschlacht von Lepanto, die 1579 den weiteren türkischen Vormarsch in Europa vorübergehend stoppte. Die Stadt Lesina (Hvar) hatte mit einer eigenen Galeere an dieser Seeschlacht teilgenommen, die hier im neuen Arsenal gewartet wurde. Über dem Arsenal ist das kleine, heute noch bespielte Theaterchen der Stadt; bereits 1612 entstanden, damals konnte sich Hvar diesen Luxus leisten.

Die Kathedrale Sveti Stjepan, dem ungarisch-kroatischen Patron geweiht, hat eine diskrete Renaissance-Fassade und einen fünfstöckigen Glockenturm, nebenan im erzbischöflichen Palast kann man sich die sakralen Kunst-

Lavendelernte auf Hvar

Im Juni ist auf Hvar der Lavendel erntereif. Die duftenden Felder werden abgeerntet, Inselgäste dürfen – in Grenzen – behilflich sein (Auskunft bei den Touristeninformationen). Die Felder bestehen aus Reihen meist runder Beete, die aus mehreren Pflanzen zusammengesetzt sind und durch das ungebremste Wachstum der inneren Pflanzen eine halbkugelförmige Form haben. Die Blütenstände werden getrocknet und z. B. in Säckchen abgefüllt, die man als traditionelles Mottenmittel in den Kleiderschrank hängt. Überall auf Hvar und auch auf den anderen Inseln bekommt man sie angeboten. Ein Großteil wird exportiert und landet in der südfranzösischen Parfumindustrie, wo man den Blüten die ätherischen Öle entzieht, die nicht nur für Parfums, sondern auch für Seifen und verschiedenste duftende Kosmetika eingesetzt werden.

Hvar – Hafen mit Blick auf die venezianische Loggia

werke ansehen (Schatzkammer, Mo–Sa 9–12, im Sommer evtl. auch 16.30–18.30 Uhr).

Altstadtgassen über dem Stefansplatz

Die von Mauern umgebene mittelalterliche Altstadt liegt nördlich des Trg Sv. Stjepana. Die venezianische **Loggia** (Mitte 16. Jh.), die dem heutigen Hotel Palace vorgebaut ist, markiert den Mauerverlauf (der **Uhrtum** ist um 1466). Geht man die Treppengässchen hinauf, wird man in die Zeit des späten Mittelalters und der venezianisch geprägten frühen Neuzeit versetzt. Viele Häuser tragen Familienwappen, einige Fassaden sind mit venezianisch-gotischen Fenstern geschmückt, auf den alten Brunnen wacht der Markuslöwe. Besonders schön ist der **Palast der Hektorović** am Anfang der gleichnamigen Gasse, der wohl nie vollendet wurde – man sieht seine Fassade übrigens vom

Stefansplatz aus. Auch Kirchen stehen in diesem stimmungsvollen Altstadtbereich, so Sveti Duh oder das **Kloster der Benediktinerinnen,** wo heute noch von den Schwestern Spitzen angefertigt werden (tgl. 9–11, 16–19 Uhr, nur im Hochsommer).

Festungen

Zwei Festungen liegen oberhalb der Stadt: **Španjola**, wohin ein etwas anstrengender Weg führt, wurde um 1579 in der heutigen Form errichtet. Wie sie zu ihrem Namen »die Spanische« kommt, weiß niemand. Die **Festung Napoleon**, die während der französischen Herrschaft (1806–1812) erbaut wurde, erreicht man durch ein Sträßchen, das von der früheren Inselhauptstraße in Richtung Stari Grad abgeht.

Franziskanerkloster

Ein kurzer Spaziergang führt entlang der Ostseite des Hafens in eine kleine

Bucht mit dem Franziskanerkloster. Es entstand ab 1461, ein Relief aus dieser Zeit ziert das Portal der Klosterkirche. Neben dem Kreuzgang besucht man das Klostermuseum (im Sommer Mo–Fr 10–12, 17–19, So 10–12, 16–17 Uhr) mit Gemäldesammlung (Venezianer des 16./17. Jhs.) und archäologischen Funden. Im ehemaligen Refektorium, ist vor allem eine riesige Darstellung des Letzten Abendmahls sehenswert. Dieses wurde früher Tintoretto zugeschrieben, an dessen Stil es sehr erinnert, heute wahlweise Palma il Giovane, Matteo Ingoli oder Matija Ponzóni.

Bootsausflug zu den Pakleni Otoci

Die Inselgruppe vor dem Hafen von Hvar, von der Bevölkerung meist als Hrvatski skolji bezeichnet (Hvarer Inselchen), brüstet sich mit Palmižana, einem der besten Jachthäfen der kroatischen Adriaküste, und zwei Dutzend großen und kleinen Eilanden im ungezählten ruhigen Buchten. Die früher dichter besiedelten (zumindest auf der Hauptinsel Sveti Klement) und bebauten oder beweideten Inseln verbuschen allmählich. Vodnjak im Westen der Inselgruppe markiert den Kern eines beliebten Tauchreviers.

Übernachten

Die meisten Hotels in Hvar hören auf den Namen Suncanihvar, www.suncanihvar.hr, auch der noch recht neue Luxusschuppen an der Riva. Kleinere Privathotels und zunehmend Apartments bieten mindestens gleich viele Betten. Buchung z. B. bei **Atlas Hvar,** ebenfalls an der Riva, Tel. 021 74 19 11. *Luxus pur –* **Riva:** Riva bb., Tel. 021 75 01 00, www.suncanihvar.com, DZ/FR 120–355, Suite 553 €. Das Luxushotel an der Riva im alten Steinhaus blickt di-

rekt auf den Hafen, das ist exklusiv, hebt aber den Lärmpegel. Im Haus dominieren Fotos von Hollywoodlegenden à la James Dean und Marilyn an den Wänden.
Hotel in der Loggia – **Palace:** Tel. 021 74 19 06, www.suncanihvar.hr, DZ/FR 125–170 €. Das altösterreichische Kurhotel wurde hinter der venezianischen Loggia erbaut. Es gibt ein Hallenbad und eine Sauna sowie recht schöne Zimmer mit Sat-TV.
Haus mit Privatstrand – **Pod Stine:** Pod Stine bb., Tel. 021 74 04 00, www.pod stine.com, DZ/FR 125–325 €. Das kleine Hotel an der gleichnamigen Bucht besitzt angenehme Zimmer mit Sat-TV und Minibar. Ganz toll ist der Privatstrand. Das Hotel ist leider von Juli bis Mitte Sept. sehr teuer.
Haus im Grünen – **Croazia:** Majerovica bb., Tel. 021 74 24 00, www.hotelcroatia.net, DZ/FR 70–145 €. Das teilweise mit Naturstein errichtete, moderne Privathotel mit nur 22 Zimmern (Balkon, Sat-TV) liegt nahe dem Hotel Amfora auf einer grünen Landzunge, das Meer erreicht man zu Fuß in wenigen Minuten. Nur Mai–Okt.
Einladend – **Skalinada Apartments:** Tel. 021 76 70 19, www.skalinada-apartmani-hvar.hr, DZ/FR 96–130 €. Hell, modern und funktionell sind die Zimmer bei den Antičevićs (Sabine und Tonči), die alle Terrasse zur Meerseite besitzen. Von Grün umgeben steht ihr Haus mit großem Garten etwas über dem Meer. Wer den Garten nicht selbst besichtigen kann, hat auf der Website die Chance, die Pflanzen (in sechs Sprachen!) zu identifizieren. Persönliche Atmosphäre, Deutsch kein Problem.
Ortsnahes Großhotel – **Amfora:** Tel. 021 75 03 00, www.suncanihvar.hr, DZ/FR 105–255 €. Liegt zwar oberhalb der Strandpromenade und besitzt alle Einrichtungen, ist aber recht unpersönlich.

Essen & Trinken

Feiner Fisch – **Macondo:** J. Avelinja bb., Tel. 021 74 18 51, Essen 15–25 €, nur abends geöffnet. Das gute Fischrestaurant liegt in einer der engen Gassen, die das Altstadtviertel über dem Kathedralplatz durchziehen. Sehr feine Zubereitungen (nicht nur vom Grill!) aber durchaus keine formelle Atmosphäre.

Herausgeputzt – **Kavana Pjaca:** Das Café neben der Loggia hat sich mit moderner Theke und (Plastik-)Flechtmobiliar vor der Tür fein herausgeputzt, gratis WLAN.

Aktiv & Kreativ

Wassersport – Moderne AC Marina Palmižana in der schmalen Palmižana-Bucht auf Sv. Klement in der Pakleni-Inselgruppe (März–Ende Okt.). Zum **Baden** fahren Taxiboote zu den Pakleni Otoci mit FKK-Stränden in den Buchten Jerolim, Stipanska, Palmižana und Mlini; **Tauchen** ist u. a. beim Diving Center Viking in der Podstine-Bucht möglich, Tel. 021 74 25 29, www.viking-diving.com.

Radfahren – Kostenlose Radwegekarte »Dalmatia by Bike Hvar« – erhältlich bei der Touristeninformation.

Abends & Nachts

In Hvar trifft man sich in und vor den Lokalen am Mandrac und auf der Riva, wo vor allem der trendige Club **Carpe Diem** (Tel. 021 74 23 69, www.carpe-diem-hvar.com) schon seit Jahren *der* Publikumsmagnet des Ortes ist, und das so ziemlich rund um die Uhr. Dieser Club und das Hotel Riva sind Hvars Hauptfundament für ein neues exklusives Image.

Infos & Termine

TZG: Trg. Sv. Stjepana 16, 21450 Hvar, Tel. 021 74 10 59, Fax 021 784 29 77, www.tzhvar.hr.

Internetcafé: PCs mit Internetzugang in der Halle des Hotel Palace.

Sommerfestival Hvar: Ende Juni bis Ende Sept., mit Theater, Musik, Folklore. Im Theater der Stadt, in der Loggia des Hotels Palace und im Sommerhaus Hanibal Lucić.

Verkehr: Wassertaxis fahren zu den Stränden, zu vorgelagerten Inseln und nach Split, Tel. 021 741 3 43.

Vis und Biševo ▶ G 12/13

Vis (ital. Lissa) ist nur 91 km² klein und doch hat es zwei große Siedlungen, Vis auf der Ost-, Komiža auf der Westseite. In Komiža dreht sich auch heute noch alles um Fisch und Schiffe. Auch in Vis, der Inselhauptstadt, dominiert das Meer, im Hafen landen die Fähren von Split und Hvar, Frachtschiffe, Motorsegler und immer mehr Jachten, die jungen Männer gehen zur See (oder nach Split). Im fruchtbaren Tal, das man auf der Inselhauptstraße durchquert, wächst der hervorragende Inselwein, aber die Terrassen an den Hängen sind bis auf ein, zwei Ausnahmen oberhalb Komiža aufgegeben. Die Insel war in jugoslawischer Zeit (bis 1989) militärisches Sperrgebiet und bis auf den Hafen von Vis für Ausländer *off limits*.

Ort Vis ▶ G 12

Vis wurde wahrscheinlich Mitte des 4. Jh. v. Chr. von Griechen aus Syrakus als Issa gegründet, es war die erste griechische Kolonie im Bereich des heutigen Kroatien. Im Gegensatz zu

Stari Grad gibt es einige Reste aus dieser Zeit.

Nahe dem Hotel Issa liegt der einzige griechische (hellenistische) Friedhof Kroatiens. Die Grabsteine und die Sarkophage stehen noch, die Inschriften erzählen von Menschen, die vor 2200 Jahren lebten. Dahinter zieht sich die griechisch-römische Stadtmauer den Hang hinauf, direkt an der Straße liegen sehr gut erhaltene römische Thermen.

Das Kloster auf der Halbinsel Prirovo hat einen merkwürdigen halbkreisförmigen Schnitt, es wurde zum Teil auf den Mauern des römischen Theaters errichtet. Im zugehörigen Friedhof gibt es ein Denkmal für die 1866 bei der Seeschlacht von Lissa zwischen Italienern und Österreichern (unter Admiral Tegethoff) Gefallenen (die Österreicher gewannen die Seeschlacht, aber verloren die Landschlacht gegen die Preußen in Königsgrätz – im folgenden Frieden mussten sie Venetien abtreten). Einige Funde der griechisch-hellenistischen Zeit kann man im **Museum »Batterije«** (Di–Sa 10–13, 17–20 Uhr, nur Sommer) im Ort bewundern, Grabarchitektur, Geschirr, Waffen, Inschriftsteine und Skulpturen sind hier zu sehen. Das Gebäude war einmal die »Batteria della Madonna«, unter österreichischer Verwaltung als Festung errichtet.

Ganz im Osten der Bucht liegt der ehemals selbstständige Ort Kut, den man auf dem (meist für PKW gesperrten) Ufersträßchen in 20 Min. erreicht – ein paar alte Gassen und eine lebendige Gastronomie sind den Abstecher wert.

Übernachten

*Einfach aber freundlich – ***Issa:** Apolonija Zanelle 5, Tel. 021 71 11 24, www.vis-hoteli.hr, Mai–Okt., DZ ab 80 €. Das angenehme Hotel steht im Kiefernwald nahe dem Fähranleger, die eher einfachen Zimmer sind mit Sat-TV ausgestattet und haben Balkon.

*Stadthotel mit Ausblick – ***Tamaris:** Obala Sv. Jurja 30 (Riva), Tel. 021 71 13 50, www.vis-hoteli.hr, DZ/FR 70–100 €. Enfaches Haus mit zweckmäßig möblierten Zimmern (Sat-TV), die vorderen Zimmer blicken auf die Klosterinsel. Im Speisesaal zeigt ein Riesengemälde die Schlacht von Lissa (Porträts von Admiral Tegethoff und Nikola Karković).

Essen & Trinken

*Palmengarten – ***Val:** Marašovica 1 in Kut, Tel. 021 71 17 63, Pasta mit *brodet* ca. 12,50 €, 2 Gänge ab ca. 13 €. Unter Palmen und mit Meerblick speist man hier sehr anständig, besonders empfehlenswert das Traditionsgericht Pasta mit Bohnen und sämig-aromatischem Brodet aus Fisch, Muscheln und Scampi.

Infos

TZG Visa, Šetalište Stare Isse 2, 21480 Vis, Tel. 021 71 70 17, Fax 021 717 01; www.tz-vis.hr.

Tragflügelboote und **Fähren** fahren nach Split, im Sommer auch nach Ancona.

Komiža und die Insel Biševo ▶ G 13

Komiža ist eine Stadt mit über 2000 Einwohnern und doch ein Fischerdorf. Bis vor einer Generation verwendeten die Fischer von Komiža bei ihren Fischzügen, die oft wochenlang dauerten, ein besonderes Boot, die 9 m lange, 9 m hohe und 3 m breite *falkuša*, die bei Windstille von Ruderern im Stehen angetrieben wurde. Heute hat man auf moderne Boote umgestellt, sie liegen meist zu Dutzenden an der langen Mole des großen Hafens der Stadt. Die Venezianer bauten, wie an vielen anderen Orten, die sie besaßen, an den Hafen eine Festung mit Wachturm, sie ist in Komiža besonders gut erhalten. Über der Stadt liegt auf einem isolierten, vollständig von Weinbergen bedeckten Hügel ein Kloster mit auffälligem Kirchturm, das Benediktinerkloster. Wahrscheinlich steht es auf sehr viel älteren Fundamenten, die heutigen Bauten stammen aus dem 13.–17. Jh.

Sitzt man am Hafen der Stadt, sieht man in geringer Entfernung das Profil einer größeren Insel: Biševo. In der Hochsaison fahren vom Hafen in Komiža fast täglich Boote hin, denn an der Küste gibt es eine Brandungshöhle, die mit Recht den Namen Modra spilja, also »Blaue Grotte«, trägt. Wie auf Capri kann man die Grotte nur von der See aus erreichen, wie dort ist auch hier der Eingang niedrig und die Höhle wird fast ausschließlich durch das im Wasser gebrochene blaue Licht erleuchtet. Das Phänomen ist am besten zwischen 11 und 12 Uhr mittags zu beobachten.

Übernachten

Sportlich – **Biševo:** Tel. 021 71 30 95, modra.spilja@st.t-com.hr, www.hotel-bisevo.com, DZ/HP 55–100 €. Das einzige Hotel am Ort liegt sehr dekorativ an einer Bucht am Stadtrand. Gute Zimmer mit Sat-TV und Balkon, schöner Kiesstrand. Im Sommer frühzeitig ausgebucht.

Aktiv & Kreativ

Bootsausflüge – Zur »Blauen Grotte« können sie in Komiža z. B. im Hotel

Biševo gebucht werden. Tauchen u. a. bei **Issa Diving Center**, Ribarska 91, Tel. 021 45 67 77, www.scubadiving.hr.

Wandern – Ein Netz gepflegter und gut markierter Wanderwege überzieht die Insel. Eine gute (aber nicht alle Markierungen zeigende) Wanderkarte im Maßstab 1:20 000 ist im Kiosk erhältlich.

Korčula ▶H–K 13

Lumbarda am Südostende der Insel Korčula wurde vor etwa 2300 Jahren gegründet. Die griechischen (dorischen) Siedler regelten in einer Urkunde, die der in Zagreb aufbewahrte »Stein von Lumbarda« wiedergibt, die Besitzansprüche der einzelnen Siedlergruppen. Lumbarda war keineswegs die älteste griechische Kolonie auf der Insel, bereits zwei Jahrhunderte früher hatten Ionier aus Kleinasien eine Kolonie namens Korkyra gegründet, deren Standort nicht bekannt ist, der aber der Insel den Namen gab: Korkyra Melaina, das Schwarze Korkyra. Die Griechen waren auch dort keineswegs die Ersten gewesen: Illyrische Siedlungshügel zeugen von früherer Besiedelung, und in mehreren Höhlen wurden Zeugen noch älterer Anwesenheit des Menschen auf der Insel gefunden.

Die Insel ist in ihrem Mittelteil kaum bewaldet, sondern von einem Kleid dichter mediterraner Macchie überzogen, die in sämtlichen Reisebüchern beschworenen Wälder gibt es nur als relativ junge Kiefernpflanzungen an einigen Küstenabschnitten. Die junge Hafenstadt Vela Luka und das Großdorf Blato im Inselinneren, die Dörfer Čara, Smokvica, Pupnat und Žrnovo, das bäuerliche Lumbarda haben ihre Reize, aber die venezianische Stadt Korčula überschattet sie alle.

Anreise

Fähre nach Orebić, Dubrovnik, Split und Rijeka; im Sommer direkt nach Drvenik. Katamaran nach Hvar und Split. **Fähre** nach Split und Lastovo, **Tragflügelboot** nach Split, Hvar und Lastovo.

Stadt Korčula ▶ K 13

Die Stadt Korčula liegt auf einer kleinen Halbinsel. Ihr meisterhaft an die Gegebenheiten angepasster Stadtplan mit der über den Rücken führenden Hauptstraße und leicht gebogenen, wie Rippen angelegten Nebensträßchen stammt aus dem 13. Jh.

Um 1000 war die Insel in den Dunstkreis Venedigs geraten, die Serenissima wollte und konnte sich die strategische Position am schmalen Isthmus sichern, durch die damals fast die gesamte Schifffahrt durch die Adria lief. 1125–1180 herrschte die venezianische Adelsfamilie Zorzi fast uneingeschränkt über Stadt und Insel, nach einem kurzen kroatisch-ungarischen Zwischenspiel wieder zwischen 1254 und 1358. In diese Zeit fällt wohl die Anlage des Stadtplans und die Gründung der Kathedrale. Die Stadt wurde nach einem weiteren kroatisch-ungarischen Intermezzo unter venezianischer Herrschaft (1420–1797) ausgebaut und mit kräftigen Mauern versehen, diese Phase der höchsten Blüte im 15. und 16. Jh. bestimmt heute noch ihr Aussehen.

Kathedrale

Ein paar Treppenstufen rechts der Loggia, dann durch die enge Treppengasse Ulica Rafa Arnerija und man ist auf dem Kathedralplatz (Trg Sv. Marka). Die Kathedrale Sveti Marko (hl. Markus) entstand im 15. Jh., ein spätromanischer Vorgängerbau wurde in sie integriert. Das Hauptportal wurde 1412 von Bonino di Milano geschaffen, es ist ganz spätgotisch. Interessant, dass man sich damals nicht an den nackten Konsolfiguren rechts und links gestoßen hat. An den dreischiffigen Dom hat man links eine große gotische Kapelle angebaut, das Portal, das von hier in die Sakristei führt, ist aber ganz Renaissance wie auch der verschnörkelte Glockenturm mit Kuppel und der Baldachin über dem Hauptaltar im Mittelschiff – die beiden letzteren sind Werke des bedeutenden einheimischen Bildhauers Marko Andrijić. Bemerkenswert im Inneren ist eine hl. Dreifaltigkeit im Südschiff von Leandro Bassano und ein Jugendwerk Tintorettos, eine Verkündigung. An der Südwand hängt eine mit Goldrahmen geschmückte und mit Gold behängte Ikone der Gottesmutter von 1571.

Bischofspalast und Haus des Marko Polo

Neben der Kathedrale steht der Bischofspalast (Opatski dvor), hier befindet sich der Domschatz (Juni–Aug. tgl. 9–19 Uhr) mit kostbaren sakralen Gefäßen und Gemälden. Auf der gegenüberliegenden Seite des Kathedralplatzes steht links das Stadtmuseum (Mai–Okt. tgl. 9–13, Juli/Aug. bis 21 Uhr). Neben dem Palais selbst sind Dokumente zum Stadtalltag und des Schiffbauwesens von Interesse. Daneben liegt das Palais Arneri, dessen Bauteile aus Gotik, Renaissance und Barock sich um einen stimmungsvollen Barockhof gruppieren.

Über die Hauptstraße der Stadt gelangt man zum Gässchen Depolo, wo das Haus des Marko Polo gezeigt wird. Ob der berühmte Reisende wirklich hier gewohnt hat, ist umstritten, aber einigermaßen wahrscheinlich. Auch unabhängig davon ist der venezianisch-spätgotische Wohnturm mit seinen vier Stockwerken über dem Gässchen einen Besuch wert, und wäre es nur für die schöne Aussicht (tgl. 9–13, 17–19 Uhr).

Lieblingsort

Wehrhafte Venezianerin

Einen der schönsten Blicke auf das Städtchen Korčula hat man vom Schiff aus. Die beinahe komplett erhaltenen Mauern machten die Stadt zur Zeit ihrer Hochblüte unter venezianischer Herrschaft im 15. und 16. Jh. fast uneinnehmbar. Ins Auge fällt vom Meer aus auch die prächtige, im 13. Jh. begonnene Kathedrale. Bei einem Spaziergang durch Korčula kann man sich gut in die venezianische Zeit zurückversetzt fühlen. Damals wurden zudem die vier markanten Wehrtürme errichtet, von denen einer, das Landtor, mit dem Macht demonstrierenden Markuslöwen der Venezianer geschmückt ist.

Mein Tipp

Sandstrände

Die beiden Strände der Buchten Uvala Pržina und Bili žal mit dem in Dalmatien so raren Sand sind kein Geheimtipp mehr, aber immer noch nicht überlaufen (bei Lumbarda).

Rathaus und Landtor

Am Trg braće Radić vor dem Landtor steht das Renaissance-Rathaus mit großer Loggia und Reliefs von Markuslöwen, die man von anderswo hierher geschafft hat. Die kleine Kapelle Maria Schnee (Kapela Gospe Snježne) wurde 1571 zum Dank für die Errettung aus der Türkengefahr errichtet. An diesen Gebäuden und der barocken Kirche Sveto Mihovil vorbei betritt man dann das Landtor, dem ein Triumphbogen für den Feldherrn Leonardo Foscolo (1650) vorgeblendet ist. Draußen bewacht ein Markuslöwe die Stadt, deren im 17. Jh. errichtete Vorstadt man über eine steinerne Treppe über den zugeschütteten Stadtgraben erreicht.

Svi Sveti und Ikonenmuseum

Die Kirche Svi Sveti (auch Svi Svetih; Allerheiligen) steht an einem winzigen Platz, über der dreigeteilten Fassade thront ein Glockenaufsatz. Sie wurde von einer religiösen Laienbruderschaft gegründet. Im Inneren staunt man über eine monumentale Pietà, die von dem österreichischen Bildhauer Georg Raphael Donner (1693–1741) geschaffen wurde. Im Stadthaus der Laienbruderschaft gegenüber ist ein Ikonenmuseum eingerichtet (Mai–Okt. tgl. 10–13, Juli/Aug. auch 18–20 Uhr). Es

enthält Ikonen vom 14.–18. Jh. sowie Kirchengerät und Andenken an die Bruderschaft. Zeugen naiver Gläubigkeit sind in die Außenwand des Gebäudes eingelassen: Votivreliefs zweier Familien.

Lumbarda

Nur 7 km südlich der Stadt liegt das Dorf Lumbarda, bekannt als eine der griechischen Kolonien Kroatiens. Quert man das Dorf mit seinen alten Bruchsteinhäusern und Weingärten, in denen die Trauben für den Weißwein Grk reifen, erreicht man die **Sandstrände** der Buchten **Uvala Pržina** und **Bili žal**.

Übernachten

In Korčula-Stadt werden die Hotels Korčula, Liburna, Marko Polo sowie drei andere vom üblichen post-sozialistischen Monopolisten verwaltet, in diesem Fall: www.korcula-hotels.com. Privatzimmer und Apartments vermittelt z. B. Atlas Travel, Trg 19 travnja bb., Tel. 020 71 12 31.

Stadthotel an der Riva – **Korčula:** Tel. 020 71 10 78, www.korcula-hotels.com, DZ/FR 50–80 €. Das komfortable, renovierte Hotel an der Hafenpromenade gegenüber der Anlegestelle der großen Fähren war das erste und ist immer noch das beste Hotel der Stadt; Zimmer mit Meerblick verlangen.

Strandhotel mit Stadtblick – **Liburna:** Put od Luke 17, Tel. 020 72 61 00, www.korcula-hotels.com, DZ/HP 56–160 €. Das Liburna hat Komfort wie im Korčula, außerdem einen Bade-Felsstrand und einen Feinkiesstrand. Der Blick vom Hotel aus fällt auf die zehn Gehminuten entfernte Altstadt.

Angenehmer Viersterner – **Marko Polo:** Tel. 020 72 61 31, www.korcula-hotels.com , DZ/FR 68–330 €. Strandnahes Ho-

tel, zehn Gehminuten von der Altstadt entfernt neben dem Liburna. Vor ein paar Jahren generalsaniert und aufgemöbelt, helle Zimmer in mehreren Kategorien, alle mit Sat-TV und Minibar. *Pension mit Stammgästen –* **Pansion Marinka:** Lumbarda, Tel. 020 71 20 07, marinka.milina-bire@du.t-com.hr, DZ/FR ab 30 €. Die einfache und freundliche Familienpension in Lumbarda bietet renovierte Unterkunft in Buchtnähe und in der eigenen *konoba* Bire ausgezeichnetes Essen.
Günstig – **Camping Kalac:** Tel. 020 72 66 93, kalac@htp-kurcula.net. Großer Platz neben Hotel Bon Repos.

Essen & Trinken

Essen im Weinkeller – **Bire:** In Lumbarda (Schilder von der Durchgangsstraße), Tel. 020 71 20 07, www.bire.hr. drei Gänge mit offenem Wein ab 15 €. Bire, das ist der Weinkeller samt landwirtschaftlichem Gebäude, aus denen die Besitzerfamilie eine sehr rustikale *konoba* gemacht hat, in der man ihre Produkte kennen lernen kann: den Grk-Weißwein, Rotwein, Liköre, Olivenöl, Käse, Schinken.
Regionalküche – **Maslina:** Lumbarajska cesta bb., Tel. 020 71 17 20, zwei Gänge mit Tischwein 20–28 €. Die *konoba* bietet Menü und Service eines guten Restaurants. Ausgezeichnet: die lokalen Spezialitäten wie *makkeroni črnova* oder *pašticada* und die Hausspezialitäten Schinken, Käse und Orangenlikör.

Einkaufen

Markt – Täglicher Grünmarkt vor dem Landtor auf einem kreisförmigen Platz.
Silber – Altes und neues Silberfiligran bieten mehrere Läden in der Gasse zwischen Landtor und Kathedrale.

Süßwaren – **Cukarin,** der Süßwarenladen etwas abseits der Plokata 19. travnja 1921, bietet Süßigkeiten der Insel an: *cukarini, amarete* und *klašuni.*

Abends & Nachts

Disco im Hotel Bon Repos; Night Club Gaudí gegenüber Svi Sveti, Bar im Zakrjan-Turm der Stadtmauern.

Infos & Termine

TZG: Obala dr. Franje Tuđmana 4 (Loža), 20260 Korčula, Tel. 020 70 57 01, Fax 020 71 58 66, tzg-korcule@du.t-com.hr. **Internetcafé:** VIP, über dem Konzum (nahe Trg kralja Tomislava).
Moreška: Im Sommer regelmäßig Aufführungen, meist auf dem Platz vor dem Landtor (Trg kralja Tomislava) oder vor dem Hotel Korčula.
Schwerttanz-Festival: Juli/Aug. in Korčula-Stadt und anderen Inselorten.
Marko-Polo-Fest: Zweite Julihälfte, mit Weinausschank.

Vela Luka ▶ J 13

Die Österreicher errichteten in den 1840er-Jahren in der windgeschützten, gewundenen Bucht von Vela Luka einen kleinen Hafenort, eine Werft und Fabriken. Der hübschen Uferpromenade sieht man nicht an, dass Vela Luka heute immer noch ein industrieller Ort ist: Die überall gerne gegessenen Jadranka-Sardinen kommen von hier.

Ein schöner Spaziergang führt am Meer entlang zum Hotel Posejdon und weiter zum Hotel Adria, zuletzt auf einem Trampelpfad zum Fast-Inselchen Sveti Ivan. Ein Kirche des hl. Johannes (Ivan) steht auf dem künstlich abgeflachten Plateau.

Übernachten

Privat mit Blick auf die Bucht – **Villa Telenta:** Ulica 1 bs. 57, Tel./Fax 020 81 42 30, info@telenta.net, DZ/FR oder Apt. ab ca. 55 €. Freundliche Privatpension mit Apts. und 1 Zimmer über der Bucht, leider 30 Min. Fußweg vom Ort (Transfer gratis), 2010 neu gebaut, bequem, gratis WLAN.
Camping – **Mindel:** Stani 193, Tel. 020 81 36 00, www.mindel.com. Isoliert liegender Platz im äußersten Westen der Insel, ganzjährig geöffnet.

Aktiv & Kreativ

Wassertaxis verkehren zu den Inseln Proizd und Ošjak mit schönen Stränden.

Infos & Termine

TZG: 20270 Vela Luka, an der Hafenpromenade, Tel. 020 81 36 19, Fax 81 27 00, www.tzvelaluka.hr.
Fest des hl. Johannes am 24. Juni, auf Sv. Ivan, mit Ruderregatta.

Lastovo ► J 13/14

Auf Lastovo ließen sich die Ragusaner aus strategischen Gründen schon 1252 nieder, sie blieben bis 1808. Dann kam die Insel zum österreichischen Kronland Dalmatien. Nach dem Abzug der Österreicher wurde sie zur italienischen Exklave Zara (Zadar) geschlagen. Die Erinnerung an diese Zeit bewahrt eine noch ziemlich intakte traditionelle Architektur, bei der vor allem die eigenwilligen Schornsteine auffallen.

Von Jahr zu Jahr leben weniger Menschen auf der Insel. Man spricht von einem Naturpark, dem Lastovo angehören sollte. Kann man damit Menschen zum Bleiben überreden und die Unverfälschtheit der Insel bewahren? Man möchte am liebsten eine riesige Käseglocke über die Insel stülpen und sie so für nachkommende Generationen konservieren. Die Bevölkerung von Lastovo hat möglicherweise ganz andere Vorstellungen von ihrer Zukunft.

Durch Wald aus Aleppokiefern und Steineichen fährt man von Ubli, das von den Italienern als Fischerhafen angelegt wurde, hinauf zum Hauptort. Der dichte Wald ist auf das Abholzungsverbot während der Zugehörigkeit zur Republik Ragusa zurückzuführen, die sich hier ihren Holzvorrat für immer neue Schiffe hielt. Der Ort Lastovo liegt am Südhang eines von einem napoleonischen Aussichtsturm gekrönten Hügels. Ein Treppenweg führt hinauf, der Ausblick auf die Inselgruppe der Lastovnjaci ist phänomenal.

Von Lastovo führt eine Straße zur Skrivena Luka. Warum sie »Verborgene Bucht« heißt, wird dem klar, der sie vom Meer aus sucht. Ein paar Fischerhäuser, ein paar Ferienhäuser und glasklares Wasser natürlich (im Sommer Taverne).

Übernachten

Taucherparadies – **Solitudo:** Uvala Pasadur, 20289 Ubli, Tel. 020 80 50 02, http://d.hotel-solitudo.com, DZ/ FR ab ca. 60 €. Das Haus an der Brücke zwischen Lastovo und Prežba ist eine moderne Anlage mit Restaurant und vor allem mit Tauchzentrum (www.diving-paradise.net). Unterschiedlich ausgestattete Zimmer von gut bis sehr komfortabel, gratis WLAN.

Infos & Termine

TZG: 29290 Lastovo, Tel./Fax 020 80 10 18, www.lastovo-tz.net.

Lastovski poklad: Der Karneval von Lastovo gehört zu den traditionsreichsten Veranstaltungen in Kroatien. Die ganze Inselbevölkerung nimmt teil, die Männer in bunten Uniformen. Höhepunkt ist die Verbrennung einer als Türke verkleideten Strohpuppe, die man zuvor auf einer improvisierten Seilbahn vom Berg gegenüber der Stadt in das Polje hinuntergelassen hat.

Fähre und **Tragflügelboot** nach Vela Luka, Hvar und Split.

Riviera von Makarska ▶ J/K 11/12

An der Vrulja-Bucht mit ihrer gewaltigen untermeerischen Süßwasserquelle, die das Schmelzwasser aus den Gebirgen im Frühjahr mächtig anschwellen lässt, beginnt der lange Küstenabschnitt, den die Tourismusmanager »Riviera von Makarska« getauft haben. Über Brela, Baška Voda, Makarska, Tučepi, Podgora, Drvenik, Zaostrog und Podaca zieht sich bis Gradac über 60 km Länge ein besonders reizvoller Streifen Küste. Das fast senkrecht aufsteigende Biokovo-Gebirge im Hintergrund bietet einen dramatischen Abschluss für die Szenerie der Küste und Schutz vor den Winden aus dem Inneren des Balkans. Die Temperaturen sind milde und ohne große Schwankungen, die Strände sind gut (Kies, Felsabschnitte), fast überall von Strandkiefern beschattet. Nahezu alle Orte haben einen pittoresken alten Kern und einige touristische Infrastruktur, manche sind gar, wie Baška Voda, Tučepi und Makarska, ganz auf den Tourismus eingestellt. Die Dörfer auf den Hängen oberhalb der Küste, Bast, Veliko Brdo, Makar, Potpeć, Srida Selo und viele andere, sind wahre Freiluftmuseen traditioneller bäuerlicher Architektur und besitzen zahlreiche Kirchen und Kapellen. Das Meer ist warm, man kann von Mai bis Oktober baden, für Ausflüge liegen Brač und Hvar vor der Tür, und Naturfreaks zieht es auf die Wanderwege des Naturparks Biokovo mit seinen vielen seltenen Pflanzen.

Makarska ▶ J 12

Makarska ist der größte und bedeutendste der Orte an der kroatischen Riviera. Er liegt in den Buchten zu beiden Seiten der von Kiefern bestandenen Halbinsel Sveti Petar: Der alte Ort mit der von Palmen bestandenen Flaniermeile liegt in der kleineren Hafenbucht, Donja Luka, die Hotelstadt, mit allen Wassersportmöglichkeiten in der größeren.

Der Ort hat durch Erdbeben viel gelitten, aber dennoch einige alte Bauten bewahrt. Vor allem folgen die Gassen und Treppen immer noch dem mittelalterlichen Muster. Im **Franziskanerkloster** lohnt sich der Besuch des **Malakologischen Museums** (tgl. 9–12, 17–19, in der Nebensaison 11–12 Uhr), in dem Muscheln und andere Schalentiere aus aller Welt gezeigt werden. Auch das **Stadtmuseum** (Mo–Fr 7–15, Sa 9–12 Uhr) ist den Besuch wert, danach kann man sich besser vorstellen, wie es hier vor dem Beginn des Tourismus aussah. Zum Ort Makar auf den Hängen oberhalb der Stadt führt der alte Weg (Put Makra) hinauf, er beginnt am Grünmarkt bei der Pfarrkirche Sveti Marko mit ihrem spitzen Turmhelm. Aus dem oberen Ortsteil von Makar führt ein gut gekennzeichneter Wanderweg weiter auf das **Biokovo-Gebirge**. Er durchquert die steilen Felswände ganz bequem und bringt einen guten Wanderer in etwa 2 Std. 30 Min. hinauf zum Vosač mit seiner Traumaussicht. Oben auf dem von ▷ S. 251

Auf Entdeckungstour

Von Makarska zum Botanischen Garten Kotišina

In die wilde Felslandschaft des Bio-kovo-Gebirges hat das Wasser bei Kotišina eine schmale Klamm einge-sägt. In der Macchie an ihrem Aus-gang und in der Schlucht selbst fin-den Naturliebhaber einen natürlichen Botanischen Garten vor, der mediter-rane und alpine Arten vereinigt. Am besten kommt man zu Fuß oder mit dem Fahrrad, denn bereits der Weg hierher ist sehr schön.

Reisekarte: ▶ J/K 12

Zeit: Reine Gehzeit 3 Std., mit Rad (etwas anderer Weg) 1 Std., im Botani-schen Garten mindestens eine Stunde.

Planung: Der Garten ist frei zugäng-lich, am interessantesten ist er im Spätfrühling (April und Mai).

Start: Makarska

Mitunter kann der Besuch Botanischer Gärten ein etwas dröger Zeitvertreib sein. Südamerikanische Epiphyten der Tropischen Regenwälder hier, alle Sträucher der gemäßigten Zone Ostasiens dort. Der Botanische Garten des Biokovo oberhalb Makarska macht da eine Ausnahme. Hier ist die Landschaft selbst der Garten, der Mensch hat nur sortiert, gekennzeichnet, Wege angelegt. Und wer von Makar oberhalb Makarska aus hinwandert, erlebt vorab schon eine großartige Szenerie direkt unter den riesigen Felsabstürzen.

Von Makarska nach Makar

Los geht es am Put Makra, der an der alten Durchfahrtsstraße direkt oberhalb des Grünmarktes von Makarska (Kačićev Trg) beginnt. Bei der Abzweigung nach Mlinice (Schild) trennen sich die Wege, Wanderer laufen weiterhin geradeaus, sozusagen in der Falllinie, Radler fahren nach rechts (und durch Mlinice hindurch nach Kotišina – dort trifft man sich wieder!). Bei der nächsten Linkskurve der Straße folgt man einem alten Maultierpfad durch Wein- und Obstterrassen hinauf nach Makar. Im Ort läuft man geradeaus bis zu einem Bildstock, der den hl. Martin darstellt, dort scharf rechts auf einen Fußweg. Diese erste Etappe dauert etwa 35 Minuten.

Von Makar nach Kotišina

Nun geht es fast immer direkt unterhalb der Felswände weiter. Zunächst passiert man eine sehr schlichte Sommer-*konoba* (vielleicht hat sie ja geöffnet), dann folgt man in leichtem Auf und Ab einem oft recht holprigen Bergpfad. Felswände, Macchie und lichter Wald bilden die Kulisse, man blickt hinunter auf Makarska, das sich in seine Bucht schmiegt. Ein wunderbares Stück Weg! Für diese Strecke benötigt man ca. 45 Minuten.

Unvermittelt steht man unterhalb der verfallenden Kirche Sv. Martin mit Friedhof, deshalb der Bildstock zu Beginn des Weges. Der Friedhof wurde zuletzt 1958 belegt, nun ist auch er im Verfall.

Ein kurzes Stück weiter und man erreicht den kleinen Ort Kotišina. Links unter den gelben Felsüberhängen befinden sich Ruinen, rechts unterhalb ein paar Häuser und die Kirche. Oberhalb der Kirche liegt der Botanische Garten! Ab Sv. Martin ist der Pfad zum Weg geworden, nun zum Sträßchen. Links biegt der Weg zum Botanischen Garten ab. Dank Schild und hölzernem Bogen kann man ihn kaum übersehen.

Der Botanische Garten

Die Lage macht's: Kotišina liegt an der Austrittstelle eines Gebirgsbaches, der sich eine enge Klamm in die Felsen des Biokovo gefressen hat. Das Wasser fließt ganzjährig, jedoch ist der kleine Wasserfall am Ende der Schlucht während der Schneeschmelze am ein-

Gelber Affodil am Fuß des Biokovo

drucksvollsten. In der Schlucht, auf dem Schuttkegel am Austritt und an den Felsen oberhalb der Kirche von Kotišina hat man die natürliche Vegetation für so interessant und vielfältig befunden, dass man sie als Botanischen Garten ausgewiesen hat. Hinweise zu einzelnen Pflanzen sind eher spärlich, und da sie auf Steinen angebracht sind, die man verschieben kann, nicht unbedingt zutreffend. Aber darum geht es nicht. Hier mischen sich Pflanzen des Mittelmeers, Steineiche, Phönizischer Wacholder, Mastixstrauch, auch Flaumeiche und Weißer Alant auf den Felsen mit Pflanzen gemäßigter Breiten wie der Hopfenbuche. Vor allem aber kommen aufgrund der dunklen, kühlen Verhältnisse in der Schlucht Arten vor, die sonst nur viel weiter oben im Gebirge gedeihen, etwa die Polster bildende Glockenblume *campanula portenschlagiana*. Am schönsten ist die Blüte des Gelben Affodil im Frühjahr (März/April), wenn die trockenen offenen Stellen von unzähligen gelben Blütenkerzen übersäht sind.

Auf dem Rückweg

Radfahrer haben Kotišina auf der Straße über Mlinice (mit leider erst ab spätnachmitags geöffneter *konoba* Mlinice) erreicht, die Wanderer nehmen sie nun in der anderen Richtung (im Tal unter dem Botanischen Garten, die erste Asphaltstraße queren). Vom Weiler Mlinice weiter auf dem Sträßchen, es mündet in den Put Makra – links unten liegt Makarska. Für den letzten Teil der Tour sollte eine Gehzeit von ungefähr 70 Minuten eingeplant werden.

Radfahrer folgen einem anderen Weg: Sie biegen auf dem Rückweg nicht nach rechts in das Sträßchen nach Mlinice ein, sondern fahren geradeaus weiter. Die gute Straße führt sie nach der Einmündung in eine größere Straße (dort rechts) direkt hinunter nach Makarska.

Dolinen gefurchten Plateau des Biokovo gibt es immer noch Felder, die bestellt werden.

Übernachten

Neben drei Hotels der Gruppe Hoteli Makarska, www.hoteli-makarska.com, gibt es weitere Großhotels in Ortsnähe, aber auch einige Privathotels mit persönlicher Atmosphäre. Großes Angebot an Apartments und Privatzimmern auch in den angrenzenden Orten. Die bei der Touristeninfo erhältliche Hotelliste (mit Preisen) verzeichnet auch die Adressen der etwa 30 Agenturen – allein in Makarska –, die Unterkünfte vermitteln.

Haus am Strand – **Meteor:** Šetalište Donja Luka bb., Tel. 021 60 26 00, DZ/FR 85–185 €. Etwas außerhalb, aber strandnah, ein Terrassenhotel mit Innenhof, Außenpool, Hallenbad und Sauna. Alle Balkone haben (Teil-)Blick zum Meer, die Zimmer sind komfortabel.

Stadthotel – **Biokovo:** Obala kralja Tomislava bb., Tel. 021 61 52 44, www.hotelbiokovo.hr, DZ/FR 70–155 €. Das komplett renovierte Stadthotel liegt direkt vor der Altstadt an der Hafenpromenade. Man geht 5 Min. zu den Stränden, die Zimmer nach vorne sind leider nicht gerade leise.

Stadtvilla – **Porin:** Marineta 2, Tel. 021 61 37 44, www.hotel-porin.hr, DZ/FR 80–130 €. Privathotel an der Strandpromenade in einer großen Villa der Gründerzeit. Gutes Restaurant, Zimmer mit Sat-TV, Minibar und Klimaanlage.

Essen & Trinken

Speisen im Schatten – **Riva:** Obala kralja Tomislava 6, Tel. 021 61 68 29, Eingang von der Kavana Central, zwei Gänge ab ca. 30 €. Durch einen wenig versprechenden Gang gelangt man in einen schattigen Innenhof, wo das Riva feinen Weißfisch und die ganze Palette der dalmatinischen Küche auftischt.

Zweiklassengesellschaft – **Marina:** Marineta 12, Pizza 5–7 €. Die Pizzeria an der Uferpromenade serviert die besten Pizzen des Ortes, sie kommen aus dem Steinofen. Vorne gibt es Hocker, hinten sitzt das gesetztere Publikum an Tischen.

Abends & Nachts

Außergewöhnliche Locations – Zwei Discos sind in natürlich und künstlich erweiterte Brandungshöhlen eingebaut. **Disco Grota:** Šetalište Sv. Petra bb., in einer natürlichen Brandungshöhle auf der Halbinsel Sveti Petar; **Deep:** Nachtlokal/Bar im Kellergewölbe am Hafenende auf der Halbinsel Osejava. Beide sind populär, mit guten DJs und Live-Auftritten.

Aktiv & Kreativ

Wassersport – Die **Strände** bei Makarska haben feinen bis groben Kies, FKK in der Nugal-Bucht nahe dem Wanderweg nach Tucepi. Schöner ist der Strand bei Tučepi während der Ortsstrand von Baška Voda so überlaufen ist, dass man nur noch mit (kostenlosen) Magnetkarten Eintritt erhält. **Tauchen** mit dem Tauchklub More Sub, Tel. 021 61 17 27, www.more-sub-makarska.hr, im nahen Podgora bei Birgmaier Sub, Tel. 021 62 51 68, www.birgmaier-sub.com.

Tennis – Tennis Centar und Sportski Centar des Hotels Makarska.

Radfahren – Eine kostenlose Radwegekarte »Dalmatia Bike Makarska« ist in den Touristeninfos der Region zu bekommen, sie ist bei den Höhenangaben korrekt, im Kartenbild jedoch zu wenig detailliert und die Beschreibungen sind streckenweise wenig hilfreich. *Wandern und Bergsteigen –* Wanderungen im Naturpark Biokovo können über Agenturen gebucht werden, z. B.: Biokovo Active Holidays, Kralja Petra Krešimira IV, 7b, Tel. 021 67 96 55, www.biokovo.net.

Infos & Termine

TZG: Obala kralja Tomislava 16, 21300 Makarska, Tel./Fax 021 61 20 02, www.makarska-info.hr. Der **Naturpark Biokovo** hat sein Büro in der Tina Ujevića 1, Tel./Fax 021 61 69 24, www.biokovo.com.
Internetcafé am Trg Tina Ujevića.
Kulturelles Sommerfestival in Makarska: Juli/Aug.; Konzerte, Folkloreveranstaltungen, Oper, Theater.
Sommerkarneval: in Makarska an einem wechselndem Tag im August.
Fähre: nach Sumartin/Brač (siehe dort); von Drvenik (28 km südlich) nach Sućuraj auf Hvar (siehe dort). **Taxi** am Busbahnhof, Tel. 021 61 13 66.

Neretva-Delta und Narona ▶ K/L 13

Die Neretva ist ein breiter, wasserreicher Fluss, der nahe der bosnisch-montenegrinischen Grenze entspringt. Kroatien erreicht er bei Metković, nur 16 Flusskilometer vor der Mündung. Im Unterlauf hat er große Sümpfe gebildet, ab Opuzen, bereits innerhalb Kroatiens, teilt er sich und bildet ein ebenfalls versumpftes Delta. Diese Landschaft war ein ideales Versteck für Piraten, was slawische Stämme besonders im Frühmittelalter weidlich ausnutzten. Nach ihrer Herkunft »Neretva-Piraten« genannt, tyrannisierten sie ein weites Umfeld vor der Flussmündung inklusive aller Inseln.

Die Piraterie ist lange vorbei. Im 19. und frühen 20. Jh. wurde das Delta, in dem vorher fast ausschließlich Fisch-, vor allem Aalfang betrieben wurde, teilweise trockengelegt und für Pflanzungen genutzt. Vorbild war das holländische Poldersystem, was man heute noch sehr gut sehen kann. Auf den gewonnenen Flächen wurden Spezialkulturen angelegt, heute dominiert mit Abstand die Clementine. Im verbliebenen Sumpfbereich, der unter Naturschutz gestellt wurde, haben Fische und Vögel ein ungestörtes Revier. Man kann einen Ausflug buchen und auf einem der flachen Neretvaboote, *tupica* genannt, durch die Altarme streifen. Vielleicht hat man das Glück, einen der seltenen Vögel zu sehen, die hier einfallen oder auch brüten. Durch das Delta führt eine wichtige Bahnlinie, die den Hafen Ploče mit Bosnien verbindet; für ihre ungehinderte Nutzung hat die Republik Bosnien-Herzegowina den Kroaten im Gegenzug ungehindertes Passieren des Korridors von Neum zugesagt.

Infos

Information: Touristenbüro am Hafen von Ploče, Tel. 020 67 95 10.
Bus: Von Ploče fahren bis zu 16 Buspaare tgl. nach Dubrovnik und Makarska, mehrere tgl. Lokalverbindungen und 5–6 überregionale Buspaare nach Metković und weiter nach Mostar und Sarajevo.
Fähre: Verbindung Ploče–Trpanj regulär um 7.30, 10.15, 14.15 und 17.30 Uhr, Jadrolinija-Büro am Hafen, Tel. 020 67 93 21.

Vid/Narona ▶ L 12

Vid ist die Nachfolgerin der römischen Stadt Narona, eines bedeutenden Handels- und Kriegshafens. Der heutige Dorfplatz entspricht dem alten Forum, vor wenigen Jahren haben Ausgrabungen den Tempel samt zwei Altären freigelegt. Und nicht nur das, neben einer Fülle römischer Funde kamen 14 gut, ja in einigen Fällen fast ohne Schäden erhaltene Statuen zum Vorschein. Sie wurden in Split restauriert und dann auf Ausstellungen gezeigt, im Jahr 2007 hat man ihnen über dem Forum ein Museum eingerichtet, wo sie seitdem wieder an ihrer originalen Stelle zu bewundern sind (Archäologisches Museum Narona, 20352 Vid, Tel. 020 69 15 96, April– Sept. Mo–Sa 8–18, So 9–13, sonst Di–Sa 9–17, So 9–13 Uhr).

Geht man links in den Ort hinauf, kommt man zur Evešova kula, einem ganz aus römischen Inschriftsteinen, Bruchstücken von Statuen und Friesen errichteten Haus. Wenig höher liegt auf einer Plattform die moderne Kirche. Dort beginnt auf der östlichen Seite ein besonders gut erhaltener Abschnitt der Stadtmauer, der hinunter bis zur Asphaltstraße zu verfolgen ist, wo sich das Osttor befand.

Essen & Trinken

Zu der kleinen *konoba* Vid, gelangt man nach der Brücke links, es ist eines der hinteren Häuser. Dort gibt es eigenes Brot, hervorragenden lokalen Rohschinken und Weißkäse, gelegentlich Lamm am Spieß, eigenen Wein; deftige Brotzeit mit Wein ist ab 5 € zu bekommen. Nicht nur in Vid, sondern überall an der unteren Neretva ist *brodet* von Froschschenkeln und vom Aal populär.

Infos

Taxi vom Busbahnhof in Metković nach Vid. **Organisierte Touren** in das Neretvadelta und nach Narona werden in Makarska, Korčula und Dubrovnik veranstaltet und sind in Hotels und Agenturen zu buchen.

Neum ▶ L 13

Südlich des Neretva-Deltas quert die Küstenstraße auf 9 km bosnisches Territorium. Der Korridor von Neum, der Bosnien-Herzegowina einen Meerzugang sichert, wurde dem Osmanischen Reich von der Republik Ragusa abgetreten, als durch den Frieden von Karlowitz eine Pufferzone zwischen osmanischem und venezianischem Territorium geschaffen wurde. Neum besteht nur aus Gebäuden neueren Datums, großen Hotels und vor allem jeder Menge Supermärkte, in denen die durchreisenden, an die hohen Preise im eigenen Lande denkenden Kroaten ihre Einkäufe tätigen.

Seit 2007 wird an einem Projekt gearbeitet, das die für Kroatien unangenehme Situation bereinigen soll: eine Brücke nördlich Neum über den hier 3 km schmalen und maximal 28 m tiefen Kanal Mali Ston hinüber zur Halbinsel Pelješac. Sie wird komplett auf kroatischem Territorium verlaufen und damit Süddalmatien ohne Pass- und Zollkontrollen mit dem Rest des Landes verbinden.

Wichtig: Für die Durchreise durch den Korridor von Neum wird ein Ausweis benötigt, der Personalausweis ist ausreichend (im Gegensatz zur Einreise bei Metković in Richtung Mostar, wo der Reisepass verlangt wird).

Weiter auf der Jadranska Magistrala oder der Autobahn in Richtung Dubrovnik.

Dubrovnik und Umgebung

Highlight !

Altstadt von Dubrovnik: Die ›Königin der kroatischen Adria‹ ist eine der schönsten Städte rund ums Mittelmeer: auf steilem Felsen die trutzigen Wehrmauern, drinnen ein enges Straßennetz mit alten Steinhäusern, keine störenden Neubauten, aber Kirchen, Klöster, Museen ... eine blühende Hotellerie sowie Gastroszene und draußen vor dem Hafen die Luxusliner. S. 256

Auf Entdeckungstour

Schätze im Dominikanerkloster in Dubrovnik: Ob bei den Dominikanern oder bei den Franziskanern, die Schätze im Museum und das Gebäude bilden eine unvergessliche Einheit. S. 262

Inselwanderung auf alten Wegen – Lopud: Wege und Maultierpfade wurden wieder instand gesetzt und bilden ein dichtes Netz, auf dem man die gesamte Insel erkunden kann. S. 272

Kultur & Sehenswertes

Stadtmauern in Dubrovnik und Ston: Immer auf dem letzten Stand der Wehrtechnologie waren die Architekten, die Ragusas Regierung engagierte, um die Befestigungen von Dubrovnik und Ston zu errichten. S. 258 und S. 277

Mausoleum in Cavtat: Ein bedeutendes Werk Ivan Meštrovićs ist das Mausoleum in Cavtat. S. 270

Aktiv & Kreativ

Hoch hinaus – Wanderung auf den Srđ: Vom früheren Festungsberg hat man den tollsten Blick auf Dubrovnik. Man kann hinauffahren, viel eindrucksvoller ist jedoch ein Spaziergang. S. 266

Radeln und Wandern im Nationalpark Mljet: Das schafft fast jeder, vom Hotel Odisej zu den »Seen« mit der Klosterinsel zu radeln und weiter bis ans offene Meer. S. 279

Genießen & Atmosphäre

Hotel Pucić Palace in Dubrovnik: Exklusiver geht's nicht, als hier am Gundulić-Platz zu logieren. S. 265

Volkstanz in Čilipi: Sonntagmorgens wird im Dorf Čilipi in alter Tracht getanzt und gesungen, nachher schmeckt das Essen in der *konoba* besonders authentisch. S. 271

Konoba Konavoski Dvori: Das ist sie, die stimmungsvollste *konoba* im ganzen Konavle. Direkt am rauschenden Bach, eine Idylle. S. 271

Abends & Nachts

Festspiele in Dubrovnik: Sommerzeit ist auch und gerade in Dubrovnik Festspielzeit mit langer Tradition. Abends Theater, Konzert, Ballett unter freiem Himmel – unvergesslich. S. 264

Dubrovnik ist gut überschaubar. Dicht drängen sich die mehrstöckigen Steinhäuser mit ihren roten Ziegeldächern zwischen den Mauern. Vom Minčeta-Turm blickt man bei Sonnenuntergang auf ein klar umrissenes Häuservieleck, das im spiegelnden Meer zu schwimmen scheint, nur an einer Seite mit dem Land verbunden, bereit, hinauszusegeln ins Mittelmeer.

Dubrovnik hat als Hauptort der selbstständigen Republik Ragusa eine tausendjährige Geschichte hinter sich, in der die Stadtregierung immer wieder

diplomatisch Konflikte verhindern musste, um das Potential der Stadt zu schützen, den Mittelmeerhandel mit eigenen Schiffen und den Balkanhandel über Land. Byzanz, Venedig, Bosnien, Osmanisches Reich, Österreich, Frankreich waren Schutzmächte und Feinde zugleich, überleben konnte die winzige Republik nur durch Diplomatie. Heute hat die Stadt ihre Handelsfunktion verloren, aber eine neue gewinnbringende Funktion entdeckt (um nicht zu sagen, eine Goldader): den Fremdenverkehr. Luxusherbergen entstehen allerorten und große Cruiseliner ankern vor der Reede. Dubrovnik ist *in* und das weltweit.

Das alles erklärt das Phänomen Dubrovnik nicht. Warum ist diese Stadt ein Muss für Weltenbummler geworden? Was ist ihr Geheimnis, was ist das Besondere an der Atmosphäre der Stadt? Es lässt sich nicht in Worte fassen. Man muss Dubrovnik eben besuchen, um es zu erfahren.

Dubrovnik ! ▶ M 14

Die beiden Namen der Stadt, Ragusa und Dubrovnik, spiegeln ihre beiden Wurzeln wider: die antik-romanische und die slawische. Als slawische Heere im Jahr 615 das griechisch-römische Epidaurum (heute Cavtat) stürmten, mussten sich die überlebenden Bewohner ganz schnell eine sichere Zuflucht suchen. Sie fanden sie auf einer 10 km entfernten kleinen Felseninsel vor der Küste, am Südrand des heutigen Dubrovnik, dort, wo die steilen Klippen zum Meer unüberwindlich sind. An der Küste gegenüber der später Ragusa genannten Siedlung siedelten sich in einem friedlichen Prozess Slawen an, mit denen die Ragusaner Handel trieben. Aus der Bezeichnung für die slawische Siedlung entwickelte sich der Name Du-

Infobox

Touristeninformationen
Hauptbüro für die Region Dubrovnik: TZ Dubrovačko-neretvanska, Vukovarska 22, 20000 Dubrovnik, Tel. 020 32 49 99, www.visitdubrovnik.hr.
Büro für die Stadt Dubrovnik: TZG Dubrovnik, C. Zuzorić 1/2, 21000 Dubrovnik, Tel. 020 32 38 87, Fax 020 32 37 25, www.tzdubrovnik.hr.

Internet
www.tzdubrovnik.hr: Website der Stadtinformation für Dubrovnik, eher mager.
www.visitdubrovnik.hr: Die Site der Touristeninformation für die Region ist etwas schwerfällig und außerhalb Dubrovniks wenig ergiebig.

Anreise und Verbindungen
Der internationale Flughafen wird täglich mehrmals von Zagreb aus angeflogen, LH, AUA u. a. verbinden die Stadt mit dem deutschsprachigen Raum. Dubrovnik hat keine Bahnverbindung, die Autobahn nach Split und Zagreb bzw. Rijeka ist im Bau. Regelmäßige Fährverbindung gibt es mit Bari.

Am alten Hafen von Dubrovnik

brovnik. Ein Hinterland gab es nicht, jenseits des Berges, an dessen Fuß Ragusa/Dubrovnik liegt, herrschte der bosnische Ban oder der serbische König und auf den Inseln machten sich die Venezianer breit. Statt zu kämpfen, verlegte sich Ragusa auf die Diplomatie und den Seehandel. Das Geld für Bestechungen und ›Geschenke‹ an die Bosnier und später die Türken verdienten die Ragusaner mit ihrer Handelsflotte.

Die Zuschüttung des Meeresarmes zwischen Ragusa und Dubrovnik im 12. Jh. hatte schon zur Annäherung der beiden Bevölkerungsgruppen beigetragen, die gemeinsame Abneigung gegen Venedig, das sich immer wieder einzumischen versuchte (und die Stadt sogar eine Zeit lang regierte), tat ein Übriges. Die endgültige Verschmelzung zu einem Gemeinwesen ist der größten Katastrophe der Stadt zu verdanken, dem Erdbeben vom 6. April 1667. Der Großteil der Bevölkerung kam dabei um, darunter die meisten der bisher die Stadt regierenden Adelsfamilien, die

fast ausschließlich romanischer Herkunft waren. Die Überlebenden reagierten schnell: Neue Adelsfamilien, jetzt vor allem aus dem slawischen Bevölkerungsteil, stiegen auf. In den folgenden Jahren wurden bedeutende Bauten wie der Rektorenpalast und die beiden großen Bettelordensklöster renoviert, aber der Großteil der Stadt wurde völlig neu errichtet oder zumindest neu ausgestattet.

Nach dem Erdbeben konnte Dubrovnik seine alte Bedeutung nicht mehr erreichen. Das Städtchen wurde zu einem Museum seiner selbst, im späten 19. Jh. bereits als pittoresk-romantisches Reiseziel mit mediterranem Klima vermarktet. So schreibt ein Reiseführer von 1892: »Die Romantik einer glänzenden Vergangenheit ... haftet ihr noch immer an. In mancher Beziehung ist Ragusa der angenehmste Aufenthalt in Dalmatien, namentlich wegen der herrlichen landschaftlichen Umgebung und wegen des milden Klimas.« Der Schreiber war sicher nicht im Sommer in Dubrovnik, wenn Süddalmatien unter der Hitze brütet und die Bevölkerung aufs Land flüchtet. Wahrscheinlich war er im Frühjahr dort – immer noch die schönste Jahreszeit für einen Besuch.

Stadtrundgang

Die Stadtmauern
April–Okt. tgl. 8–19.30, Nov.–März tgl. 10–15 Uhr (Eintritt 10,60 €)
Dubrovniks Stadtbefestigung erhielt ihr heutiges Aussehen in der Mitte des 15. Jh., als die Türkengefahr immer größer wurde. Die Stadt traute den Türken nicht, obwohl sie sich durch Bestechungen, Geschenke und Tributzahlungen Handelsvorteile und Autonomie erworben hatte. Die Eroberung Konstantinopels (1453), Bosniens (1463) und Kroatiens (1482) durch die Türken bestärkte die Republik Ragusa nur in ihrer Bauwut.

Man betritt die Stadt am westlichen Landtor, dem **Pile-Tor** **1**, vor dem sich rechts die gewaltige Festung Lovrijenac erhebt. Es ist ein Doppeltor mit geräumigem Waffenhof, das Innentor wird von einer Statue des Sveti Vlaho bewacht, eine von vielen in dieser Stadt, die den hl. Blasius zum Schutzpatron erwählt hat. Drinnen steht man auf einem Platz, von dem die Hauptstraße Placa (Stradun) schnurgerade zum Uhrturm auf der anderen Stadtseite läuft – aber widerstehen Sie der Verlockung des Flanierens und gehen Sie über die Stiegen links hinauf zu den Stadtmauern. Dann wieder nach links und der Anblick der Placa entfaltet sich jetzt aus höherer Perspektive. An der Südwestecke der Stadtmauern liegt die wuchtige **Festung Bokar** **2** (1464). Juraj Dalmatinac (s. S. 194) hat sie nach Plänen des Architekten Michelozzo Michelozzi ausgeführt. Der folgende Laufgang ist recht schmal, führt hoch über dem Meer ent-

lang und erlaubt herrliche Blicke auf die Altstadt und die Insel Lokrum. An der Südostecke der Stadtmauern und direkt an der Hafeneinfahrt steht die **Festung Sveti Ivan** **3** (16. Jh.), in der sich heute das städtische Aquarium (tgl. 10–20, im Winter Di–So 9/10–13/14 Uhr) und das sehr sehenswerte Schifffahrtsmuseum befinden (tgl. 9–18, im Winter Di–So 9–13/14 Uhr), beide erreicht man von den Stadtmauern aus.

Über der Südseite des Hafens, in dem heute fast nur noch Ausflugsboote liegen (alle anderen sind in Dubrovniks großen Hafen Gruž umgezogen), sieht man gut die Weiterführung der Stadtmauern auf der Hafennordseite. Nach dem **Ploče-Tor** **4** (1450) führt eine normalerweise gesperrte Brücke zur vorgelagerten **Festung Revelin** **5**, die den Ostzugang zur Stadt zu bewachen hatte. Auf zwei Stockwerken finden sich eine Sammlung mittelalterlicher Skulpturen, eine Archäologische Sammlung zur Errichtung des Gebäudes und ein Virtuelles Museum zur Geschichte der Republik Ragusa (seit 2011). Riesige Dachterrasse mit Hafenblick (Infos über Öffnungszeiten Tel. 020 32 61 00). Ziemlich ansteigend geht es zur **Festung Minčeta** **6** an der Nordwestecke der Mauern, dem massiven Rundturm (1461–1464), den man schon zu Anfang bewundert hat. Die Ausblicke sind großartig, der Rundgang nach kurzem Abstieg zu Ende.

Am Pile-Tor
Wieder beim Pile-Tor angelangt, geht es diesmal auf der Placa weiter, Dubrovniks schnurgerader Flanierstraße (s. Abb. S. 74/75). Den Platz an ihrem Anfang beherrscht der runde **Große Onofrio-Brunnen** (1444) **7** über der großen Zisterne, in der das Wasser aus einem 12 km langen Aquädukt gespeichert wurde. Links liegt die **Erlöserkirche (Sveti Spas)** **8**, 1520 als Dank für

die Verschonung von einem Erdbeben errichtet und 1667 beim großen Erdbeben nicht beschädigt. Die Kirche ist ein Werk der Brüder Andrijić (s. S. 241).

An die Erlöserkirche schließt sich das **Franziskanerkloster (Franjevački samostan)** `9` an. Das dekorative spätgotische Südportal (1499), das zur Placa weist, stammt aus einem älteren Bau, das Innere ist barockisiert. Im Klostermuseum (Eingang links vom Kloster; tgl. 9–18 Uhr) ist nicht nur die hervorragend erhaltene alte Klosterapotheke sehenswert, sondern auch der stimmungsvolle Kreuzgang (um 1360).

Die Placa

Die Häuser zu beiden Seiten der Placa wurden nach 1667 nach einem einheitlichen Plan errichtet, mit einem sehr einfachem Dekor, gleichen Geschosshöhen und Dachschrägen. Auch Kanalisation, Wasserzufuhr und Abfallentsorgung wurden geregelt und überwacht, Ragusa war so sauber, wie heute Dubrovnik ist. Die Steinplatten der Straße wurden 1468 gelegt und immer wieder repariert, zuletzt nach den starken Schäden von 1991/92.

Auf der linken Seite führt knapp vor dem Ostende der Placa ein Gässchen namens Žudioska bergan zur **Synagoge** `10` (Mo–Fr 10–15 Uhr). Der 1652 errichtete und beim großen Erdbeben kaum beschädigte Bau dient heute noch als Bethaus der kleinen jüdischen Gemeinde.

Luža-Platz

Der Luža-Platz am Ostende der Placa wird wie der Platz am Pile-Tor durch wichtige Gebäude markiert. Im Zentrum ragt die Rolandssäule (1418) auf, Symbol der städtischen und staatlichen Freiheiten Ragusas und klar am Vorbild des Roland vor dem Bremer Rathaus orientiert. Zur Linken steht der **Sponza-Palast** (1506–1522) `11`, dessen Mix aus Gotik (Maßwerkfenster) und Renaissance

(vorgelagerte Loggia) stark an Venedigs Paläste erinnert – die Steinmetzarbeiten wurden von den Brüdern Andrijić aus dem venezianischen Korčula ausgeführt.

Im rechten Winkel dazu schließt rechts der Durchgang zum Ploče-Tor an, darüber befindet sich die Glockenloggia und daneben der **Uhrturm** `12`. Die **Luža** daneben, die **Stadtloggia** `13`, entstand zwar bereits in der Gotik, wurde aber nach dem Erdbeben von 1667 stark verändert. Der Kleine Onofrio-Brunnen (1438) davor hat sich noch aus dem älteren Bau erhalten.

Rektorenpalast `14`
tgl. 9–18, im Winter 9–14 Uhr
Vorbei am Stadtcafé mit seiner leicht erhöhten, sehr populären Terrasse und dem Theater der Stadt gelangt man zum eigentlichen Zentrum des historischen Dubrovnik, dem **Rektorenpalast (Knežev dvor)** der Republik Ragusa, in dem sich heute das **Stadtmuseum** befindet. Der Eingang des zwischen 1435 und 1463 entstandenen Baus ist eine großzügige Loggia mit skulptierten Kapitellen, die man sich genauer ansehen sollte: So befindet sich am Kapitell ganz rechts eine Darstellung des Arztgottes Äskulap als Alchimist. Im Stadtmuseum wird man über Kultur und Geschichte der Republik Ragusa aufgeklärt, im Nobelstock des um einen Innenhof gelagerten Baus erinnern prunkvolle Barock- und Rokoko-Säle an die verflossene Bedeutung der Stadt.

Sveti Vlaho und Kathedrale
Auf der anderen Seite des Luža-Platzes steht Dubrovniks Prachtkirche **Sveti Vlaho** `15`, des Stadtpatrons hl. Blasius, der Dubrovnik im Jahr 971 persönlich gegen eine venezianische Armada verteidigt haben soll. Sie entstand 1707–1715, der Architekt und Bildhauer Marino Groppelli verwendete die ihm ge-

Dubrovnik

läufigen Formen des venezianischen Barock. Eine meist von müden Stadt- bummlern besetzte Treppe führt hinauf zum Portal. Im Inneren zieht die vergol- dete Statue des hl. Blasius (15. Jh.) die Blicke auf sich. Er hält ein Modell Du- brovniks in der Hand, das noch den Zu- stand der Stadt vor dem großen Erdbe- ben von 1667 zeigt.

Am selben Platz steht die **Kathedrale Velika Gospa (Mariae Himmelfahrt)** 16, auch sie ein barocker Bau (1673–1713) mit monumentaler Schaufront. Die Vor- gängerin, eine prunkvolle romanische Basilika, überstand das große Erdbeben nicht, nur die Fundamente blieben üb- rig. Bedeutendster Besitz der Kathe- drale ist eine Himmelfahrt Mariens in der Apsis hinter dem Hauptaltar, die Ti-

zian zugeschrieben wird (aber eher aus der Werkstatt stammt). Die Schatzkam- mer (tgl. 9–12, 15–19 Uhr) verdient ihren Namen, sie ist so reich mit Reliquien in Silber und Gold ausgestattet, wie es ei- ner Kathedrale zusteht.

Pustijernaviertel

Die winkligen Gassen zwischen der Ka- thedrale und der Festung Sveti Ivan sind sehr alt. Nach dem Erdbeben von 1667 wurde **Pustijerna** 17 nicht wieder neu gebaut, sondern nur restauriert, wahrscheinlich, weil die Schäden rela- tiv gering waren. Den Abraum schüt- tete man einfach an eine Stelle, wo ein Palast und ein paar Häuser eingestürzt waren, und baute nicht mehr darauf. Ein Traum für Archäologen, die hier in

der Stadt graben konnten und die Fundamente aus der Zeit vor 1667 freilegten (Infotafel bei den Ausgrabungen).

Dominikanerkloster 18

Tgl. 9–18 Uhr

Weitere Sehenswürdigkeiten liegen etwas abseits: Das **Dominikanerkloster** erreicht man vom Luža-Platz in Richtung Ploče-Tor, dabei passiert man das Tor zum alten Hafen, wo die Boote nach Lokrum und Cavtat ablegen. Im Kloster, das 1315 gegründet und nach 1667 umfassend renoviert wurde, ist neben der Kirche (mit einer großartigen Kreuzigungsszene von Paolo Veneziano über dem Hauptaltar) und dem schönen spätgotischen Kreuzgang das Museum besichtigenswert. Auf einem Triptychon

von 1513 von Nikola Božidarević sieht man den hl. Blasius mit einem Modell der Stadt in der Hand, auf einem Gemälde von Tizian ist neben weiteren Heiligen ebenfalls der hl. Blasius dargestellt, und ein Silberkelch in Schiffsform stellt die *karaka* dar, das typische Raguser Handelsschiff.

Vom Grünmarkt zum Ethnologischen Museum Rupe

Zum morgens sehr geschäftigen **Grünmarkt (Gundulićeva poljana)** 19 mit einer Statue des Dubrovniker Dichters Ivan Gundulić führt die Gasse Od Puča. Wenn man ihr weiter folgt, erreicht man das **Ikonenmuseum** 20 der serbisch-orthodoxen Gemeinde Dubrovniks, das in den histori- ▷ S. 264

261

Auf Entdeckungstour

Schätze im Dominikanerkloster in Dubrovnik

Vor allem Kunstwerke aus der Renaissance bewahrt das beim großen Erdbeben 1667 nicht zerstörte Dominikanerkloster **18** auf. Vom Kreuzgang über das Museum bis zur Kirche entdecken Kunstliebhaber bzw. speziell an spätgotischer und Renaissancekunst Interessierte immer wieder neue Meisterwerke.

Reisekarte: ▶ M 14

Zeit: Besichtigung mindestens 1 Std., besser ist es jedoch, sich 2 Std. Zeit zu nehmen.

Planung: Tgl. 9–18, Winter bis 17 Uhr

Start: Eingang in der Sv. Dominika

Oase der Ruhe

Im Gewusel unten an der Straße kann man sich die hier herrschende Ruhe kaum vorstellen. Das Dominikanerkloster zwischen Stadtmauern und Festung Revelin wurde ab 1304 erbaut, den Höhepunkt seiner Bedeutung erreichte es wohl etwa zwischen 1450 und 1550. Damals floss in der Republik Ragusa noch eine Menge Geld, und auch bei den Dominikanern nicht zu knapp. Die Sakristei stammt aus dieser Zeit, der Kirchturm wurde vollendet und die gotische Kirche mit vielen Altären ausgeschmückt.

Ebenso der vom Italiener Maso di Bartolomeo entworfene Kreuzgang, mit dem 1456 begonnen wurde. Aber die Renaissancearchitektur, die er aus Florenz mitbrachte, erschien den Brüdern doch zu radikal-modern, daher ließen sie die Triforen des Umgangs lieber in einem spätgotischen Stil ausführen.

Das Museum – erster Raum, zwei Meister, zwei Triptychen

Gleich rechts im ersten Raum hängt ein großes und berühmtes Meisterwerk der Renaissance von einem lokalen Maler: Nikola Božidarevićs Triptychon mit der Gottesmutter, dem Kind und vier Heiligen. Links ist der hl. Blasius (Sv. Vlaho) dargestellt, Dubrovniks Stadtpatron. Er hält ein Stadtmodell in der Hand, das uns eine Vorstellung davon gibt, wie Dubrovnik vor dem großen Erdbeben ausgesehen haben muss, genau im Jahr 1513, als dieses Bild entstand. Präzise hat der Künstler die Stadt und ihren Hafen wiedergegeben, samt den dort ankernden Schiffen, Handelssegler vom Karaka-Typ, wie ihn die Republik Ragusa damals verwendete.

Ein weiterer hl. Blasius ist auf einem Triptychon von Mihajlo Hamzić aus dem Jahr 1512 abgebildet. Diesmal steht der Heilige in der Mitte, vier weitere Heilige

an seiner Seite. Während Maltechnik und Goldgrund bei Božidarević noch an die Spätgotik erinnern, hat Hamzić, Schüler von Andrea Mantegna, die Renaissance bereits verinnerlicht (und erinnert in der Betonung der Linien und Umrisse stark an seinen Lehrer). Man muss sich diese beiden Werke links und rechts neben dem Hauptaltar der Kirche vorstellen, ihrem ursprünglichen Standort auf Nebenaltären.

Das Museum – zweiter Raum, Gold und Silber

Zwar gibt es auch im zweiten Raum Gemälde, die Beachtung verdienen, besonders die 15 Gemälde zu den Mysterien des Rosenkranzes des aus dem katholischen Kotor (Montenegro) stammenden Tripo Kokolja und das Tizian zugeschriebene Gemälde mit dem hl. Blasius, der hl. Magdalena und Tobias samt Engel und Stifter. In erster Linie aber fallen Gold- und Silberschmiedearbeiten sowie wertvolles Glas auf. Altargerät aus Edelmetall, ein Reliquiar mit roten Korallen in einem geschliffenen Glaszylinder und vor allem ein silbernes Weihrauchgefäß in Form einer Karaka gehören zu den interessantesten Stücken. Im Nebenraum ist ein gotisches Wandgrab zu sehen.

Die Kirche – Paolo Veneziano und Ivan Meštrović

In der recht schlichten, ursprünglich gotischen und dann barockisierten dreischiffigen Kirche sticht besonders das Kreuz (Gekreuzigter mit Maria und Johannes dem Evangelisten) im Bogen über dem Hauptaltar hervor. Es handelt sich um ein Werk von Paolo Veneziano. Der Bogen wie auch die fünfeckige Apsis dahinter sind gotisch. In der Nische rechts befindet sich die Skulptur einer Madonna, die von dem kroatischen Bildhauer Ivan Meštrović geschaffen wurde.

Mein Tipp

Sommerfestspiele

Ein guter Grund, Dubrovnik im Sommer zu besuchen, sind die alljährlichen Festspiele von Juli bis Ende August. Die ganze Stadt verwandelt sich dann in eine Freilichtbühne und überall wird gesungen, Musik gemacht, getanzt: in der Festung Revelin, im Stadttheater, auf der Placa, in den Kirchen, Kreuzgängen. Viele berühmte Solisten und Ensembles kommen, u. a. die Kremerata Baltica mit Gidon Kremer, die Warschauer Symphoniker und das Bartók-Quartett. Lokale und Zagreber Theater führen dramatische Werke von Dubrovniks größtem Dichter Marin Držić (1508–1567) auf, darunter sein bekanntestes Werk »Dundo Marije« (Onkel Maroje, 1551). Dubrovačke Ljetne Igre, Od Sigurate 1, Tel. 020 32 61 00, Fax 020 32 61 16, www.dubrovnik-festival.hr.

schen Räumen eingerichtet wurde (Mi–Mo 9–16 Uhr). In der Bibliothek sind Ikonen des 16.–19. Jh. ausgestellt, darunter einige bedeutende Stücke, so das »Noli me tangere« des griechischen Meisters Emanuel Lampardos (1598–1632).

Oben im ältesten Ragusa, durch schmale Treppengässchen erreichbar, erhebt sich die **Jesuitenkirche (Sveti Ignacije)** **21**, ein Barockbau, der 1725 fertiggestellt wurde. Ebenfalls in diesem Stadtteil steht der **Getreidespeicher Rupe** **22** aus der zweiten Hälfte des 16. Jh., in dem die Stadt früher einen großen Getreidevorrat – bis 1500 Tonnen! – lagerte und in dem sich heute ein interessantes **Ethnologisches Museum** befindet (Di–So 9–14 Uhr).

Insel Lokrum ▶ M 14

Dubrovnik bietet aber auch Parks und erholsame Ausflugsziele in nächster Nähe. Am schönsten ist wohl der Besuch der **Insel Lokrum** **23**. Ein Wassertaxi und die regelmäßig verkehrenden Boote bringen den Besucher rasch hinüber zur Insel mit ihrem dichten Kiefernwald. Hier ließ der österreichische Erzherzog Maximilian, der spätere Kaiser von Mexiko, eine neugotische Villa erbauen (1859), wobei die Reste eines verfallenden Klosters verwendet wurden. Park und Wald, zahlreiche Buchten, auch eine FKK-Bucht, Stände mit Erfrischungen und ein Restaurant sind heute beliebte Freizeitziele. Das gilt besonders für den Hochsommer, wenn man dem Brennofen der steinernen Stadt entfliehen will – auf der Insel ist es zehn Grad kühler.

Pile und Lapad ▶ M 14

Im Westen der Altstadt liegt das **Pile-Viertel** **24** mit dem ältesten Hotel der Stadt, dem Imperial, das nach Kriegsschäden renoviert wurde und als Hilton-Imperial 2005 wieder eröffnete. Die bewaldete Landzunge von **Lapad** **25**, auf der sich die meisten modernen Hotels befinden, hat schöne Feinkiesstrände, felsige Buchten, Wanderwege und Radwege, hier kann man wunderbar den heißesten Tag verbringen. Wer einen Schiffsausflug machen will, lässt sich vom Ausflugsboot nach Cavtat bringen oder auf die Inselgruppe der Elafiten, dorthin führt ihn auch die Personenfähre vom **Hafen Gruž** **26**.

Übernachten

Dubrovniks Preisniveau auf dem Hotelsektor ist international Spitze. Elf Fünfsternhotels führen sie an, jedes Jahr kommen ein oder zwei dazu. In der Altstadt werden selbst für Zimmer ohne fließendes Wasser 40 € verlangt; Privatzimmer- und Apartmentvermittlung z. B. Atlas, Svetog Đurđa 1 (unterhalb der Bushaltestelle Pile), www.atlas-croatia.com. Im Badevorort Lapad mit großer Hotelauswahl sind die Preise kaum niedriger als in der Altstadt und ihrer unmittelbaren Umgebung. Ein Drittel der Hotelkapazität besitzt die Gruppe Valamar (und 10 % der gesamten Hotelkapazität Kroatiens), www.valamar.com.

Historischer Standort – **Hilton Imperial** **1**: Marijana Blačica 2, Tel. 020 32 03 20, www.hilton.de/dubrovnik, DZ/FR ab ca. 150 € bei Internetbuchung. Das erste Hotel der Hilton-Kette in Kroatien ist das prestigeträchtige Imperial von 1896. Es wurde 2005 nach einer kompletten Restaurierung wieder eröffnet. Nebenan gibt es zum gleichen Preis Zimmer in einer Villa, die aber nicht so viel Charakter hat.

Luxuriös – **Pucić Palace** **2**: Od Puća 1, Tel. 020 32 62 00, www.thepucicpalace.com, DZ/FR 190–380 €. Das Luxushotel innerhalb der Altstadtmauern wurde in einem historischen Palast am Gundulić-Platz eingerichtet und bietet einen Mix aus modernem Komfort und Antiquitäten. Das Hotel hat nur 19, wie bei diesem Preis zu erwarten, sehr komfortable Zimmer.

Altstadtblick – **Excelsior** **3**: Frana Supila 12, Tel. 020 35 33 53, www.hotel-excelsior.hr, DZ/FR 90–250 €. Das Excelsior im Ploče-Viertel ist ausgezeichnet, es besitzt alle Einrichtungen und Annehmlichkeiten der Kategorie Fünfstern. Wenn man schon so viel Geld ausgibt, lohnt es sich, auf ein Zimmer zur Meerseite – mit Altstadtblick – zu bestehen.

Gut und günstig – **Ivka** **4**: Sv. Mihajla 21, Tel. 020 36 26 00, www.hotel-ivka.com, DZ/FR 55–155 €. Das Mittelklasse-

hotel in Lapad hat wenig Ausblick, aber sicher das beste Preis-Leistungs-Verhältnis in seiner Kategorie. Geräumige Zimmer mit großen Balkonen und Klimaanlage (aber ohne Minibar) gewährleisten einen angenehmen Aufenthalt.

Strandhotel – **Kompas** **5**: Šetalište k. Zvonimira 56, Tel. 020 435 57 77, www.hotel-kompas.hr, DZ/FR 50–145 €. Das solide Hotel in der Lapadbucht am Strand hat ruhige Zimmer mit Sat-TV und Minibar, nur die zur Meerseite nehmen!

Praktisch – **Lero** **6**: Iva Vojnovića 14, Tel. 020 33 20 22, www.hotel-lero.hr, DZ/FR 70–130 €. Das renovierte Lero ist nicht unbedingt schick, aber es liegt nahe der Altstadt, die praktisch eingerichteten Zimmer haben Sat-TV und Minibar.

Wohnen in der Villa – **Zagreb** **7**: Šetalište k. Zvonimira 27, Tel. 020 34 13 33, www.hotels-sumratin.com, DZ/FR 85–120 €. Die große Villa aus der Zwischenkriegszeit (1932) liegt in einem schönen Garten im Ortsteil Lapad nur wenige Minuten vom Strand. Abends regelmäßig Musik- und Unterhaltungsprogramm auf der Terrasse des Restaurants. Die vor wenigen Jahren renovierten Zimmer sind relativ klein, aber hell und ruhig.

Altstadtflair – **Celenga Apartments** **8**: Svetoga Josipa 13, Buchung über Pervanovo, Šipčine 2, Tel. 020 36 29 00, Fax 020 36 29 09, www.pervanovo.com, Apt. (3 Typen) 65–65 €.. Ruhiges Altstadthaus mit fünf sehr gut ausgestatteten Apartments (nur die Bar mit Hockern statt Essgruppe ist gewöhnungsbedürftig), WLAN gratis.

Einfach – **Jugendherberge Dubrovnik** **9**: Vinka Sagrestana 3, Tel. 020 42 32 41, dubrovnik@hfhs.hr, pro Pers. ab ca. 14 €/Nacht, ganzjährig geöffnet, auf halber Strecke zwischen Hafen und Altstadt, DZ bis 6-Bett-Zimmer.

Im Freien – **Camping Solitudo** **10**: Vratoslava Lisinskog 17, Tel. 020 44 86 86, Fax 020 44 86 88, www.babinkuk.com. Der einzige Campingplatz der

Lieblingsort

Hoch hinaus – Wanderung auf den Srđ 27

Auf dem Srđ, dem höchsten Punkt der Küstenkette, die sich im Rücken Dubrovniks aufbäumt, liegt eine halb verfallene Festung. Wer in ihrem Besitz war, konnte Dubrovnik beschießen. Heute beherbergt sie das Museum des »Heimatkrieges« (wie die Kroaten den Unabhängigkeitskrieg nennen). Vom Serpentinenweg hinauf hat man einen unvergleichlichen Blick auf die Altstadt. Bei Sonnenuntergang gibt es in Dubrovnik sicherlich keinen schöneren Platz. Wie kommt man hin: Im Viertel Pile über der Altstadt zweigt ein Serpentinenweg von der Umfahrungsstraße ab. Die Straße biegt (mit Schild »Bosanka«) von der nach Cavtat ab, ein großes Kreuz kennzeichnet den besten Aussichtspunkt. Noch einfacher ist die Seilbahnfahrt: Seit wenigen Jahren fährt wieder eine auf den Srđ. Die Talstation ist an der Umgehungsstraße.

Stadt liegt auf der Halbinsel Babin Kuk, im Pinienhain, Kieselstrand, geöffnet April–Mitte Okt.

Hostel – **Fresh Sheets** **11**: Smokvina 15, Tel. 020 32 20 40, www.igotfresh.com. Traveller haben ein gemütliches Traveller-Hostel eröffnet, Altstadtlage, recht ruhig, Frühstück ist im Preis inbegriffen. Bett im Dorm ca. 15–25 €.

Essen & Trinken

Kaum ein Lokal in Dubrovnik, das nicht auf Touristen eingestellt ist, manche versuchen jedoch, diese regelrecht auszunutzen. Nicht zu empfehlen ist die von Restaurants und Bistros, Pizzerien und Cafés vollgestopfte Prijeko-Straße, wo man von Kellnern praktisch ins Lokal gezerrt wird. Leider ebenfalls nicht (mehr) empfehlenswert ist das sehr schön gelegene Orhan im winzigen Hafen unter der Festung Lovrijenac, dessen Leistung zuletzt nur noch als Nepp bezeichnet werden konnte.

Oberklasse – **Proto** **1**: Široka 1, Tel. 020 32 32 34, Fax 020 32 32 35, www.escu lap-teo.hr, drei Gänge kaum unter 50 €. Ein Restaurant der Oberklasse. Seit 1886 wird im bescheidenen Altstadthaus und auf der großen Terrasse nahe der Placa Feines aufgetischt. Die Küche bietet überraschende Zusammenstellungen wie Risotto mit Kabeljau und Seealgen, der Service ist perfekt.

Exklusiv mit Ausblick – **Atlas Club Nautika** **2**: Brsalje 3, Tel. 020 44 25 26, Menü 40–60 €, mittags und im Winter günstiger. Hervorragend, aber teuer, kroatische und internationale Gerichte vom Risotto mit *škampi* bis zum Kalbsmedaillon in Trüffelsauce. Terrasse mit Traumblick.

Steak galore – **Domino** **3**: Od Domina 6, Tel. 020 32 31 02, Vorspeise und Fleischgang 20–30 €, einfaches Hauptgericht ab 10 €. Das gute Steak-Restau-

rant hat eine sehr aufmerksame Bedienung und beschränkt sich durchaus nicht auf Fleisch: köstlich der lokale Schafskäse mit Sauerrahm als Vorspeise.

Eng und freundlich – **Dundo Maroje** **4**: Kovačka bb., Dreigängemenüs zu ca. 11 und 17 €. Das kleines Lokal hat ein preiswertes Angebot bei überdurchschnittlicher Qualität. Empfehlenswert sind z. B. die *škampi na buzaru*, das Lamm vom Rost und die Palatschinken.

Echte konoba – **Peskarija** **5**: Ribarnica 2, Hauptgang ab 8 €. Dass eine *konoba* an diesem Ort direkt am Hafen mit tausenden Touristen, die hier täglich vorbeikommen, noch einigermaßen ursprünglich ist, das ist ein Wunder. Zumal die Preise für Nudeln, *rižoto*, Fisch und Muscheln eher unter den üblichen in Dubrovnik liegen. Bei *der* Lage!

Für Pastafreaks – **Toni** **6**: Nikole Božidarevića 14, Pasta 6–8 €. Toni leitet eine Spaghetteria, die Nudeln in allen Variationen anbietet. Fliesen, Holz-mobiliar, heller Raum, vor der Tür in der engen Gasse wenige Tische. Toni spricht bestes Englisch und berät gerne. Der Wein könnte besser sein.

Kaffeehäuser

Traditionscafé – **Gradskavana** **7**: Pred Dvorom 1, Tel. 020 32 10 65. Das klassische Kaffeehaus nach Wiener Vorbild (als das Café eingerichtet wurde, war Wien Hauptstadt). Im gleichen Haus Restaurant **Arsenal** mit Barbereich, der durch ein Schiffskelett dekoriert ist, und hohem Saal.

Intellektuell – **Festival** **8**: Stradun 5. Café mit flotter Bedienung, Holzbalkendecke und angenehmer Atmosphäre, nicht laut, viele Studenten.

Einkaufen

Wein & Co – **Vinoteka** **1**: Pred Dvoram 1 (im Gebäude der Gradska kavana).

Große Weinauswahl, auch seltene dalmatinische Kreszenzen (zu sehr gehobenen Preisen).

Hüte – **Ronchi** 2 : Lučarica 2. Ronchi ist ein seit 1858 ansässiger Familienbetrieb, die Vorfahren kamen aus Italien, die Hüte sind eigene Kreationen, Hut auf Wunsch ist kein Problem.

Filigran – **Kraljević** 3 : Lučarica bb. Mladen Kraljević schmiedet nach alten Vorbildern feinste Filigran-Schmuckstücke aus Gold- und Silberfäden zusammen. Was sonst als »filigran« bezeichnet wird, ist meist gegossen (man muss genau hinsehen, um den Unterschied zu erkennen), hier ist es ganz traditionell verarbeitet wie sonst kaum irgendwo (auch nicht im griechischen Epirus, wo man auf diese Tradition stolz ist).

Markt – Obst, Gemüse und Tagesbedarf täglich auf dem **Grünmarkt** (Gundulić-Platz in der Altstadt) 4 , auf dem täglichen **Markt in Gruž** (Hafenbereich) 5 gibt es auch Konsumgüter wie Kleidung und Schuhe.

Aktiv & Kreativ

Wassersport – Stadtstrand **Banje** 1 in Form eines betonierten Felsenstrandes am Alten Hafen bei den Lazareti (Ploče), bessere und vor allem größere Badestrände rund um Lapad und Babin Kuk (Halbinsel nordwestlich Lapad). Weitere Strände vor Lokrum und besonders schön, weil Feinkies und etwas Sand, Sunj auf Lopud – Wassertaxi dorthin www.nova-dubrovnik.hr. Segelschule **ACI Marina Dubrovnik** 2 , 20236 Mokošica-Dubrovnik, Tel. 020 45 50 20, m.dubrovnik@aci-club.hr.

Abends & Nachts

Das **Stadttheater** (Kazalište marina Držića) 1 , benannt nach Dubrov-niks bedeutendstem Renaissancedichter Marin Držić, wird relativ häufig bespielt, z. T. finden auch Laienaufführungen statt (hinter der Gradska Kavana, Pred Dvorom 3). Orgel- u. Kammermusikkonzerte 1x pro Woche in der **Erlöserkirche**. Konzerte des Philharmonischen Orchesters Dubrovnik in der **Festung Revelin**.

Die **Volkstanztruppe Linđo** – Name des bekanntesten Tanzes der Region Dubrovnik – tritt häufig an verschiedenen Orten der Stadt auf, der Tanzmeister spielt auf der Iljerica, einer Art archaischer Geige.

Dubrovniks noch vor wenigen Jahren dröges Nachtleben hat aufgeholt. Neue Clubs, Strandbars und Lounges machen die Nacht zwar immer noch nicht zum Tage, lassen aber bei Nachtvögeln keine Langeweile aufkommen. In der Altstadt trifft man sich in den Cafés an der Plaza und auf dem Platz Bunićeva poljana, wo vor allem das Hard Jazz Café **Troubadour** 2 (auf Nr. 2, Tel. 020 32 34 76) Kultstatus besitzt. Night Club ist das **East West** 3 , Franja Supila bb., eine Strandbar in Ploče; auch das **Labirint** 4 in der Sv. Dominika, Tel. 020 32 22 22, **Exodus** in Lapad (Babin kuk) 5 , Tel. 020 44 83 55 und die **Disco Fuego** (oder »Latin Club«) 6 sind gute Adressen.

Infos & Termine

Informationen

TZG: C. Zuzorić 1/2, 20000 Dubrovnik, Tel. 020 32 98 89, Fax 020 32 37 25, www.tzdubrovnik.hr. Neben dem halböffentlichen Stadtbüro gibt es Infostellen in Pile, Brsalje 5, Tel. 020 31 20 11, und am Hafen Gruž, Gruška obala bb., sowie in Lapad, Šet. kralja Zvonimira 25. In Hotels und der Touristeninfo kostenloses Magazin »Dubrovnik Riviera« (2 x jährl.) mit aktuellen Terminen und wichtigen Telefonnummern.

Internetcafé: Dubrovnik Internet Centar, Dr. A. Starčevića 7.

Termine

Fest des hl. Blasius: 3. Feb., große Prozession, musikalische und Tanzveranstaltungen; **Sommerfestspiele:** Juli und Aug., Klassik, Pop sowie traditionelle Musik, Oper, Theater, Ballett, Straßentheater und mehr. Infos und Buchungen: Od Sigurate 1, Tel. 020 32 61 00, Programm: www.dubrovnik-festival.hr.

Verkehr

Flughafen in Čilipi, 21 km vom Zentrum, Tel. 020 77 33 77; Flughafenbusse ab Pile-Tor 90 Min. vor Abflug. Croatia Airlines hat das Stadtbüro am Pile-Tor, Brsalije 9, Tel. 020 41 37 76; Direktflüge nach Zagreb und Wien. **Zentraler Busbahnhof** Nähe Hafen Gruž, Obala Papa Ivana Pavla II 44a, Tel. 060 30 50 70; Taxi Tel. 970, **Taxi-Standplätze** vor dem Pile-Tor, am Busbahnhof, in Ploče am Beginn der Frana Supila, vor dem Jardrolinija-Büro im Hafen Gruž und in Lapad; **Fähren und Tragflügelboote** nach Korčula und zu den vorgelagerten Inseln.

Cavtat und das Konavle ▶ M/N 14

Cavtat hat sein städtisches Leben als Epidauron, später unter den Römern Epidaurum, begonnen. Seine Bewohner flüchteten bei einem Awaren- oder Slaweneinfall und gründeten das besser zu verteidigende Dubrovnik (s. S. 256). Die alte, also frühere Stadt, nannten sie *civitas vetus*, woraus sich Cavtat entwickelt hat. Cavtat zeigt sein Alter – 2300 Jahre! – nicht, nichts stammt noch aus der damaligen Zeit, fast nichts wurde ergraben, ein Villenrest am westlichen Ortsrand ist so ziemlich alles. Im Museum Bogišić im alten Rektorenpalast der

Republik von Ragusa sind neben einer heterogenen Sammlung des Wissenschaftlers Balthasar Bogišić einige der antiken Fundstücke zu sehen (Mo–Sa 9.30–13 Uhr).

Cavtat liegt auf einer weit ins Meer vorspringenden Halbinsel, deren höchste, bewaldete Kuppe von einem interessanten Bau gekrönt ist, dem **Mausoleum Račić** des kroatischen Bildhauers Ivan Meštrović (s. S. 68). Der aus hell leuchtendem cremefarbenem Stein errichtete Bau entstand 1920–1922. Sollte er nicht geöffnet sein (Schlüssel beim Touristbüro), kann man doch die Qualität der Steinmetzarbeit an den das Portal flankierenden Säulen-Karyatiden ermessen. Der Bummel durch den hübschen Ort sollte auch noch die Kirche des Franziskanerklosters ganz am Ende der Hafenpromenade einschließen. Gleich links vom Eingang steht ein außergewöhnliches Kunstwerk von Vičko Dobričević, der Flügelaltar mit dem hl. Michael im Mittelfeld, dargestellt in lebendiger Renaissance-Empfindung, aber noch ganz mittelalterlich auf Goldgrund.

Čilipi ▶ M 14

Von Cavtat erreicht man über Čilipi, wo im Sommer jeden Sonntagvormittag für Touristen die alten Tänze aufgeführt werden und die hübschen Trachten der Gegend zu sehen sind, vorbei am Flughafen, die Landschaft Konavle. Das riesige Polje von Konavle zeigt, warum sich das kroatische Wort *polje* (»Feld«) als wissenschaftliche Bezeichnung für den Typus der großen Karstmulde durchgesetzt hat: Der Boden des Polje ist mit Feldern, Gärten, Weingärten und Fruchthainen überzogen. Die Dörfer liegen höher, auch sie inmitten von Wein- und Obstgärten. Ein sprudelnder Karstfluss im Südteil erreicht den Grund des Polje und versickert. In Molunat hat man Kroatiens südlichsten Ort erreicht, von der Landzunge Prevlaka, noch einmal südlicher, blickt man auf den Golf von Kotor und auf Montenegro.

Übernachten

Zimmer vermittelt z. B. Atlas Cavtat, Trumbičav Put 2, Tel. 020 47 90 31, atlas. cavtat@atlas.hr.
Repräsentativ – **Croatia:** Frankopanska 10, Tel. 020 47 55 55, www.hoteli-croa tia.hr, DZ/FR 150–320 €, Suite/FR 245–1025 €. Großhotel von internationalem Rang in Panoramalage gegenüber der Altstadt, eigener Strand, sehr komfortable Zimmer.

Essen & Trinken

Gutbürgerlich – **Cavtat:** Ob. A. Starče vića bb., Menüs 14–35 €, Vorspeise und Fisch oder Fleisch 20–25 €. Bürgerliches Restaurant an der Hafenpromenade, nicht nur Fischplatte und Hummer, sondern auch traditionell marinierte Sardinen, eigenes Brot.
Schattiger Garten – **Konavoka:** Prera dovičeva 5. Vorspeisen (Rohschinken, Schafskäse in Öl) 6–8 €, Hauptgänge 7–15 € inkl. Beilagen. Mit schattigem Garten, 10 m vom Fischerhafen.
Konoba am Wasser – **Konavoski Dvori:** Ljuta im Konavle, Tel. 020 79 10 39. Am kühlen Karstfluss, Grills, Spezialität: Lamm unter der *peka*. Am besten als Ausflug zu buchen, sonst ca. 25 € für dreigängiges Menü.

Infos & Termine

TZG: Tiha 3, 20210 Cavtat, Tel. 020 47 90 25, www.tzcavtat-konavle.hr.
Folklore: Vor der Kirche von Čilipi fin den den ganzen Sommer lang jeden Sonntagvormittag Volkstänze in alten Trachten statt.
Ein **Stadtbus** verkehrt zwischen Cavtat und Dubrovnik ab Busbahnhof in Gruž, **Ausflugsboote** häufig zwischen Cavtat und dem Stadthafen von Dubrovnik.

Elafiti ▶ L/M 14

Eine Inselgruppe mit acht größeren, fünf kleineren und ungezählten kleinsten Inseln und Riffen vor der Tür, tatsächlich in Sichtweite von der Stadt (Lapad) aus, leicht zu besuchen, Natur, Badestrände, historische Bauten – beneidenswertes Dubrovnik. Warum die Inselgruppe einen griechischen Namen trägt (*elaphos* = Hirsch), weiß niemand. Früher zog sich der Adel der Republik Ragusa hierher zurück und errichtete Landsitze, heute kommen eher sonnenhungrige Touristen.

Anreise

Personen-, Autofähren und Tragflügelboote von/nach Dubrovnik.

Koločep ▶ L/M 14

Die Lapad nächste Insel ist Koločep, sieht man vom winzigen Daksa ab. Zwei Orte und zwei Buchten, Donje Čelo im Nordwesten, Gornje Čelo im Südosten. Das Schiff landet im Norden, ein Hotel zur Rechten der Hafenbucht signalisiert, dass man hier auch wohnen kann. Die Insel war einmal mit Kapellen übersät, heute sind die meisten Ruinen. Wie es scheint, hat jede Familie der Insel irgendwann einmal eine Kapelle gestiftet, als wieder eines ihrer Mitglieder – meist Korallenfischer – aus höchster Seenot befreit worden war. Schön ist die Pfarrkirche in Donje Čelo. Betonierte Wege führen über die Insel, auch hinunter an die schönen Kiesstrände der sonst felsigen Südküste.

Auf Entdeckungstour

Inselwanderung auf alten Wegen – Lopud

Lopud hat seine alten Wege wieder restauriert, nun kann man auf Maultierpfaden und Treppenwegen die ganze Insel erwandern. Die imposante Burgruine, die heute einsam stehende Pfarrkirche und den wunderschönen Strand der Bucht Šunj können alle, die Natur und Kultur einer Adriainsel entdecken wollen, zu einem schönen Rundgang verbinden.

Reisekarte: ▶ M 14

Zeit: Ohne Besichtungen ca. 3,5 Std.

Planung: Gut als Tagesausflug von Dubrovnik aus geeignet. Picknick und Wasser mitnehmen.
Bis zur Festung: 45 Min.; von der Festung zur Bucht Šunj: 50 Min.; Bucht–Mole in Lopud 1 Std. 55 Min., (Bucht–Pavillon 1 Std. 25 Min., Pavillon–Mole 30 Min.)

Start: Hafenmole in Lopud

Alte Wege auf einer Insel der Republik Ragusa

Lopud hatte im 18. und sogar noch im 19. Jh. eine florierende Werftindustrie. Viele wohlhabende Kapitäne und Schiffseigner ließen sich auf der Insel nieder. Die Werften sind spurlos verschwunden, die Kapitänshäuser keineswegs prächtig oder groß. Lopuds Erinnerung an seine einstige Bedeutung haftet eher an der imposanten Burgruine, dem »Kaštio«, hoch über der Stadt, an den wertvollen Gemälden und Votivgaben von Kapitänen in der Klosterkirche Sv. Marije od Špilice sowie an den über die Inseln verstreuten kleinen Kirchen. Etwa die byzantinisch anmutende Sv. Nikola Grčko, eine völlig einsam stehende Pfarrkirche weit entfernt vom einzigen Dorf der Insel. Auf dieser Insel muss man wandern, Straßen existieren kaum. Dazu bietet sich ein grandioses Naturerlebnis, das gegen Ende der Wanderung mit spektakulären Kliffs seinen Höhepunkt findet.

Zur Festungsruine Kaštio (Tvrđava)

An der Mole, wo Fähren und Tragflügelboote anlegen, überblickt man den Ort Lopud und die Hügel, die ihn im Halbkreis umgeben – wir werden sie im Uhrzeigersinn fast komplett begehen. Doch zunächst sollte man der Dominikanerkirche, die man als erstes Gebäude des Dorfes bereits von der Fähre aus gesehen hat, einen Besuch abstatten. Das große Altarbild des Ragusaners Nikola Božidarević stellt die Madonna mit Kind und Sveti Vlaho dar, den Schutzheiligen von Dubrovnik.

Beim Hotel Glavović, ein paar Schritte weiter auf dem Kai in Richtung Dorf, beginnt ein schmaler Treppenweg, der deutlich mit »Kaštio Tvrđava« gekennzeichnet ist. Auch später folgen sehr hilfreiche Wegweiser. Am Ende der Häuser führt er als roh gepflasterter Treppenweg weiter, begleitet von Karuben (Johannisbrotbaum), Mastix und Lorbeer. Bei der beschilderten Gabelung »Trekking Staza« nach rechts abbiegen und bei der nächsten Gabelung 20 m weiter an einer kleinen Kapelle links. Der Weg wird zum Pfad, Flaumeichen, Wacholder, Myrthe, Lorbeer-Schneeball (an den lorbeer-ähnlichen Blättern zu erkennen), verwilderte Ölbäume und große alte Kiefern bilden hier den Wald.

Die Abzweigung zur kleinen Kirche Sv. Nikola Grčki lassen wir rechts liegen und gehen geradeaus hinauf zur Festungsruine. Die Außenmauern blieben größtenteils erhalten, man kann einen fast kompletten Rundgang machen und dabei den weit reichenden Ausblick genießen. Der Aussicht wegen hat man die Burg hierher gebaut: Lopud war einer der ersten territorialen Zuwächse der Republik Ragusa und man wollte die Insel nicht so schnell wieder verlieren!

Von der Festung an den Strand der Šunj-Bucht

Läuft man ein Stück zurück, trifft man wieder auf die Abzweigung zur Kirche Sv. Nikola Grčki, in die man nun einbiegt. Bald liegt die Kirche rechts unterhalb. Sie ist ein byzantinisch anmutender, frühkroatischer Bau, schindelgedeckt und gut erhalten. Früher stand sie nicht abseits, sondern mitten in den Gemüse-, Getreide-, Obst- und Weinterrassen, die heute von Macchie überwuchert werden, aber an ihren Mäuerchen immer noch zu erkennen sind.

Ein mittlerweile aufgegebener Weinberg wird durchquert, er liegt in einer Senke, die die gesamte Inselmitte prägt. Auf der anderen Seite der Senke ange-

273

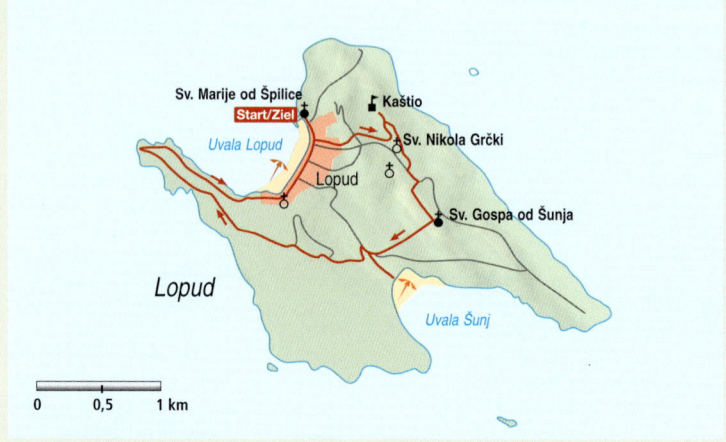

Wanderweg rund um Lopud

kommen, geht es bei einem verlassenen Haus nach links auf einen alten Maultierpfad. Nach zwei Minuten nochmals links auf einem breiteren Pfad weiter.

Dann steht man vor der Kirche Gospa od Šunja, schaut hinunter auf die Šunj-Bucht und gönnt sich eine Rast. Meist ist die Kirche verschlossen, sodass man den holzgeschnitzten Altar und die Altarbilder, eines von Palma il Vecchio, nicht bewundern kann.

Weiter geht's auf der bei der Kirche endenden Betonplattenstraße, die nach fünf Minuten erreichte Abzweigung Richtung Bucht wird nicht beachtet. Man läuft rechts und folgt 150 m weiter einem nach unten führenden Treppenweg. Badezeug mitgenommen? Bei schönem Badewetter würden Sie sich ärgern, wenn Sie's nicht dabei hätten.

Über die Grohoti-Halbinsel zurück nach Lopud

Das waren die meisten Attraktionen dieser Rundwanderung. Aber eine fehlt noch: die senkrechten bis überhängenden Kliffs an der Grohoti-Halbinsel. Dafür geht man auf dem Treppenweg wieder zur Straße hinauf und ein paar Meter geradeaus weiter, bis links ein kurzes Sträßchen zu einem Wasserbehälter führt. Es setzt sich in einem Steig fort bis zu einem Bergrücken, der dicht bewaldet ist. Mitten im Wald steht eine Hausruine, der Brunnen rechts spendet Wasser, das man jedoch nicht trinken sollte. Ab hier wird der Weg breiter, der bald direkt entlang der Steilküste verläuft. Runde Betonbauten, die man zweimal passiert, dürften jugoslawische Maschinengewehrstellungen aus der Zwischenkriegszeit sein: Hinter dem Horizont liegt Italien, von dem im Zweiten Weltkrieg der Angriff kam.

In einer Rechtskurve des Weges lädt ein Pavillon zum Ausblick ein, diesmal sieht man Šipan vor sich und kann gut das weiter entfernte Mljet erkennen. Auf der Hafenpromenade geht es zurück zur Mole. Das letzte Boot wartet bereits.

Lopud ▶ M 14

Lopud ist größer (5 km^2 gegenüber den 2,35 km^2 von Koločep), hat aber nur ein einziges Dorf, das im Nordwesten in einer geschützten Bucht liegt. Als erstes Gebäude des Ortes Lopud sieht man von der Fähre aus die Kirche des verlassenen Franziskanerklosters, heute Pfarrkirche Maria von Špilice. Die Ausstattung zeugt von früherem Wohlstand, vor allem während des Spätmittelalters und der frühen Renaissancezeit: Man findet Gemälde von zu ihrer Zeit gesuchten Künstlern wie Matko Junčić (Thronende Muttergottes mit Kind und zwei Heiligen) und Nikola Božidarević (Johannes der Täufer und zwei Heilige). Schöne Feinkiesstrände in der Bucht von Šunj im Süden erreicht man über gute Wege. Über der Bucht thront die Kirche der Muttergottes von Šunj, auch sie spätmittelalterlich (15. Jh.), mit dem Altar Mariae Himmelfahrt. Hinter den holzgeschnitzten, bemalten und vergoldeten Figuren der Szene ist eine wunderschöne Landschaft mit einer Bucht gemalt, dort liegt ein Schiff, das der Maler mit allen Details ausgestattet hat. Wie blau Meer und Himmel dieses Bildes sind – fast so blau wie jene vor der Tür!

Šipan ▶ L/M 14

Šipan zuletzt, die größte, mit zwei Orten, Suđurađ im Süden, Šipanska Luka im Norden. Suđurađ ist winzig, ein kleines Dorf in der engen Bucht. Man sieht zwei Türme, die zu Landhäusern der adeligen Ragusaner Familie Skočibuha gehören. Eine Straße führt in den Norden nach Šipanska Luka, im Sommer ein wenig touristisch (im Winter ist alles geschlossen). Auch hier siedelten sich adelige Familien an, der Landsitz Giardini der Familie Sorkočević hat sich erhalten, ebenso der Sommersitz des Erzbischofs, eine bescheidene Villa auf halbem Weg zwischen den Ortschaften.

Übernachten

Alter Rahmen, neues Hotel – **Villa Vilina:** Obala Ivana Kuljevana 5, 20222 Lopud, Tel. 020 75 93 33, Fax 020 75 90 60, www.villa-vilina.hr, DZ/FR 120–190, Suite bis 310 €, Ende April bis Ende Okt. Die seit 1792 auf der Insel ansässige Vilina-Familie hat in ihrem Stadthaus am Kai (dekorativer Steinbau des 19. Jh. in erhöhter Lage) ein komfortables Hotel eingerichtet. Sat-TV, Internet, Klimaanlage. Unbedingt Zimmer in den höheren Etagen mit Meerblick nehmen!

Neuer Glanz – **Lafodia:** Obala Iva Kuljevana 51, 20222 Lopud, Tel. 020 45 03 00, www.lafodiahotel.com, DZ/FR ab 216 € (im Internet preiswerter). Das 1969 errichtete Großhotel musste 2001 geschlossen werden, die neuen italienischen Besitzer schufen ein in wesentlichen Zügen neues (Vierstern-)Hotel, das 2011 eröffnet wurde. Tolle Lage am Strand in der Bucht des Hauptortes, 182 Zimmer in 6 Kategorien, alle mit Meerblick, zwischen den beiden Baublöcken Gartenterrassen und Pool.

Am Strand – **Villas Koločep:** 20221 Koločep-Donje Čelo, Tel. 020 75 70 25, www.kolocep.com, DZ/FR ab 74 €, Mai–Okt. Hotelkomplex direkt am Strand. Zimmer mit Balkon, Klimaanlage, Internetzugang. Pool, Tennis und ein atmosphärisches Strandrestaurant.

Riviera Dubrovačka ▶ M 14

Ein halbes Jahrtausend lang war die Küste nördlich von Dubrovnik in der Hand der Republik Ragusa. Zwar nahm man nach **Ston**, wo sich die großen und gewinnbringenden Salzgärten befanden, meist den Seeweg, aber die Küstenverbindung musste man zumindest aus strategischen Gründen halten. In den kleinen Orten haben sich einige Villen aus der damaligen Zeit erhalten, die meisten wurden im letzten Krieg beschädigt oder zerstört. Der Landschaft kann das nichts anhaben – jede Bucht hat ihr Dorf, ihre Ölbaum- und Agrumenhaine. Sehr idyllisch!

Rijeka Dubrovačka ▶ M 14

Die Ombla ist ein kurzer Fluss, nur 100 m trennen die äußerst kräftige Karstquelle von ihrer Mündung ins Meer. Kurz davor wird sie auch noch aufgestaut, ein Wehr verteilte einst das Wasser auf die Getreidemühlen. Der frühere Talverlauf ist nach den Eiszeiten im Meer versunken, es entstand eine 5 km tief ins Land reichende schmale, fjordähnliche Bucht, die Rijeka Dubrovačka. Die im Jahr 2002 gebaute Brücke am Ausgang der Bucht erspart den Autofahrern 10 km mühsamen Umweg und den Anwohnern Lärm und Gestank. So kann man sich seitdem wieder besser in die Zeiten der Renaissance zurückversetzen, als Ragusaner Patrizier hier Sommerhäuser errichteten, von denen noch etwa zwei Dutzend stehen, alle in schlechtem Zustand. Noch am besten erhalten ist die Villa Gundulić, da sie in die Gebäude des Jachthafens beim Dorf Komolac unweit der Omblaquelle eingebaut, dabei allerdings auch stark verändert wurde.

Zaton ▶ M 14

Auch die Bucht von Zaton greift tief ins Land, sodass man in den beiden Ortschaften Mali Zaton und Veliki Zaton den Eindruck hat, an einem Binnensee zu sein. Auch hier gibt es Sommersitze des Ragusaner Adels und eine gefasste Karstquelle unmittelbar über dem Meeresspiegel. Die Privatquartiere und Apartments sind im August voll mit italienischen Touristen, dann aber duften die Orangen- und Zitronenblüten nicht mehr, die im Winter und Frühjahr den Ort – trotz der Ruinen aus den jüngsten Auseinandersetzungen – verzaubern.

Übernachten

Neues Komforthotel – **Radisson Blu Resort & Spa:** Na Moru 1, 20234 Orašac, Tel. 020 36 15 00, www.radissonblu. com/resort-dubrovnik/contact, DZ ab 120 €, auch Suiten. Schicker Luxusschuppen (5 Sterne) in Trapezform direkt über dem Meer in der Bucht von Orašac zwischen Zaton und Trsteno. Probleme mit dem Service.

Trsteno ▶ M 14

Trsteno ist für sein Arboretum bekannt, einen seit 1502 sich allmählich entwickelnden Park mit zahlreichen schönen alten Bäumen. Geplant und eingerichtet haben ihn mehrere Generationen der Familie Gozze/Gučetić. Bei der Bushaltestelle stehen zwei Riesenplatanen (10 m Stammumfang, heißt es), die das Arboretum signalisieren. Unterhalb befindet sich der Park »Arboretum Trsteno«, berühmt für seinen Lorbeerhain, der in Dalmatien seinesgleichen sucht. Im Park liegt die barocke Neptungrotte mit Teich und Statuen (Mai–Okt. Di–So 7–19, Nov.–April Di–So 8–15 Uhr, Tel. 020 75 10 19).

Übernachten

Klein und günstig – **Camping Trsteno:** 20233 Trsteno, Tel. 020 75 10 60, Fax 020 75 10 10. Kleiner Campingplatz neben dem Arboretum, April–Sept.

Pelješac ►J–L 13

Die lange, schmale Halbinsel Pelješac ist gebirgig und trocken, aber südgerichtete Weinberge, auf denen der berühmte Dingač gedeiht, und die schönen Strände im Norden mit vielen Campingplätzen sichern den Menschen der wenigen Orte ein gutes Einkommen.

Ston ►L 13

Als die Republik Ragusa im Jahr 1335 die Halbinsel Pelješac vom bosnischen Ban (Fürsten) Stjepan Kotromanić ›geschenkt‹ bekam, hatte sie seit 1326 kräftig dafür bezahlt. Bereits 1336 begann der Bau einer gewaltigen Festung mit 5,5 km langen Mauern, der sich bis zum Ende des 15., in Teilen bis ins 18. Jh. hinzog. Die Halbinsel ist nur durch einen schmalen Isthmus von 1,5 km Breite mit dem Kontinent verbunden: Wer diesen Isthmus besitzt, sagten sich die Ragusaner, besitzt die Halbinsel. Fünf von einst 5,5 km Mauern, 20 von 41 Wehrtürmen und die sieben Bastionen sind erhalten – eindrucksvoll, besonders wenn man sie von jenseits des Meerbusens von Mali Ston betrachtet oder von den Salzgärten von Ston. Hoch über den Orten sperren sie den Isthmus ab – nie überwundenes Hindernis für die von Norden und Osten kommenden Feinde.

Infos

TZG: Peljeski put 1, 20230 Ston, Tel./Fax 020 75 44 52, www.ston.hr.

Mali Ston ►L 13

Mali Ston, das man von Dubrovnik kommend zuerst erreicht, liegt am ruhigen Meeresbusen von Mali Ston, einem Teil des Malo more. Weil das Meerwasser durch die vielen submarinen Süßwasserquellen nicht sehr salzig und durch die Lage des Meerbusens zwischen hohen Bergen wenig bewegt ist, eignet es sich besonders für die Austernzucht. In den letzten Jahren sind auch Fischkulturen dazu gekommen, sodass das Meer im gesamten Buchtbereich von den Markern der Zuchtanlagen überzogen ist. In Mali Ston mit seinem Hafentor (1336–1358) mit der Figur des hl. Blasius, der dominierenden **Festung Koruna** mit den fünf Wehrtürmen und dem Wachturm Toljevac (1478) am Ufer lassen sich die Austern, Muscheln und Fische besonders gut genießen.

Übernachten

Gemütlich – **Hotel Ostrea:** Mali Ston, Tel. 020 75 45 55, www.ostrea.hr, DZ/FR 85–110 €. Familienhotel in altem Steinbau, alle Zimmer mit Klimaanlage, Sat-TV, Internetanschluss.

Essen & Trinken

Mehrere Fischlokale in Mali Ston, z. B.: *Meeresfrüchte satt* – **Kapetanova kuća** des Hotels Ostrea an der Mole, Glasveranda: Schwarzer Risotto und Meeresfrüchte können gegen jede Konkurrenz bestehen. Austern, Fisch bis 45 €.

Veliki Ston ►L 13

Über die kurze Landenge, die Doppelmauer immer zur Rechten, erreicht man Veliki Ston. Die **mittelalterliche Stadtanlage** besteht aus einem Raster von 3 x 3 Straßen, also 16 Feldern mit je zehn Häusern innerhalb eines unregelmäßigen Fünfecks von 980 m Mauerlänge.

Die Stadt wurde aber nie vollständig verbaut, die sichtbaren Baulücken sind daher nicht unbedingt auf das verheerende Erdbeben zurückzuführen, das hier 1996 viele Gebäude zerstörte. Vor der Stadt und direkt an der heutigen Straße liegt die isolierte Festung Veliki Kaštio. Wenn man in Veliki Ston ist, sollte man sich auch das Franziskanerkloster mit seinem schönen gotischen Kreuzgang auf der anderen Stadtseite ansehen.

Trstenik ► K 13

Trstenik ist das Zentrum des Weinbaus der Halbinsel Pelješac, der vielleicht die besten Rotweine Dalmatiens und ganz Kroatiens hervorbringt. Besonders der Dingač ist berühmt, er darf ausschließlich in der Umgebung von Trstenik angebaut werden. Er erzielt im Laden hohe Preise (80 Kn aufwärts), die im Restaurant schier unerschwinglich werden. Aber auch andere Weine aus der Rebe Plavac Mali haben wegen ihrer herausragenden Qualität ihren Preis. Einblick in die Weinproduktion bietet das ausgezeichnete Weingut Grgić im Ort, das Interessierte besichtigen können (tgl. 10–17 Uhr).

Zwischen Ston und Trstenik passiert die Inselstraße den Fährhafen Prapratno, von dem aus täglich Fähren nach Sobra auf die Insel Mljet gehen. Die Busse zwischen Dubrovnik und Orebić fahren nicht zum Hafen hinunter, sondern halten am Abzweig.

Orebić ► K/L 13/14

Orebić besitzt eine Anzahl gut gebauter Steinhäuser des 18. und frühen 19. Jh. Sie haben eher städtischen Charakter, mit den niedrigen Bruchsteinbauten der damaligen Zeit, wie sie sonst in den Dörfern üblich waren, sind sie nicht zu vergleichen. Es handelt sich um ehemalige **Kapitänshäuser**, errichtet von Schiffskapitänen, die sich hier zur Ruhe setzten, und den Besitzern der kleinen Reedereien, die bis in die Mitte des 19. Jh. Boote für die Republik Ragusa bauten. Im **Museum** des Ortes sind schifffahrts- und meeresbezogene Objekte ausgestellt, auch einige geborgene Amphoren (Mo–Fr 9–12, 18–20 Uhr, nur im Sommer).

Oberhalb des Ortes sieht man von Weitem einen Kirchturm, er gehört der Kirche Gospa od Anđela (Unsere Liebe Frau vom Engel) des Franziskanerklosters (tgl. 16–18, Mo–Sa auch 9–12 Uhr). Der spätmittelalterliche Bau des Klosters (Ende 15. Jh.) besitzt in der Kirche einen sehr schönen Spätrenaissance-Altar von Maffeo di Verona (1599) und das gotische Kruzifix des Juraj Petrović (1457). Im Klostermuseum gibt es Votivbilder von Seeleuten, die sich in Seenot der Madonna anverlobt hatten und erhört worden waren.

Weiter nach Nordwesten liegen einige schöne Kiesstrände, die von Hotels und privaten Pensionen in den Örtchen Kučište, Viganj und Lovište genutzt werden.

Vom Franziskanerkloster aus führt ein bequemer Bergpfad auf den dominanten Gipfel über Orebić, den Sveti Ilija (hin und zurück ca. 4 Std., markiert).

Übernachten

Strandlage – **Hotel Orsan:** Josipa Bana Jelačića 107, Tel. 020 71 30 26, www.orebic-htp.hr, Mai–Okt., DZ 80–120 €. Sehr einfaches älteres Hotel am Kiesstrand nördlich außerhalb des Ortes, eigene Windsurfschule, Zimmer mit TV und Balkon. Fest in französischer (Pauschal-)Hand.

Attraktive Lage – **Camping Palme:**
20267 Kučište 45, Tel./Fax 020 71 91
64, www.kamp-palme.com, April–Mitte
Sept. Der Campingplatz liegt ausgesprochen schön an einem kleinen Land-
vorsprung direkt am Meer, preiswert.

Aktiv & Kreativ

Windsurfen im windsicheren Pelješki
kanal; FKK auf den vorgelagerten Inseln
Veliki und Malo Stupe mit Bootstaxi von
Orebić; Wandern (Sv. Ilija).

Infos

TZG: Trg Mimbeli bb. (am Fähranleger),
20250 Orebić, Tel./Fax 020 71 37 18, Fax
020 71 31 93, www.tz-orebic.hr.
Fähre nach Dominće auf Korčula; von
Trpanj Fähre nach Ploče.

Mljet ▶ K/L 13/14

Die schmale Insel Mljet kann man auf
dem Atlas leicht übersehen. Zumal sich
darauf nur unbedeutende Dörfer befinden. Aber auch ein Nationalpark, der
es in sich hat: zwei Seen, die gar keine
sind, sondern Meeresbuchten, und ein
Kloster auf einer Insel. Und am anderen
Ende der Insel wartet Mljet mit einem
herrlichen einladendenSandstrand auf.

Nationalpark Mljet

▶ K 13/14

Die schmale Insel Mljet fächert sich im
Nordwesten in mehrere Halbinseln und
vorgelagerte Inselchen auf, sie bilden
den Nationalpark Mljet. Kiefernwald
und mediterrane Macchie mit Steineichen und Erdbeerbäumen überzieht
die verkarsteten Hügel, es gibt zahlreiche nur hier vorkommende Pflanzen.
Häufig sieht man Mastixstrauch, Stech-
winde, Baumerika, Wacholder, Myrte
im Unterwuchs der Kiefernwälder.
Größte Attraktion sind zwei **Salzwas-
ser-›Seen‹**, tatsächlich jedoch Meeresbuchten, die durch schmale Arme mit
dem offenen Meer verbunden sind. So
schmal sind die Verbindungen zum Veliko jezero und Malo jezero, dem Großen und Kleinen See, dass der nur geringe Tidenhub des Mittelmeeres bei
Ebbe und Flut starke Strömungen erzeugt. Beim Veliki most nutzten die fin-
digen Mönche von der Marieninsel
(Otok Svete Marije) die Strömung und
errichteten im 16. Jh. eine Gezeiten-
mühle, sicher die erste der Welt. Eine
Brücke – Veliki most bedeutet »Große
Brücke« – gab es nicht. Beim Mali most
zwischen Großem und Kleinem See errichteten sie hingegen eine Brücke, ihre
Nachfolgerin steht heute noch. Die
Seen entstanden als Poljen, sie wurden
von der nacheiszeitlich ansteigenden
See überflutet.

Wandern und Radeln im Nationalpark

Größte Attraktion im Nationalpark, der
ein gutes Wanderwegenetz besitzt, ist
die **Klosterinsel** im Großen See (Veliko
jezero). Man erreicht sie von Pomena,
dem winzigen Hafenort im äußersten
Nordwesten mit dem einzigen Hotel
der Insel, indem man den beschilderten
Steinplattenweg zum Kleinen See
(Malo jezero) nimmt (Schild »Jezera
0,3«). Man erreicht ihn nach 10 Min.,
nach weiteren 10 Min. die Verbindung
zum Veliko jezero. Von hier aus lässt
sich auf einem guten Fußweg (keine Bi-
kes, da zahlreiche Stufen!) der Kleine
See umrunden. Wer zur Klosterinsel
will, besteigt das Boot am Ufer des Veliko jezero (alternativ Zufahrt mit Bus-
shuttle von der Fähre in Polače; diese

Nationalpark Insel Mljet

und Bootsfahrt im Nationalparkeintritt inbegriffen) und lässt sich hinüberschippern. Das Kloster der Benediktiner auf Otok Svete Marije wurde im 12. Jh. von Benediktinern aus Apulien gegründet, die Stiftskirche stammt aus der damaligen Zeit. Die Republik Ragusa bemächtigte sich um 1250 der Insel und hielt sie bis zu ihrem Ende (1808), noch heute ist sie eng mit Dubrovnik verbunden.

Ein Sträßchen führt weiter am Großen See entlang über die Engstelle am Ausgang zum Meer und endet am Buchtausgang. Bis hierher kann man radeln, danach ist sowohl für Radfahrer als auch Wanderer Schluss.

Polače ► K 13

Polače auf der Nordseite der Insel hat einige Ruinen aus römischer Zeit, unübersehbar ist z. B. der »Palast« direkt am Meer, durch dessen Tor die Straße führt. Etwas oberhalb (Schilder von der Küstenstraße) liegen die Ruinen spätantik-frühchristlicher Kirchen.

hier – noch – keine Siedlung gibt und der raue Zugang (kein Weg!) für Auslese sorgt.

Übernachten, Essen

Großzügig – **Odisej:** Pomena, Tel. 020 74 40 22, www.hotelodisej.com, DZ/FR 50–120 €. Gepflegtes Hotel an der Bucht von Pomena, im Sommer schnell ausgebucht. Zimmer unterschiedlicher Qualität, aber alle mit Sat-TV, Klimaanlage und Balkon. April–Okt. Großes und großzügiges **Restaurant** mit sehr günstigem Menü: ca. 10 €.

Aktiv & Kreativ

Radeln, Wandern, Bootstouren – Im Nationalpark (Eintritt) und um die Insel. Die Sträßchen um den Veliko jezero sind ein Biker-Dorado: Leihräder vor dem Hotel Odisej in Pomena (s. o. Übernachten). Detaillierte Nationalparkkarte mit allen Wanderwegen im Nationalparkkiosk. Zur FKK-Insel Pomeštak führt das Hotel Odisej einen Bootsshuttle durch. Das Hotel organisiert auch Minibustouren über die Insel, Bootstouren im Archipel um Pomena sowie Wanderungen.

Saplunara ▶ L 14

Ganz im Südosten der Insel und am Ende der Straße liegt Saplunara, das aus ein paar neuen Häusern besteht. (Achtung: Saplunara ist mit öffentlichen Verkehrsmitteln nicht erreichbar.) Hier und in der noch weiter in Richtung Inselspitze gelegenen Bucht Uvala Blaci, die man auf einem Trampelpfad erreicht, findet man zwei der raren Sandstrände Kroatiens. Besonders der sichelförmige Sandstrand der Uvala Blaci ist ein wahres Paradies, zumal es

Infos

TZO Mljet: 20226 Polače, Tel. 020 74 41 86, www.mljet.hr; Verwaltung des Nationalparks Mljet, Pristanište 2, 20226 Goveđari, Tel. 020 74 40 41, Fax 020 74 40 43, www.np-mljet.hr.

Pomena wird von Dubrovnik über Sobra mit dem **Tragflügelboot** erreicht, im Sommer als Tagesausflug. Mehrmals täglich besteht **Fährverbindung** zwischen Sobra und Prapratno auf der Halbinsel Pelješac.

Sprachführer kroatisch

Ausspracheregeln

Amts- und Verkehrssprache ist das Kroatische. In Istrien und im Kvarner beherrschen die meisten Bewohner auch die italienische Sprache. An der Küste ist Deutsch weit verbreitet, ansonsten wendet man sich am besten in englischer Sprache an die jüngere Generation. Für eine Kroatienreise müssen Sie also nicht unbedingt die Landessprache beherrschen, die ersten Lektionen eines Sprachkurses und die Mitnahme eines Sprachführers (evtl. mit Kassette für die Aussprache) können jedoch gute Dienste leisten.

Aussprache:

Das Kroatische kennt nur wenige Laute, die sich vom Deutschen unterscheiden; sie sind nachstehend aufgeführt:

č	wie tsch in deutsch
ć	wie tch in Brötchen
đ	zwischen dj und dsch
š	wie sch in rasch
ž	wie g in Genie
dž	wie dsch in Dschungel
c	wie ein deutsches z
z	wie ein deutsches stimmhaftes s, z. B. in »rasen«

Im kroatischen Alphabet sind die Sonderzeichen nach den Grundzeichen angeordnet, d. h.: đ folgt auf d, č und ć folgen auf c, š auf s und ž auf z.

Allgemeines

Guten Tag	dobar dan
Guten Abend	dobar večer
Auf Wiedersehen	do viženja
Hallo/Tschüss	bog
Bitte	molim
Danke	hvala
Keine Ursache	nema na čemu
Verzeihung	oprostite
Ja	da
Nein	ne
Nein danke	ne, hvala
Guten Appetit	dobar tek
Prost	na zdravlje
Wie geht's?	Kako je?
Herr	gospodin
Frau	gospođa
Deutschland	Njemačka
Österreich	Austrija
Schweiz	Švicarska

Unterwegs

rechts	desno
links	lijevo
geradeaus	ravno
zurück	natrag
Straße	ulica, cesta
Auto	auto
Reifen	guma
Öl	ulje
Autowerkstatt	radionica
Tankstelle	benzinska stanica
Fahrrad	bicikl
Bahn/Bus	vlak/autobus
verkehrt …	vozi …
Schiff/Fähre	brod/trajekt
verkehrt …	plovi …
… verkehrt nicht	… ne vozi/… ne plovi
… verkehrt nur …	… vozi/plovi samo
täglich	svaki dan
werktags	radni dan
außer …	osim …

Zeit

wann	kada
gestern	jučer
heute	danas
morgen	sutra
Sonntag	nedjelja
Montag	ponedjeljak
Dienstag	utorak
Mittwoch	srijeda
Donnerstag	četvrtak
Freitag	petak
Samstag	subota
am Morgen	ujutro
am Nachmittag	popodne

am Abend	večer
bei Nacht	noću
langsam	lagano
schnell	brzo

Einkaufen

gut	dobro
schön	lijepo
wie viel	koliko
viel	mnogo
zu teuer	preskupo
wenig	malo
genug	dosta
Geld	novac
Kreditkarte	kreditna kartica
Markt	tržnica

Essen und Trinken

Speisekarte	jelovnik
Frühstück	doručak
Mittagessen	ručak
Abendessen	večera
Löffel	žlica
Gabel	viljuška
Messer	nož
Salz	sol
Zucker	šećer

In der Stadt

| Museum | muzej |

Kirche	crkva
Zimmer	soba
Hotel	hotel
Stadtplan	plan grada
Touristen-Information	turistička informacija
geöffnet	otvoreno
geschlossen	zatvoreno
Bank	banka
Postamt	pošta
Briefmarke	poštanska marka

Zahlen

0	nula		17	sedamnaest
1	jedan		18	osamnaest
2	dva		19	devetnaest
3	tri		20	dvadeset
4	četiri		21	dvadesetjedan
5	pet		30	trideset
6	šest		40	četrdeset
7	sedam		50	pedeset
8	osam		60	šezdeset
9	devet		70	sedamdeset
10	deset		80	osamdeset
11	jedanaest		90	devedeset
12	dvanaest		100	sto
13	trinaest		200	dvjesto
14	četrnaest		1000	tisuća
15	petnaest		2000	dvije tisuće
16	šesnaest			

Die wichtigsten Sätze

Ich verstehe nicht	Ne razumijem
Ich habe einen Unfall/Panne	Imam nesreća/kvar
Wo ist ... nächste ...?	Gdje je najbliži ... ?
Arzt	liječnik
Krankenhaus	bolnica
Apotheke	ljekara
Polizei	policija?
Wo ist der ... ?	Gdje je ... ?
Bahnhof	kolodvor
Bus-Bahnhof	autobusni kolodvor
Hafen	luka

Flughafen	aerodrom
Ist das die Straße nach ...?	Je li ovo cesta prema ...?
Wo ist das Hotel ...?	Gdje je hotel ...?
Haben Sie ein freies Zimmer?	Imate li slobodnu sobu?
Doppelzimmer?	dvokrevetnu sobu?
... mit Toilette?	... s zahodom?
... mit Badezimmer?	... s kupatilom?
Wie viel kostet das Zimmer?	Koliko stoji soba?
Bezahlen bitte!	Platiti, molim!

Kulinarisches Lexikon

Zubereitungsarten

gekocht	na lešo
gegrillt	na žaru/na roštilju
gebraten	pečen
gesalzen	posoljen
gefüllt	punjen
geschmort (mit Knoblauch, Gewürzen, Olivenöl, Wein)	na buzaru

Vorspeisen und Suppen

Gemüsesuppe	maneštra/suha od povrća
Omelett	omlet
Aufstrich aus Griebenschmalz	pešt
Rohschinken	pršut
Fischsuppe	riblja juha
Käse	sir
Frischkäse	bijeli sir
Schafskäse	ovčji sir
eingesalzener Fisch	slane ribe
kalte Platte	hladni pladanj
Perlzwiebeln	kapulica

Nudel- und Reisgerichte

Nudeln mit Trüffeln	rezanci/pašta s tartufima
Nockerl, Gnocchi	njoki
... mit Wildsugo	... sa divljči
Risotto mit Scampi	rižot od škampi
Risotto mit Meeresfrüchten	rižot s plodovima moru (marinara)
schwarzer Tintenfischrisotto	crni rižot

Fisch und Meeresfrüchte

Fisch	riba
Stockfisch in weißer Soße	bakalar na bijelo
Fischeintopf	brudet/brodet/fiš paprikaš
Languste	jastog
Forelle	pstrva
Karpfen	šaran
Zander	smuž
gegrillte Kalamari	pržene lignje
Hummer	rarog/hlap
Fisch in der Salzkruste	riba u soli
Krabbensalat	salata od rakovice
Scampo(-i), Kvarner Garnele	škamp
Zahnbrasse	zubatac/zubac
Goldbrasse	lavrata/podlanica
Bindenbrasse	šarag
Rotbrasse	arbun/rumenac
Gelbstrieme	bukva
Wolfsbarsch	lubin/brancin
Brauner Zackenbarsch	kirnja/finka/tenka
Brauner Drachenkopf	škpun/bodeć
Rotbarbe	barbun
Makrele	skuša/vrnut
Seezunge	list/šfoja
Lammzunge	patarača
Seeteufel	grdobina
Sardelle/Anchovis	inćun/sardon minćon
Sardine	srdela
Sprotte	srdelica/papalinka
Meeraal	ugor/gruj
Flussaal	jegulja/anguja/bizat
Seehecht	oslić/tovar

Fleischgerichte

Fleisch	meso
Hackfleischröllchen	ćevapčići
Reisfleisch	đuveč
Lammfleisch	janjetina
Lamminnereien	vitalac
Cordon Bleu	zagrebački odrezak
unter der Glocke gegartes Fleisch	meso pod pekom
Grillteller	miješano meso na žaru
luftgetrocknetes, mariniertes Kotelett	ma ombolo
Rinderschmorbraten	pašticada

Hähnchen	pile
Hamburger	pljescavica
gefüllte Paprika	punjene paprika
Rindersteak	ramstek/biftek
Fleischspießchen	ražnjici
Krautwickel mit Hackfleisch	sarma
Schnitzel	šnicl/odrezak

Gemüse, Beilagen

Gemüse	povrće
Mangold	blitva
Sauerkraut	kiselo zelje
Essiggurke	kiseli krastavac
Tomate	rajčica
Gemüsemus (scharf)	ajvar
Nudeln (aus Istrien)	fuži
Nudeln (aus dem Hrvatsko Zagorje)	štrukli
Reis	riža
Salzkartoffeln	kuhani krumpir
Polenta	polenta/pura
Pommes frites	pomfritom
Schupfnudeln	šuljki
Fleischbeilage aus Palatschinkenteig	mlinzi

| Brot | kruh |

Dessert

Strudel mit Nussfüllung	baklava
in Öl ausgebackenes Hefegebäck	fritule
Kuchen	kolač
Mandelgebäck	krostule
dünne Pfannkuchen	palačinke
Hefekuchen	pinza
Apfelstrudel	pita/strudel od ja buke
Karamelpudding	rožata
Obst	voće
Speiseeis	sladoled

Getränke

Wasser	voda
Mineralwasser	mineralna voda
Kaffee	kava
Tee	čaj
Orangensaft	oranžada
Apfelsaft	sok od jabuke
Wein	vino
Bier	pivo

Lokale

Bife wörtl. Buffet, bedeutet Imbissstube, Kneipe, Café (nur kein richtiges Restaurant)

Gostiona, Gostionica Gasthaus, Gaststätte, einfaches Restaurant, häufig mit eher traditioneller Küche, meist handelt es sich um einen Familienbetrieb

Grill Einfache Gaststätte mit Grillgerichten, meist nur Fleisch

Kaffee-Bar Café, wie Kavana

Kavana Café, hier gibt es nur zu trinken, kein Essen, nicht einmal Brötchen

Konoba eigentlich Weinkeller, heute meist ein Gasthaus im Familienbetrieb mit Hausmannskost, besonders gerne wird der Ausdruck in Istrien verwendet

Pivnica Bierlokal, Gasthaus mit Bierausschank, Bierkeller

Pizzeria tatsächlich eine Pizzeria, häufig werden aber auch Nudelgerichte angeboten

Restoran/Restaurant/Restauracija im Vergleich zur gostiona meist gehobeneres Ambiente und höhere Preise

Riblji restoran Fischrestaurant

Samoposlužni restoran Selbstbedienungsrestaurant

Slastičarna Eisdiele, Konditorei und Café in einem

Taverna aus dem Italienischen übernommene Bezeichnung für einen einfachen Gasthof oder eine konoba, fast nur in Touristengebieten

Register

Register

Abbildungsnachweis

Bildagentur Huber, Garmisch-Parten-kirchen: Titelbild (Johanna Huber); S. 266/267 (Gräfenhain)

Ralf Freyer, Freiburg: S. 62, 76 links, 97, 99 links, 109, 190 links, 193, 206 rechts, 225, 254 links u. rechts, 255 links, 257, 262, 280/281

Rainer Hackenberg, Köln: S. 76 rechts, 91, 152 rechts, 153 links, 164, 167

DuMont Bildarchiv, Ostfildern/Kammerhof: S. 11 unten rechts, 60, 226 links, 231

Dietrich Höllhuber, Dresden: S. 8, 10 oben rechts, unten links, 11 oben rechts, 17, 52, 54, 66, 68, 120/121, 152 links, 162/163, 182/183, 214, 226 rechts, 227 links, 236, 248, 250

iStockphoto, Calgary (Kanada): S. 10 oben links, 93 (Taulman); 25, 170 rechts (Bostanci); 31 (Tan Kian Khoon); 168 (Berry)

Laif, Köln: S. 10 unten rechts, 220 (Selbach); 11 unten links, 242/243 (Celentano); 12/13 (Zuder); 40/41 (Hemispheres); 58, 190 rechts, 198, Umschlagrückseite (Amme); 114 oben links, 129, 171 links, 182 (Malherbe); 132 (Zanetti); 138 (Glaescher); 213 (Zahn)

Look, München: S. 207 links, 209

Josip Madracevic, Stuttgart: S. 11 oben links, 140/141

picture-alliance, Frankfurt a. M.: Umschlagklappe vorn, S. 77 links, 82, 86, 115 links, 146/147 (Bildagentur Huber); 45 (dpa, akg images); 50 (OKAPIA, Meyers); 56 (Hippocampus Bildarchiv, Teigler); 64 (ZB, Reents); 73 (dpa, Murat); 74/75 (Helga Lade Fotoagentur); 98 oben links, 98 rechts, 102 (Eisend); 101 (dpa, Muncke); 114 rechts, 124 (OKAPIA, Bernhardt); 170 links, 175 (ZB, Nowak); 272 (Bildagentur Huber, Cogoli)

Transit, Leipzig: S. 9, 191 links, 201 (Hirth)

Kartografie

DuMont Reisekartografie, Fürstenfeldbruck

© DuMont Reiseverlag, Ostfildern

Umschlagfotos

Titelbild: Dubrovnik

Umschlagklappe vorn: Bucht auf der Insel Vis

Hinweis: Autor und Verlag haben alle Informationen mit größtmöglicher Sorgfalt geprüft. Gleichwohl sind Fehler nicht vollständig auszuschließen. Alle Angaben erfolgen ohne Gewähr. Bitte, schreiben Sie uns! Über Ihre Rückmeldung zum Buch und über Verbesserungsvorschläge freuen sich Autor und Verlag: **DuMont Reiseverlag,** Postfach 3151, 73751 Ostfildern, info@dumontreise.de, www.dumontreise.de

3., aktualisierte Auflage 2013
© DuMont Reiseverlag, Ostfildern
Alle Rechte vorbehalten
Grafisches Konzept: Groschwitz/Blachnierek, Hamburg
Printed in China

MIX
Paper from
responsible sources
FSC® C002957